现代公共关系概论

马志强 著

上海交通大学出版社

内 容 提 要

本书是基于传播学基础之上的公共关系,对传统的公共关系体系是一个小小的颠覆。本书称之为现代公共关系,而不称公共关系学,就是力求贴近公共关系发展的现实,避免对公共关系进行纯粹的理论推演,以教会人们会"使用"公共关系为目的。

本书由四个部分组成,即公共关系基本理论、公共关系主体论、公共关系方法论和公共关系艺术论。全书共十章。从"另一个角度"重新阐释了公共关系。

本书和《现代公共关系案例教程》是一个有机组成部分,同属一个系列,两本书相辅相成,既可以拆开单独使用,也可以合并作为同一门课的教材使用。

本书的适应性较强,既可以作为大学公共关系课的必修课和选修课教材,亦可以为社会上一些行业人士自学和阅读使用。

图书在版编目(CIP)数据

现代公共关系概论/马志强著.—上海:上海交通大学出版社,2012(2019 重印)
ISBN 978-7-313-08251-0

Ⅰ.现...　Ⅱ.马...　Ⅲ.公共关系学 – 高等学校 – 教材　Ⅳ.C912.3

中国版本图书馆 CIP 数据核字(2012)第 053742 号

现代公共关系概论

马志强　著

上海交通大学 出版社出版发行

(上海市番禺路 951 号　邮政编码 200030)
电话:64071208

上海天地海设计印刷有限公司 印刷　全国新华书店经销
开本:787mm×960mm 1/16　印张:22.5　字数:412 千字
2012 年 5 月第 1 版　2019 年 7 月第 4 次印刷
ISBN 978 – 7 – 313 – 08251 – 0/C　定价:46.00 元

告读者:如发现本书有印装质量问题请与印刷厂质量科联系
联系电话:021 – 64366274

前　　言

一

本书是《现代公共关系案例教程》（以下简称《教程》）的理论部分，《教程》是本书的案例部分。两部书相辅相成，可以一起使用，也可以分开使用。

本书试图抛砖引玉，从一个新的角度试图来阐释公共关系和公共关系学。这种新包括以下两点：

1. 观点的新

本书的出发点是基于传播学基础之上的，这是有别于较多的公共关系书籍的不同处。不同的学科角度就有不同的出发点，其对公共关系的阐释肯定不同。本书就把公共关系当成一种传播现象来研究，以塑造形象为基点，以全社会的"组织"为出发点，而不是以企业的活动为基点。此其一。

本书是作者多年讲授公共关系学的手稿和笔记，是作者对公共关系学提出的疑问和思考。因此有些观点、内容与传统的公共关系学观点不尽一致。其中有些观点和内容是第一次被提到。此其二。

本书共十章，从"另一个角度"重新阐释了公共关系，其中很多章节和观点都是第一次被纳入公共关系的理论视野中。例如，第一章中的"和谐社会理论是公共关系的政治和理论基础"和"公共关系对当代中国发展的意义"两节，"企业社会责任"，"公共关系主体"的上、下两章，公共关系中的媒体应对，其理论观点和框架内容都与传统的公共关系体系有较显著的区别。

本书的第七章"危机事件处理时期的公共关系及公关方法"，介绍了组织处理危机事件的原则、处理预案，分析了危机处理时期的几个阶段，最后归纳了危机事件处理的一些公关技巧，具有很强的应用意义。第八章"公共关系中的媒体应对及应对技巧"，详细分析了当今媒体的特点,重点介绍了组织及有关人员应对媒体的办法,列举了一些应对记者和媒体的实用技巧,对有关人士有较多的实用价值。

本书把公共关系与和谐社会的理论结合在一起。公共关系追求的是组织的微观和谐,而和谐社会追求的是整个社会的大和谐,和谐社会理论理所当然的是公共关系的政治理论基础。这一观点,应该在公共关系研究上大讲特讲。此其三。

2. 编写框架新

本书的编写框架不同于其他公共关系学的构建和论述。本书从四个角度来论述公共关系,即公共关系基本理论、公共关系主体论、公共关系方法论、公共关系艺术论。此为一。

在公关主体论中突出地体现了公共关系应该是全体社会"组织"的公关,企业公共关系只是其中的一个单元。由于研究的局限和其他考虑,"农村公共关系"和"党群公共关系"没有专章去写,这不能说不是一个遗憾。同时也把"企业社会责任"、"媒体应对技巧"、"公共关系语言艺术"、"危机事件处理时期的公共关系方法"等纳入本书的体系中。此为二。

即使同样论述传统公共关系中的"三要素"和"危机公关",同样描述"CIS",同样谈论"公共关系和其他学科的区别",本书论述的角度也和传统的公共关系书籍有较大区别。这既是本书立足的基点,也是作者对公共关系体系的自己理解。此为三。

以上也算是本书对传统公共关系的小小颠覆吧。

二

公共关系这几年是红红火火,其应用范围越来越广,应用层面越来越高。从中央到地方都在谈论公共关系的"形象",公共关系对各级政府、各类区域、机关事业单位、大中小型企业的形象建设的指导作用越来越明显。公共关系的"组织"外延已经从上世纪以"企业"为主扩展到今天一个全社会范围的更大的"组织"。

以公共关系理论为依据的大活动这几年更是层出不穷。国家形象片的全球播出,奥运、世博、亚运展示的大中国形象;国庆大阅兵、海军护航亚丁湾、我军参加的一系列国内外军演,彰显着强大起来的中国的软硬实力;汶川大地震危机事件完美地处理,埃及、利比亚高效率的撤侨行动,都是中国国家层面完美的公共关系活动。这些活动中都渗透有公共关系理论的影子。

但是公共关系理论对现实中日益活跃的公关实务明显跟踪不够,公共关系理论明显落后于实务的发展。至今的公共关系理论整体基础还是具有浓厚的企业影子,其案例大量引用的还是企业案例,其出发的基点还是企业公关。这无形中给公共关系理论套上了一个"桎梏"。当今公共关系学者其中一个任务就是要让公共关系迅速脱掉以企业公共关系为主的理念,把公共关系演变为一个全社会都可以应用的一个普遍实用和适用的学问。

公共关系学是一门驳杂的学问,仁者见仁,智者见智。所以公共关系的学者也该是一个杂家。从社会学的角度看,公共关系是一种社会现象;从管理学的角度看,公共关系是管理中的一门工具;从传播学的角度看,公共关系是一个传播过程;从形象学的角度看,公共关系是塑造形象的一门学问;从交际学的角度看,公共关系是人们交往的扩大化;从公关实务看,公共关系是一种宣传造势活动;从营销学的角度看,公共关系是为产品营销服务的一门工具。人们都在解释公共关系。但我们应该承认,尽管研究公共关系的角度很多,关心公共关系的学科也较多,公共关系的理论触角也广泛,但公共关系学至今还缺乏完备厚实的理论功底和广泛的理论体系,真正属于公共关系学自己的东西还不多,而更多的东西还是从别的学科借来的。

本书之所以叫现代公共关系概论,而不称公共关系学,就是不想在现阶段公共关系还不甚普及的情况下,就把公共关系学变为纯理论的推演。建立完备厚实的公共关系理论体系想法是对的,但我们认为,现阶段公共关系学者的主要任务是推动公共关系知识的普及,把公共关系变成一门社会实用而有效的学问。如果急于把公共关系研究变成纯粹的理论推演,把公共关系研究演变成了纯粹的公共关系学说的研究,为理论而研究理论,把一大套没有实际指导和操作意义的纯理论推介给社会和大学生,就没有多大的意义了。

公共关系有理论分歧,公共关系研究有观点之争,但至今的公共关系理论还达不到"流派"和"风格"之类的高水准,公共关系的理论模式还欠缺,公共关系学除了一些教材外,还没有几本真正意义上的公共关系研究论著。一门学问的成长壮大,要有经、史、子、集四大方面的积累。对公共关系来说,其"经"就是公共关系方面的典范著作;其"史"就是要有系统的"公共关系史"和"公共关系学史";其"子"就是要有公共关系的操作和实务大家;其"集"就是要有公共关系方面的专论集子。这四个方面,我们现在唯一不缺的就是公共关系操作大家,其余三个方面,都在等待公共关系的学者去整理和开发。就是这些公关大家的公关实践,我们对它们的经验总结也远远不够。

如果哪一天,我们出版的公共关系方面的书不再只是"概论"和"学",其"概论"和"学"里面也不再包括公共关系史的论述,公共关系的理论里有了系统有致的"公共关系史"和"公共关系学史",有了公共关系方面的典范著作和专题论集,那时我们或许可以说,公共关系理论可以成气候了。

三

本书自 2011 年春节开始写作,第一稿用时两个月。其写作的快乐一直激励着自己,创作的欲望让自己从中找到了很多乐趣,写作有时到了废寝忘食的地步,所以本书得以大节奏地快速脱稿。根据编辑的意见,在初稿搁置了两个月后,我又修改了一次书稿,调整了章节,删除了一部分内容,进行了文字润色。当然我也付出了身体的代价,岁月的年轮在我的眼角上又深深地刻下了一道皱褶。现在这本书终于交稿了,这是一本承载着我最大希望的书,算是对自己公共关系研究、教学和思索的一个满意的交代,也算是给第二本书稿的热身。

商丘职业技术学院马冠宇老师参加了本书第十章的编写,在此表示感谢。

感谢上海交通大学出版社的领导和编辑,他们对我进行了多次的鼓励,多次交流,提出了许多中肯的意见,并顺利出版了该书,也为我下一本书打好了基础。

感谢我的朋友和家人给我提供的无私支持和帮助,给我腾出时间让我专心写书。我没有辜负年逾八旬的父母的期望,我把他们对我的教育和思念变成了一本本的书。

是为记。

马志强
2011 年 11 月于西湖书斋

目　　录

第二部分　公共关系主体论

第三部分　公共关系方法论

第四部分　公共关系艺术

第一部分 公共关系基本理论

- 公共关系概述
- 公共关系的三要素
- 企业社会责任

第一章 公共关系概述

第一节 公共关系阐释

一、公共关系的解释及定义

（一）公共关系是多学科的交叉研究

公共关系是什么？回答这个问题似乎很容易。公共关系成为专门化的学科已有80多年的历史,涌现出了举世公认的公关大家和公共关系学家。自公共关系引进中国30几年,公共关系研究的书籍和文章已是浩如烟海,从事公共关系工作的人也是成千上万,据说仅定义就有400多个了。众多的企业和事业单位也在开展公共关系工作。

其实,回答这个问题还是有难度的,这种难度就表现在公共关系是一门驳杂的学问,是多学科的交叉研究对象,站在不同的时间,从不同的角度去观察公共关系就会得到不同的答案。公共关系也从不同的学科中吸取了有益的营养,带有多种学科的性质,所以,仁者见仁,智者见智。例如,从管理学看,公共关系是一种管理职能;从传播学看,公共关系是一种传播活动;从社会学看,公共关系是一种社会现象;从交际学的角度看,公共关系就是个人交往的扩大化;从形象学的角度看,公共关系就是塑造形象的一门学问;从公关的操作实务看,公共关系就是一种宣传造势活动。人人都在解释公共关系,人人对公共关系都有自己的认识。这都说明,公共关系至今还缺乏完备厚实的理论体系基础和学科体系的支持,人们对公共关系还需要进一步的探讨和研究。

（二）公共关系的词汇意义

首先看一下公共关系的词汇意义。在现代汉语中，"公共关系"一词和其他词汇一样，是一个多义词，在不同的场合，其词义表达的内容并不太一样。在语言实践中，"公共关系"至少有两个方面的意思：

（1）"公共关系"指的是一种社会实践活动。如"开展公共关系对我们单位有着巨大的益处"。在这句话里，"公共关系"一词的含义就是指一种活动或工作。

（2）"公共关系"指的是一门专门的学问。如"要在社会上普及公共关系"。在这句话里，"公共关系"一词的含义就是指一门学问，即公共关系学知识。

（三）公共关系的定义

和正在发展中的其他学科一样，作为新兴学科的公共关系学也处于发展中，其内涵和外延还在扩大，处于变动之中。结合公共关系的各种属性，笔者认为：公共关系是各类党政机关、企事业单位、社会团体为了维护和塑造自身形象而进行的创意策划及开展传播活动的过程。公共关系是一种社会现象，是一门实用的工具。公共关系学则是研究各类党政机关、企事业单位、社会团体为了维护和塑造自身形象而进行的创意策划及开展传播活动的过程的学科。公共关系学是新兴学科，是多学科交汇聚集的成果，具有多学科的属性。

二、公共关系学的基本功能及特点

（一）公共关系的基本功能

公共关系的基本功能概括起来就是八个字：交流沟通、塑造形象。这八个字概括了公共关系的基本意义，贯穿着公共关系工作的整个过程，简明扼要地说出了公共关系要做什么，是公共关系学的核心所在。

（二）公共关系的特点

1. 突出的应用性

公共关系是一个应用性较强的学问。应该说，任何学科都有应用性，但相比之下公共关系学的应用性更强。公共关系强调动手能力，强调在实践中的操作，现今的公共关系理论也都来源于对公共关系实践的总结。例如，公共关系的四步工作法，本身就是对公共关系工作过程的描述,操作中不按照这些步骤进行或者改变这些步骤,就不能很好地完成公共关系工作。再如,CIS企业形象识别系统是模式化了的公共关系操作过程,是由无数次的公共关系实践中总结出来的。当然,突出的应用性也表明了公共关系这个学科的理论储备还不太丰厚。

2. 强调利用传播的力量

公共关系是宣传,但公共关系不是强迫性的政治宣传。和其他学科比较,公共关系对传播的利用更多,这一点,公共关系和广告比较相似。无论是形象的塑造、增强知名度和增加美誉度、和公众交流沟通、现场活动或互动、危机事件的处理、公共关系工作的过程,等等,这每一步都离不开传播媒体的介入,都要或多或少地借助传播的力量。公共关系只能靠传播才能显示出自己的力量。离开传播,公共关系的作用就要大打折扣。

三、公共关系学研究的主要范围

公共关系学研究的范围首先是公共关系的三个基本要素,即组织、公众与传播。这是公共关系理论研究的基点,所有公共关系理论都是由此引申出来的。公共关系学的内涵和外延发展演变很快,但这三个基本要素得到了广泛的共识,没有大变化。其演变的只是组织范围的扩大、社会公众的构成和传播方式的侧重。

公共关系学研究公共关系的知名度和美誉度。知名度和美誉度是衡量一个组织形象好坏的重要尺度。所谓塑造组织形象,就是要提升组织的知名度和美誉度,就要在知名度和美誉度方面下工夫。公共关系研究知名度和美誉度之间的关系,目的是要把两者完美地结合起来,达到和谐的地步。

公共关系学研究创意和策划。所谓创意,就是我们平常说的"点子"、"主意"或"想法",这些"点子"、"主意"或"想法"以个人的创造力、想象力、技能和才华为基础。"策划"和"创意"比较接近,策划指的是一种思维方式,是人们进行的创新性和周密性的决策思维方式。创意和策划是科学技术和艺术创造性地结合,从而被人们称为创意产业。公共关系是一个要不断创新的行业,是文化创意产业的类型之一。

公共关系学研究公共关系的工作过程,即四步工作法,这是公共关系的方法论研究。四步工作法,即公关调查、公关策划、公关实施、公关评估。这是公共关系实施过程的四个基本步骤。公共关系工作的开展离不开这些基本步骤。

公共关系学研究CIS系统。CIS系统即企业形象识别系统,又被称为CI战略。这个系统由理念识别系统、行为识别系统和视觉识别系统三个子系统构成。现在,CIS系统尽管还叫 CIS,但它已经大大超出了最初的设定范围,已不仅仅是企业范围的事情,几乎所有的党政机关、企事业单位、国家、省、市、县等,大小单位都有一个 CIS 系统设计与建设问题。例如,大学的形象识别系统被称为 UIS,政府形象设计系统被称为GIS,区域形象设计被称为 RIS,城市形象设计仍被称为 CIS。

公共关系学研究危机事件发生与处理时期的公共关系工作,简称危机公关。危机事件的处理现在已成为一项经常性的工作。任何单位都有可能发生危机事件。在现代社会,危机事件的发生都会在第一时间见诸于报道,尤其是涉及人员伤亡的重大事件,会引起整个社会的关注。处理这些事件,离不开组织形象的维护和修复,离不开新闻发布,离不开媒体的真实传播,所以也就离不开公共关系。危机事件处理时期的公共关系工作是公共关系研究的一个重要方面。

公共关系学研究人们的日常交际礼仪。公共关系是组织与社会上的公众打交道。组织和公众的交流绝不仅仅局限于大众传播,更多的时候是与一个个具体的人打交道。和具体的人打交道就有一个如何打交道的问题,就有一个得体、礼貌、仪态和说话的问题。代表组织出面开展公共关系工作的公关人员代表组织形象,行使组织的功能,既有组织的属性,又有每个个人的特点,组织的公关人员良好的个人仪态、仪表和得体的语言是展示组织形象、提升组织美誉度、做好公共关系工作的重要方面。

公共关系学研究公共关系案例。案例是过去发生和已经完成的一个个公共关系过程。这些已经完成了的公共关系,有成功的案例,也有失败的案例。研究这些案例可以从成功的案例中吸取经验,为今后的公共关系提供有益的帮助。研究失败的案例,可以找出失败的原因,为今后的公共关系提供借鉴和教训。"失败是成功之母"就是这个道理。

公共关系学研究公共关系的各类专项活动。这是公共关系工作实务的一个组成部分。尤其是企业,在宣传自己的产品或服务时,会大张旗鼓地开展各类有创意的活动。不同的专项活动各有什么特点,能取得什么效果,如何开展这些活动,都是公共关系要研究的内容。

公共关系学研究如何应对媒体,研究新闻发言人的一些应对技巧。应对媒体和新闻发言人是组织公共关系中的一个新课题,也是组织公共关系需要解决的一个迫切问题。如何与媒体交流沟通,如何利用媒体和选择媒体,如应对记者的采访,应对媒体有什么原则和技巧,这既是新闻素养问题,也是公共关系和组织宣传部门必须面对的日常工作。新闻发言人是组织的一个新职能,是对外发布组织新闻信息的人,是让社会了解组织的一个桥梁。这是民主社会中信息公开的一个步骤。

公共关系学研究企业的社会责任问题。对企业来说,社会责任是企业必须应有的责任和义务,是企业回报社会、回报公众的一个良好途径。企业的社会责任是企业提升知名度和美誉度的一个途径,是企业开展社会活动、增加和公众互动、塑造企业形象的一个好办法。

公共关系学还要研究一些伪公关现象。伪公关是公共关系的反面。在鱼龙混杂的当今社会,有一些组织或个人打着公共关系的旗号,做的却是反对公共关系的事情。研究伪公关,可以认清伪公关的真面目,从而杜绝伪公关。

最后,公共关系学还研究公共关系产生的历史和成长过程,这就是公共关系史。公共关系成为一门学科不是凭空杜撰出来的,而是具有一定的政治基础、经济基础和其他社会历史条件的。对中国来说,公共关系学理论是一种舶来品,但并不是说公共关系行为是舶来品。我国古代就有很多成功的公共关系案例,涌现了许多公共关系的实践家。我国现代和历史上成功的公共关系案例和实践家等待着我们去发掘、去研究。

第二节　和谐社会理论是公共关系的政治和理论基础

随着社会的发展,随着中国特色的社会主义政治体系和价值体系的构建,随着和谐社会的构建,公共关系和公共关系学理论对社会推动的作用越来越大,公共关系的政治价值和理论意义越来越重要。这种政治价值和理论意义主要表现在公共关系和和谐社会的理论关系上。

公共关系与和谐社会理论的关系主要表现在以下几个方面:

一、和谐社会理论为公共关系事业的发展提供了历史机遇[①]

2004 年秋天,我们党第一次把建立和谐社会建设置于同经济建设、政治建设、文化建设并列的突出位置,从而使我国社会主义现代化建设的总体布局由发展社会主义市场经济、社会主义民主政治和社会主义先进文化这样的三位一体扩展为包括构建社会主义和谐社会在内的四位一体。胡锦涛总书记在不同场合的讲话中,也多次提到和谐

---

① 马志强,徐爱华. 论公共关系和构建和谐社会的关系[J]. 现代大学教育,2005(3).

社会的建设问题。建设人民安居乐业、社会安定团结、具有中国特色的社会主义和谐社会是我们中华民族近年的主要任务。完成这一举措,既需要借助公共关系事业加以促进,同时也给中国的公共关系事业的大力发展提供了一个历史机遇。

从根本意义上讲,和谐社会是指人与自然、人与社会、人与自身三大矛盾的全面和谐的社会。在这三对和谐关系中,人与社会的和谐是和谐社会发展的保证条件,人与社会的和谐不仅包括了个人与个人、个人与社会群体、社会群体与社会群体三个层次,而且还包括了心灵和谐、结构和谐和行为和谐三个方面。

二、和谐社会理论是公共关系事业的理论基础

造就和谐的社会,就是要使组成这种特殊结构形态的群体形式中相当数量的人群,按照一定的规范发生相互联系,形成生活共同体。在这个体系中,诸要素之间不仅需要比较持久、稳定的相互联系模式,还要与社会的经济、政治、文化、生活的各个领域和部分都紧密联系,纵横之间互相协调运作,整个社会才能始终保持有序和谐的状态。这些都与公共关系有最为紧密的联系。

公共关系是一门科学,也是一门艺术。它的核心有两层意思:

(1)交流沟通。任何一个组织机构,无论是企事业单位还是政府部门,都必然地处在与形形色色组织或公众的联系之中,但这种联系有松紧和疏密的区别,公共关系的目的就是要把这种联系建在最为贴切和紧密的位置。

(2)形象塑造。形象是外界的印象和评价。印象是内心的真实感受,评价是经过包装后的、带有一定功利色彩的反馈。形象能体现一个人外在的精神风貌、工作态度、内在本质、个人阅历,同时也能体现组织的管理理念和水平、服务质量、组织的精神风貌、员工个人素质的高低等。塑造形象就是为了赢得外界的好评,当然也是为了与外界和谐相处。

和谐的社会是公共关系这一事业赖以生存的基础,也是公共关系所要追求的最终目的。它是从更高的角度来构建人类的生存和繁衍环境的,是公共关系事业建立和生存的良好土壤。可以说构建和谐社会是更为宽泛的、更为宏观的"公共关系的大事业"。公共关系是从微观的角度为这种社会的和谐进行修补和沟通,为构建这种和谐社会添砖加瓦,从这个意义上说,公共关系和构建和谐社会两者的目标是完全一致的。公共关系只有在和谐的宏观社会环境里才能建立和发展,才能最好地发挥自己的作用,才能达到和谐组织、塑造形象的目的。而社会环境因为有了公共关系事业才能更好地走向和谐与健康发展。不能想象一个战乱频发,秩序混乱的社会能有什么发达的

公关事业。

我们要建立的社会是具有中国特色的和谐的社会主义社会,达到人与自然、个人与社会、社会与社会和谐相处理想境界。这一特色决定我们的指导思想必须以邓小平有中国特色的社会主义理论和"三个代表"、科学发展观和"和谐社会"的理论为指针。我们现在的公共关系是具有中国特色的公共关系事业,因此现在的公共关系事业必须自觉纳入构建具有中国特色的社会主义和谐社会这一大主题内。自觉地为构建和谐社会去发挥公共关系最大的作用。事实上,公共关系也只有在构建社会主义和谐社会这样一个宏观框架内,才有可能大有作为,才能促进社会更好发展,才能更好地为和谐社会这一战略服务。

三、公共关系理论对和谐社会建设理论的主要贡献

(一)人际的和谐

社会发展,是有生产力诸多要素之间共同决定的,但是,这些要素只是提供了生产力发展的可能性,生产力各要素只有有机地结合起来才能使生产力的发展变为现实,在这些要素中最重要的还是人。亚里士多德曾说,一个人进入社会就必须和人打交道,否则他不是神就是兽。梅奥《现代管理学》一书强调了三个要素:必要资金、规模效应和组织生产,他认为这其中最主要的因素还是人。一个社会人需要面对各种社会关系:血缘关系、姻缘关系、同学关系、同事关系、同乡关系等。一个组织进入社会也要面临各种交往,从纵向角度来看,有它相对应的上级行政部门、下级组织或社会公众;从横向联系来看,有与它平行合作的直接交往组织,还有与这些交往组织的扩散交往形成的间接组织。公共关系活动就如同润滑剂,协调着人与人、组织与组织、人与组织之间的发展,形成大大小小的齿轮永动效应。

公共关系首先要调整和谐人事关系,协调人和人之间各种矛盾和冲突。这是公共关系工作的一个基本任务。任何单位和组织都是由一个个具体的个人组成的团体,团体的活动都可以具体分解为一个个具体的个人活动。有些组织和组织、单位和单位之间的冲突,细分起来,也就是个人和个人之间的冲突;公共关系对单位和组织的各种联系,实际上也可以具体为个人和个人之间的联系。因此,公共关系首先要和谐的就是每一个具体的人与人之间的关系,使人与人之间和谐相处,从而达到和谐组织和单位关系的目的。

（二）秩序的和谐

和谐的社会需要稳定的社会局面。社会是一个有机体的整体,在整体与部分、部分与部分之间有着各种利益和冲突,要使得它们之间协调发展,远离纷争、冲突、动乱、危机、战争,达到政通人和、民心安定的局面,就需要规范,需要约束,这种规范和约束就表现为一种秩序。社会的秩序也表现为一个大结构的同心圆,如图1-1所示。

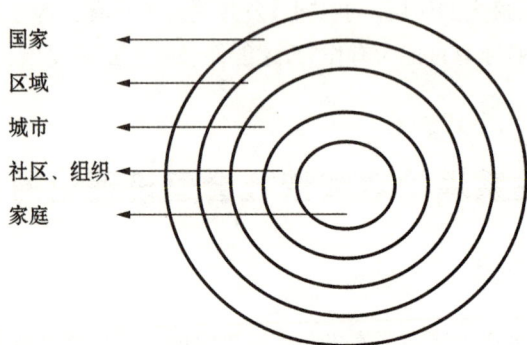

图 1-1　社会结构

这种结构本身就是一种秩序,任何社会都是有秩序的社会。社会的进一步发展,必然导致一些新秩序要代替一些旧秩序,社会结构的转变过程需要协调,各要素才能相互适应、相互补充、相互促进。正是这种秩序支撑着整个社会结构,约束和管理着人们,使之不至于偏离轨道。小到老百姓排队购物,大到国家之间的竞争,谁都不能无序。秩序不是人们思想行动的枷锁,而是人们要达到和谐这一境界的载体,是社会结构中人际交往、人格提升和完善的必要途径,是理解、宽容和友爱,是人与人、人与物、人与自然之间的和谐与融洽。

公共关系工作中的一项任务就是和谐秩序,当秩序出现了真空时,公共关系要起到担当起秩序的义务;当秩序之间出现失衡时,公共关系就要去平衡秩序;当秩序之间引起冲突之时,公共关系就有平息冲突的责任,实际上,危机公关恰恰就承担了这方面的责任。

（三）平衡的和谐

矛盾无时不在,无处不有。科学发展观告诉我们,社会的上层建筑和经济基础总是要相互适应的,有什么样子的经济基础,就要有什么样子的上层建筑。迄今为止,全球现代社会的共同性问题一直是社会的全面和谐发展问题。我国的发展过程中也面临这些诸多矛盾,我国现实的社会矛盾是社会结构中有些子系统获得了跳跃式的发展,比如经济,而社会结构的其他子系统没有获得相应的发展,于是整个社会就会处于不平衡的非全面发展的状况。无论是西方发达国家,还是发展中国家都曾先后出现过这种状况。科学的发展观念还告诉我们,面对一系列重大的问题,包括环境问题、社会问题、经济问题,人的干预和调控是非常重要的。当代的科技历史发展进程已经表明,任何重大的科技、经济、社会发展和环境问题都需要具有高度的综合性质。所以,我们面临的一些迫切问题,像环境问题、资源问题,它既是科技问题,也是经济问题、社会问题。它远远超出了自然科学技术能力的范围,有时也超出了国家的范围,因此必须要动用各门自然科学,各种技术手段和人文、社会科学的知识,加以研究和解决。

公共关系作为社会科学中的一门科学,一门艺术,既有一种管理职能,也有一种协调和和谐职能。它的对象不是产品,不是资金、技术或销售等有形资产,而是"信息"、"关系"、"舆论"、"形象"这些无形的资产。它的目标不是直接地提高产量、促进销量、赚取利润,而是平衡调整组织与社会公众之间的关系,从而优化组织的生存环境,提升组织无形资产的价值并使组织的整体资产增值。公共关系的这种协调、平衡、调整、优化、塑造、管理等职能,有利于缓和人类社会中的各种问题。从某一方面说,公共关系的全部目的就是缓和社会问题,就是在化解社会的和自然的诸多问题。过去,我们把人力、物力、财力、科技等当做重要的战略资源,其实,公共关系也是一种重要的战略资源。它可以使上述这些要素结合起来,形成新的功能和合力。它还可以争取合作伙伴,得到所需要的各种外部支持。将公共关系所有的决策和行为都融入社会大结构中,关注社会与效益,关注冲突与平衡、突变与渐变,让组织行为与社会公众的利益有机地联系在一起,自觉地为和谐社会的物质文明和精神文明作出应有的贡献。我们追求的"和谐",既可以是"和而不同"也可以是"谐而不同":和谐而不千篇一律,不同而彼此不冲突,和谐以共生共长,不同以相辅相成。

（四）发展的和谐

邓小平早在1985年就敏锐而深刻地指出,和平与发展是当代世界的两大问题。它也是21世纪的两大主题。源于历史文化而又高于历史文化的和谐社会观念,乃是新世纪的主流观念。倡导和谐意识,开创和谐事业、引导和谐行为、赢得和谐效益,已经成为一股不可逆转的潮流。社会主义中国的和谐发展既是中国自己的大事,也是一个和国际社会相关的大事。因此,公共关系的传播在史无前例的人类发展史上,具有十分广阔的运用前景和舞台。如果我们能充分发挥公共关系的传播职能,促进中央与区域之间、区域同区域之间、城市与农村之间、中国与外国之间的进一步沟通与合作,在大千世界的社会网络中做好穿针引线、构架起友谊桥梁的工作,那么中国的公共关系工作在构建和谐社会的宏观历史条件下就可以再创辉煌,再立新功。①

第三节　公共关系对当代中国发展的意义

不论从深度还是从广度上看,公共关系在当代的应用范围是越来越广,应用层面也越来越高,其理论涉及的外延越来越广,内涵也越来越深刻。公共关系在我国政治和经济方面的应用价值越来越重要。这表现在以下几个方面:

一、公共关系应用的范围

公共关系进入中国30年,大致经过以下几个变化。

(一)20世纪80年代至2000年,公共关系侧重于企业和企业的管理

这个时期,在国内,由于时代的限制,公共关系理论和实践多限于企业层面,公共关系是企业管理的一个附庸,人们对公共关系的理解多囿于对企业形象的塑造、企业管理品牌的推广、企业开展公共关系的益处、企业公共关系部的建立等方面。公共关系面向企业进行,其主体行为也多被看成是企业或公司。所以,公关协会的参加者主体是企业主,研究的是企业公关现象。公共关系学的"组织"一章都有企业建立公共关系部的重要性,最明显的例证就是前几年教材对CIS系统和CI设计的运用和解释。公共关系的案例都是企业的,组织设置的公共关系职能部门也被通称之为公关部、企划部、市场推广部。职能部门的领导也被称为"经理"。这个时期,公共关系的定义多有企业管理的意味。

(二)自21世纪初到2005年,公共关系有了企业管理和公共管理两支生力军

这个时期,由于公共关系学研究的深入,公共关系的应用范围开始扩大,公共关系过程开始在一些城市区域、事业单位和机关实行。这时,管理学家适时地提出了经营城市的理念,而经营城市就有了塑造城市形象的问题,就有个城市的知名度和美誉度

① 马志强,徐爱华.论公共关系和构建和谐社会的关系[J].现代大学教育,2005(3).

的问题。就有了塑造城市形象的提法。这期间,中国城市市长协会也大力推行城市形象的理念,从而推进了公共关系理论的进一步深入。形象的概念被纳入了公共关系的研究范畴,从而也就有了形象学的理念。由形象学开始,也有了城市形象、企业形象、事业单位形象、社区形象、机关单位形象、政府形象等意识。这个时期,公共关系已经不是企业专属的学科,而成了政府形象管理、事业单位形象管理、企业管理、学校管理、金融单位管理的一部分。公共关系应用的范畴扩大了,公共关系从企业管理一支生力军为主变成了企业管理和公共管理两支生力军为主。公共关系又成了公共管理的一部分。2003 年,非典的防治,第一次有了公共关系的影子。公共关系开始被党政机关纳入视野。这时的公共关系定义多了公共管理的意味。

（三）2005 年至今,公共关系上升到国家层面,党政机关全面开始运用公共关系

自 2005 年以来,尤其是 2008 年以来,中国全面走向了繁荣昌盛,国家力量日益强大,国家机关和大型企事业单位都更加重视公共关系,利用公共关系,国家层面的各项大型活动也开始有意识地运用公共关系理论,从而使公共关系的外延更加进一步扩大,公共关系从单位和组织形象层面走向更高、更宽泛的区域形象层面,各级党政机关开始应用公共关系指导自己的工作。公共关系走向了全面繁荣期。警察形象、执法形象、公务员形象、教师形象、大学形象、领导人形象等,各种理念开始出现,公共关系几乎涉及国家社会生活的各个层面。国家形象宣传片策划拍摄并在全世界播放是对国家形象塑造的最具体的体现。还有北京奥运会的"奥运公关"、上海世博会的"世博公关"、广州亚运会的"亚运公关"等,这些国家层面的大型活动都有意识地融入了公关的成分,都有了公关理论的指导。

中国军队护航亚丁湾、神舟七号、神舟八号升空、国庆六十周年"大阅兵"、歼-10 列装中国空军、歼-20 升空等一些活动的策划也开始开展公共关系。还有世界运算速度最快的计算机落户中国,高速铁路技术中国第一,每一次的策划活动都有公共关系创意、策划、实施的意味,这些活动本身也都参照了公共关系理论。这些活动都显现出了公共关系的巨大潜力和能量,更加提升了公共关系的政治意义和理论价值。这些大型活动,都正面宣传了国家的强盛,极大地提升了国家形象,让国家的知名度和美誉度大大提高。

二、公共关系工作过程

2008 年 5 月 12 日的汶川大地震对全世界来说都是一次巨大的悲伤,它让中国陷

入了巨大的悲痛之中,造成了至少几百个亿的人员和财产损失,是一场空前巨大的危机事件。在危急关头,中国政府临危不惧,温家宝总理第一时间赶到地震现场,亲临一线指挥救灾,数十万人民解放军迅速出动,抢救人员和财物,全国人民踊跃捐钱捐物,为灾区的救助奉献自己的力量,上百亿元的物资迅速被调集到灾区,灾区人民无不感到中国共产党的伟大,无不感到国家对人民的爱护和责任。

汶川大地震的成功处理是公共关系危机事件成功处理中的最经典案例。我们只要拿之前的"印尼海啸"和之后的"海地地震"稍加比较,就可以看出汶川大地震危机处理空前成功的意义。汶川大地震可以说是当代中国公共关系转折的一个分水岭,它是公共关系走向国家层面,党和国家开始自觉运用公共关系理论指导国家宏观活动的重要标志。事实证明,在重大灾难和危机来临时,国家形象往往面临严峻考验,而国家公关手段就显得尤为重要。

从公共关系的角度来看,汶川大地震危机事件的处理有以下经验需要公共关系总结:

(一) 这是一次国家层面处理危机事件成功案例,也是国家最完美的一次危机公共关系工作过程

危机事件处理的一个原则就是统一领导。这次巨大的危机事件,是国家层面处理危机事件最成功的一次事例,也是国家最完美的一次危机公共关系工作过程。这次事件让全世界看到了中国共产党的伟大和成熟,看到了党和国家领导人对危机事件处理的高超艺术,也让全世界和国人看到了以胡锦涛总书记为核心的党和国家领导人的强大的领导能力和娴熟的执政能力。一般来说,执行力、执政能力只有通过大事件的处理才能显现,领导人的魄力也要通过一些紧急事件的处理才能彰显。汶川大地震对国家是一次创伤,对国家领导人是一次巨大的执政能力的考验。我们的党和国家领导人经过了这次严峻的考验,把一次最重大的危机事件处理得圆满、完美,显示了超人的、娴熟的驾驭国家的能力。

(二) 提升了国家形象,提升了民族自信心

公共关系中一个目标就是提升形象,凝聚人心。这次汶川大地震事件的处理让全世界看到了富裕起来的中国人民的伟大和善良,看到了中国不可战胜的力量,看到了中国人民不屈不挠的民族自信心,极大地提升了国家的形象,让全世界看到了中国应对、处理危机事件的巨大能量。事件的处理激发了中国人民巨大的爱国热情,激发了民族自豪感,全国人民齐心协力共同应对自然灾害。

（三）提升了领导人的形象，展示了党和国家领导人的个人魅力

这次危机事件的处理向全世界展示了我们党和国家领导人的良好形象和个人魅力，提升了国人对自己领导人的崇敬和热爱。胡锦涛总书记和温家宝总理亲临一线，不顾劳累，亲自指挥，废寝忘食，他们的举动感动了国人。他们高超的领导艺术和临场决断的能力，他们为国家、为人民的献身精神，也感动了世界。我们为有这样好的党和国家领导人自豪和骄傲。

（四）宣传了社会主义的巨大优越性，看到了改革开放的巨大优越

这次汶川大地震的成功处理，向世人展示了社会主义制度的巨大优越性，展示了我国特色的社会主义制度的无比优越，看到了改革开放后国家的强盛。地震发生后，国家体制第一时间高速运作，人们不分内外，加班加点。无数的人、财、物及时运往灾区，一个个救灾的感人事迹被不断报道。救灾扫尾后，全国多数省份，每省承包灾区一个县，无偿对口支援灾区建设。一时对口支援建设如火如荼，灾区家园迅速得到恢复。这种社会主义的巨大优越是任何国家从来没有的。自那时，嘲笑社会主义的声音消声了，夸赞社会主义制度优越的声音来自大洋彼岸和西方，这是多年没曾听到过的。而自叹不如的声音也同时来自大洋彼岸和西方。

三、迅速崛起的国际公共关系

国际公共关系，俗称民间外交，是把公共关系成功地运用到国家与国家层面的产物。其实，在国际关系中，国家与国家的交流除了正式的外交手段外，还有无数的民间外交，即国际公关。国际公共关系是公共关系的国际化，是公共关系对外交工作的补充，是一个国家外交的延伸，有时能做到外交所做不到的事情。因为国际公关后面有专章列出，这里不多赘述。

四、政府机关和企事业单位普遍设置了新闻办和网络宣传员

社会分工的细化，使社会之间的竞争与合作越来越剧烈。政府机构改革和职能的转换，迫切需要引入公共关系的意识和方式方法开展工作。政治、文化、科技、外交等各个领域都产生了对公共关系的迫切需要。充分发挥公关的社会功能，培养成千上万

的公关人才,正是社会的日益需求。

现在,政府机关和企事业单位普遍设置了新闻办公室和网络宣传员。这些新闻办和网络宣传员的一个重要职能就是监视组织本身的形象动态,跟踪媒体里的组织状况,塑造修补组织的形象,开展本组织的公共关系工作。公共关系的作用已经被广泛接受,开展公共关系的好处已经被越来越多的组织所认识。以北京市公安局成立"公共关系领导小组"为代表,全国已经有 13 家公安局成立公共关系科,其主要任务就是协调警民互动①。同时,全国其他很多机关单位和组织也已经成立了自己的公共关系领导机构和执行机构。

五、形象塑造和建设正为整个社会所共识

公共关系从最初的组织和公众的互动演变为与公众沟通和形象塑造,形象建设和塑造正为整个社会所共识。这不仅表现为企业形象塑造,也表现以城市形象塑造为代表的区域形象塑造、以国家形象塑造为代表的国家公关、以政府形象为代表的党政机关形象塑造,以大学形象建设为代表的事业单位形象塑造、以公安形象为代表的行业形象塑造,以国家领导人形象为代表的个人形象塑造等。形象塑造几乎涉及社会形象的各个方面。

六、国家形象宣传片正式对外展示,公共关系已走向了最高的国家形象境界

良好的国家形象不仅有利于向全球输出本国的核心价值观,还能为国内经济建设营造有利的舆论环境。中国目前正处于关键发展时期,需要为自己营造良好的舆论环境。以形象、品牌构建和声誉管理为核心的"国家公关"战略应当成为提升国家核心竞争力的有力保障;只有那些重视形象构建和品牌管理的国家,才能在激烈的国际竞争当中立于不败之地②。

可以这么说,2003 年的"非典"让国家看到了公共关系的重要性和迫切性,积累了公共关系处理的初步经验,"汶川大地震"危机事件的处理,已经展示了国家对公共关系运用的娴熟和自如。"非典"刚爆发时由于信息不透明,有关部门习惯地运用了"堵"

---

① 全国 13 家公安机关成立警察公共关系科[OL]. 南都网(http://gcontent.oeeee.com).
② 专家解读中国形象公关:维护形象不能靠隐瞒[N]. 广州日报,2011-1-7.

的办法,一开始对此危机事件的处理和传播做得都不好,不仅加速了"非典"蔓延,也产生了不好的影响,弄得人心惶惶。后来,国家听取了专家的意见,及时扭转了形势,从中央和地方都高度重视,增加了信息的透明度,让广大人民群众知道此事,关心此事,参与此事,事情最后得到了圆满地解决。此次危机事件积累了我国处理危机事件的最初经验,也积累了正确树立政府形象和国家形象的经验。"非典"的处理让国家尝到了公共关系的甜头,感到了公关的实用性。

2010年10月,中国国家形象宣传片向海外展出,被外界称为中国正全面进入国家"公关时代"。我国很多国家层面的大型活动背后,都完全可以看到公共关系的影子,公共关系已走向了最高的国家形象塑造的境界①。

七、公共关系理论也越来越丰富

各行各业、各个层面对公共关系的重视使得公共关系的理论也越来越丰富,公共关系学的形象理论诞生了形象学,公共关系的传播理论模式也越来越多,公共关系学正在不断诞生着"国家公关"、"国家形象"、"公安形象"、"执法形象"、"军事公关"、"非对称传播"、"公关文化"、"公关伦理"、"绿色公关"、"网络公关"、"生态公关"等新名词,还有"伪公关"、"公关战争"等理论正在酝酿。公共关系学理论日益丰富,公共关系学理论对国家建设的作用越来越明显。

现代公共关系的作用越来越明显,公共关系学研究也越来越丰厚,公共关系的应用层面越来越高,一个公共关系的新高潮正要到来。

第四节 公共关系学和其他学科的关系

和其他学科一样,公共关系学从创建至今也经历了一个发展蜕变的过程。简单地说,和公共关系学比较相近的学科主要有管理科学、社会学科学和传播科学三个。除此之外,谈论公共关系学不能不提人际关系学;广告学、市场营销学及公共关系与宣传和艺术的关系。因为公共关系是多学科交叉研究,与众多学科有着密切的联系。

---

① 专家解读中国形象公关:维护形象不能靠隐瞒[N].广州日报,2011-1-7.

一、公共关系和管理学

管理学是公共关系的母学科之一。公共关系自创建之初就和管理学的关系比较密切。应当承认,公共关系从管理学那里吸取了很多有用的东西,从管理学那里得到了营养和滋润,管理学也关注公共关系学的发展。

从管理学的角度看,公共关系是管理中的一门工具,是对"个人和组织的行为及资源分配进行有效、合理地良好设计"的一个组成部分。美国公关学者卡特利普和森特(Scott. M. cutlip&Allen. H. Center)就是这样定义的:"公共关系是这样一种管理职能:它确定、建立和维持一个组织与决定其成败的各类公众之间的互益关系"①。

从管理的角度研究公共关系,最大的好处就是可以让公共关系具有科学设计、定量分析的功能。"管理学是人类运用科学技术、科学手段和科学分析的方法,以满足人的理性需求和建立公共秩序为基础的,对个人和组织的行为及资源分配进行有效、合理地良好设计的实践活动"②。公共关系吸纳了管理学中"对人和组织行为进行有效、合理地良好设计"的合理内涵,并在此基础上扩充延伸,从而出现了公共关系学一系列理论设计。

但从管理学的角度研究公共关系,也是有相当的局限的。这种局限就在于公共关系所涉及的内容并不是什么都能靠管理来实现的。

现代汉语对"管理"一词的意义解释有三个:一是"负责某项工作使顺利进行",如"管理财务","管理国家大事";二是"保管和照理",如"管理图书","公园管理处";三是"照管并约束(人或动物)",如"管理罪犯","管理牲口"③。这三个意思当中的任何一个意思都说明管理者对管理对象具有某种所属性或辖制性。例如公共关系的三要素之一的"公众",公众具有无序性和不可限定性的特点,有时和组织有关联的"公众"就是走在大街上随意碰到的一个陌生人,就是千里之外随意撞见的任何一个小单位,可能素昧平生。那么我们有什么权利去管理人家呢?甚至连"管理"这个词都不该使用。管理具有强制性和约束性的意味,可一般组织对社会广大公众显然没有所属性和辖制性功能,何来约束和强制的功能呢?公共关系只能对内部公众才能谈管理,而对社会公众,只能是拉拢,只能感化,只能以情感人,只能"投其所好"地讨好。所以,管理学对

---

① 王乐夫,廖为建. 现代公共关系学概论[M]. 北京:高等教育出版社,1994:16.

② 管理学的定义[OL]. 百度网 (http://zhidao. baidu. com/question/56118164).

③ 中国社会科学院语言研究所词典编辑室编. 现代汉语词典[Z]. [M]. 北京:商务印书馆,1998:466.

公共关系的意义在于组织的内部管理，而不在于组织的外部事宜。

再例如，公共关系的第二个要素是"传播"，公共关系离不开大众传播，大众传播媒介是公共关系的重要载体。显然，许许多多的社会组织对大众传播媒介不具有管理的功能，无法支配它。现在诸多企事业单位的危机事件被曝光于社会大众的眼球底下，丢人现眼，损失惨重，就在于这些企业无法约束这些大众媒体，不知该如何对付这些大众媒体。连如何约束的功能都没有，又何谈管理呢？公共关系具有管理的属性，但不是管理。仅仅从管理的角度去看公共关系必然有局限性。

从管理学研究的体系可以看出，管理学主要还是对看得见、摸得着的硬实力进行管理，是对人、才、物进行合理有效的分配和使用，去进行最有效的设计，管理学看重的是科学技术、科学手段和分析方法的合理性，是以硬的管理手段来保证其执行力的。管理最直接的目的是提高产量、促进销量、赚取利润，具有最直接的经济效益。公共关系是社会科学中的一门科学，但它还具有艺术的一些属性，既有某种管理职能，也有一种协调和和谐职能。它的对象不是产品、资金、技术或销售等有形资产，而是"信息"、"关系"、"舆论"、"形象"这些无形的资产，是以组织的软实力为服务和研究对象的。尤其是公共关系在面对外部公众时，只能采取宣传鼓动的方法去感染他们，用自己真诚的服务去"俘获"他们，强调的是感情，是亲和力，是一种待人处世的艺术，是一种"软内功"，而不是仅仅靠"科学合理的设计"。公共关系的服务目标不是直接提高产量、促进销量、赚取利润，而是平衡、调整组织与社会公众之间的关系从而优化组织的生存环境，提升组织无形资产的价值，从而使组织从有形到无形的整体资产增值。公共关系的这种协调、平衡、调整、优化、塑造、服务等职能，有利于缓和人类社会中的各种问题。从某一方面说，公共关系的全部目的就是在缓和这些社会问题，就是在化解这些社会的和自然的诸多问题。

从管理学尤其是公共管理学、行政管理学和企业管理学的角度来看，公共关系至今还是它们学科的一个边缘补充。由于一些局限，管理学理论对一些软实力的研究渗透不够，公共关系正好可以弥补这方面的不足。管理学关注公共关系，希望公共关系在管理学的卵翼下长大。但管理学不太重视公共关系，公共关系进入不了管理科学的理论核心，也不是管理科学的研究重点，公共关系真正要纳入管理学的核心研究领域还需要时日。

从管理学的角度来看，公共关系学至今还没有形成自己核心的、完整的知识体系，还没有正式形成内涵坚实、外延完整的学问，很多东西还都在探讨中，真正不从属于其他学科、只属于公共关系学范围的理论知识还不丰满。所以，公共关系如果把管理科学当做自己主要的母体学科，至少近期大力发展的空间会受到限制。假如公共关系学被完全纳入了管理学的范畴,那公共关系就无法和企业管理、公共管理、行政管理、公共事业管理进行严格的区别,其大多数研究领域会被这些学科挤占,公共关系学的研究领域就会越发显得尴尬,陷入管理学的窠臼,从而只会引申出一大堆烦琐的管理学的知识和理论,公共关系学就会被这些学科日益边缘化,公共关系学就失去了自立的价值。

可以这么说,随着公共关系科学的日益发展,其理论日益丰满,公共关系学和母体学科之一的管理学的距离会越来越远,其独立性会越来越强。公共关系及公共关系学学科的政治意义和理论价值也会越来越重要。那时公共关系学再戴着管理学科的帽子就太小了。

二、公共关系学和社会学

在公共关系的三个母学科中,社会学是和公共关系联系不太紧密的,也是最不看重公关关系学的。只是由于国家标准计量局把公共关系学划归了社会学科,社会学才不得不关心照顾一下公共关系学。

"社会学"一词最早是由法国哲学家、社会学家孔德使用的,最初是为了表明一门用实证方法研究社会现象基本规律的独立性学科。社会学从创建到今天的一百多年,经历了一个从一般社会哲学演变为专门的具体社会科学学科的过程。郑杭生给社会学下的定义是:"社会学是关于社会良性运动和协调发展的条件和机制的综合性具体社会的科学……社会学的一个特点是它研究别的社会科学都涉及但不做专门研究的东西"[①]。关于社会学我们还引用了第二个定义:"社会学主要研究相对现代尤其是当代的人类社会行为,从过去主要研究人类社会的起源、组织、风俗习惯的人类学倾向变为以研究现代社会的发展和社会中的组织性或者团体性行为的学科,在社会学中,人们不是作为个体,而是作为一个社会组织、群体或机构的成员存在"[②]。这两个定义加在一起,我们对社会学的了解就清楚一些了。

从社会学的定义来看,公共关系学也具有一些社会学的属性。这些属性表现在以下几个方面:

(一)公共关系是一种社会现象

公共关系是一种社会现象,这种社会现象是与组织和社会公众发生关系而存在

---

① 郑杭生.社会学概论新修[M].北京:中国人民大学出版社,1994:2.
② 社会学定义[OL].百科全书式博客—博客大巴(http://dalu.blogbus.com/logs/426811.html).

的。个体的人"是作为一个社会组织、群体或机构的成员存在"的。这些由人聚集而成的组织即有单个人的某些属性，又具有团体行为的属性。组织的运作就是和社会中的公众发生磨合、合作、碰撞、联合、互动等行为，会对社会运动发生正向作用或反向作用，产生了动力，从而就形成了社会运行，推动了社会的前进。这种组织行为、组织言行对社会运行产生着影响。

（二）公共关系学是研究组织"关于协调发展的条件和机制的"

公共关系学是研究组织"关于协调发展的条件和机制的"，这是公共关系学理念的基点。公共关系的主体是各类社会组织，客体是社会公众，公共关系是主体通过对客体发生影响，与客体良性互动而产生作用的。公共关系就是要研究组织和公众和谐协调的意义、方法和条件，让组织在一个和谐、和睦、轻松的社会机制中运作，塑造出最适合组织发展壮大的社会环境。社会学是研究社会发展的条件和运行机制的，公共关系学是研究组织发展的条件和运行机制的，可以说社会学和公共关系学在"发展条件和机制"这一点上是类同的。

公共关系从社会学那里吸取了有益的成果。但随着公共关系学的发展，公共关系学的理论日益丰富，公共关系和社会学的差距越来越明显。它们研究的目的、追求的目标、研究的重点都有了明显不同，研究的侧重不一样。公共关系学和社会学有关系，但公共关系学已经是独立的学科，这一点已得到了广泛的共识。这也符合一般社会科学发展成长的特点。

三、公共关系学和传播学

在公共关系的三个母体学科中，传播学对公共关系学的发展影响最大。公共关系和传播学的联系也最为紧密。从美国和西方国家的公共关系成长过程及公共关系学和传播学发展渊源看，公共关系的萌芽、成长都是处在传播学的卵翼下。

公共关系学和传播学的这种天然关系来自下面三个方面。

（一）第一个从事公共关系职业的从业者来自于传播学家

第一个从事公共关系职业的职业者是来自传播学家。艾维·李（1877—1934），美国人，曾任美国《纽约时报》、《纽约世界报》的记者。在没有进入公共关系职业之前是一个典型的传媒人。后来和自己的朋友乔治·F·帕克一起创办了"帕克·李氏公司"，一个专门代表企业或政府等社会组织、为沟通组织与社会公众之间的信息并从中收取劳务费的职业——公共关系职业就应运而生了,艾维·李完成了世界上第一个由媒体人向公关人的转变,成了世界上第一个职业的公关人,是公关职业的开创者和先驱者,被尊称为"公关之父"。1906 年,艾维·李发表了著名的《原则宣言》,全面阐述了其公关活动的宗旨。《宣言》说:"这不是一个秘密的新闻处,我们的全部工作都是开诚布公的,我们的目标是提供新闻。这不是一个广告公司,如果你认为我们送到你企业办公室的文件资料有任何不准确的话,请不要用它。我们的资料务求准确。我们将尽快提供有关任何受到处理的主题的进一步的细节,而且,任何主编在直接核对任何事实的陈述方面都将愉快地得到我们的帮助……简而言之,我们的计划是代表企业公司和公共机构坦率并且公开地向美利坚合众国的新闻界和公众提供迅速和准确的信息,这些信息涉及公众感到值得和有兴趣的全部主题"[1]。这为艾维·李奠定了公关史上不可撼动的地位。

(二)第一部公共关系学著作是从传播学的角度入手

第一部公共关系学著作是从传播学的角度入手,并成功地从传播学的母体里剥离的。说起公共关系学的开创,我们一定要谈谈公共关系的实践家和公共关系学专家爱德华·伯尼斯。爱德华·伯尼斯(1891—1884),又译为爱德华.伯纳斯,生于维也纳,后移居美国。爱德华·伯尼斯首先是一位公共关系大家。他 1913 年受聘于美国福特汽车公司,担任公共关系部经理。被称为是"开启了承担企业社会责任先河"的人物。1919 年他和夫人在纽约开办了一家正式的公共关系公司,接受过多位美国总统和实业界巨头的委托,运用公共关系实务,成功地帮助他们塑造良好的社会形象,他一生也成功地策划过很多著名的公共关系活动,如为提高美国的全民素质而倡导的"读书运动";为美国(宝洁)P&G 公司的"象牙"牌香皂策划的赞助广播轻喜剧的活动——这种轻喜剧后来被人们称之为"肥皂剧";为纪念爱迪生发明灯泡 15 周年组织策划的"灯光佳节"活动等。

爱德华·伯尼斯还是世界上第一位公共关系学教授和专家。1923 年,伯尼斯认为有两件事情需要有人去做。一是写一本有关公关的书,因此,他出版了公关理论史上著名的里程碑式的著作《公共舆论的形成》;二是需要有人去讲什么是公共关系。因此,他在纽约大学以教授的身份首次开设并主讲了世界上第一门公共关系课程,成了公关史上第一个公共关系学教授。随着 1928 年《舆论》和 1952 年《公

①　(美)斯科特·卡特利普,阿伦·森特,格伦·布鲁姆等.公共关系教程[M].明安香,译.北京:华夏出版社,2001:95.

共关系学》的出版,伯尼斯构建了公共关系的理论体系。爱德华·伯尼斯在其将近80年的公关生涯中撰写的公共关系著作有16部之多,他的主要贡献就在于他一生都致力于公共关系学的学科化建设;他把公共关系学理论从新闻传播领域中分离出来,并对公共关系原理与方法进行较系统的研究,使之系统化、完整化,最终成为一门相对独立完整的新兴学科。爱德华·伯尼斯公关理论的核心是明确提出了"投公众所好"的公关原则,即:一个组织在决策之前,应该先去了解公众的需求和兴趣,然后有针对性地展开有科学理论指导的说服性宣传,在迎合公众要求中争取其支持。这被称为"双向非对称"的公共关系模式。鉴于他对公共关系事业的贡献,1990年,美国《生活》杂志把他列为影响20世纪社会进程的100个重要人物之一,盛赞他"构想并设计了现代公关业"①。由于其对公共关系学的特殊贡献而被后人尊称为"公共关系学"之父。

(三)公共关系的要素和传播学联系最密切

公共关系的要素和传播学联系最密切。公共关系有三大要素之称,即组织、公众和传播,这三个要素里面,传播要素本身就是传播学。就是公众或称之为"受众"也是传播学要研究的重要内容,三个要素有两个和传播具有直接的联系。

四、公共关系和人际关系

(一)公共关系和人际关系的共同点

公共关系是组织和社会公众之间的关系,使组织对社会公众施加影响,从而使公众和组织产生互动,完成公共关系过程。但公共关系不是凭空建立起来的,它最终要以人际关系为基础,完全不靠人际关系的公共关系是不存在的。尤其是在中国这个世界上最看重人际关系、也最重视人脉的国家,开展其他工作尚且离不开人际关系,更何况要开展公共关系,更需要大量的人脉资源。如果撇开人际关系凭空去谈公共关系,这不符合公共关系的现实,也几乎是不可能的。可以这么说,公共关系就在于无数的人际关系之中。

但个人交际和公共关系的关系毕竟比较复杂,争论颇多。很多公共关系的研究文章、专著和教材都排斥这种建立在私人关系之上的人际关系,反对把这种人际关系纳入公共关系的范畴,认为这种沟通是一种庸俗的不健康的关系,和公共关系格格不入。

---

① 爱德华·伯尼斯[OL].百度百科 (http://baike.baidu.com/view/1033374.htm)

其实,如果我们考察一下国内外的公共关系实践和案例就会发现,真正游离于人际关系之外的纯然的公共关系在社会现实中并不多见,而那种建立在人际关系之上、利用良好的人际关系达到成功的公共关系目的的案例可说是俯首皆是。这种状况大到国家(中法关系、中美关系、中泰关系、索马里解救人质事件),小到任何一个企业莫不如此。我们现实中的公共关系都或多或少地有一些私人关系和人际关系掺杂其中,恰当的、合理地利用私人关系达到公共关系的目的,既是社会的现实,也是不可能完全避免的,幻想把公共关系建立在超乎于任何人际关系之外,那只是一种理论可能,而现实中几乎不可能实现,我们没有必要否认这些。

下面采撷的是我国 2011 年撤侨行动中三个最真实的片段,这三个外交行动中都离不开个人交际的影子。没有我驻外武官平时积攒的良好的个人关系,我撤侨行动不可能这么顺利。

范例 1:

中国武官在利比亚机场护留学生归国

25 日清晨,中国驻利比亚使馆梅武官忍受着胃痛,和两名同事踏上了前往米市的道路。根据预先标出的线路图,他们绕道沙漠,避开危险,200 多公里的路程开车走了10 多个小时,终于安全抵达米市,见到了聚拢在此的同胞。

面对混乱的人群,他大声说:"请大家放心,我们是祖国派来接你们的外交官,我是中国武官!"

26 日 17 时,我驻马耳他使馆租借的邮轮抵达米港。梅武官通过朋友关系要求当地的临时管委会开放港口,把 1600 多名同胞送上了船。

历经艰辛的第一批同胞登上邮轮,徐徐离开港口,他们望着码头上风雨中留守的梅武官,流下了感动的眼泪:保重,中国武官!

……

范例 2:

杨武官一抵达目的地,就发挥自己的法语优势和人脉关系,迅速协调当地警方,为中国公民开通了不用排队、不用填表、直接入境的绿色通道。

好事总是多磨。突尼斯方面的工作刚做通,我方撤离人员却在出境时遭到阻挠,大量人员在利一侧滞留。

当天,利突边境地区气温骤降、风雨交加。由于与利方一侧无法通联,杨武官只能冒着风雨在边境线上等待。

突尼斯边境警察上前让他到一旁岗亭里避避雨,他说:"谢谢您的好意,我不能离开。我要让同胞在踏上突尼斯国土时第一眼就能看到我手中的国旗!"

24日凌晨,利比亚方面终于放行我第一批54名中国公民。

当他们进入拉斯杰迪尔口岸,第一眼就看到风雨中的五星红旗和红旗下的中国武官时,激动的泪水奔涌而出。

而杨武官已经在这里苦等了15个小时……

……

范例3:

"我们急需床位,越多越好!"我驻希腊武官李杰操着流利的希腊语在电话这头向克里特岛上的酒店经理们一遍又一遍地重复着这句话。

但因为是旅游淡季,克岛上大多数酒店已关门歇业,服务员也多放假回家了。此时要想协调出上万个床位简直就是"不可能完成的任务"。

在得知李武官要在一天之内拿下上万床位后,当地酒店经理们的第一反应都是"Impossible(不可能)"。

这不仅是因为时间紧迫,关键是还要让服务员们提前结束休假,返回工作岗位,这在一贯注重"享受"生活,甚至将休假视为基本"人权"的希腊简直就是难以想象的。

为了完成任务,李武官积极做酒店工作的同时,还迅速调动在希多年的社会资源和人脉关系,不仅请来在希留学时的老师同学帮忙,甚至还请出私交甚好的军警高层出面,最终仅用18个小时就协调了11家酒店的6500张床位,并在随后增加至14家酒店10 000张床位,确保了接应工作的顺利开展①。

所以,我们研究公共关系没有必要避讳公共关系中人际关系的这种沟通和交流。应当把良好的人际关系沟通纳入公共关系的研究之中,公共关系应当大张旗鼓去研究健康的人际关系,公共关系应该学会利用人际关系,提倡良好的人际关系是公共关系所必需。我们应当承认,没有良好的人际关系,公共关系无法达到最恰当的状态。

(二)公共关系和人际关系不同

当然,我们也应该承认,公共关系和人际关系毕竟不是一回事情。我们反对把人

---

① 中国武官在利比亚机场护留学生归国[N]. 解放军报,2011-02-28.

际关系完全排斥于公共关系之外,也反对用人际关系代替公共关系。

人际关系和公共关系两者的差别大体有以下几个方面:

1. 两者的性质不同

公共关系的行为主体是组织。公共关系是组织的管理职能,人际关系的行为主体是个人,人际关系是个人的交际技巧。人际关系又叫人群关系,是人们在进行物质和精神交往过程中发生、发展和建立起来的人与人之间的关系,这种关系具有私人属性。公共关系是组织为了生存或发展的需要而建立起来的与社会公众之间的关系。人际关系具有特指,具有非公众性质,而公共关系具有泛指,非私人性质。

2. 两者的目的不同

人际关系沟通的目的是和谐人与人之间的关系,让人们轻松愉快地交流。而公共关系的沟通则是为了让社会公众和组织产生互动,达到塑造组织形象的目的。两者的发生和形成的条件不同。人际关系自人成为人那一天就开始了,它伴随着人类的发展而发展,是人自身生存所必需的一种关系;公共关系是随着民主政治和市场经济的发展而产生的,是企事业单位、政府机构为了发展和生存、壮大而主动地和社会公众建立起来的一种良性互动的关系。

3. 两者的对象不同

公共关系的对象是社会公众,这些公众可能是个人,也可能是团体组织,公共关系和对象的交流具有开放性和传播性。人际关系的对象是私人关系,其对象肯定是个人,且大多数还都是自己的熟人或朋友,其交流具有私密性,不具有传播的意义。所以公共关系强调运用大众传播,而人际关系局限于人际传播。

公共关系和人际关系毕竟不是一回事情,它们之间的沟通从本质和意义上讲还是有区别的。我们没有必要因为公共关系而排斥人际关系,也不能拿人际关系来替代公共关系。

五、公共关系和形象学

从形象学的角度看,公共关系是以塑造和建设组织形象为主要研究内容的。形象学是一门新学问,在众多观点中,其中有一个观点就认为形象学是在公共关系学的影响下成长起来的。秦启文、周永康对形象下的定义比较复杂,"就客体而言,形象是人们在一定条件下对他人或事物的总体评价和印象,人是形象评价的确定者和评定者。……就主体而言,或者说站在主体的维度,形象是人或事物由其内在特点所决定的外在表现。……就主客体而言,形象是人们在一定条件下对他人或事物由其内在特点所决定的外在表现的总体印象和评价。从这种意义上讲,形象是关系,是在一定条件的人和一定条件的物在一定条件下的关系"①。

形象学是研究形象和塑造形象的一个专门学问,公共关系其中一个重要功能也是塑造形象和建设形象,从这点上说,公共关系和形象学的研究对象具有明显的重合与相似性。

六、公共关系和艺术

公共关系是一门学科,但同时也具有某些艺术方面的属性,所以有人把公共关系看成是一门艺术与科学相结合的独特的学科。国际公共关系协会 1978 年发表的《墨西哥宣言》就称"公共关系是一门艺术和社会科学。它分析趋势,预测后果,向机构领导人提供意见,履行一系列计划和行动,以服务于本机构和公众的共同利益"②。

公共关系的这种艺术性主要表现在以下五个方面:

(1) 公关工作操作层面的智慧性、公关实务的技巧性和达到双方共赢的愉悦性是公共关系工作所要求的艺术性境界。

(2) 对不同的观众,公关人员采用不同的公关手段,让所有公众都满意,达到与公众的完美和谐性。如公关技巧中的说话艺术就是语言的艺术性表达。对不同的人说不同的话,可以悦耳,让人心身快乐。再如,公共关系中的礼仪艺术可以展示出公共关系人员的良好素养和高雅品位,让人赏心悦目。

(3) 成功的公共关系活动应该是一种艺术的气氛。能够从理智、感情、心理等不同层次对公众潜移默化,不落痕迹地影响对方感染对方、引导对方,使对方自觉自愿地成为你的朋友,形成一种"人和"的境界。公共关系靠的不是"压力",而是一种"吸引力"、"影响力"和"号召力"。公共关系的成功与否,取决于公共关系运用的艺术性和技巧性。这与公关人员的素质是密切关联的。

(4) 公共关系中的形象塑造就是艺术性地去设计形象、表现形象,让公众接受形象,并把形象提升到赞美的程度。

(5) 公共关系的传播需要运用多种公共艺术手段,让公共关系的传播与艺术达到完美的结合。

---

① 秦启文,周永康. 形象学概论[M]. 北京:社会科学文献出版社,2004:9.
② 王乐夫,廖为建. 现代公共关系学概论[M]. 北京:高等教育出版社,1994:16.

七、公共关系与广告

"公关第一,广告第二"①。"广告是付费的公关"。"任何广告都是公关"。有关广告和公共关系的言语不时流传,这些流行语都昭示了广告与公共关系的关系。广告和公共关系是一对亲兄弟,但两者毕竟又不是一回事情。

(一)广告和公关的关系

广告和公共关系的关系越来越密切。过去,我们说广告是付费的,现在公共关系也需要付费,尤其是公共关系系列广告的流行,更是把广告和公共关系做成了合而为一。用广告宣传公关主体,公关主体通过广告进行对外宣传,变成广告里面有公关,公关里面有广告,两者糅合在了一起。

中央电视台一套和四套播出的城市形象广告,还有大量的公益广告、品牌形象广告、祝贺广告、同情广告、抗辩广告、致谢广告、实力广告等,它们都是广告,同时也是公共关系。再如,在我国金融业,各银行为了提高行业形象,提高美誉度,争取尽量多的客户,吸纳存款,充分利用广告,尽可能地进行形象宣传。用以提高行业形象。这即是在做广告,也是在做公关宣传。

(二)广告和公共关系的目标差异

1. 传播的目标不同

公共关系的目标是赢得公众的信赖、好感、合作与支持,树立良好的整体形象,"让别人喜欢我";广告的目标是激发人们的购买欲望,对产品产生好感,"让别人买我"。

广告和公共关系的不一致主要表现在:广告中最多的是产品广告,产品广告尽管也可以间接地提高企业的知名度和美誉度,但产品广告的主要目的是提升产品的知名度,广告主关注的主要是产品的营销额的高低。公共关系的目标是赢得公众的信赖、好感、合作与支持,树立良好的整体形象,"让别人喜欢我";广告的目标是激发人们的购买欲望,对产品产生好感,"让别人买我"。

2. 传播原则不同

广告的信息传播原则是引人注目。只有引人注目的广告,才能使企业的产品和服

---

① (美)里斯(Ries,L.). The Fall of Advertising and the rise of PR[M]. 虞琦,罗汉,译. 上海:上海人民出版社,2004:18.

务广为人知,激发人们的购买欲望,最终达到扩大销售和服务的目的。

公共关系传播的原则是首先真实可信,其传播的信息都应当是真实的、可信的,绝不能有任何虚假。当然,公共关系信息传播也要讲究引人注目,但"引人注目"从属于真实性,是为真实性服务的。

3. 传播方式不同

广告为了引人注目,可以采用各种传播方式,包括新闻的、文学的及艺术的传播方式,可以采用虚构的乃至神话的夸张手法,以激起人们的兴趣,加速人们的购买欲望。

但公共关系的传播方式,是用事实说话。其信息传播手段主要是新闻传播的手段,如新闻稿、新闻发布会、报纸、杂志等。这些传播手段的特点是:用信息的真实性、客观性及其内在的新闻价值说话,公共关系成功的关键不在于当事人运用什么哗众取宠、耸人听闻的表现手法,而在于善于选择适当的时机,采用适当的形式,通过适当的媒介,把适当的信息及时、准确地传递给目标对象公众[1]。

4. 传播周期不同

通常来说,广告的传播周期是短暂的,短则十天半个月,长则数月或一年,一般不会太长。相对来说,公共关系的传播周期则是长期的,其任务主要是树立整个组织的信誉和形象,急功近利的方式是很难奏效的,做广告并不等于进行公共关系。但是,公共关系工作可以采用广告。

范例:

哈药集团的系列广告的效应

哈药集团的系列广告都是以产品广告作为主打的,其目的是提升销售额。如"严迪"广告、"朴欣"口服液广告、"新盖中盖"广告、"葡萄糖酸钙口服液"、"钙加锌口服液"、"三精双黄连口服液",等等,我们是伴随着药品名称才知道哈药集团的。

几年前,哈药集团就开始大量的广告投放,广告投入每年大概以3倍的速度增长,有的产品已经做到客户预付款,企业从中尝到了很多甜头。据了解,以集团下属的哈尔滨制药三厂为例,该厂1996年没有广告投入,当年销售亏损;1997年投放1000万元,销售额达到1亿元;1998年投放2000万元广告,销售额达到2.2亿元,到了1999年广告投放到2亿元,销售额高达8.6亿元。2003年,哈药集团的广告费用是6.19亿元,2004年哈药集团的销售额继续在与广告投放同比增长,而且这种高增长是在去年44.9亿元的基础上实现的。

---

① 谭昆智,齐小华,马志强.现代公共关系学导论[M].北京:清华大学出版社,2010:200.

哈药集团董事长兼总经理刘存周在 2004 年 6 月的天津药交会上说,哈药集团今年的销售额将增长 40%,即销售收入超过 60 亿元。2004 年,哈药集团一年的仅仅广告费用估计就有 11 亿元,但砸出的销售额估计会有 80 亿元。

(三) 广告和公关的本质区别

1. 广告是进行公关的手段

广告只是进行公共关系的一个手段。为了迅速提高公关主体的知名度和美誉度,公共关系有时会借助广告来进行宣传,这时广告是被作为一种公关手段来使用的,公共关系是在利用广告的"爆炸效应"来宣传公关主体。

广告的任务就是策划广告和发布广告,广告发布以后,广告公司的任务也就大功告成了,而公共关系是比广告更为复杂的一个过程。做广告,只是公共关系其中的一个任务,而不是全部任务。从这个意义上来说,公关第一、广告第二的说法还是有一定道理的。

2. 广告和公关花钱的区别

广告是花钱买吆喝,公共关系是花钱买知名度和美誉度。对公共关系来说,广告播出只是公共关系完成了公关媒体宣传的阶段任务,广告之后,大量的公共关系的传播沟通还需要继续完成。对主体来说,知名度可以靠广告轰炸很快提升,但美誉度却需要公关主体做"善事",进行长年积累。通常来说,广告的传播周期是短暂的,而公共关系的传播周期则是长期的,其任务主要是树立整个组织的信誉和形象,急功近利的方式是很难奏效的。美誉度的问题主要不靠广告能完成的。考查广告效应主要看广告主的知名度是否提高,是看产品营销额的高低。而考查公共关系的好坏则是看公关主体美誉度的提升与否,是看公众对公关主体的认可程度。

3. 广告与公关的效果

广告的效果是局部性的、战术性的,而公共关系的效果则是战略性的、全局性的。一般来说,广告的效果是直接的、可测的,其经济效果是显而易见的,对某项广告而言,其效果也往往是局部的,只影响某个产品或某项服务的销路。

公共关系的效果则是战略性的、全局性的。一旦确立了正确的公共关系思想,并开展了成功的公共关系工作,企业就能在外界建立起良好的信誉和形象,使组织受益无穷,而且社会各界也会因此受益匪浅。成功的公共关系所取得的效益,应该是包括政治、经济、社会等各方面效益的社会整体效益。一般来说,这样的整体效益是难于通过利润的尺度来直接衡量的。

4. 公共关系广告

为了大力宣传组织的形象,迅速提升组织的知名度或美誉度,组织会借助媒体进行组织宣传,这就是公共关系广告。公共关系广告是广告和公共关系结合的最佳产物。公共关系利用广告的轰动效应宣传组织形象,提高组织的知名度和美誉度。

我国各大旅游城市,为了提升区域的知名度和美誉度,塑造城市形象,在中央电视台中常年做城市形象的系列广告宣传。

范例:

我国部分区域的公关广告宣传

"浪漫之都,时尚大连"

"好客山东欢迎你"

"民营企业之都——温州"

"中国小商品之城——义乌欢迎您"

"最适宜人类居住的地方——山东烟台"

"北国水城——聊城"

"美丽乡村、梦里老家——江西婺源"

"要想身体好,常来海南岛"

"渤海之滨,黄河之洲——山东滨州"

"爽爽的贵阳—中国避暑之都"

"绿色石油之都,百湖名城——大庆"

"迷人的海峡——福建欢迎您"

"华夏之文明　山西好风光"

"革命圣地——魅力延安"

"拜水都江堰　问道青城山"

"走进沙家浜、感受山水城、常来常熟"

"游三峡、探神农、登武当、品三国、逛武汉,湖北欢迎您"

"美丽成都、共同创造,一起分享"

"选择新乡、选择成功——中国新乡"

"这里是黄河入海的地方,石油之城、生态之城——山东东营"

"活力广东'粤'游'粤'精彩"

"人人共建、人人共享——重庆"①

这些广告,肯定会增强城市美誉度,让城市形象深入人心,招徕更多的游客。其目的就是通过优美形象画面去打动人、感染人。

八、公共关系与宣传

公共关系需要以宣传作为自己的工具,通过产品或形象传播,间接地起到树立该组织形象的作用,而活泼清新、充满艺术性魅力的公关宣传,更容易为公众接受。公共关系工作也能对广告和营销起到指导作用,它可以确定广告传播的主题、对象、方式和周期。

宣传报道是公共关系的一种重要工具或手段,但从总体上看,公共关系活动不但要正面地宣传组织,还要化解危机事件;不但是要"赞美"组织的产品,还可能要影响某些特定的消费群体,促进消费者对组织产品的兴趣。

(一)宣传内涵

1. 宣传是有意识的传播活动

宣传是为特定目的而有意识进行的活动。从现代汉语的语法的角度看,"宣传"是由"宣"和"传"两个词根语素构成的一个合成词,本意就是传播沟通②。现代意义上的宣传就是为了某种特定目的而有意识进行的传播活动。我们可以从宣传主角、宣传对象、宣传内容等方面对宣传进行分析。根据不同的分类方法,宣传可以分为很多类。例如,根据宣传的主动情况,宣传可分为主动宣传和被动宣传,根据宣传的效果可分为有效宣传和无效宣传,根据宣传对被宣传人的关系可以分为强迫宣传和非强迫宣传等。

2. 宣传具有强烈的目的性

宣传的目的就是为争取公众。任何宣传都是为了某种目的而进行的,其目的就为了争取公众,让公众相信自己的真实,接受自己的理论,同情自己的观点,毫无目的的宣传是没有的。宣传具有某种强制性,为了达到宣传的效果,只要可能,宣传总会选择硬性手段,采取柔和手段是无奈和迫不得已的妥协。宣传也有很强的功利性,任何宣

---

① 谭昆智,齐小华,马志强[M].成都:现代公共关系学导论[M].北京:清华大学出版社,2010:190.

② 蒲永川.公关写作艺术[M].成都:四川大学出版社,1992:146.

传都是为了有利于自己。影响公众价值取向，引导公众行为，没有为对方利益而作的宣传。

宣传的具有强烈的鼓动性。这种鼓动性在特定情况下可以迅速感染给公众，激起公众情绪，促使公众立即采取行动，这种鼓动性是政治家和演讲家最拿手的。宣传是一个克敌制胜的利器，敌对双方都会开动宣传机器，宣传自己的观点、攻击对方、争取公众的支持，让自己占据主动地位。美国前总统艾森豪威尔在总结两次世界大战各国的宣传经验时，曾感慨地说，在宣传上使用 1 美元等于在国防上使用 5 美元。美国前国务卿基辛格也颇具意味地说，一座电台比一架 B—52 战略轰炸机还能更有效地对某个国家产生压力。

现代的宣传范围很广，任何人都可以是宣传者，也可以是被宣传对象，当代世界没有不接受宣传的人。宣传的手段也很多，讲话指示、开会发言、聊天闲谈、新闻广播、小道消息、翻嘴挑舌、造谣惑众、广告公关、报纸杂志、街头吆喝、散发传单、刊登告示、论辩讲理，甚至推销、吵架和某种肢体语言，都是一种宣传。

（二）公共关系与宣传的关系

1. 公共关系也是宣传

笼统地说，公共关系也是一种宣传，因为公共关系就是彰显组织优势，宣传组织的优点，最大限度地做到人人皆知，人皆说好。要做到这些，就要靠宣传，就要调动各种手段去鼓动公众。说公共关系就是宣传，是因为公共关系也是为了完成特定目标，充分利用各种宣传手段造势，达到争取公众、影响公众的目的。

公共关系就是组织表扬自己的一个过程，也是组织开发自身优点、发现自己好处的过程。公共关系的基本功能，一是塑造形象，二是交流沟通。其两个功能都要运用到宣传手段。

2. 公共关系宣传目的是提高组织知名度和美誉度

开展公共关系，就是为了提高组织的知名度和美誉度，彰显组织形象。那我们怎么提升组织的知名度和美誉度呢？那就是要通过各种手段宣传组织主体本身，宣传组织文化、组织品牌、组织能力、组织优势、组织产品，让公众记住组织名称，关心组织发展，对组织产生亲和力和信任感，完成影响公众这一潜移默化的过程。从这一点上说，公共关系和其他宣传没有区别。

3. 宣传、公关与塑造组织形象过程是交织的

公共关系是一个过程，宣传也是一个过程，塑造组织形象仍然是一个过程，在一定

时期,这三个过程是交织在一起的。这主要表现在,现代宣传开始糅合运用公共关系的手法,扬弃了传统宣传的僵硬和直白的手段,更注意运用感染和人性化的手法,让人容易接受。

例如,现在的政治竞选,为了赢得选举,除了宣传自己的竞选政治主张以外,已经发展到拍摄竞选人的生活纪录片,宣扬竞选人的日常生活,街头张贴竞选人的大幅照片,竞选参加者的竞选演说的现场总会拉上太太(美国前总统竞选人希拉里.克林顿拉上的是丈夫),甚至带上孩子,充分展示竞选者人性化的一面,全方位地塑造竞选者的个人形象。其目的就是冲淡一些政治氛围,贴近公众,拉拢公众、争取公众。

(三) 公共关系与宣传的区别

1. 公关宣传不具强制性,政治宣传具某种强制性

公共关系在形象方面的宣传和其他宣传的最大区别是宣传具有某种强制性,尤其是政治宣传这种强制性最为明显。而公共关系采取的任何手段的宣传只能去感染人、打动人,而不能有强制性。从受众的角度来说,政治宣传更多地呈现单向性和被动性,而公共关系宣传则更多地呈现双向性和互动性。

例如,为了一定的政治需要,政党和政治组织宣传自己的主张是具有排他性的,他们在宣传自己的政治主张时,使用广播电视、报纸杂志、传单公告、发布主张和观点,等等,都具有强迫性,使受众感到一种无形的压力,有一种不接受就不行的高压。但是,公共关系在塑造和宣传组织形象时,就不具有强迫性,因为强迫的结果往往是适得其反。公共关系的宣传只能以情感人,以真感人,允许反面意见,更允许存疑。

2. 公关宣传为组织服务,政治宣传为特定的集团服务

我们应该清楚,政治宣传和企事业单位进行公共关系宣传、塑造形象的目的有所不同的。

(1) 政治宣传是为了政治价值最大化。政治集团都离不开宣传,在特定时期也会进行公共关系宣传。但政治集团进行宣传包括政治集团进行公共关系宣传是为了得到最好的美誉度,让政治集团的形象深入人心,让公众拥护它、支持它,巩固执政能力,以谋求政治价值最大化。

(2) 企事业单位进行公关宣传是为了实现企事业经济价值最大化。进行公共关系宣传、提高知名度和美誉度的目的还是为了让公众从关心企事业单位开始,过渡到关心企事业单位产品或服务,进而采取行动,让公众最大限度地购买企业产品或和企事业发生服务或被服务等关系,从而实现企事业单位经济价值的最大化。从这方面来说,宣传是为公共关系服务的,而公共关系又是为组织服务的。

3. 公共关系宣传是通过交流沟通来实现

(1) 宣传的交流沟通和公共关系的交流沟通的最大区别在于内容和目的上。公共关系需要交流和沟通,宣传也需要交流和沟通。这种沟通交流主要是小范围或点对点进行的。这在传播学里面叫小众传播,这种沟通的最大特点是互动的,是信息频繁流动的过程,语气是平和的。宣传的交流沟通一般叫谈话,或叫思想政治工作,其目的是了解对方的想法,说出自己的想法,希望对方接受自己的观点。

公共关系的交流沟通多发生在公共关系发生障碍时,沟通的双方通过谈话,进行信息流动,了解对方诉求,最后达成某种妥协,取得某种谅解,其目的是增进了解,消除误会。

(2) 宣传在于强行灌输,公关教育在于交流沟通。宣传是一种灌输和说教,宣传的作用在于强行灌输,通过大量的理论说教达到让人必须相信、不相信不行的效果。公共关系做得好,就会变成了艺术。和其他艺术一样,公共关系是塑造美、展示美的。公共关系的美存在于公共关系的整个过程中,它通过潜移默化、细雨润物的方式把公关主体的优势植根于公众心中,对公众进行了教育,公共关系的教育作用就是通过美来感染人的,是通过交流沟通来实现的。

(3) 宣传是打击敌人利器,公关宣传是让自己脱颖而出。公共关系宣传和一般宣传的另一个区别,是宣传还是一个打击敌人的利器,它揭露对方,提出对方观点的谬误,攻击敌方主张的不成立,从而为己方观点的确立提供最大的空间。

而公共关系却没有这种功能。公共关系宣传只能宣传自己,褒扬自己,让自己脱颖而出。公共关系脱胎于市场经济,是以市场的良性竞争为基础的。良性竞争和恶性竞争的差别就在于良性竞争不得攻击竞争对手,止于发展自己,可以和对手共存共荣。而恶性竞争是以对手的失败和消失为前提的,或以坑蒙拐骗,或造谣中伤、陷害对手。为了自己的生存,恶性竞争是不择任何手段的。公共关系宣传严禁采用任何攻击的宣传手段。

九、公共关系和营销

当企业去营销自己产品时,从企业到公众之间,就要建立一种关系,这种关系是一种信任、了解和沟通的关系,这里面就需要公共关系,它是一种告知和沟通,甚至是品牌和形象的建立。公共关系就是要告之公众应该接受什么样的信息,这其中包含有主动和被动两种形式。

（一）销售是对产品或服务的宣传

销售就是企业对其产品或服务进行宣传，影响公众态度以购买其产品的过程。对现代企业来说，产品生产出来，其目标才算实现一半，只有把产品全部售出，才算是最终目标的实现，所以企业只要有产品或服务需要销售，那就有一个营销的问题。

谈到营销与公关，人们很容易陷入一种非常传统的思维定式之中，把营销简单地归纳为卖东西，把公关简单地理解为促销服务的一种工具。这种看法在一定程度上限制了人们的思维，使得公关不能把它拥有的能量更好地发挥出来。

（二）营销领域的权威人物

1. 菲利普·科特勒(Philip Kotler)

在 20 世纪 80 年代中期以前，他一直回避关于"公关"的提法。在他学术著作《营销管理》的早期版本里，只使用"公共宣传(Publicity)"这个词语。他认为，公关只是市场传播中与广告及其他促销方式并列的工具之一。科特勒的观点直接影响了当代营销学界的主流观点。随着公关的作用和影响日趋增大，人们开始认识到公关的重要作用，同时对"公关"有了更加全面的认识。科特勒教授由此提出了"大营销"的理论。

10Ps 的市场营销模式是菲利普·科特勒提出的，10Ps 的营销模式即战术性 4Ps＋战略性 4Ps＋大市场营销 2Ps。具体内容如下：

战术性 4Ps 是：产品 Product(产品组合、产品生命周期、新产品开发、商标、包装)；定价 Price(定价目标、原理、方法、策略)；分销渠道 Place(宽度、深度)；促销 Promotion (广告、人员推广、营业广度)。战略性 4Ps 是：市场调查与预测 Probing；市场细分 Parcitioning；目标市场选择 Proriting；市场定位(产品定位)Positioning。大市场营销 2Ps 是政治力量 Political Power 和公共关系 Public relations①。

2. 托马斯·哈里斯(Thomas L. Harris)

现代营销领域另一位代表人物托马斯·哈里斯。托马斯·哈里斯对于公关作出了更加全面科学的界定。在他第一部关于营销公关的专著《行销公关》中，把公关分为"营销公关"和"企业公关"，"营销公关"其作用是支持营销计划的实施②；而"企业公关"的作用是处理一般性的公众事务为主，支持企业的整体目标。哈里斯教授把产品宣传、赞助活动、举办特别活动、参与公共服务、编制宣传印刷品、举办记者招待会、邀请

---

① 谭昆智.营销管理[M].广州：中山大学出版社,2005：1.
② 托马斯·哈里斯.行销公关[M].吴玟琪,苏玉清,译.台视文化出版社,1997：42.

媒体参观采访、支持往来厂商及其业务,等等,都列入了"营销公关"的范围;而企业与媒体的关系、与股东的关系、与政府机构的关系、与社区的关系、员工交流沟通、公众事务运作和企业形象广告,等等,列入了"企业公关"的范围。

哈里斯的理论进一步丰富并完善了当代营销学的理论体系,他的研究成果也得到了当代营销界的普遍认同。菲利普·科特勒为哈里斯的书作序,称其不只是营销公关的"第一本书",而且是"经典之作"。

(三)营销和公共关系的关系

1. 公共关系与营销相辅相成

现代营销已不仅仅是卖出去产品就行的概念,而是在卖出产品的同时也宣传了品牌,顾客在购买产品的同时,也购买了概念,开始了对品牌的了解和跟踪。现代营销已经把公共关系和营销紧密地结合在一起。公共关系作为促进企业与公众之间相互沟通与了解的重要手段,有着广泛的涵盖领域,这包括了主体与受众的广泛性以及和传播手段的多样性。公共关系作为企业的一种营销手段时,也并非仅仅是产品的广告、促销宣传这么简单,同时还包括了企业战略层面各种关系的协调与处理,是一种更高层面上的营销战略。公关能够在更高的空间维度上,协调促进企业战略、品牌建设、产品营销等各方面的协同发展。可以这么说,企业越正规,企业规模越大,其营销和公共关系的结合就越紧密。只管卖出去就行的传统营销,已经不适宜今天的企业发展。

如果把市场营销的核心内容——产品、价格、渠道、促销——比作企业市场营销管理的硬件,那么,公共关系则是企业市场营销管理的软件。它通过塑造企业的形象,使消费者树立起对企业的信任以及对其产品的信心,成为企业忠实的顾客。另外,通过成功的市场营销销售的产品,能使消费者心目中树立起对企业的信任,从而建立起良好的企业形象,推动公共关系活动的顺利进行。从这一点来看,公共关系与市场营销是相辅相成的。

2. 公共关系和营销的区别

公共关系与市场营销有大量相同、相似的方面,但是,毕竟它们不是一个学科,有着很大的区别。公共关系和营销的区别主要有以下几个方面:

(1)两者适用范围不同。公共关系的适用范围比市场营销的适用范围广得多。市场营销是企业独有的一种经济活动,而公共关系则适用于包括企业在内的一切社会活动,如可适用于政府机关、教育、社团等组织。在企业中,市场营销只是企业经营管理的一个方面,而公共关系则贯穿于企业管理的全方位、全过程;市场营销的对象是消费者,而公共关系的公众除消费者之外,还有政府公众、社区公众、媒介等。

（2）追求目标不同。市场营销以推销产品为目标，是一种纯粹的商业性行为，考虑较多的是实现企业的经济利益。而公共关系是关于一个组织与较为广泛的各种公众的相互影响或制约关系，追求的是组织形象，以实现社会整体效益为目标。

（3）工作内容不同。市场营销工作内容围绕产品、价格、渠道和促销等四个方面来展开；而公共关系工作的主要内容则包括收集信息、调查研究、策动传播、评估分析等，比营销管理更复杂，虽然这些工作也渗透于企业的某些环节，但公共关系学毕竟取代不了科学的管理，不能代替企业销售渠道网络，更不能弥补产品本身的缺陷，花费大量的人力、物力举办记者招待会等公关活动替代不了合理的工作措施。

第二章 公共关系的三要素

第一节 公共关系的主体——组织

公共关系的三要素就是公共关系的主体——组织、公共关系的客体——公众、公共关系的媒介——传播。公共关系的三个要素是相互关联的,是一个有机整体。没有主体组织,公共关系就没有开展的意义;没有公众,公共关系就没有了对象;而没有传播,公共关系的组织和公众就不会有很好的沟通。

三者之间的关系可以如图 2-1 所示。

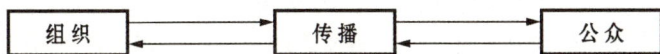

| 组织 | ← → | 传播 | ← → | 公众 |

图 2-1 公共关系三要素之间的关系

一、组织的意义

(一) 组织的定义

什么是组织? 不同的学科给组织的定义都不一样。在现代组织理论中,巴纳德认为:"由于生理的、物质的、社会的限制,人们为了达到个人的和共同的目标,就必须合作,于是形成协作的群体,即组织。"这是一般意义上的组织概念,它的核心是协作群体即组织,目的是实现个人及群体的共同目标。它隐含的意思是人们由于受到生理、物质及社会等各方面的限制而不得不共同合作。也就是说,如果人们没有受到任何限制,凭个人的力量也可以实现个人的目标,那就没有必要组织起来。从这个意义上来说,组织是一种从被迫到自愿的协作群体和协作过程①。

根据国内外有关学者的最新研究,我们组织的定义是:"所谓组织,是为有效地配置内部有限资源的活动和机构,为了实现一定的共同目标而按照一定的规则、程序所构成的一种责权结构安排和人事安排,其目的在于确保以最高的效率使目标得以实现"②。组织是公共关系的第一构成要素,是公共关系的主导,它决定了公共关系的状态、活动、发展方向。

从公共关系定义中,我们可以看出组织有以下几个基本特征:①组织具有一定数量的、较为固定的成员。这是组织最重要的特征。没有人的活动和参与,一切组织都失去了任何意义;②组织具有特定的目标;③组织具有实现目标的结构和手段;④组织具有特定的管理功能。

(二)组织的分类

根据不同的标准,可以把组织分为不同的类别。分类是明确概念外延的最好办法。分类的目的就是为了更加准确地把握"组织"的外延。

下面我们根据需要对组织进行分类。

(1)根据空间意义上的大小和行政区划的不同,组织可以分为洲、国家地区、国家、省、市、县(区)、乡(镇)、村等不同的区域。"区域"是一个地理学意义上的概念,公共关系对组织空间意义上的划分具有实际的意义。如生活中常用到的"亚洲形象"、"欧盟形象"、"东南亚"、"非洲地区"、"国家形象"、"城市形象"、"村镇形象"等就是从空间和行政区域的意义上划分的。

(2)根据所从事的工作的不同,我们可以把组织分为机关、事业单位、企业、群众团体等。如政府系列里的"教育局"、"文化局"等,党的系列的"宣传部"、"统战部"等就属于机关性质;如各类学校、医院和机关管理的下属二级部门就是事业单位。这种分类,是公共关系最常用、最经典的分类。公共关系所指的组织,多是这类组织。

(3)根据所属行业的不同,组织可分为经济组织、政治组织、教育组织、医药组织等;还可以分为工业组织、农业组织、商业组织、高新技术产业组织、房地产业组织等。

(4)根据系统的性质不同,可以分为国有企业组织、民营企业组织等;可以分为党组织、政府组织等。

---

① 组织的定义[OL]. 中华会计网校 http://www.chinaacc.com/new/635_652_/2009_9_22_le11511431511229900026834.shtml.

② 组织[OL]. 中华互动百科,http://www.hudong.com/wiki/%E7%BB%84%E7%BB%87.

(5)根据规模的大小,组织可分为大型企业组织、中小型企业组织等;还可以分为大城市组织、中小城市组织等。

公共关系对组织的分类,就是为了在公共关系工作过程中更好地明确组织的外延,明确组织的作用。

（三）组织环境

任何组织都不是生活在真空中,都有一个生存的环境。环境是指组织所处的处境,也指组织所处的一个自然和社会系统。组织从建立起就开始置身于这个环境中,并受着环境的影响。环境构成了组织生存发展的一个复杂的系统,对系统的各个要素互为条件、互为因果,相互制约,联系紧密,制约着组织的各个方面,给组织产生影响。组织的环境有宏观的,也有微观的。组织的宏观环境是指组织赖以生存的大的政治环境、经济环境、文化环境、自然环境、时代及国际环境等。微观的环境是指和组织密切相关的小环境,如所处的地理区位、本地的资源状况、本地的气候状况、本地的教育环境、本地的人群素质、本地的交通环境、本地人的思想意识、本地人的价值观等。

社会环境为组织提供了发展存在的空间,组织的一切行为都受环境制约。任何组织和任何人都不可能跳出所处的环境。环境可以改造,但不能完全抛弃。环境可以利用,但不能超出环境的制约。例如,为什么我国一直到 20 世纪 80 年代才开始改革开放,那是我国当时所处的所有环境加在一起所决定的。同样是资本主义市场经济,同样是开放竞争的社会,为什么公共关系这一行业出现在 20 世纪的美国,而没有出现在欧洲。这也是美国当时的社会、政治、经济环境所造就的。开展任何形式的公共关系都需要考虑到组织所处的环境,考虑到环境对组织的影响和制约,必须因时因地,恰当地利用环境,开展合适的公共关系。不顾现实、不顾环境进行的公共关系肯定是要失败的。

二、组织对公共关系诉求的动因

一个组织,不会无缘无故地对公共关系产生诉求,任何组织开展公共关系活动都有一定的动因。这个动因是组织学习、利用公共关系的原动力。这种动力可能来自于组织内部,也可能来自于外部。

（一）环境的诉求

环境就是组织所处的处境,也就是组织所在的一个系统。根据生存压力产生发展动力的原理,假如一个组织的生存状况良好,假如一个组织不存在任何生存压力,组织就缺乏发展和前进的动力,就没有必要去开展公共关系工作,因为开展与否并不影响组织的生存和发展,这种原理来自人们天生的"懒惰"法则。假如一个组织有来自同行的高度竞争,有来自社会公众的非议或诟病,有来自市场经济的"适者生存"的法则,不开展公共关系就有可能失败或倒闭的危险,组织就有了开展公共关系工作的原动力,就有了必须生存和发展下去的压力。一个组织是否开展公共关系最终取决于它的生存压力,取决于市场经济的竞争状况,也就是环境压力。其实公共关系行业的创建并发展,也是这个原理起作用的结果。公共关系行业在美国能出现,主要取决于美国市场经济的压力,取决于美国各方面激烈竞争,取决于美国当时的政治和文化等条件,没有这些成熟的条件,公共关系行业也不可能在美国孕育出来。各类组织都想在竞争中生存,都想在竞争中发展壮大,都想占据优势,从而也就有了"自己夸自己"的公共关系行业。

(二)谋求政治利益的最大化的诉求

根据公共选择理论的个人主义方法论,我们可以对组织作不同的假设,组织是由人构成的,在政治市场上,组织是理想的自利主义者,它追求的是自我利益的最大化,只不过目标的实现,所依靠的是组织这个主体。谋求政治利益的最大化是组织所追求的目标,开展公共关系工作,塑造组织的美誉度和知名度,提升组织的形象,让社会公众赞美组织,从而使组织很容易和公众完成各类互动,达到组织的目标,公共关系这时就成了组织实现政治利益最大化的手段之一。对于任何组织而言,实现政治利益最大化的因素都是存在的,只是多寡不一。终极目标是追求政治利益最大化的组织,主要是政府机关、事业单位、社会团体等各类没有经济指标意义的组织。

(三)谋求经济利益最大化诉求

根据公共选择理论的个人主义方法论,组织在经济市场上也是个理想的自利主义者,它做的一切都是要赚取利润,追求的是组织经济利益最大化。这些组织开展公共关系工作,提升组织形象,和社会公众良好互动的目标就是经济利益,是为了实现其财富的增值。公共关系对这类组织而言就是一种为了利益而采取的手段。对经济组织而言,不论话语讲得多么美妙,不论调子定得多高,其活动都要以经济利益最大化为主要目标。没有经济利益,其余的一切都不会存在。追求经济利益最大化的组织主要是企业或有经济指标意义的其他组织。对这类组织而言,追求政治利益最大化和经济利益最大化并不矛盾,任何组织在赚钱的同时也希望别人都说好,组织在赚钱的同时也希望在社会政治方面有一席之地。

三、组织现实的公共关系状态

在开展公共关系时,任何组织都要有一个自我的评估,即对组织自我的公共关系进行一个正负向作用的双向对比,如果公共关系对组织发展的正向作用大,则组织开展公共关系工作的可能性就大。如果公共关系工作对组织发展的作用不明显或负向作用大于正向作用,或成本代价过高,则组织开展公共关系工作的可能性就会小一些。

(一)部分组织已经能够意识到公共关系的重要性

目前,一部分组织已经能够意识到公共关系的重要性,已经开始自觉地运用公共关系,经常对组织本身的公共关系进行评估,使组织形象由自然存在的状态转变为有意识地塑造和维护状态。公共关系在一些经济组织中开展得比较早。在20世纪八、九十年代,众多企业就在自己的组织中设置了"企划部"、"公关部"、"客服部"、"对外联络部"等专门的公关机构,尝到了公共关系对企业的正向推动作用。而一些非经济组织是在本世纪才清醒地意识到公共关系对其利益追求的正向作用的,这才有了"政府公关"、"大学形象"、"城市形象"之说。在追求利益最大化方面,经济利益最大化需求总比政治利益最大化需求来得更现实一些,所以也就更敏感一点,动手就早一步。这从对公共关系的利用上就可以看得出来。

(二)多数社会组织还没有进入公共关系工作状态

时至今日,多数社会组织还没有进入到公共关系工作状态中,还不懂得什么是公共关系工作,还不知道公共关系对自己组织的正向作用,从而把公共关系束之高阁。现在,社会上的众多危机事件,网络爆出的众多组织危机,其处理的结果常常是令人失望,缺乏最起码的艺术手段,缺乏最起码的人理、人情,给人留下不好的印象,这些组织在危机事件的处理中不会利用公共关系。我们党和国家对汶川大地震的处理非常成功,是一次最成功的危机事件的处理,其中的公共关系作用功不可没。但这并没有给一些组织起到提醒作用。

范例:

宁夏吴忠市利通区公安分局抓人事件

宁夏吴忠市利通区公安分局称,2010年10月15日,马××带着搜集到的30余封匿名举报信,到利通区公安分局刑警大队报案,称有人向共青团银川市委等部门投递匿名邮件,编造马××匿名检举团委同事等事,对其名誉造成伤害。从笔迹来看,马××怀疑这是他大学同宿舍的王×所为,由于缺乏证据,不能确定王×的住址,因而无法提起民事诉讼、刑事自诉,只能向公安机关报案。经过笔迹鉴定,确认大部分匿名信件均出自在兰州工作的王×之手,公安机关针对部分信件反映的问题侦查发现,匿名信反映的情况不实。11月23日,分局以涉嫌诽谤罪赴甘肃省兰州市对当事人王×实施刑事拘留。但王×否认他曾在网上发帖,只承认写过两封匿名信,一封是辱骂马××的信,一封是向共青团银川市委反映马××在校学习较差等问题的信。

12月1日22时许,宁夏吴忠市公安局向新华社记者通报,该局已经做出《关于纠正王×涉嫌诽谤案件的决定》,责令利通区公安分局立即撤销案件,对王×解除刑事拘留,并按照错案追究的有关规定,追究相关人员的责任。

12月2日,吴忠市紧急召开新闻发布会称,"跨省刑拘"事件发生后,吴忠市委、市政府高度重视,立即组织调查,并于12月1日召开常委会研究决定,对处理本案件负有直接领导责任的市公安局副局长、利通区区委常委、政法委书记、利通区公安分局党委书记、局长×××予以免职;责成利通区区委对负有分管责任的利通区公安分局党委副书记、政委×××予以免职;责成有关部门对涉及本案件的相关事宜作进一步调查①。

从公共关系的角度来分析,这是典型的危机事件处理的失败案例。失败的原因就在于利通公安分局在抓人的时候就根本没有去进行公共关系的评估和背景分析,没有想到这次事件背后可能产生的后果,没有意识到新闻传播的巨大力量,而是按照惯性思维去办事,过高地相信了自己的权力,忽略了公众的力量和作用。事件的最初王×是弱者,处于任人宰割的地位。一旦事实被揭开,事件开始发酵,公众开始发声,利通公安分局马上就变成了被审判者,被全国人民指着鼻子"呛声"。如果当时利通公安分局哪怕有一点点公共关系的头脑,它也会去评估一下事件可能产生的后果而自省。

四、组织的全员公共关系

大多数组织的公共关系都应该是全员性的公共关系,如服务型行业,经常和客户、旅客、观众、听众打交道的行业、机关、事业单位、企业和其他社会团体都属于全员性的

---

① "跨省刑拘"事件追踪:公安局副局长被免职[OL].新华网.2010-12-3

公共关系范畴。所谓全员性的公共关系，就是指组织内的任何一个成员都肩负有组织公共关系工作的责任，都承担着本组织形象的塑造和建设任务。组织内任何一个成员的言行都打上了整个组织形象的烙印，都代表着整个组织的形象。全员公共关系要求组织的任何一个成员都要注意自己的言行，不要有危害组织形象的事情，不要随意得罪任何一个公众。因为组织任何一个成员的言行都会被夸大为整个组织的言行，任何一个成员的错误都会被扩大为整个组织的错误。组织的任何一个成员的不正常举动或者过失都会被公众看成是整个组织的言行，会导致整个组织的形象的破坏。这就是"一粒老鼠屎坏了一锅汤"的道理，扩而广之，在一个行业内，任何一个人、一个小单位都有维护该行业组织形象的责任和义务，某一个人、某一个小单位的不正常举动或过失，都会直接影响到整个行业形象，使整个行业的形象遭到破坏。还有更广的全员公共关系，如一个行业不正常的举动或过失，会让一个国家的形象遭到损伤，如"二噁英"事件对比利时国家形象的破坏。全员公共关系的意义在于，提醒组织的所有员工，他们自己的不检点言行会给整个组织带来负面影响，这个负面影响往往会带有连带效果，让不相关联的人或组织也遭受损失。这就是"蝴蝶效应"。

五、公众对组织的心理定势——店大欺客

在公众看来，组织财大气粗，人多势众，耳目甚广，总是处于强势，组织在和客户发生矛盾时，总是会欺负消费者的，这就是公众内心固有的"店大欺客"的心理定势。这种"店大欺客"心理定势是人们在市场经济中慢慢形成的，这种心理定势的社会氛围让组织处理一些产品质量、售后服务和服务态度问题上比较难办，因为尽管有时组织也有一定的道理，但人们的舆论和媒体多不会站在组织的角度去看待问题，而往往是站在消费者的角度来看问题。一般来说，组织处理这些事件不要认死理，对这些事情不要过于坚持，为了组织形象，而应选择息事宁人。

从公众的眼光看，组织和客户打交道的方式主要有三个：一是产品；二是服务；三就是对人的态度。如果你提供的产品质量过关，从不会损坏，如果你提供的服务质量很好，从没有投诉，如果你的服务人员态度很好，从不会让人发火，那公众和组织就不会有什么公共关系层面的联系。但如果你的产品不太过关或者有什么问题需要组织提供修理或更换零件，如果你提供的服务客户不太满意，如果服务人员的服务态度较差，这样客户就开始和组织打交道了，公共关系就由此开始了。这些上升到公共关系层面的问题，大约90%左右和组织打交道后，问题都会得到解决，从而完成了售后服务。只剩下10%左右的客户不满意，从而引起纠纷，产生矛盾，演变成或大或小的危机

事件。此后经过组织和客户的双方谈判让步,又有 8% 左右的客户还会就此终结罢了。真正能让组织比较为难的棘手事件也就不到百分之一二。

就是这百分之一二,会酿成大祸,是引起组织重大危机事件的导火索,可能会改变组织发展的进程,甚至会断送组织的前程。这百分之一二,或是其客户坚持的真的有一部分道理,但又不是全部有道理,或是认死理。此时,组织最好的办法就是吃小亏,避免事情闹大。因为任何组织因产品质量或服务质量被媒体宣传或对簿公堂,处于不利地位的总是组织自身。组织应避免公众这种"店大欺客"的心理定势发酵。

当然,组织也可能根本就没有道理,是无理辩三分,真的有"店大欺客"的心理,对自己本身的顽疾拒绝承认,拒绝就医,一意孤行,落得千夫所指,那这个组织离完蛋就不远了。"店大欺客"的效应一旦发酵,就严重损害组织的形象,使组织损失巨大。

第二节 公共关系的客体——公众

一、公众的定义和特点

(一) 公众的定义

公众是公共关系的客体,是组织进行公共关系的对象,也是对组织的公共关系进行评价的对象。公众最初就是指 pubic,所以公共关系最早又被翻译为公众关系。"公众"在很多学科中都有使用,公共关系中的"公众"使用最有特色,它特指与组织利益相关并与组织相互会产生影响的个人、团体和组织的统称。

公众不等同于传播学意义上的受众。传播学中的"受众"是指信息的接收者,受众具有被动接受的意味,具有天然性和消极性。公众也不等同于听众和观众,听众、观众和"受众"的意义接近,只是听众或观众具有对信息的选择性。公众也不等同"客户",客户是从经济来往的角度来说的。

公众包括无数的个人,这无数的个人和组织通过某种形式和组织打过交道,形成利益关系,如购买过产品、享受过服务等。公众也包括社会上的许多的组织。这些组织,作为公共关系的主体发出者,它们是主体组织。在它作为其他组织的公共关系对象时,它就成了客体的公众。组织与组织可能互为公众。组织的社会角色也会相互转换。公众还可能是社会上数不清的各类群体。这些群体可能是长期固定的,也可能就是临时性的。如某商店衣服打折,几个人去买衣服,会临时联合起来去和商家讨价,讨价时,他们是共同体,讨价完成,付完钱走人,团体就自动解散了。

(二)公众的特点

如果不面对组织,社会大众就是一盘散沙,他们分布在社会的各个角落,按照自己的轨迹过着各自的生活。但当他们面对着同一个组织,面对着同一个问题,有着共同的利益诉求时,这些散落在社会各个角落的人就会因共同的目标而形成了团体,组成或长或短或临时的群体,从而就成了某一组织特有的公众。例如,一群人过去没有任何关系的陌生人先后购买了一个小区的房子,但房子都出现了问题,在维修中又出现了一些问题,对售后服务不满意,那么一群人就开始有了共同的利益,有了共同的目标和诉求,那么他们就可能会组织起来,群内协调,统一意见,联合起来与房地产商进行交涉,给商家压力,并有可能请来媒体报道这件事情,形成舆论的压力,这部分人就成了房地产商特定的公众。

从组织的角度来看公众,公众具有以下特点:

1. 公众是无数的个人、群体或组织的组合,是组织生存和发展的一个环境因子

对主体组织来说,社会公众具有群体性和整体性特点。所谓整体是指他们不会是某几个人,不会是一两个组织,而可能是无数的人群或很多团体或组织的交织。公众是分散的,他们可能住得相距甚远,有各种各样的差别,从来也不认识,和组织联系的方式也不一样,他们之间多数也没有什么联系方式。但这些公众对同一个组织都有某种共同的利益,这些形形色色的公众组合起来就成了公共关系的一个环境因子,就成了影响特定组织生存或发展的一个重要因素。

2. 公众对主体组织的诉求具有一致性,能发出同样的声音

公众对主体组织的诉求是一致的。尽管他们很多都不相识,但他们都和主体组织曾经有过某种联系,如购买过同一个组织的产品,享受过某种共同的服务,受到过某种同类的遭遇等。所以,公众都有共同的诉求,能发出同样的声音,这时,这些公众的态度是一致的,对主体组织的某种共同诉求或态度会促使他们联合起来,形成了主体组织的另一面——公众。另外,公众和主体组织具有利益上的相关性。主体组织的一些举动就会引起他们的反应。他们和主体组织也有某种利益的一致性,也可能具有某种利益的不一致性。布鲁默认为,公众具有以下三个特征:面临着一个问题;对如何应付问题拥有不同的意见;介入对问题的讨论。杜威也给公众规定了三个标准:面临着类似的问题;认识到问题的存在;采取某种行动以应付问题。

3. 对如何应付问题拥有不同的意见,对解决问题的价值取向不一致

公众对如何应付问题会拥有不同的意见,对解决问题的价值取向也不一致。这表

现在公众尽管面临同一个问题,但他们对问题的处理会有着不同的意见;他们会介入对问题的讨论,但观点不会完全一致,他们对解决问题的价值取向不会完全一致。这对主体组织来说既是好事又是坏事,好事表现在当公众的利益诉求与主体组织利益不一致时,主体组织可以依据观点对公众进行分化,分而治之,弱化公众和主体组织的对抗性。坏事表现在当公众的利益诉求和主体组织的利益一致时,公众的诉求又很难统一,组织无法整合这些利益,这就增加了主体组织的工作难度。同时,公众与主体组织关系也不尽相同,有些关系消失了,有些关系又产生了;有些关系稳固了,有些关系又开始动摇了;有些关系是善意的,有些关系却是对抗的。

4. 不同的公众具有各种各样的明显差异

公众的一致性表现在对主体组织的诉求是一致的。但公众之间的差异是多种多样的。这种差异表现在他们对利益认识的轻重上,表现在他们对利益补偿上,表现在文化程度、工作性质、年龄性别、城乡差别、思想认识上。差异性还表现在这些公众有些是个人,有些是群体,有些本身就是组织。

公众形式的多样性决定了沟通方式和传播媒介的差异及公共关系工作方式的多样性。

二、公众的分类

对不同的公众进行分类,可以产生不同的公众。不同的公众造成了公共关系工作方式的多样性。

(一) 内部公众和外部公众

内部公众是由组织内部成员或部门构成的公众。内部公众具有所属性和制约性的特点,所以组织对内部公众具有管理的职能。对内部公众不仅可以使用公共关系的手段进行公关,也可以采用管理手段管理。内部公众既是组织的公关对象,也是组织进行外部公共关系的主体。外部公众是组织之外的公众。这类公众共同构成了组织的公众环境和人际环境。公共关系的大部分工作是对外部公众。也有人认为,对内部公众就是管理,对外部公众的工作才是公共关系。

(二) 顺意公众、逆意公众和边缘公众

顺意公众是对组织信任度、忠诚度较高的公众,这类公众构成了组织生存的基础,也是组织进行公共关系的基础。这类公众主要由内部公众、从组织那里得到良好服务

或优质产品的公众,和组织内的某些人员具有稳定关系的公众组成。逆意公众是对组织不信任或对组织印象不好的公众。这类公众对组织的政策和行为持不赞成甚至反对态度,是组织的对立面。一般来说,这类公众从组织那里得到过不满意的服务或购买了不满意的产品,或对组织某些工作人员不满意,引起了自己的不满。边缘公众是对组织没有态度的公众。这类公众对组织谈不上满意,也谈不上不满意,对组织的工作不表态,不反对。他们或者没有和组织打过交道,或者对组织没有认识,没有了解。公共关系的顺意公众和逆意公众都是对组织有了解的公众。

公共关系认为,在一定条件下,人的态度是可能转变的。公共关系的最大化价值表现在公众上就在于稳定顺意公众,争取边缘公众,减少逆意公众。公共关系宣传和传播的目的就是要让广大的边缘公众了解组织,承认组织的服务,认同组织的产品,对组织的人员产生好感,最终转化为顺意公众。同时,组织的公共关系还要尽量分化逆意公众,减少逆意公众的力量,监督他们的言行,持续感化他们,争取把他们中的一些转化为顺意公众,至少要转化为边缘公众。

同时,按照公众的态度也可以分为受欢迎的公众、不受欢迎的公众和中性公众。

(三) 受益公众、受害公众和非公众

受益公众是指在公关主体的政策或行为中得到利益的公众,受益公众未必就是顺意公众。有时由于对公关主体政策的不满或对行为的不了解,即使在这一政策或行为中得到好处,这些公众也会对公关主体不满意,甚至敌意。这时,公共关系的沟通价值就可以得到体现。受害公众是指在公关主体的政策或行为中丧失利益的公众,受害公众未必马上就转化为逆意公众,但他们是潜在的逆意公众。这时,需要发挥公共关系的协调功能。非公众就是和公关主体的政策或行为没有任何关系的公众,这部分公众没有从公关主体的政策或行为中得到利益,但也没有丧失利益,所以对公关主体的政策或行为没有态度,不成为公关主体的公众。但这些非公众对公关主体的本次政策或行为没有态度,并不意味着下一次他们还对公关主体的政策或行为还没有态度,所以,公关主体并不能放弃对这部分非公众的宣传工作。

(四) 首要公众、次要公众和一般公众

首要公众是指与组织联系最为频繁、最密切,对组织的前途、现状最为关心、最有影响力的公众,一般包括员工、股东、消费者等。次要公众是指对组织的生存、发展有重要作用但没有首要公众那么关键的公众,如政府公众、媒介公众、社区公众等。一般公众是指与特定组织没有特殊利害关系和联系的公众。这些公众对组织没有好与坏的

态度,但这些公众范围大、涉及面宽,这些公众的态度和舆论会对公关主体产生积极或消极的影响,从而左右公众的态度。

(五)临时公众、周期公众和稳定公众

临时性公众是因为某一个问题、某一事件而临时聚集起来的公众。周期性公众是指按照一定的时间有规律地聚集起来的公众。这类公众每到一定时间就要与公关主体发生关系,形成周期性的公众,例如,很多城市每年都要举办一些展览会、博览会、旅游节、文化节等,这些会议会把一些有一定联系又不经常见面的人聚集在一起,这些人,在周期性的会议和节日会形成互动。稳定性公众是指和公关主体具有关系稳定、互动频繁的公众。这些公众多是客户、朋友或有利益来往的人等。

同时,根据不同的需要,还可以对公众进行更多的分类,如可以分成老年公众和青年公众、听众和观众、男性公众和女性公众、城市公众和农村公众等。

三、公众的心理定势

公众的心理定势就是多数人都具有的心理因素,多数人都是这样来看待问题或分析问题的。个别人具有的心理不会成为公众的心理定势。公众心理定势是在组织和公众互动中才会产生的,是在传播中才能发挥作用并形成影响力的。

(一)首因效应——公众对客体的第一印象

首因效应,也称为首次效应、优先效应或第一印象效应。是指当人们第一次与某物或某人相接触时会留下深刻印象,个体在社会认知过程中,通过"第一印象"最先输入的信息对客体以后的认知产生的影响作用。心理学研究发现,与一个人初次会面,45秒钟内就能产生第一印象。这一最先的印象对他人的社会知觉产生较强的影响,并且在对方的头脑中形成并占据着主导地位。第一印象作用最强,持续的时间也长,比以后得到的信息对于事物整个印象产生的作用更强。

首因效应是绝大多数人都有的心理定势,这种定势往往左右着人们的最初判断。首因效应运用到公共关系中,就是公众对组织的第一次接触印象最重要、最深刻,得到的感觉直接决定着公众今后的行为。这第一次接触既是公众今后和组织互动的基础,也是不再和组织互动的原因。如果公众对组织客体的第一次接触留下的印象好,今后就有可能继续联系和互动。如果第一印象不好,就据此作出自己的判断,那公众今后继续和组织联系的可能性就不大。这种心理定势对公共关系的意义就表现在组织要经常开展一些有针对性的活动,对还不太了解组织的边缘公众进行宣传和感染,争取让这一部分公众了解组织,让这部分公众对组织留下较好的印象,从而慢慢成为顺意公众。

在公共关系宣传中,给公众留下良好印象的办法不是小恩小惠,最重要的是要公众了解组织的大体状况,对组织形象有一个大概的、良好的印象,让其在今后的行动中能想起组织,并最后成为行动公众。在公共关系中,有时第一印象并不是公众亲身感受了组织,而是"听说的"。这种听说也属于"第一印象"的范畴。例如,一个人要买一台冰箱,但不知道什么牌子的好,就会去打听一下。如果打听的第一个人说××牌子好,他对这个牌子会留下印象,但还不会马上去买。第二个人还说××牌子好,他可能会动心,但为了验证,他还会去打听第三个人,当第三个人还说这个牌子好,那这个人几乎可以断定就买这个牌子了。但他打听的第一个人说××牌子不好,不能买,那这个人对这个牌子的冰箱就有了不好的印象,就有可能否决买这个牌子的冰箱想法,尽管第二个人,第三个人都说这个牌子好,这个人也不会下决心买这个牌子的冰箱。因为负面效应给人的印象总是深刻的。

顺着这个心理定势我们可以知道,在公共关系中,组织形象的好坏不是全靠组织自己的宣传,不是组织自己说好就好,而是靠公众的口碑。产品的形象如何,不是仅看销售的量,还要看公众对产品的评价。公众的口碑是最好的宣传,是组织最想得到的宣传效果。公众会从组织的第一次服务、第一次产品中得到对组织的第一印象,同时,公众也会把自己的第一印象和别人交流,从而完成了这第一印象的传播。所以,对组织来说,任何一个公众都要认真服务,因为他可能随时都是组织形象的宣传器,任何一件产品都要注重质量,因为任何一个产品都是组织形象的"物化"代表。给任何一个公众留下的第一印象都不仅仅是个人的印象,而是被放大的印象。

(二)近因效应——公众对客体的新颖了解

与首因效应相反,近因效应是指在多种刺激一次出现的时候,印象的形成主要取决于后来出现的刺激,即交往过程中,我们对他人最近、最新的认识占了主体地位,掩盖了以往形成的对他人的评价,因此也称为"新颖效应"。心理学者洛钦斯做了这样的实验:分别向两组被试者介绍一个人的性格特点。对甲组先介绍这个人的外倾特点,然后介绍内倾特点;相反对乙组,先介绍内倾特点,后介绍外倾特点。最后考察这两组被试者留下的印象。结果与首因效应相同。洛钦斯把上述实验方式加以改变,在向两组被试者介绍完第一部分后,插入其他作业,如做一些数字演算、听历史故事之类不相干的事,之后再介绍第二部分。实验结果表明,两个组的被试者,都对第二部分材料留下的印象深刻,近因效应明显①。

近因效应也是多数人都有的心理定势。这种心理定势表现在公共关系上,就是组织对稳定的顺意公众要有一个持续的宣传,互动要持久。要不断加深这类公众对组织的好印象。因为时间久了,公众对过去组织的好印象就慢慢冲淡了,留下的往往只是最近最后的印象,如果这最近最后的印象还好,那还是稳定的顺意公众;如果最后一次的印象不好,公众对组织的印象就以最后一次的印象为依据,那这些公众对组织的好感就没有了。

(三)"蝴蝶效应"——公众对客体的评说作用

20世纪70年代,美国气象学家洛伦兹提出了著名的"蝴蝶效应"理论。他打了一个比方:南美洲亚马逊河流域热带雨林中一只蝴蝶偶尔扇动几下翅膀,所引起的微弱气流对地球大气的影响随着时间的增长而增强,甚至可能在两周后引起美国得克萨斯州的一场龙卷风。西方有一个民谣:丢失一个钉子,坏了一只蹄铁;坏了一只蹄铁,折了一匹战马;折了一匹战马,伤了一位骑士;伤了一位骑士,输了一场战斗;输了一场战斗,亡了一个帝国。初始条件十分微小,但其长期效应却是巨大的。这就是"蝴蝶效应"。

公共关系的工作对象是广大的社会公众,是一个与本组织生存和发展有关的各方面的公众体。这些公众之间相互直接或间接地联系在一起,其数量、范围、性质、态度又随着环境、时间、文化而不断变化,形成一个规模庞大、类型复杂的公众网络系统。公共关系其强大的生命力就是通过向全体公众灌输组织共同的价值观念,追求目标和利益宗旨,把大家的言行引导到组织既定的公共关系目标上来。这个结构复杂的网络系统就是一个以同心圆形式而产生的巨大的和谐递进式的"蝴蝶效应",如图2-2所示。

这种理论运用在公共关系中,就是在进行公共关系时,千万不要忽略任何一个公众,因为任何一个公众都可能会去传播组织形象,评价组织形象,都会把自己看到的或听到的有关组织的一些信息再去传递给更多的人,其中会有添油加醋,会有删减,慢慢地这些传播就会越滚越大,形成一种"蝴蝶效应"的作用。这种传播的结果使源信息和最后接收到的新信息有很大的出入,只有好与坏的最基本的评价可能还存在,其余的都和事实本源差别很大了。如果这种作用是正向的,则是组织最想达到的理想结果。如果这种作用是负面的,则对组织的损伤是最难以提防的。因为这些负面传播往往更会引起人的注意,让人去相信、去宣传。

根据传播的能动性理论,人们都有想把自己听到或看到而别人不知道的信息传播

---

① 近因效应[OL].百度百科,(http://baike.baidu.com/view/259025.htm)

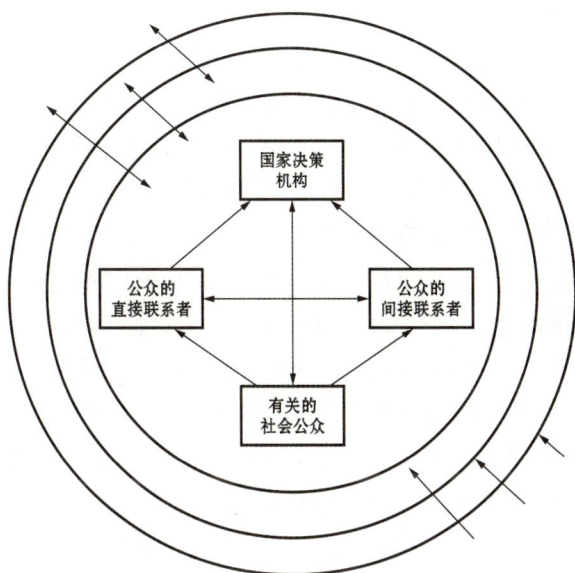

图 2-2 "蝴蝶效应"图

出去的本能和欲望。这种传播欲望会让人们不断地交流信息,不断地进行信息互动,从而一个信息会被更多人的所知道。组织的公共关系工作就是利用这些效应和能动理论,尽量让对组织有利信息传播出去,让公众获知而迅速传播,尽量封锁不利于组织的信息传播。

(四)"多米骨牌"效应——连锁反应

多米骨牌效应,又译作"多米诺骨牌效应"或"多米络骨牌效应"或"多米尼克骨牌效应",是指建立在事物之间联系基础上的连锁反应,是描述把若干张多米诺骨牌竖起来排列成一行时,如果第一张骨牌倒下(即第一个原因出现),则发生连锁反应,后面的骨牌相继被碰倒的现象。这种效应的物理道理是:骨牌竖着时,重心较高,倒下时重心下降,倒下过程中,将其重力势能转化为动能,它倒在第二张牌上,这个动能就转移到第二张牌上,第二张牌将第一张牌转移来的动能和自己倒下过程中由本身具有的重力势能转化来的动能之和,再传到第三张牌上……所以每张牌倒下的时候,具有的动能都比前一张牌大,因此它们的速度一个比一个快,也就是说,它们依次推倒的能量一个比一个大。

多米诺骨牌效应告诉我们:一个最小的力量能够引起的或许只是察觉不到的渐变,但是它所引发的却可能是翻天覆地的变化。这有点类似于蝴蝶效应,但是比蝴蝶效应更注重过程的发展与变化。

第一棵树的砍伐,最后导致了森林的消失;一日的荒废,可能是一生荒废的开始;第一场强权战争的出现,可能是使整个世界文明化为灰烬的力量。这些预言或许有些危言耸听,但是在未来我们可能不得不承认它们的准确性,或许我们唯一难以预见的是从第一块骨牌到最后一块骨牌的传递过程会有多久。

这种效应在公共关系中,具有多重意义。

从公众角度说,当一个特定组织出现问题时,由于个人"欲传播"与"想知道"的欲望,也由于现代传播技术的"即时和同步性"和传播的专业化,信息可以即时传递给几十万,甚至上百万、上千万人,特定组织的问题由最初一个人或几个人知道,迅速发展到先后被许许多多的人知道,这就是"多米骨牌效应"在公众方面的表现。因为信息被了解,许许多多的公众都会对特定组织产生负面影响,然后公众可能再"扎堆"议论放大这些问题,这许许多多的公众就不再会和特定组织打交道或不购买组织的产品,对特定组织有了不信任感,这就是"多米骨牌效应"在公众中产生的后果。

从组织的角度来看,当一个小失误不被注意时,这些小事情慢慢积累就会变成大失误,当某一个公众被得罪而成为逆意公众时,也许无所谓,也许这个公众很弱势。但得罪的公众越来越多,这些公众聚集起来就是一个很大的力量,就成了强势,就有影响和左右组织的能量。任何事情都是从小事、从量变开始的。

从组织和公众联系的角度来看,当某个行业或区域的某一个组织出现了问题,被公众所了解,所诟病,公众会对整个行业或区域都产生怀疑和不信任,从而拒绝和这整个行业或区域打交道,使整个行业或区域都受到影响。一个组织倒闭,很可能会影响到一系列同行组织也倒闭。一个特定组织的事情,公众往往会把其蔓延到整个区域,怀疑整个行业或区域都有问题,从而引起连锁反应。

案例:

业内人士:三鹿奶粉事件将改变中国乳制品行业格局

新华网北京9月20日电(记者朱立毅 韩洁) 北京三元食品股份有限公司总经理钮立平20日在北京表示,三鹿问题奶粉事件将对中国整个乳制品行业产生重大影响,除了短期内相关企业利益受损外,这一行业的竞争主体、产品结构、企业架构、供应链等都将发生变化。

随着行业内的各大知名企业纷纷被查出产品含三聚氰胺,乳制品行业面临着信任危机。钮立平表示,希望消费者能更理性地看待这件事,他相信国内的绝大多数乳品企业在国家有关部门的监管下,能规范地进行生产经营活动。

在分析这一事件对乳制品行业的影响时,他认为,从短期看,由于消费者对乳制品失去信心,行业类股票普遍下跌,部分企业的产品可能会滞销。

从长期来看,整个行业的发展进程可能会经历一个延缓期,大量外国品牌奶粉、其他乳制品可能会趁机抢占市场;其次,由于此次被曝光的产品主要集中在常温保存的液态奶,可能导致消费者转而消费新鲜的本地供应的低温奶,这将促使各企业调整原有的产品结构。

钮立平分析说,这一事件还可能引起各乳品企业现有架构的改革及供应链的重组。各企业会加大对供应链的投入,加强对原材料的监管。同时,各企业还会考虑把奶农吸纳到公司中来,通过更长期、更密切、更可靠的合作方式,如参股入股等多种形式,与奶农结成稳定的产销利益关系,以确保原料奶的质量安全可控。

钮立平呼吁,行业协会应建立、健全原料奶和成品质量长期、持续的第三方检测制度,加强奶站的监督管理,规范原料奶收购秩序,形成统一的规模化管理,以保障奶源的安全供应①。

"多米骨牌效应"和"蝴蝶效应"有相近和相似之处,两者都是由小小的量变开始,最后发展成质变的。有时两种效应共同发生影响。一般来说,多米骨牌是单因素的因果,而蝴蝶效应是多因素的因果。多米诺骨牌的倒下是因为前面的一张骨牌倒下,而蝴蝶效应的龙卷风则是由很多个因素产生的,蝴蝶的翅膀扇动只是可能引起的一个原因,不是必然的原因。简而言之,多米诺是关系中的必然;蝴蝶是关系中的混沌可能。

第三节　公共关系的媒介手段——传播

一、传播和传播学

公共关系的主体是社会组织,公共关系的客体是社会公众。那么社会组织是如何去影响公众,对公众进行引导呢?这就是传播。传播是社会组织开展公共关系工作的工具和手段,是社会组织和公众之间的纽带和桥梁。社会组织和广大公众的沟通在很大程度上是依靠传播来完成的。一般说,组织和社会公众之间产生误解,往往是沟通

---

① 业内人士:三鹿奶粉事件将改变中国乳制品行业格局[OL].新华网.2008-09-20(http://news.xinhuanet.com/newscenter/2008-09/20/content_10084559.htm)

不够、信息不畅造成的。因此,组织在一定范围内,要充分认识到传播的作用,充分利用有效的传播手段开展卓有成效的公共关系活动,让社会公众充分了解组织的面貌,从而获得良好的社会效益和经济效益。

(一)传播是人们交流信息的过程

传播是人类社会存在的一个普遍现象,传播就是人们交流信息的一个过程。人类诞生已经有100万年的历史,可以说自人类诞生的第一天,人类传播就开始了。按照马克思主义的观点,人类之所以成为人类,主要有语言、思想和劳动三个基本要素。这三个要素是人区别于其他动物最主要的标志。在这三个要素中,思想和语言都和传播息息相关。思想是传播的内容,亦即信息,它是传播的目的。语言是思想的载体,亦即信息的固着者。思想是看不见摸不着的,要把它表达和传递出来,首先要固定下来,形成可以发出、传递和接受的形体。

(二)声音是思想和信息的附着物

人类社会经过无数次的筛选,用自己的声音作为思想信息的固定物,把思想分解为一个个有意义的声音。当人们需要表达思想时,就把思想信息内心转化为一连串有意义的声音,人们通过发出声音、听到声音并理解了声音附着的意义内容,完成了一个信息传播的过程。传播是人类生存的一个很重要的要素。没有传播,也就没有人类社会的发展。

(三)传播需要解决的三个基本问题

传播,顾名思义就是传递和播撒。这就延伸出了三个问题:谁来传递和播撒? 传递和播撒什么? 如何传递和播撒?

1. 传递和播撒的主角是人

传递和播撒的主角无疑是人,人是传递和播撒最主要和最重要的方面。人类之间的传播是一个十分庞杂复杂和烦琐的传播系统。人与人的传播、人与机器的传播,机器与机器之间的传播,还有说不清的相互交融的多层级的复杂传播构成了整个社会的传播系统,这些传播五花八门,其传播方式、传播手段、传播效果、传播内容都不太一样。人类今天对传播的利用可以说达到了很高的程度,以至于形成一门专门的学问:传播学。除了人类社会,动物界之间也有一些传播,但动物之间的传播就简单得多了,其传播内容、传播手段和传播效果是无法和人类比拟的。

2. 传递和播撒的内容就是信息

人类传递和播撒内容就是整个人类社会无数的信息。这些信息可以从不同的角度被分成成千上万个类别,人类就是靠这些无数的信息来增长知识、了解社会、组织生产和生活,使整个人类社会运作起来的。无数的信息传递,把各方面的人们联系在一起,为一个共同的目标而奋斗。无数的信息传递,也丰富了人们的社会生活。我们可以试想,如果一个人若干年内没有接收到任何信息内容,没有外界的任何消息,这样的人就变成了一个一无所知、不知所云的愚蠢笨蛋。

3. 传递和播撒的方式就是传播工具

如何传递和播撒,这就是传播方式和手段的问题。整个人类社会,就是人类充分利用传播、不断改进传播方式的社会。在当代社会,人类的传播方式和传播手段可说是飞速发展,人类信息传播的内容也是日新月异。追求最新的信息已经是很多行业迫切要做的工作。

正是传播对人类社会如此重要,人类社会对传播利用也越来越充分,随着社会的发展,现代社会已形成了以信息传递和播撒为主的不同产业,诸如通讯卫星、电话电报、手机网络、传呼等,这些都是生产传递和播撒信息工具的产业。而报纸刊物、广播电视、电影、图书出版等,则是传递信息内容、播撒不同信息类别的产业。传递信息和播撒信息,已经是人类社会须臾不能离开的一个重要方面。

二、公共关系和传播的关系

公共关系传播,是公共关系信息交流的过程,也是社会组织开展公共关系工作的重要手段。公共关系从开端到结束的整个过程都是对传播的具体应用。

(一)公共关系的创意和策划需要传播

策划和创意就是一个新思想和新信息的酝酿、萌发和诞生的过程,就是一个新点子和新想法。公关策划就是一个公关活动的规划过程。一个公共关系的创意和策划,从脑子中意念形成开始,到补充修正,最后完成理念的定稿,都要经过无数次的商量、征求意见,补充充实,修改定稿,这每一次的诉说和商量,都是一次次地传播过程。就是一个人自己脑子中的考虑和沉思,也有一个自我传播的过程,可以说没有传播,就没有创意和策划。

（二）公共关系实施过程需要传播

公共关系实施过程对传播的应用主要表现在对各类媒体的使用上。公关实施要宣传组织的主体，要提升组织的知名度和美誉度，宣传组织的品牌形象，体现组织文化，宣传组织的服务体系等。这都需要让尽可能多的公众知晓，都需要媒体的广泛参与，需要媒体的宣传和烘托。没有不经过传播的公共关系，也没有不想让公众了解的公共关系。在当代社会，公共关系对传播媒体的使用已到了非常娴熟的地步。从召开记者招待会到报纸电台、电视的"轮番轰炸"，从大型晚会的表演到各类礼品的派送无不和传播有着千丝万缕的联系。

（三）公共关系评估调查需要传播

公共关系工作过程的最后一个程序是公共关系评估。公共关系调查不仅存在于公共关系前期的创意策划阶段，也存在于公共关系的扫尾——评估阶段。一次公共关系活动开展得成功与否，是否达到了预期的目的，它有什么需要总结的经验，又有什么需要吸取的教训，这次活动为下一次活动提供了什么可以借鉴的体会，这些都需要评估进行回答。其评估所需要的第一手材料和各种数据都需要去调查、去搜集，这些调查和搜集就是传播活动。调查就是和人的交流，搜集资料就是要信息流动，这无数次的信息流通过程就是无数次的传播过程。

新闻传播具有极高的公共关系价值，这已经被越来越多的企事业单位所认识。新闻传播的一大特点就是传播迅速、受众广泛，具有无可比拟的宣传效应，它可以让一些默默无闻的企事业单位或人物一夜扬名，取得巨大的"名人效应"。当然也可以让其一夜臭名远扬，断送前程。

在现代新闻中，演变出现了一个新名词，"软新闻"。软新闻就是企事业单位为了一定的公共关系目的，让媒体刊登的一些有关自己组织活动的稿件。这些稿件有些是企事业单位为了宣传自己而特意提供的，新闻单位往往会对这些新闻收取一定的费用。这样的软新闻，和一般新闻稿件的最大不同是目的的不同，一般新闻稿件是新闻单位自己去采写的一些老百姓喜欢看、喜欢听的稿件，具有较强的新闻价值。而软新闻稿件从内容上看，往往是企事业单位自己写就的，或是企事业单位托请新闻单位写的本单位的经验总结和概括，或是本单位发展的成就，或是本单位领导人的奋斗事迹介绍。这些稿件未必是公众喜欢看的，也未必有多大的新闻价值。但对一些企事业单位来说，这些软新闻具有很强的公共关系价值和宣传价值，可以提高企事业单位的知名度和美誉度，有提升企事业单位形象的作用，有塑造名人的效应，所以软新闻有它的存在和使用价值。这些软新闻,与其说是新闻,莫如说是公共关系,是新形势下公共关系的衍生物。对软新闻的褒贬,我们不做评论,但此时软新闻的新闻传播和公共关系是完全同一的了。

三、公共关系传播的特点

公共关系传播是传播的一个重要分支,传播学是公共关系的基础学科之一,因此传播学的基础理论对公共关系学的影响是显而易见的,传播是公共关系研究的重要内容。公共关系传播具有传播学的一般规律和特点,但在具体的应用方面,公共关系学对传播学的研究具有明显的目的性和选择性,相对于传播学理论,公共关系传播更加突出了一些自身的特点和意义。

(一)公共关系传播更注重传播技巧和传播方式

相对于传播学,公共关系更加注重传播技巧和传播方式对传播效果的影响,更加注重传播对组织形象塑造的功用[①]。

在引用、研究传播学理论时,公共关系不是简单地生搬硬套,而是更加注意传播理论在公共关系传播中的意义,对传播理论明显具有选择性。对一些不太适用于公共关系的传播学理论,公共关系明显具有扬弃的意义;而对于适用于公共关系的那部分传播理论,公共关系又会加以消化和引申,并及时融化到公共关系的理论中去。

(二)公共关系传播不是庸俗的传播和交际

庸俗传播和交际也是传播,是传播学研究的内容。为了弄清庸俗传播与交际的来龙去脉,传播学有时也要将这些庸俗的传播拿来研究。但庸俗的传播和交际不是公共关系传播的研究内容,和公共关系传播的内容是格格不入的。在社会大众对公共关系知识不甚了解的情况下,公众有时就把公共关系看成是庸俗的东西,被当成"拉关系",当成"一种交际手段",当成"美女加交际",更有甚者被当成庸俗的"公关小姐",当成"拉关系走后门",当成"喝酒加陪客"。

范例:

一次对公共关系知晓程度的调查

我们曾在一所高校的公共关系专业新生中进行过连续四年的调查,批次分别为四

---

① 熊卫平.公共关系学[M].北京:高等教育出版社,2006:79.

届新生,共 160 人,在被问及"你对公共关系知识的理解"时,几乎所有新生对公共关系的知识都是空白,这其中只有四个新生能回答"公共关系是一门学问和知识";问及"如何知道公共关系是一门学问的?"答案是"哥哥或姐姐、同学是学管理或经济专业的,是他们告诉的";在追问状态下,问及"你认为公共关系究竟是什么?"时,回答认为公共关系就是庸俗的"拉关系","走后门"的约占 60%,"什么都不知道、答不上来"的约占 40%;被问及"是谁告诉你这些就是公共关系"时,答案最多的是"高中班主任",约占 50%,其次是"父母和身边熟悉的人",约占 30%,而其身边的熟悉人中有些还是"政府工作人员"。"自己看书、听说、瞎蒙的"约占 20%;在被问及"为何报考公共关系专业"时,因为"新鲜和想知道"的约占 20%,"没有别的专业可报而凑数报过来的"约占 60%,"喜欢这个学校和城市而报考了这个专业的"约占 20%。

从上面的调查我们可以得出,社会上,众多的人对公共关系还不太了解,还分不清公共关系和庸俗的传播有什么区别,我们对公共关系专业知识的普及任务任重而道远。

(三) 公共关系传播的主体是组织

组织是公共关系的发出者和组织者,也是公共关系的受益者。组织开展公共关系时,有时会以个体的面目出现,但这也是组织化了的个体,是以组织为背景、以个体的面目出现的。所以公共关系既不会是单纯的人际传播,也不是纯粹的组织传播,它既要有人际传播的因素,也有组织传播的因素,是一种混合交织、不同传播身份来回转换的传播形式。

(四) 公共关系传播要不断利用大众传播手段,但公共关系传播不是 大众传播

大众传播是指专业化群体通过各种技术手段向为数众多的读者、听众、观众传递信息的过程。公共关系传播要不断利用大众传播手段和技术去感染公众、宣传公众、教育公众、从而赢得公众。公共关系传播不是大众传播,对公共关系来说,它更多的是利用大众传媒手段,通过大众传播达到塑造组织形象的传播效果,大众传播只是公共关系的一个手段。公共关系要的不是传播手段,而是通过传播手段达到最好的传播效果。对公共关系而言,如果不利用大众传播手段也可以达到最好的效果,那公共关系选择大众传播手段的可能性就很小了。

公共关系传播就是组织通过报纸杂志、广播电视、网络手机等大众媒体,配合以必

要的人际传播手段,向内部及外部公众传递有关组织信息的过程,是一种有组织、有计划、有一定规模的信息交流活动,其目的是沟通传播者与公众之间的信息联系,使组织在公众中树立良好的形象。

这个定义至少包括三个方面的内容:

(1)公共关系传播的主体是社会组织,不是专门的信息传播机构。

(2)公共关系的传播客体有两个部分构成,一是组织内部公众;二是组织外部公众。

(3)公共关系传播手段以大众传播和人际传播为主,两种手段相辅相成[1]。

四、公共关系传播的形式和分类

根据不同的标准,公共关系传播可以被分成不同的类别,对公共关系传播进行不同的分类,可以对公共关系传播有更加深刻的理解和把握。公共关系传播模式就是公共关系传播过程中经常被使用、并已经被约定下来的形式。实际上传播模式和传播形式两词并没有什么大区别。不同的公共关系教材,对公共关系的传播模式或者说形式都有不同的解释和分类。

我们以为,研究公共关系的传播形式或模式,都要回答清楚以下几个问题,谁传播(控制分析)? 向谁传播(受众分析)? 传播什么内容(内容分析)? 传播途径是什么(媒介分析)? 传播效果如何(效果分析)? 不同的划分角度,就会得出不同的公共关系传播分类。例如,有专家把公关传播模式分为单向传播、把关人理论、两级传播模式等,也有专家把公共关系传播分为单向传播、双向传播、互动传播等。

对公共关系传播的任何分类都要有标准,同一层次的分类标准应该是统一的,而不是对甲模式用一个标准,对乙模式用另一个标准。

(一)对称性传播、非对称性传播和反对称性传播

本分类主要考察公共关系传播中组织主体和公众客体的互动情况。根据组织和公众的互动情况把公共关系的传播分为对称性传播、非对称性传播和反对称性传播。

1. 对称性传播

所谓对称性是指在 A 与 B 之间,如果 A 对 B 有正向的投入,反过来 B 对 A 也有相应的正向回报,A 与 B 之间就具有了对称性。笼统地说,对称性传播就是双方具有互

① 谭昆智,齐小华,马志强. 现代公共关系学导论[M]. 北京:清华大学出版社,2010:108.

动关系的传播。

对称性使用到传播上是指利益的双方都有自己的传播资源,都在利用传播宣传自己的观点,传播的双方能在利益点上产生共鸣,形成契合,从而使利益双方达到共赢共利的局面。

这种对称性运用到公共关系传播上,A通常就是指组织,B通常就是指公众,当组织为了自己的利益对公众进行公共关系宣传时,公众因得到某种实惠会迎合组织,从而形成良好的互动。在公共关系的对称性传播中,组织和公众的传播是平等交流,组织对公众"投之以桃",公众对组织"报之以李"。组织付出的是公共关系工作的努力,得到的汇报是公众对自己产品或和形象的认可,公众得到的是组织的好产品或良好的服务,而付出的是对组织的赞美。对称性传播是组织公共关系的理想状态,组织和公众处于良性互动状态,各取所需。

公共关系的对称性传播需要有两个必要条件。

(1) 组织本身必须具有良好的公信力,有较高的社会责任和社会公德意识,公众对组织的所作所为深信都不疑。

(2) 社会文明程度较高,社会风气较正,公众多具有良好的社会公德。

这种对称性的传播的成功例子我们可以举出很多。

范例:

我国成功举办"世博会"

2010年5月1日至10月31日,中国上海成功举办了2010年世界博览会,共历时184天。本届上海世博会的主题为"城市,让生活更美好"。上海世博会共吸引了189个国家和57个国际组织参展,此外,还有近百个城市的最佳实践案例以及数十个企业展馆,参展方数量创历史新高,吸引来自世界各地超过7 200万的观众。

上海世博会,展示了中国国家形象。在这场世博盛宴中,中国国家馆无疑是众人瞩目的焦点,它不仅给参展国家带来发展机遇,也宣传和扩大了举办国家的知名度和声誉,而参观者无不想从浓缩了一国精华的国家馆中体验到该国特有的风土人情,因此,世博会成为展示国家形象的极好机会。

上海世博会,打造了上海城市品牌。推广了城市品牌,展示了城市的核心竞争力。在上海世博会中,不仅日本、德国、英国等国的优质城市实践方案精彩亮相,西安"大明宫"、杭州"五水共导"、宁波滕头馆、成都微缩版活水公园、苏州古城保护与更新、上海世博会香港案例等中国城市的宝贵经验也为全球城市发展所吸纳。"永远的新天地"。"我们希望让人们在短暂时间内了解上海、爱上上海",石库门的造型,设计风格简约但气氛浓烈,外观朴素但格调现代。里弄、山墙,穿堂风、天井绿,"大都会"、"大上海"共同勾勒出传神的上海城市形象。

世博会的展览对象就是全世界和中国的公众。世界人民从世博会中看到了崛起的中国,看到了热爱和平的中国人民,看到了正义的力量。而中国人民从世博会举办之初就投入了极大的热情,响应国家号召,积极为世博做贡献,国家的公关和全社会公众的热烈响应形成互动,全民办世博深入到国家的每一个角落,人人为世博,为世博贡献力量,办好世博为国争光,成了全国人民的共识。全国人民也从世博中看到了已经强大起来的祖国力量,展示了中国在政治、经济、文化和科技等方面取得的成就。举办世博会,扩大了国际交流和合作,促进了经济的发展,给国家创造了巨大的经济效益和社会效益,宣传和扩大了举办国家的知名度和声誉,促进了社会的繁荣和进步,极大地提升了国民的民族自豪感和国家荣誉感。

2. 非对称性传播

非对称性是指在 A 与 B 之间,如果 A 对 B 有正向的投入,反过来 B 对 A 没有相应的正向回报;或者 A 对 B 是来势汹汹,而 B 对 A 反馈较少,A 与 B 之间就是非对称性。笼统地说,非对性性传播就是双方的互动不平衡。

传播中的非对称性可以有两种解释:一是传播资源、传播媒介和途径的非对称性;二是传播互动的非对称性。

传播资源、传播媒介和途径的非对称性又表现为两个方面:一是信息资源占有的非对称性。现实中往往表现为一方由于某种优势对信息资源大量占有,而另一方对信息掌握寥寥无几。另一个是传播媒介和传播途径的非对称性。这在现实中往往表现在一方具有传播媒介和传播途径的优势,能发出铺天盖地地轰鸣,而另一方几乎没有媒介传播的资源,其发出的声音过于弱小,舆论形成一边倒的现象。

传播互动的非对称性主要是指传播态度的非对称性。如一方在传播中积极主动,很想感动对方,而另一方不甚积极,甚至不去互动,明显地不去配合。公共关系的非对称传播就主要指这一类。

非对称性传播往往是和传播博弈联系在一起的。一方传播资源非常丰富;另一方几乎没有什么传播资源,这两种情况下传播博弈就显得没有可比性。非对称性传播的存在有一个前提,那就是对立的双方都在使用传播或者都想使用传播,双方都希望利用传播手段宣传自己的立场和观点,使自己在舆论上占有优势,赢得同情心。而这种宣传不可能是一半对一半的,从而也就有了强弱的区别,就有了非对称性的传播。非对称性传播是一种武器,它是力量、权力、资源、技术的某种优势的反应。它的使用,主要在于两个方面的目的：一是在舆论上压倒对手。早行气势；二是赢得舆论，争取公众的理解和同情。

传播中的非对称性优势一方往往有这么几个方面：政府、握有某种权力者、媒体操控者。现代社会还表现为个别能操控媒体、玩转媒体的集团和个人，如所谓的"网络公关公司"等。传播非对称性的弱者往往是个体、社会弱势群体等。这种非对称性的传播博弈多数情况下往往是优势者占有绝对的优势。它可能导致社会舆论朝着有利于优势这方面发展，尽管有时传播的信息不太准确甚至是混淆视听。

非对称性传播具有双刃剑性质，可以考量传播者的良心。如果站有强势地位的传播者是正确一方，这种传播可以最大限度地匡扶正义，打击不良传播，我们称这种传播为正传播。如果具有强势地位的传播者出于某种目的，利用自己的优势地位大量制造虚假信息，利用自己掌握的传播工具大造舆论，混淆视听，搅乱人们的视野，达到乱中取胜的目的，我们称这种非对称性传播为负传播。传播的公平在于减少传播的非对称性，最大限度地让传播双方都有说话的机会。传播的非对称性和传播的透明度有很大关系，因此提高传播的透明度，建立有利于传播公平的行为和公平的机制，可以在一定程度上减少非对称性。

非对称性运用到公共关系传播上，就呈现出比较复杂的状况。在公共关系的现实中，有时会出现以下情况：

（1）组织宣传和互动回报的不对称。通常 A 就是指社会组织，B 通常就是指公众、当组织为了自己的利益对公众进行公共关系宣传时，组织并没有从公众那里得到所期望得到的回报或反馈，尽管组织付出了相应的代价，但从公众那里得到的互动和回报寥寥。组织"投之以桃"，公众并没有"报之以李"。公众对组织缺乏了解，组织对公众宣传还不够，公众没有和组织形成良好的互动，或者互动寥寥，或者公众对组织的公共关系活动比较冷漠，冷眼观之，和组织的期望不成正比。这时，组织的处境是比较尴尬的，这是公共关系实践中最不愿看到的情况。这种关系表明公众对组织还缺乏了解和认识，组织的公共关系活动不被认可，组织和公众没有形成良好互动。

（2）双方博弈的不对称性。在公共关系过程中，出于某种目的，公共关系的非对称性传播有时会演变成一种武器。在现实社会中，表现为一些个人或组织出于某种目的，或者制造一个契机，或者寻找一个突破口，或者找出对方的某一个失误，然后大肆鼓动媒体，搅浑一摊水，让另一方惊慌失措，束手无策，不明就里，陷入被动局面，让公众对另一方颇有微词，有意无意地去破坏或者贬低另一方的组织形象，用贬低对方形象来达到提升自己形象的目的。这种公共关系博弈的不对称性，就成了反公共关系或伪公共关系。这是打着公共共享的旗号，干着违背公共关系基本原则的事情。

和战争的发展演变一样,一个组织要生存发展,有两条路子可走:一是壮大自己,一是削弱对方。壮大自己,就需要宣传自己,树立自己良好的形象,这就是健康的组织形象的塑造和建设。要生存发展,还有一个绝招,那就是削弱对方。从公共关系的角度来看,诋毁对方的组织形象,利用对方存在的某一种失误,开展对对方不利的公关活动,破坏对方的组织形象力和影响力,从而达到削弱对方的目的,现实中,这一手段正在被一些组织使用。

范例 1:

法国专家称煽动抵制家乐福的是西方公司

环球时报记者郭孝伟报道:"德国之声"2008 年 7 月 1 日报道称,法国"经济战争学院"院长克里斯蒂安·哈布洛日前表示,今年法国连锁超市家乐福在中国遭遇的危机中"谍影憧憧"。他认为,表面看来,家乐福在中国被抵制的原因是奥运火炬在巴黎受到"藏独"支持者的冲击,实际上这只是一个诱因。他说,当时在中国广泛传播的煽动抵制家乐福的手机短信大部分来自中国境外,这很可能是家乐福的西方竞争对手所为。法国"经济战争学院"是 11 年前哈布洛与一些退役将军一手建起的。谈起建立这个学院的动机,哈布洛说:"西方世界面临越来越严峻的竞争考验和冲击。现在的企业仅仅是拿出拳头产品是不够的,它们还要学会抵御信息攻击。30 年前商业机密被窃还是很重大的危机,而如今打击一个竞争对手更快的方式是毁坏公司的形象、动摇公众对一个企业股票的信心。"上面的报道只是一个案例,这个案例告诉我们,形象不但是装扮自己的法宝,也已演变成了敌对者攻击己方的靶子,形象已经不单单是自己宣传自己的公共关系目标,而且已经上升到战略层面,成了攻守双方矛盾的焦点①。

范例 2:

专家解析"网络水军"案例

2010 年 7 月 14 日,香港娱乐八卦媒体壹周刊刊登了一篇题为《霸王致癌》的文章,文章爆料超级明星成龙、王菲代言的霸王品牌旗下洗发水产品含有致癌物质二噁烷。当天,国内各大网站纷纷转载此篇报道,引起轩然大波。后来,虽然经权威部门证实报道不实,霸王的商誉却已受到严重损伤。"网络水军"在此案例中呼风唤雨的舆论操纵能力令人记忆犹新。2009 年 10 月 12 日,一名自称"闫德利"的写手在博客上发文,自

---

① 法国专家称煽动抵制家乐福的是西方公司[J]. 环球时报,2008-07.

述 15 岁时被继父强奸,后到北京上班,经人介绍去歌厅"坐台"。13 日,此人在博客中发布一份共有 279 个电话号码的"性接触者通讯录",并称自己于 2009 年 9 月初被检查出感染艾滋病。该文称,被曝光的电话号码大都分布在北京、保定、石家庄,还有广东等南方省份的"接触者"与艾滋女事件当事人闫德利的照片。随之一起公布的还有 400余张照片,其中不乏"艳照"。此事经网络舆论的传播、放大,尤其是少数人和网站的故意发帖炒作,一时间引发舆论关注热潮。后经证实完全是子虚乌有。上面两个例子有一个共同的特点,就是都是网络水军无中生有的一手策划并炒作出来的。

对此,中国人民大学副教授葛傲天认为,网络平台是一个自由、平等、开放的公共舆论空间,它的一个特点是,当一方的声音过于强大时,独立、理性、客观的声音往往就会消退,因为谁也不愿意逆势而上,成为网络上的"众矢之的"。因此"网络推手"的拿手好戏之一,就是迎合网民大众的心理和趣味,将时下的新闻热点和网民情绪结合起来,通过"借势"和"造势"使部分网民在无意之中充当了其炒作的"托儿"或者"打手",一旦舆论的洪流聚集,就很快以不可阻挡的力量席卷网络①。

"网络水军"是有组织的、以赢利为目的、松散的网络造势团体,当事人出于某种商业或名誉的目的,出资给网络公关公司,雇用闲散的网民,通过海量的转帖、跟帖、点击,形成虚假的网络民意,这就是典型的"网络水军"行为。网络水军形成的传播基础有两个,一是大众的猎奇心理;一就是铺天盖地一边倒的非对称传播效果。

还有国内某牛奶品牌的个别人使绊子诋毁中伤另一个知名品牌牛奶,某品牌矿泉水在某省突然因"不合格"遭遇禁售等等。从这些例子我们可以看出,公共关系的形象战略有了被变成一种武器的可能,有可能演变成一种肉眼看不见的公共关系"战争"或形象"战争"。你能塑造自己的形象,我就可以破坏你的形象,通过攻击对方形象来抬高自己形象,这种反向思维的"形象战略"看起来是很可怕的。这种发展和演变对公共关系来说无疑是一场最大的悲哀。公共关系发展到今天,其奉行的基本底线一直是"只夸自己好",而决不允许攻击对方。如果公共关系哪一天也演变到去主动攻击对方,那公共关系就不是公共关系了。尽管这种手段现在只处于萌芽状态,但我们要见微知著,观察它的发展演变。

3. 反对称性传播

所谓反对称性是指在 A 与 B 之间,如果 A 对 B 有正向的投入,反过来 B 对 A 肯定没有相应的正向回报,甚至对 A 有明显的敌对回报,这时 A 与 B 之间就具有了反对

---

① 专家解析"网络水军"案例[OL]. 人民网,2011-1-5(http://www.people.com.cn)

称性。

这种反对称性传播表现在公共关系传播上，A通常也指社会组织，B通常也指社会公众。A对B"投之以桃"，但B对A不但不"报之以李"，甚至"报之以怨"。组织去做公共关系，去宣传公众，影响公众，但组织所做的公共关系工作不但得不到回报效果，甚至还受到来自社会公众的广泛非议，使组织的形象受到损失。造成这一结果的主要原因是组织开展公共关系的目的不纯，往往是打着公共关系的幌子，暗地做着不可告人的勾当。

在社会现实中，这主要表现为公关传播失利和伪公关两种。公关传播失利主要是指公共关系的初衷是好的，公共关系的过程也是正确的，只是由于某种失误致使引起公众的某种误解，公众不接受组织的公关宣传，不认可组织的形象，不接受产品或服务，甚至出言不逊。而伪公关是指打着公共关系旗号，干的却是破坏组织形象，做着损人利己的勾当。伪公关最典型的特征就是它的初衷就不是为了公关，虽打着公关的幌子，表面上进行公共关系，但骨子里却是反公关而行之的。这种伪公关至今屡禁不绝。例如，一些企业一方面大搞捐赠，宣传慈善，另一方面却生产伪劣产品，坑骗消费者；一些企业一方面鼓吹企业社会责任，另一方面却排放污染物，污染空气，和当地百姓形成严重对立；一些企业一方面大力进行公关宣传策划，塑造企业形象，一方面蒙骗消费者，产品以次充好，售后服务不完善，店大欺客；一些企业喜欢做表面文章，过分夸大公共关系的作用，把公共关系看成企业兴盛的万金油，随意涂抹，但在企业生产经营中又屡屡有不规范的行为，让消费者嗤之以鼻。凡此种种都是伪公关的表现。

需要说明的是，非对称性公共关系传播只是缺乏互动，但还没有发展到扭劲的地步。非对称性公关传播形成的基础是缺乏了解，缺乏信任。反对称性公关传播是公众对组织有意搞别扭，有意不和你互动，是以有意捣蛋为基础的。非对称性公关传播如果处理不好，很容易演变为反对称性传播方式。我们应当界定好公共关系非对称性传播和反对称性传播。

（二）人际传播、组织传播、大众传播、实体传播、模型传播、现场活动传播和综合形态传播

根据传播者和传播对象的不同，公共关系传播还可以分为：人际传播、组织传播和大众传播、实体传播、模型传播、现场活动传播和综合形态传播等七类。

1. 人际传播

人际传播是个人和个人之间的信息传播活动，是由两个个体系统相互连接组成的信息传播系统。人际传播可以分为一个人对一个人的，这是点点传播；也可以分为一

个人对多个人的,这是一点对多点的传播;还可以分为多人对多人的,这就是多点对多点的传播。人际传播是社会生活中最直观、最常见、最丰富的传播现象,二人各种场合的谈话聊天、书信往来、打电话、通过互联网互送电子邮件都是人际传播。人际传播最主要的工具是有声语言,就是说话,但可以延伸出书面语言传播、服饰语言传播、体态语言传播、表情语言传播、仿生语言传播、音乐语言传播、类语言传播等形式。

人际传播的特点是:

(1) 传播的内容最复杂,最丰富;

(2) 人际传播的双向性强,反馈及时,互动频度高。

人际传播是其他传播的出发点,也是公共关系传播的基础,是公共关系传播中使用最多、最广泛、最重要的传播方式。

2. 组织传播

组织传播是指以社会组织为主体所进行的信息活动。这包括两个方面,一是组织内部传播;二是组织外部传播。组织传播是相对个人传播来说的,组织传播最大的特点是传播主体是以组织的面目出现,而不是以人的个体出现。尽管代表组织出面的也是个体的人,但说话的立场、口气,表达的观点,达成的协议,做出的让步都是组织整体的意志,而不是某个个人的意志。这时的个体人都已经隐去了私人身份,其言行都以组织代表的面目出现。

公共关系的组织传播功能主要有以下几点:

(1) 组织内外协调。

(2) 组织内外指挥管理。

(3) 决策应变。

(4) 达成共识,保持战斗力。

(5) 对外开展活动。

组织的传播形式主要是文件、报告、会议、报刊、办公系统,办公部门等等,这些都是人际传播中所不需要的。

3. 大众传播

大众传播的定义多种多样,对大众传播的解释也不尽相同,这里我们引用郭庆光《传播学教程》的定义:"所谓大众传播,就是专业化的媒介组织运用先进的传播技术和产业化手段,以社会上一般大众为对象而进行的大规模的信息生产和传播活动"①。

现代大众传播的媒介主要有报纸、杂志、广播、电视、互联网、手机系统,等等。这

_____

① 郭庆光.传播学教程[M].北京:中国人民大学出版社,1999:111.

些媒介可以在瞬间把各种信息发至全世界,可以在瞬间让全世界的人们都知道正在发生和将要发生的事情,现在大众传媒手段可以和信息发生的同时、同步传递信息而没有任何时间差。

大众传播的特点有以下几点:

(1)大众传播中的传播者是从事信息生产和传播的专业化媒介组织。

(2)大众传播是运用现今的传播技术和产业化手段大量生产。

(3)大众传播的对象是社会上的一般大众。

(4)大众传播的信息具有商品属性。

(5)从传播过程来看,大众传播属于单向性很强的传播活动。

(6)大众传播是一种制度的社会传播。

公共关系的大众传播包括两层意思:

(1)公关主体需要利用大众传播手段进行组织形象的传播、进行组织的公关宣传和各项公关活动。

(2)从事大众传播的专业化组织既是公共关系的工具和手段,但其自身也有一个公共关系的问题,有一个对社会大众宣传自己的媒体形象,营造媒体组织本身的公信力的问题。

在大众传播中,我们现在特地挑选出网络传播做一番论述。网络传播是利用计算机网络技术进行的传播,这种传播的最大特点是传播范围具有全球性,传播速度快,传播几乎不需要成本,人人都可以是主动传播者,也可以是被传播者,角色转换迅速,互动范围广且深。

网络传播发展到今天,其在公共关系方面的一大作用不在于利用网络去树立形象,而在于它可以迅速破坏形象。一些企事业单位的负面报道通过互联网可以在一夜之间传遍全世界,持续发酵,对企事业单位的形象造成极大的破坏,使单位一夜之间处于极大危机之中,甚至极短时间内就可以断送企事业单位或个人的前程。"三鹿毒奶粉事件"、"5·12大地震时的×跑跑事件"、中国"最牛的县委书记事件"、"湖南邵东官员孩子冒名顶替上大学事件",还有一些公众人物不光彩的事件等,都是因为其事件通过网络传播而酿成公众事件的。现在可以看出,网络传播的公共关系效应越来越显现,网络传播对公众的影响越来越大,网络传播的重要性也越来越重要,公众对网络传播的认识也越来越深刻。

网络传播的正效应我们已经能够看得很明显,但网络传播的负效应我们同样不能小觑。对网络公共关系传播的走向,我们还要继续观察和研究。

4. 实体传播

这种传播的最大特点就是向公众展现事物本身,让公众从对事物本身的把握得到真实感受。公共关系对实体传播的应用是多方面的。如让公众到公关主体即企事业单位亲自感受现场氛围,对公关主体亲自考察,通过现场体验得出自己的体会。这种传播的特点是现场真实感强,感受力强,可信度强,收到的效果最好。如每年的高招招生,一些院校为了招到满意的学生,就把考生拉到自己的学校,让考生参观学校,参观实验室和教室,让考生亲自感染高校氛围,这极大地鼓舞了考生的报考该校的积极性。

5. 模型传播

就是按照实体比例做成模型,让公众通过看模型去感触实体。公共关系对模型传播已经延伸到对公关实体的模型复制。在一些公关实体无法现场展示时,就得使用模型替代公关实体。这样做,虽然没有现场的真实感强,但却是仅次于现场展示的最好替代方法。例如,高校教育展览,每个高校不可能把高校搬到展览现场,就依照比例把学校缩小成模型,把模型摆到现场,也可以比较好地展示了学校的全貌,比仅仅的数字和照片说明有立体感,也会给人以较强的视觉感觉。

6. 现场活动传播

这是集群体传播和组织传播于一体的公共关系传播活动,这种方法是以各类公共关系的群体活动为载体,通过活动平台,展示公关主体的形象,传播公关主体的理念和精神,听取公众的声音,征求公众的意见。这种传播的特点是声势大,公众多,宣传效果直接,公众之间也相互感染、相互印证,对公共关系具有较多的正面效应。企事业单位的各种大型业务方面的活动多属于这类传播。

7. 综合形态传播

这种传播方式是综合运用两种以上的传播形态,来达到公共关系的目的。现场活动传播就是一种多形态传播,现场活动传播往往会把文字、图像、声音、模型、人际等等传播形态综合起来使用,以期达到最好的传播效果。

(三) 正向传播、反向传播和废传播

我们这个大千世界,自从盘古开天地、三皇五帝到如今发生了无数的事情,有着数不清的内容,包括无比丰富的知识,这些事情、内容、知识都是信息。信息是需要传播和流动的,信息只有在传播中才能发生作用,才能形成力量,从而变成推动社会前进的动力。如果信息静静地躺在那里,不传播,就不会为人所知,就无法引起人们的好奇、欲望和满足,就无法形成动力。所以信息传播是动态的,而不是静态的。

信息的传播像一条正在流动的河流,奔腾往复,不会停息。但和河流不一样的是,信息传播是一种由无数有形和无形的空间信息线交织而成的信息流。在公共关系的信息传播中,这种信息流会以组织和公众为两端来回川流不息。信息传播的方向不会是单一的,而是交织有无数的正向流动和反向的流动,间或还会有横向流动,这种无数次的正反方向流动的信息就形成了传播。这个河流中会汇聚着无数的正信息,也会有无数的负信息,还会有分不清好坏的中性信息,更会有一些你所不需要的废信息。

信息是需要筛选的,这就是受众选择的"3S"理论。每个组织、每个个人每天都会得到无数的信息,个人或者组织都会对信息进行有意的筛选。在公共关系传播的筛选中,最能引起组织注意的首先是那些具有批评意味的负信息,负面信息的信息强度最高,最能引起人们的联想,引起人们中枢神经的兴奋,这就是负面报道为何最会引起人们注意的理论基础。其次才是具有褒扬意味的正信息。正信息是组织最需要的,正信息是对自己工作的肯定,是对自己付出心血的赞赏。不同的组织,对信息筛选的标准是不一样的,有些信息在甲组织看来是正信息,但在乙组织那里就被看成负信息,而在丙组织那里就会被当成废信息。

所谓的正信息、负信息和废信息都是相对于特定组织来说的,这些正信息和负信息都是由社会公众发出的对特定组织的一系列的具体评价。所谓正信息就是对特定组织评价较好的信息,所谓负信息就是对特定组织评价不好的信息,所谓废信息就是对特定组织暂时无用的信息。在无数的信息流动中,对任何特定组织都会有好的评价,也会有不好的评价,也会有暂时没有用处的信息。

1. 正向传播

所谓公共关系的正向传播,就是信息流中对特定组织的公共关系评价多给以正面的肯定,信息流中的评价信息以正信息为主,就是以好的评价为主。这是进行公共关系工作所要追求的目标,说明组织的公共关系状态还不错,说明组织开展的公共关系工作卓有成效,说明组织在公众中的形象还可以。但对正向传播也要进行细加分析,要从正向传播中找到负信息的内容。即使都是正向传播,也不是公共关系所有状态、所有方面一切都好,要看看好的评价主要集中在哪些方面,哪些地方评价还不够好,不够多,还需要加以改进,要在正向信息中分析出反向内容,分析出薄弱点。

2. 反向传播

所谓反向传播就是信息流对特定组织的评价以负信息为主,也就是以不好的信息为主。应该说,在互动中,负信息评价过多总是不好的,说明公共关系工作还有需要改进的地方,说明组织的形象还需要进一步提升。但反向传播的评价是一面很好的镜子,指出了努力的方向,这些负信息评价给了我们动力,可以促使我们改进不足。因此,遇到反向传播并不要害怕,而是要闻过则喜,闻过则改。同时,也要从反向传播中分析出正向的信息内容,加以坚持。

范例:

调查显示:2/3 消费者不会再买丰田汽车

丰田汽车本身在公共关系上也曾花费了大量的心血,有着良好的企业形象,其组织主体和产品形象曾名扬世界,一度曾经是世界汽车形象的代表,在全世界具有巨大的潜力和市场。但在形象和金钱方面,丰田选择了金钱,选择了短见,摒弃了社会公众的信任,产品偷工减料,降低了安全系数,置消费者生命而不顾,汽车降低安全保证,而其座右铭、竟是"挤干最后一滴水分"。汽车屡出事故,消费者屡次告状而无门,店大欺客。这样的结果造成了今天丰田汽车的"滑铁卢",丰田汽车的伪公关使其在消费者心目中地位一落千丈,百姓对此品牌也产生了严重抵触,增加了不信任度,甚至有了憎恶度,产品美誉度大大降低,其销量和利润也大打折扣。

2010 年 3 月 8 日,在日本东京,丰田汽车公司总裁丰田章男曾接受记者采访,表示丰田公司正在开始启动大规模的活动,争取修复严重受损的声誉。在高频率的曝光度下,日本丰田汽车的"知名度"再度攀升,不过这次丰田似乎很难找到"车到山前必有路"的感觉了。丰田遭遇"召回门",这场风波还远远没有平息,但在多方争论之后消费者也该试着冷静看待这一事件。调查显示:在"了解丰田召回风波之后,你还会去买丰田车吗?"一栏中,选择"不会"的为 11 095(66.00%);选择"不一定"的为 2 968(17.65%);选择"会"的只占 748(16.35%)。"对于丰田企业做出的一系列召回、道歉等举动,你是否满意?"一栏,选择"不满意"的,占 13 622(81.03%);选择"满意"的仅占 3 189(18.97%);"中国政府是否应该问责丰田?"一栏,选择"应该"的占 15 687(93.31%);选择"不应该"的占 1 124(6.69%)①。

上面这个例子,对丰田汽车来说,是典型的反向传播。

在公共关系现实中,任何公共关系的开展不可能都是成功的,公共关系也不是万能的,公共关系工作的具体操作者的水平也有高低之分,组织中人员的文化素质和修养水平也参差不齐,对组织公共关系的理解也不尽相同,所以,作为特定组织,其公共关系不可能都是一帆风顺,有时会有反向传播的情况出现。出现公共关系的反向传播也是难以避免的,这正如任何一个人,让所有的人都说你好话是不可能的。因此考察一个组织的公共关系状况,要全面考察,尽可能多地掌握情况,不要偏听偏信。

---

① 调查显示:2/3 消费者不会再买丰田汽车[OL]. 腾讯 (http://auto.qq.com/a/20100315/000087.htm)

3. 废传播

所谓废传播就是信息流对特定组织的评价都是暂时不需要的,或者谈不上好坏的。废传播只是劳而无功,但不一定就是不好的,或者是组织进行的公共关系活动没有得到希望得到的反响,公众反馈过来的信息对组织暂时不需要。废传播不是公共关系的非对称性传播。公共关系的非对称性传播是公众对组织的公共关系没有反应,没有互动。废传播也不是公共关系的反对称传播,反对称传播是带有憎恶和讨厌色彩感情的传播,废传播只是暂时无用的传播。

第三章　企业社会责任

第一节　企业社会责任

社会责任,是任何组织都应该具有的。所谓社会责任,笼统地说,就组织应该承担的社会任务和社会义务。由于组织的性质不同,组织承担社会责任的分量是不一样的。对政府机关和绝大多数事业单位来说,它们本身就是为社会服务的组织,它们本身的工作性质决定它们必须为社会服务,必须为社会服务好。服务社会是它们的本质或业务,是它们的天职。而对于企业来说,由于它们是纯经济性的组织,它们和社会责任的联系没有政府机关和事业单位那么直接。但对所有企业来说,它们也有一个社会责任的问题,也有一个回报社会、为社会服务的问题。

政府机关和事业单位本身就是做社会责任工作的,它们的社会责任毋庸再说,是天然的。因此,这里主要论述企业的社会责任问题。

一、什么是企业社会责任

企业社会责任(Corporate　Social　Responsibility,简称 CSR),至今还没有权威的定义,这主要原因是因为对企业社会责任的理解有分歧。尤其是企业社会责任引进中国以来,其内涵和外延都发生了很大的变化。外延大一些的企业社会责任其概念几乎囊括了企业的各个方面,即使外延小一些的概念其定义也有理解和认识的偏重。经过国内外一系列的讨论和研究,有一条是可以达成共识的:企业作为一个企业公民,作为社会的一个组织,其在生产、经营乃至发展壮大过程中不能仅仅考虑企业的利益,而应当站在整个社会的角度去承担企业应该承担的角色,应该为整个社会做出一定的贡献。

世界银行把企业社会责任定义为:企业与关键利益相关者的关系、价值观、遵纪守法以及尊重人、社区和环境有关的政策和实践的集合。它是企业为改善利益相关者的生活质量而贡献于可持续发展的一种承诺。

联合国的观点认为,从原则上讲,企业社会责任的范围包括:"一个公司应该对其经营后果负完全责任,这包括直接影响,也包括间接的负面影响……对企业社会责任更高的要求源于一些公司的外部负面影响。这些影响在很多领域都可能发生并且会涉及各种各样的利益关系群体"。简单地说,企业社会责任实际上是企业与社会之间的"社会契约",它通常包括人权、环境保护和劳工权利等内容,在社会上显示着"公司的公民形象"。

实施企业社会责任的机制框架是由政府、企业、各种利益相关的非政府组织和个人构成的。一些善意的宗教组织也利用对于公司各级人员的影响介入了这一活动。联合国的《全球协议》就是号召工商界的领袖们带头实行企业社会责任,目的是"给世界市场以人道主义的面貌"。不然,资本全球化带来得环境污染、血汗工厂制度、不公平竞争和行贿腐败满世界转,不仅反全球化力量有的说了,到头来资本自身也不落好[①]。

普遍定义:一种观点认为,所谓"企业的社会责任",是指在市场经济体制下,企业的责任除了为股东(stockholder)追求利润外,也应该考虑相关利益人(stakeholder),即影响和受影响于企业行为的各方的利益。其中,雇员利益是企业社会责任中的最直接和最主要的内容。

本书的定义:本书认同目前国际上较普遍流行的 CSR 理念,本书认同的定义是:企业或组织在赚取利润的同时,必须主动承担对环境、社会和利益相关者的责任,它包括遵守商业道德、生产安全、职业健康、保护劳动者的合法权益、节约资源等。

二、企业社会责任的内容

企业社会责任,也是国内外正掀起的一场运动,自 20 世纪 80 年代以来,一些著名跨国公司在迅速扩张的同时,受到的指责也越来越多,批评它们唯利是图,为"赚取工人血汗钱"而存在。在这种压力下,CSR 在一些主要国家开始酝酿形成,到 90 年代中期 CSR 运动逐步扩大,一些著名跨国公司在经营中纷纷要求其所在国的合作供应商接受有

---

① 李静. 清华大学经济管理学院教授魏杰特别关注:人权、环保是企业应担的社会责任吗[OL]人民网. 2005-10-05.

关劳工标准和 CSR 审查。CSR 从而蔓延开来并形成了一种浪潮,开始冲击许多国家。

1999 年 1 月,在瑞士达沃斯世界经济论坛上,时任联合国秘书长的安南提出了"全球协议",该协议号召公司遵守在人权、劳工标准和环境方面的九项基本原则,其内容是:

(1) 企业应支持并尊重国际公认的各项人权。

(2) 绝不参与任何漠视和践踏人权的行为。

(3) 企业应支持结社自由,承认劳资双方就工资等问题谈判的权力。

(4) 消除各种形式的强制性劳动。

(5) 有效禁止童工。

(6) 杜绝任何在用工和行业方面的歧视行为。

(7) 企业应对环境挑战未雨绸缪。

(8) 主动增加对环保所承担的责任。

(9) 鼓励无害环境科技的发展与推广。

2000 年 7 月该协议在联合国总部正式启动。

三、企业社会责任在中国的发展演变

CSR 运动也很快涌进国内。这些跨国公司零售集团在步入国门以后,就开始把 CSR 带进国内,要求自己的生产基地和合作企业实行 CSR,并先后在深圳、东莞、莆田等地设立了劳工监控部门。国内越来越多的企业迫于压力,也越来越认可 CSR 的资源标准 SA8000。同时,国内环境污染日益严重,企业经营中道德伦理底线屡屡被突破,诚信和互信关系屡遭破坏,这已经成了一个普遍性的问题。我们在经济大力发展的同时,经济发展的环境越来越严峻,企业生存压力越来越大,国内许多学者和企业家纷纷呼吁,要求国内更多的企业在盈利的同时,要承担相应的社会责任,要求企业的发展要合乎社会道德规范,以最终实现可持续发展。

作为一个企业公民,在从事生产经营活动时,一方面为社会创造日益丰富的物质财富,以保证国民经济的正常运转,保证中央及地方各级政府,各企事业单位职能正常运行所需的物质条件,亦即为保护社会利益及社会发展提供使用价值形态的财富;另一方面,企业为国家及各级地方政府提供一定的税收,即从价值形态上为国家做贡献,以增加国家的资金积累,促进国家建设事业迅速发展。此外,企业还应当对社会公益事业进行支持和捐赠,帮助贫困地区的发展,有责任为改善企业所处的周边环境而尽自己的义务。这就是企业从社会形态上为国家作贡献。同时,企业作为企业员工经济来源的直接供应者,是员工最重要的庇护所和依赖者,亦是员工价值观念的最大影响者。企业对员工的态度,是员工对社会良莠作出判断的最直接的依据。企业员工也是社会的一员,员工在社会上的行为,不仅代表着企业,也在影响着社会。所以,企业爱护和关心职工,培养职工,提高员工素质,形成凝聚力,不仅仅是在为企业作贡献,也同时是企业公民在为改善社会环境所做出的贡献。这是企业从道德形态上为国家和社会做出的贡献。而后面两种形态,则是企业社会责任的一种延伸①。

第二节　企业社会责任的核心价值是企业道德

一、企业道德的定义

企业道德,又称企业道德意识或企业社会道德,是企业价值观念的取向,是企业公民的意识表现,它是在企业经营和运作过程中表现出来的,渗透于企业行为的方方面面,体现着企业的经营理念和经营品位。

二、企业社会道德意识是企业社会责任中的起码要求和底线

CSR实际上就是企业运作和经营中要遵循的伦理和道德守则,其中企业的社会道德意识应该是企业社会责任中的起码要求和底线,而道德意识中最基本的东西又是诚信,这是一个企业生存必须做到的最起码的要求。因为一个企业只有具备了起码的道德意识和社会公德,才有可能去顾及到其他方面的责任,如果一个企业连最起码的道德和社会公德意识都没有,那怎么可能相信它会去履行其他方面的责任呢?

企业道德包含有两种含义,或者说具有两层境界:

1. 企业基本道德

基本道德。要求企业在经营和运作中要有自己起码的操守和理念,要遵循社会公认的基本伦理和道德,不能为了一己之念、去破坏它,这是企业道德的伦理底线。换句话说,就是企业在经营和发展过程中起码要明哲保身,不增加社会政治、经济和公益负

---

① 试论中国民营企业的社会责任[OL].民营企业E网通(http://www.gdcei.com) 2006-08-12.

担,不把企业的危机转向社会,不造成社会环境的破坏和自然环境的污染。

2. 企业在基本道德基础之上的延伸道德

延伸道德。要求企业在运作和经营过程中不仅明哲保身,更要求企业更具有社会意义。企业要从单纯的赚取利润转变为追求经营品位,追求社会价值,要为社会及其周围环境做出自己责任和贡献。

三、企业道德的有形形态和无形形态表现方式

企业道德具有形形态和无形形态两种表现方式,有形形态表现为企业对产品的保护,对消费者的态度,对自然环境的破坏与保护程度,企业和员工关系的紧密程度,企业内部凝聚力的大小,企业领导人的素质,企业设备、资金的管理等。无形形态表现为企业文化的品位、企业的公众意识、企业员工素质、员工的道德品质,企业履行社会责任的程度、企业的诚信度、企业形象、企业危机公关,等等。企业道德是透过企业的有形和无形行为表现出来的,是一个企业软实力在意识形态方面的表现。一个经营良好、运作正常的良好企业,总是把企业道德放在企业日常的重要方面。我们重新提出来并且还要去大力提倡,是因为一些企业在改革开放的大潮中,打着市场经济的大旗,做的却是最不遵守市场规律、浑水摸鱼、损人利己和极端自私的事情,而且几乎到了公开的地步。这些企业靠着社会的支持和宽容成长起来了,但它们却对社会、对相关者、对整个社会公众具有剥削和歧视态度,不去回报社会甚至变本加厉地去盘剥公众利益,肆无忌惮地破坏自然和社会的环境,甚至到了千夫所指的地步也不思改正。这些企业对社会的环境破坏力甚大,造成的影响也甚大。

范例:

中国企业经营成长与发展专题调查报告

据中国企业家调查系统 2002 年中国企业经营成长与发展专题调查报告显示,中小型(主要是民营)企业在问及"目前同行业存在哪些不良行为"时,企业经营者选择比重较大的前三位是:"拖欠或压低职工工资"(43.4%),"偷工减料"(37.8%)和"欺骗用户"(35.5%),其他还有"生产污染环境的产品"(18.9%)等。

其实这些企业并不是不懂企业道德,并不是不知道社会责任,而是它们非常精通此道。它们可以写出漂亮的文章去歌颂企业道德,去大赞企业社会责任,也可以在各种会议上夸夸其谈道德,做足各种表面文章,而行动上却是完全背离企业道德和社会

责任。这恰恰是我们社会的悲哀。

四、企业承担社会责任,是企业自身伦理道德的要求

企业承担社会责任,这是企业自身伦理道德的要求,一个企业是否强大,是否具有发展的潜力,除了企业经济实力、管理水平、技术力量、员工素质等因素的影响以外,还要考虑到企业伦理道德的因素。以伦理道德为主要内容的企业文化的形成和发展,是一个企业成熟的标志。所以企业在赚取更多利润的时候,必须遵守一定的是非准则,必须承担自己的社会责任,使企业、市场和社会获得共同繁荣和发展,使企业成为社会良心的维护者。任何组织的存在和发展,只有在它拥有为社会、至少是为大多数人所接受的道德上的正当性时,才能被大众视为是正义的,才能为社会大众所认可和接受,并成长壮大[①]。

透过企业社会责任的各种标准我们可以看出,企业社会责任的实质是要求企业要有自己合乎社会标准的道德意识,要有和社会要求接轨的操守和价值观。从某种意义上来说,现代企业更像是一个人,企业经营更像一个人活着,一个人活着的意义就像一个企业经营的意义,一个人的品位就像一个企业品位的意义一样。企业道德和CSR运动实际上是社会和企业发展到一定时期对企业和社会关系问题的一次调整,是对传统企业"利润决定一切"的一次否定,是现代企业管理观念的一次嬗变。

五、传统企业管理的缺憾

在内部管理上,传统管理学把企业角色定位为物化的管理者,突出"物",凸现管理者的威严,忽视人心的所想和所向。企业是规章制度的制定者和行使者,被管理者只是企业的雇佣者,是各种繁琐条例的"奴役"。管理者往往把人"物化",单纯强调规章和责任,强调赏罚分明、强调分工细化,而忽略了被管理者的权利,忽略了被管理者参与的义务,忽略了被管理者的尊严,是非感情地去看待管理,这时的企业是一个高高在上的"奴隶主",是"打工所在地",打工者和企业缺乏更多的心理依附和心灵联系,被管理者对企业缺乏感情,缺乏归属感,内部缺少凝聚力。而从企业社会责任看,现代企业管理,应该人性地去对待被管理者,更注意从精神层面和员工进行沟通,企业角色定位

---

① 沈爱琴. 关于尽快制订中国企业社会责任标准开展企业社会责任认证的建议[OL]. 浙江在线. 杨晓燕,2007-03-11.

由"打工所在地"变成员工的保护神和庇护者,企业是全体员工的"家",企业由"条理的奴役"变成了员工受教育的学校,企业把被管理者当成一个有尊严的人,尊重员工的权利,注重企业员工与企业的深层交流,注重员工和企业深层次的心灵联系和交往。这已经是现代企业、尤其是成功企业运作的一个经验之谈。换句话说,企业社会责任不仅仅只注重企业本身,也更注重企业内外环境的建设和改善。所以,现代企业更把自身也看成一个公民,也更注重企业道德意识的树立和构建。

在外部管理上,传统管理学没有把企业放在整个社会大环境里进行考察,其着眼点过多地看待企业自身,突出企业自身的管理,凸现企业自己小环境的整合,而忽略了企业和整个社会的联系,忽略了企业可能对社会产生的正面和负面的影响力,忽略了企业对社会环境可能带来的冲撞。过多地强调成本和利润,而没有考虑企业对所处的社会宏观和微观环境进行整治这笔费用,忽视了企业本身应该承担的社会责任和义务。时值今天,这种传统管理学的缺陷使得我们的企业和它所处的社会环境出现了一系列的矛盾和碰撞。我们许多企业在带来滚滚利润的同时也给社会造成了许许多多的负面影响。

近年来,在我国的经济活动中,各类不诚信的事件、丑闻不断冲击着我们的视野,苏丹红事件、回产奶、SK-Ⅱ、致癌童装、齐二药、欣弗事件,还有不绝于耳的各种矿难和事故,河流不断地污染,空气质量越来越差、拖欠农民工工资、食品安全问题等,这些奇怪的一连串事件不但受到国内的一致谴责,也给我国的对外交往造成了不小的压力。这些事件的背后都昭示着一个道理,那就是:企业的经营和发展并不是孤立的,企业的任何发展都和它所处的社会环境有着千丝万缕的联系,企业发展的同时应具有自己的道德,应承担起应有的社会责任。没有社会责任感的企业,没有社会公德意识、坑人利己的企业总是短命的企业。因此,对国内来说,CSR 不仅是一个运动,更是我国现实经济发展的需要。它看重的是企业运作和经营中的品位,要求企业从传统的赚钱机器变成"社会福利"的一个分子,要求企业站在社会的角度去看待自己。

六、决定企业道德高低的因素

决定企业道德高低的因素主要有两个:一是企业领导人的道德价值观念;二是企业员工的道德价值观念。

因为这两种观念支配着其他一切状态。而企业领导人的道德观念最直观的表现是对企业员工的态度和对社会责任的态度上。良好的企业道德表现为企业具有良好的价值观念,具有良好的企业精神和良好的员工素质,企业领导者本身具有高尚的品位,主要表现为尊重员工、以身作则,态度谦和,有自知之明。而企业领导人道德卑劣也主要表现为自私自利和不履行企业社会责任,目中无人,待人霸道,飞扬跋扈,不能正确地认识自己,自以为老子天下第一,"天令其亡,先令其狂",就是这个道理。大量的事实说明,缺少企业道德的企业都是短命的,而运作良好的企业都是具有良好道德操守的企业。

七、企业道德的高尚与卑劣是从企业对内外环境的把握中看出来的

企业道德的高尚与卑劣往往是从企业对内外环境的把握中看出来的。企业环境一般包括两个层次,从宏观上说,是一个企业社会的政治、经济、文化、科学技术、法律和国际环境等。从微观上说,主要是指企业所处的具体环境,可分为自然环境、关系环境和意识环境。其中自然环境包括地理、气候、社区、交通状况,资源能源等;关系环境是指与企业有关的各类公众的基本情况,如员工关系、消费者、银行、股东、新闻界、竞争对手、经销商等等;意识环境是指能影响企业的思想意识因素,如企业在公众中的形象地位,员工的职业道德、企业价值观、员工主流心态、企业公众意识、社会舆论、企业心理。一般说,企业社会责任强调的是微观责任①。

垄断性的企业缺乏企业道德主要表现在不承担企业应有的社会责任。这些企业有一个共同的特点,就是它们凭借在生产和经营中处于强势或垄断地位,在产品营销和经营过程中,在制定产品成本和确定生产方针时,只考虑企业,不顾社会公众利益,在利益分割时不应有地侵占社会和公众利益。过少地顾及公众利益,从而引发一轮轮的非议。这以石油、银行、电信、旅游、民航等国有企业为代表。

范例:

国有垄断企业需要承担更多社会责任

改革开放后,中国对诞生于计划经济时期的国有企业进行的改革实际上从两个方面展开,首先进行的是塑造能够适应市场需要的新国企,即要使企业以盈利为主要目标。20世纪90年代中后期之后,我国进行了国有企业、国有经济的战略重组,国有经济从广大竞争性产业领域退出,进入具有行政垄断意义的战略性产业。后一阶段的改革,实际上已经不再过分强调作为单个国有企业的行为问题,而转向国有经济的整体

---

① 熊卫萍.公关关系学[M].北京:高等教育出版社,2005:35.

配置。如果这是个根本的战略转变的话，微观意义上的国有企业的盈利功能就不是最重要的了。但现在看来，目前包括央企在内的绝大多数国有企业的目标与行为与这一根本转变并不完全相符。部分国有大中型企业靠着国家赋予的垄断优势，把自己混同于一般企业，打着国家的名义，全然不顾企业形象和国家形象，唯利是图，与国争利，与民争利，最大限度地攫取财富和利润，影响了国有企业在百姓心目中的地位，把"国有"当成与民争利的赚钱资本和手段，降低了企业的品位，扭曲了国有企业所具有的"为民造福"的初衷，在某方面也影响了国人心目中的国家形象。

国有企业尤其是取得垄断地位的央企确实需要承担更多社会责任，应该更注意企业道德问题，而且需要将其已经承担的道德明确化。这是国有企业的特殊本质的要求。从理论上讲，国有企业作为国家的企业、全民的企业应当体现国家和人民的整体利益，就应该与非国有经济有所区别，就不能唯利是图，与民争利。

其次，这是国有经济的战略调整的要求。20 世纪 90 年代中后期，政府对国有经济的功能定位，强调国有经济的控制力、影响力和对市场失灵的弥补。尽管在经济转轨时期国有企业仍然需要盈利，但这实际上已经从新的高度提出了国有经济的社会责任问题，即当市场调节无法实现时，国有经济就具有责无旁贷的责任，国有企业就不能过多地考虑一时的得失。

再次，国有企业比其他性质的企业使用了更多的社会资源。央企的盈利大户中很多都是垄断性企业，通过垄断获得了高额利润，而且在业务扩张中，多数情况下是通过使用更多的社会稀缺资源实现的，例如扩大投资时借力银行信贷而非自有资金，获得更多上市融资的指标以及各种补贴、税收优惠等政策倾斜等等。正因如此，央企就应该比别的企业承担更多社会责任，更应该突出企业道德。

企业道德问题对民营企业来说也尤为重要。民营企业从投资到经营都是自我实现，其自身的风险更大。缺少企业道德、短视的企业行为将会带来灭顶的灾难后果，其灾难完全由企业家自己承担。所以民营企业在生产和经营过程当中，更应该把企业道德问题看得更重要，把企业社会责任当成树立企业形象、改善企业生存环境、完成企业后续发展的大事情来抓。作为一个民营企业，出于自己本身的考虑，也许它付出的社会责任可能不多，但企业至少不能触动企业道德的底线。底线的触动往往是破坏了公共社会所要求的那种平衡，违背了社会公理，引起了社会的公愤，从而对整个企业的威信力和形象造成了很大的破坏。这种反面的事例我们民营企业会经常会碰到。

目前作为市场经济基础的信用文明状况正在经历一场危机。民营企业存在着生产假冒伪劣商品，违约毁约，欺诈客户等现象，而且屡禁不止，这些不道德的工商活动不可避免地给社会带来了损害,轻者浪费资源,劳民伤财,重者则置人于非命,并严重地干扰了正常的市场经济秩序。

第三节　社会道德责任标准 SA8000 简介

一、企业社会道德标准

社会道德责任标准 Social Accoutability 8000 或 简称 SA8000 自 1997 年问世以来,受到了公众极大的关注,在美欧工商界引起了强烈反响。专家们认为,SA8000 是继 ISO9000、ISO14000 之后出现的又一个重要的国际性标准,并迟早会转化为 ISO 标准;通过 SA8000 认证将成为国际市场竞争中的又一重要武器。有远见的企业家应未雨绸缪,及早检查本组织是否履行了公认的社会责任,在组织运行过程中是否有违背社会公德的行为,是否切实保障了职工的正当权益,以把握先机,迎接新一轮的世界性的挑战。企业年度报告和公司宣传册中关于道德责任的陈述逐年增多,企业社会责任网站也早已启动,研究企业社会责任的文章也已有很多,关注企业社会责任的专家、企业家也日益增多。这都表明,管理与社会责任相结合的需求日益增大。尽管许多组织在运营中并无不道德行为,但却无从评判。而今天,组织行为是否符合社会公德可以根据该组织与 SA8000 要求的符合性予以确认和声明。

SA8000 是世界上第一个社会道德责任标准,是规范组织道德行为的一个新标准,已作为第三方认证的准则。SA8000 认证是依据该标准的要求审查、评价组织是否与保护人类权益的基本标准相符,在全球所有的工商领域均可应用和实施 SA8000。

二、制定 SA8000 标准的宗旨

制定 SA8000 标准的宗旨是为了保护人类基本权益。SA8000 标准的要素引自国际劳工组织(ILO)关于禁止强迫劳动、结社自由的有关公约及其他相关准则、人类权益的全球声明和联合国关于儿童权益的公约。标准首先给出了对组织和公司进行独立审核的定义和核心要素,确认审核评判的基本原则。例如"儿童劳工"是该标准的核心要素之一,该要素的原则如下:"公司不能或支持剥削性使用儿童劳工,公司应建立有效的文件化的方针和程序,从而推进未成年儿童的教育",这些儿童可能是当地义务教育法范围内应受教育者或正在失学的未成年儿童。标准规定了具体的保证措施,如:在

学校正常上课时间,不得使用未成年儿童劳工;未成年儿童劳工的工作时间、在校时间、工作与学习活动往返时间每天不得超过 8 小时;不得使用儿童劳动力从事对儿童健康有害、不安全和有危险的工作。

三、SA8000 标准诞生的背景

　　制定 SA8000 标准的想法源自 SGS Yarsley ICS 和国际商业机构社会审核部主管人之间的一次谈话。双方共同认为社会审核领域在全球范围内正在不断扩展,有必要对社会道德责任进行审核,在工商界也应确立与公众相同的价值观和道德准则,为此,需要制订社会道德责任标准或规范,并开展审核认证活动。

　　1996 年 6 月欧美的商业组织及相关组织召开了制定规范的初次会议。该会议在商业界(包括大西洋两岸领先的商业公司)和非政府组织中引起了强烈反响。商界和非政府组织对新标准规范的制订极为关注。会议拟订了制定新标准的备忘录。基地设在伦敦和纽约的英美非政府组织——经济优先领域理事会(CEP)积极参加了制定新标准的最初几次会议,并被指定为维护新标准的组织。随后 CEP 设立了标准和认可咨询委员会(CEPAA),任务是跟踪、监督、审查新标准制订的进展情况。美国等国家的很多公司对应用新标准反应非常积极。在纽约召开的第一次会议上产生了该标准的草案。

　　企业社会责任是指企业在赚取利润的同时,主动承担对环境、社会和利益相关者的责任。20 世纪 90 年代初,美国服装制造商 Levi-Strauss 在类似监狱一般的工作条件下使用年轻女工的事实被曝光。为了挽救其被污损的公众形象,该公司草拟了第一份公司社会责任守则(也称生产守则)。随后,耐克、沃尔玛、迪斯尼等大型跨国公司纷纷制定了自己的生产守则。欧洲、美国和澳大利亚也先后出现了一些关于"企业社会责任"的多边组织,特别是西方发达国家的一些非政府组织的参与,逐渐形成了企业社会责任运动,并随着经济全球化而逐渐波及全球,尤其是处于全球生产链环节上的发展中国家。

　　1997 年,总部设在美国的社会责任国际发起并联合欧美部分跨国公司和其他一些国际组织,制定了 SA8000 社会责任认证标准。它涉及童工、强迫劳动、健康与安全、歧视、惩戒性措施、工作时间、工资报酬、管理体系等内容。SA8000 是全球第一个社会责任认证标准。

四、SA8000 的主要内容

　　SA8000 涉及以下主要内容:

(1) 童工：企业必须按照法律控制最低年龄、少年工作、学校学习、工作时间和安全工作范围。

(2) 强制雇佣：企业不得进行或支持使用强制劳工或在雇佣中使用诱饵或要求抵押金，企业必须允许雇员轮班后离开并允许雇员辞职。

(3) 健康安全：企业须提供安全健康的工作环境，对可能的事故伤害进行防护，进行健康安全教育，提供卫生清洁设备和常备饮用水。

(4) 联合的自由和集体谈判权：企业尊重全体人员组成和参加所选工会并进行集体谈判的权利。

(5) 差别待遇：企业不得因种族、社会地位、国籍、伤残、性别、生育倾向、会员资格或政治派系等原因存在歧视。

(6) 惩罚措施：不允许物质惩罚、精神和肉体上的压制和言词辱骂。

(7) 工作时间：企业必须遵守相应法规，加班必须是自愿的，雇员一周至少有一天的假期。

(8) 报酬：工资必须达到法定和行业规定的最低限额，并在满足基本要求外有任意收入。雇主不得以虚假的培训计划规避劳工法规。

(9) 管理体系：企业须制定一个对外公开的政策，承诺遵守相关法律和其他规定；保证进行管理的总结回顾，选定企业代表监督实行计划和实施控制，选择同样满足SA8000的供应商，确定表达意见的途径并采取纠正措施，公开与审查员的联系，提供应用的检验方法，并出示支持的证明文件和记录①。

五、正确理解 SA8000

道德宣传者们就制订社会责任标准 SA8000 展开了一场热烈讨论。他们认为这一标准的出台是管理主义的体现。一些非政府组织（如 NGO）重申了这一论点，他们认为 SA8000 的制订，正迎合了组织界和社会关注的焦点；另一方面，具有传统观念的审核员则认为该标准偏离了社会核心问题，实际上只是针对社会的表面现象而提出的。事实上这两种截然相反的观点均带有偏见，这些热心者并没有正确理解和把握 SA8000真正的内涵和制订目的。正确的理解是管理者应将 SA8000 作为道德管理实践的综合工具应用于组织的管理体系中。

---

① 本标准有关内容转摘自.锦航验厂网站［OL］.（http://www.gdcoc.cn）.

六、SA8000 的发展前景

随着对 SA8000 的不断修订和完善,该标准最终将会发展成为一个覆盖道德、社会和环境等范围很广的标准。目前 SA8000 只涉及人身权益以及与健康、安全、机会平等核心要素有关的初始审核。CEPAA 是 SA8000 认证组织的认可机构,也是社会责任标准的版权所有者。

虽然 SA8000 尚未转化为 ISO 国际标准,但它已得到国际认可,更为重要的是,该标准正在激起全球组织界的广泛关注和热情。很显然,组织经认证机构全面、独立的审核后,颁发的社会责任认证证书,将是对组织道德行为和社会责任管理能力最为有效的认可。SA8000 将是未来国际竞争中组织获得成功的一个重要组成部分。

SA8000 将在未来流行,因为,企业希望表明他们改善工作环境和劳动条件的意愿。这个标准体系几乎在全世界都受到赞扬,因为它规定了一些别的体系避开的问题。SA8000 和与这些标准相配套的第三类独立认证过程,意味着消费机关不再需要单独制定自己的供应商要求和对供应商进行基本的监督审查。这些益处能节约很多成本,远超过认证本身的费用。现在许多企业对 SA8000 采取"等待和观望"的态度。不少人相信 SA8000 是正确的,而且基本上可有效控制成本,比各个企业各自行动好多了。其中亚洲国家特别感兴趣,尤其是中国。

CEPAA 的科夫曼希望 SA8000 最终能与 ISO9000 质量体系和 ISO14000 环境标准一样获得广泛的接受。"SA8000 有潜力得到广泛应用",她说。"最终使用者是全世界的消费者;所有人都可以了解这些原则。"适当的时候,他们将得到更广泛的了解和应用,因为批发商为了留住他们的零售客户,会倾向选择从讲道德的工厂进货。这是他们提供的另一种含义上的质量和一个卖点,表明认证只授予拥有优秀工作标准的企业。

第四节　企业履行社会责任的益处

企业社会责任不能给企业带来直接和快速的经济回报,但给企业带来战略收益,有利于企业的长期收益。企业履行社会责任有助于员工激励、留住好的员工,提高企业声誉,通过与利益相关者的对话能更好地进行问题管理。企业履行社会责任给企业带来的收益主要体现在声誉管理、风险管理、创新和学习、员工满意、有效利用资本、经济绩效以及有效改善竞争环境等方面。总之,企业履行社会责任有利于提高企业的竞争力。

一、声誉管理

声誉管理。成功的企业不仅注重顾客关系而且依靠和利益相关者的良好关系。当企业增强了与利益相关者的关系时,每个利益相关群体对企业战略目标的潜在支持就提高了,通过这种关系,企业创造了价值,企业社会责任为企业提供了管理和影响这些利益相关者行为的一种手段。为了把企业社会责任信息有效传递给利益相关者,许多企业提供了有关环境、社会和伦理方面表现的报道。这些行为能影响利益相关者的态度和观念,增进企业与利益相关者的关系,建立利益相关者信任,给企业带来良好的声誉,提高其市场价值。

二、风险管理

风险管理。任何企业经营都有风险,风险管理对企业的长期市场价值产生很大的影响。许多企业对风险给予了更宽泛的定义,即包括整体考虑社会和环境问题的范围更宽、时间更长的风险。企业把风险或机遇与企业可持续发展结合起来,运用于内部风险评估或战略实施,这能有效地管理企业风险,有助于企业发现市场机遇。

三、创新和学习

创新和学习。创新和学习对企业的长期发展非常重要,使企业发现新的市场机会,建立有效的运营。有些企业通过社会责任途径实施产品差异化战略,开辟新市场。一些证据表明,在企业社会责任方面,企业通过创新和学习,把环境约束和社会压力转变成为有效的市场机遇,面对一系列的社会和环境问题,企业社会责任创新使企业更具有竞争优势。

四、员工满意

员工满意。企业依靠员工发展,依靠同其他利益相关者的关系来创造和传递价值。越来越多的求职者不仅考虑经济报酬,也考虑企业的社会表现。良好的企业社会表现有助于招聘,并留住优秀的员工。

五、有效利用资本

有效利用资本。风险管理对企业的长期市场价值具有深远的影响。越来越多的投资者相信,企业社会责任风险管理对企业的长期市场价值具有积极的影响。企业社会责任被认为是企业绩效管理的一个指标,有效利用资本能帮助企业抓住机遇。

六、经济绩效

经济绩效。企业社会责任通过各种方式帮助企业提高"三重底线"(经济、社会、环境)水平,这主要包括使企业在生产过程中更好地使用生产要素,通过对能源和废物的有效管理降低作业成本,把环境保护作为社会资本,降低产品生命周期成本,提高生产效率等。

七、改善竞争环境

改善竞争环境。企业竞争力在很大程度上取决于其经营所在地的环境,而企业社会责任被认为是改善竞争环境最具成本——收益的一种方式,迈克·波特和马克·克雷默(2002)将其称之为"竞争环境"。例如,企业履行社会责任如慈善活动往往是改善竞争环境最具成本——收益的一种方式,因为它使企业能够利用非营利组织与其他机构的工作成果和基础设施①。

第五节　企业社会责任缺失的种种表现

一、企业缺乏社会责任现在还是个普遍现象

由于出于自己本身的考虑,一些企业,特别是中小型民营企业对社会责任认识不多,甚至触动企业公德意识这个底线。破坏了公共社会所要求的那种平衡,违背了社会公理,引起了社会的公愤,从而对整个企业的威信力和形象造成了很大的破坏。这

---

① 启军. 企业履行社会责任的动因分析[OL]. 中国经济信息网,2007-12-05.

种反面的事例在我们民营企业也会经常会碰到。

由于种种客观原因,相当一部分企业在生产和经营过程中忽视和不重视这种社会责任,这种状况在不同的所有制企业中有着不同的表现行为。

垄断性的企业缺乏社会责任的主要表现在不承担企业应有的社会责任。这些企业有一个共同的特点,它们凭借在生产和经营中处于强势或垄断地位,产品营销和经营过程中,在制定产品成本和确定生产方针时,只考虑企业,不顾社会公众利益,在利益分割时不应有地侵占社会和公众利益。过少地顾及公众情绪,从而引发一轮轮的非议。这以石油工业、银行业、电信业、旅游业为代表。

对民营企业来说,企业违背社会责任则是多方面的,这不仅表现在对外部社会,也表现在对内部方面。对外主要表现在产品生产过程中企业破坏了公共环境,这环境包括社会的自然环境和社会环境两个方面。破坏社会自然环境主要是造成空气、河流污染,其生产和产品威胁人自身的安全。破坏社会环境则是不顾企业形象、生产和经营中不讲社会公德、不讲信誉、不顾社会责任,严重损人利己;对内部社会则主要表现在恶意对待农民工、随意克扣工资;不顾人身安全、缺乏劳工保护;工人缺少最起码的公共福利、随意延长劳动时间。民营企业这样的做法尽管短期可以起到减少生产成本、增加产量的作用。但它带来的伤害是巨大的。

造成这种后果的原因,是因为这些企业的领导人脑子里只有自私自利,只有"各扫门前雪"封建意识,只有"利润决定一切"的传统经营思想。他们缺乏现代企业的认识和理论,缺乏社会公理道德的教育,缺乏一种企业家拥有的胸襟和胆略,也缺乏一个战略家的眼光。

二、企业不履行社会责任的问题其主要表现①

(一)诚信方面的问题

目前作为市场经济基础的信用文明状况正在经历一场危机。企业存在着生产假冒伪劣商品,违约毁约,欺诈客户等现象,而且屡禁不止,这些不道德的工商活动不可避免地给社会带来了损害,轻者浪费资源,劳民伤财,重者则置人于非命,并严重地干扰了正常的市场经济秩序。目前各种不讲信用的手法大致可归纳为五大类:一是生产不合格的产品,却贴上合格的检验证,以次充好,或移花接木,贴上名牌产品的商标,欺

① 本章节有关内容摘自浙江省社科联课题报告.民营企业的社会责任——我省和谐企业建设中公共关系的时间创新研究[D].浙江省社科联课题 07N87 主持人:马志强 2008-1.

骗顾客;二是利用广告、信函、传单等散发虚假信息;三是虚构货源,伪造执照,内外勾结,窃取合同文书等;四是利用回收产品,包销产品,低进高出,谋取暴利;五是利用对方法律素质低或法律文件的不健全,在合同中设下种种陷阱,骗取对方财物。向顾客提供劣质产品的行为极大地损害了消费者的权益,而不安全的产品会导致危害消费者的生命安全,违反了市场经济中的公平交易的原则,中国的市场经济发展呼唤诚信。

（二）资源和环境保护方面的问题

企业的活动不可避免地要与自然发生关系,并可能造成对生态环境的破坏,如排放有害物质造成的生态环境的破坏与乱砍滥伐森林造成的对自然资源的破坏等。随着我国经济的高速发展,环境污染情况尤其令人担忧。

范例:

工业污染对人类和环境造成的损害常常是不可挽回的

发达国家的经验教训表明,工业污染对人类和环境造成的损害常常是不可挽回的,仅从经济上计算。"先污染,后治理"的代价,比重视经济与环境协调发展的成本高出 10～100 倍。人类与大自然是一种相互依存的关系,企业在从事生产经营活动中需要充分考虑资源的合理利用,优化生产方法,保护生态植被,防止环境污染的治理等目标,担负起保护自然环境的神圣道德责任。企业排放污染、破坏生态环境,污染自然水源,时常发生。尤其是在食品加工和生产中添加有毒物,导致对人体危害的事件,更是经常发生,对这种危害我们不能掉以轻心。

（三）税收与社会公共事业活动方面

企业从事生产经营活动,一方面为社会创造日益丰富的物质财富,以保证国民经济的正常运转,保证中央及地方各级政府,各企事业单位职能正常运行所需的物质条件,亦即为保护社会利益及社会发展提供使用价值形态的财富;另一方面,企业为国家及各级地方政府提供一定的税收,即从价值形态上为国家做贡献,以增加国家的资金积累,促进国家建设事业迅速发展。此外,企业还应当对社会公益事业进行支持和捐赠,帮助教育社会贫困地区的发展,这是企业社会责任的延伸。

范例:

一些民营企业私自漏税逃税

现在的问题是,近年来我们一些民营企业对缴付的税款感到"心疼",因而,选择了种种漏税逃税的对策,其中既包括少报营业收入,少报税前利润,虚增成本,甚至利用高新技术及小企业的税收优惠,每隔2～3年重新注册1家经营同一业务的新企业等。对这些民营企业来说,采取这些对策似乎一时占了"便宜",但从发展来看,则是吃了"大亏"。

产生这一状况的主要原因是,随着市场经济的进一步发展完善,财务、税收制度也将进一步完善,在这种背景下,即便不考虑漏税逃税将冒的种种违法违规风险和诚信的丧失,仅就财务管理而言,因漏税逃税而形成的资产也是难以处理入账的;同时,由于企业的财务状况难以合法,也将严重限制甚至阻碍企业的各种外源性融资,在此情况下,企业的前途就可想而知了。另外,很多企业不习惯于参与社会公益事业活动,甚至认为是一种额外的负担,缺乏提供公共产品和服务的意识,对社会公益事业不管不问。事实上,参与社会公共事业活动或服务是企业履行社会责任的一项重要内容,因为企业享受的水、电、路以及医疗卫生等公共设施都是社会提供的,进行生产经营活动也离不开当地政府和社区的支持,所以企业有责任、有义务搞好社会服务,如投入一定的财力、物力、人力,帮助社会进行教育、卫生、交通等基础设施建设,改善居民的工作、生活环境等。

(四)人力资源方面

人是企业中最宝贵的资源,一个企业的长期发展的关键是靠发挥人的积极性和创造性,而人的积极性和创造性的发挥,又需要企业与劳动提供者之间形成和谐的伦理关系,因此,尊重人权,保障工人健康和安全标准,是企业应该承担的社会责任。目前,部分企业不仅没有建立起以人为本的企业文化,而且还通过延长工作时间,降低劳保待遇,克扣工薪等方式降低经营成本,增加营业利润等。有学者指出,这种企业主已经"堕落成资本的奴隶,赚钱的机器,依靠压榨企业职工的收入和福利为所有者谋利润"。这种一切向钱看的企业,在其发展到一定阶段还将不可避免地会出现内部权力之争,最终导致整个企业丧失凝聚力,由此也就失去了企业的社会资本。社会资本是指人们为了实现企业最大化的目标而在企业内部相互信任、相互依赖的一种社会资源,它是企业发展所不可缺少的。因为企业增值的一个重要条件是组织内部共同协作的能力,而这种协作能力是建立在相互信任、相互合作的基础上的。倘若没有相互信任,缺乏共享的价值观念,缺乏专业知识以及共事合作的准则,那么,在企业与员工之间,员工与员工之间就无法彼此信任,企业的社会资本就难以形成,经营效率就难以提高,企业的竞争力也就不可能得到增强。

这些问题主要反映在以下六个方面:

(1) 劳动合同问题。

(2) 生产安全、职业健康问题。

(3) 工时和加班问题。

(4) 社会保障问题。

(5) 妇女儿童权利问题。

(6) 拖欠工资问题。

第六节 企业缺乏社会责任原因分析

改革开放二十多年,诞生了一大批富有社会责任感的民营企业和民营企业家。他们诚信守法,照章纳税,在搞好自身企业经营的同时,积极回报社会。一项调查表明,民营企业中有44%业主参与了"光彩事业",参与方式最多的是"捐款"和参加修桥铺路等公益事业。规模越大的企业参与"光彩事业"的比例越高;亿元级的企业参与率为82%,千万元级的为76%、百万元级的是64%,而百万元以下的企业仅为40%。初步形成了"致富思源、富而思进、扶危济困、共同富裕、义利兼顾、德行并重、发展企业、回馈社会"的光彩事业精神。

但我们也应该看到,在我国,相当多的民营企业对企业社会责任的问题认识还非常不够。社会责任履行较好的企业多是企业家中的佼佼者,他们对企业社会责任的贡献完全是出于一个企业家的社会良心,这类高瞻远瞩的企业家毕竟只是少数。而更多的企业尤其是中小企业主则缺乏这种良知。违背社会伦理的事件时常发生,不履行企业社会责任的企业不在少数。甚至一些企业一方面假惺惺的大喊为社会做贡献,进行捐款、捐物等所谓的慈善事业,沽名钓誉,做足了表面文章;另一方面则克扣工人工资,排泄污染,违背环境保护法、劳动法和生产安全法。这种阳奉阴违,两面三刀的企业并不鲜见。

产生这种状况的最大原因是企业社会责任的问题至今只停留在表面,停留在有识之士和专家们的呼吁,停留在媒体个别案例的报道,停留在企业家自觉意识上。而缺少的是政府的监管和全民的监督,缺少更多更广的舆论监督。政府对企业的考核至今仍是以经济指标为主,以 GDP 为主,而缺少对企业社会责任的全面考核。

当前企业社会责任问题突出,在寻找引起这些问题的原因时,中国正泰集团董事长南存辉提出了以下几个原因:

1. 将企业社会责任等同于"企业办社会"

这种认识的误区,是将企业社会责任等同于"企业办社会"。认为企业应该承担企业员工甚至社会成员的福利功能,如企业办学校、办医院、办社区等等,其结果是企业用于社会福利的成本不断增加,企业效率低下。还有一种误区,是将企业社会责任等同于《国际劳工标准》、跨国公司的《企业社会责任守则》、《SA8000 认证》。或者相反,将企业社会责任等同于企业捐赠或企业所做的公益事业。似乎捐了款就是社会责任,没捐款或捐赠较少,即便你的企业办得再好,也与社会责任沾不上边。

基于这样的认识,一些部门、团体对企业的社会责任寄予了较多不切实际的期望,一些本该由政府和社会来承担的功能,都希望通过民营企业的"爱心"来实现,无形中影响了企业的积极性。

2. 舆论的误导

误区之二,舆论的误导。前段时间,媒体对民营企业"原罪"、"富豪榜"等的滥炒,误导了社会对企业的认识,引发了人们对企业的不满,助长了少数人的"嫉富"心理。一些人认为民营企业的钱都"来路不正",赚了钱必须多做善事来"赎罪"。更多的人认为企业都富得流油,钱用不完,应该有求必应,让民营企业难以招架。如果企业做了好事不能理所当然地获得有利于企业发展正效应,其在尽企业社会责任中自然有所顾虑了。

3. 利益的驱动

误区之三,利益的驱动。企业以盈利为目的,本无可厚非。但一些企业"唯利是图",放弃自己的社会责任甚至是最基本的责任。无故加班、拖欠工资、使用童工等种种现象,都是盲目逐利的结果。尤其是一些劳动密集型的企业,他们的发展靠的就是廉价的劳动力、生产低价位的产品进入市场。某地在推行社会养老保险的过程中,一家拥有 7000 多人的大企业老板说:"我知道让员工参保是一个企业的社会责任,但我如果履行了这样的责任,负担就会加重,企业就得关门"!

4. 监管的滞后

误区之四,监管的滞后。很多地方政府考虑的首先是 GDP,是税收。政府官员对企业社会责任问题了解甚少,或者根本没有概念,对它的利害也没有清醒的认识,对企业里存在的很多情况也不了解。政府管理部门只注重企业的利润和税收,而对企业守法行为的监督力度不够。

第七节 加强企业社会责任的做法

根据目前全球化进程中企业社会责任的发展趋势和民营企业社会责任履行的状况,要做好企业社会责任,全社会应从以下几点着手:

1. 公共关系应该加强对企业社会责任的研究

公共关系应该加强对企业社会责任的研究。给企业家提供最多的社会责任的认识。企业社会责任不仅是企业本身的一种责任,也是企业塑造企业形象、提升企业品位、增加企业知名度和美誉度、开展企业文化、形成内部凝聚力的最有效的途径。从某方面来说,企业进行社会责任的过程,就是企业开展公共关系的过程。良好的社会责任是一个企业开展公共关系的最好平台。因此,公共关系要加强对企业社会责任的研究,把社会责任纳入公共关系的范畴,把企业社会责任和公共关系结合起来,研究提升企业社会责任的效果和效应,增加公共关系的魅力。

2. 加强对企业社会责任的宣传

党的十七大报告明确提出建设"和谐社会",而企业社会责任是企业走向和谐必然要承担的义务,我们应该让每一个企业家都应该知道这一点。因此,各级政府应该加强正确引导,帮助企业家们认识企业社会责任。加大对企业社会责任的宣传,规范社会团体、行业协会行为,让全社会都来关注企业社会责任,参与到推动企业社会责任的运动中来,营造推进企业社会责任的社会氛围。改革开放30几年里,我们宣传富裕多,但我们大力宣传正当致富少,宣传办企业多,但宣传企业家社会责任的少。传统的自私自利、"各扫门前雪"的观念还在作怪。

举办企业社会责任培训班,让地方政府官员和企业经营者、管理者理解企业社会责任对企业发展和地方经济发展的重要意义,要帮助企业树立社会责任的理念,建立企业社会责任管理体系,使企业社会责任管理制度化、规范化,尽快与国际接轨。

3. 建立和推行企业社会责任评价体系,推行 SA8000 社会责任标准认证,
开展一次企业社会责任运动

SA8000 即"社会责任标准",是 Social Accoutability 8000 的英文简称,是全球首个道德规范国际标准。其宗旨是确保供应商所供应的产品,皆符合社会责任标准的要

求。在西方发达国家,对任何一个企业的评价都是从经济、社会和环保三个方面,经济指标仅仅被认为是企业最基本的评价指标,关于企业社会责任的评价有多种多样,如道琼斯可持续发展指数、多米尼道德指数、《商业道德》《财富》等都将企业社会责任纳入评价体系。而在中国,目前对企业的评价仍然停留在经济指标上,这样的评价体系已经不能适应经济全球化的趋势和要求,也不利于中国的企业提高国际竞争力。因此,推行 SA8000 即"社会责任标准"不仅是企业现代化的要求,也是我国经济发展和现实环境的压力使然。

4. 推进企业社会责任法制化

要从公司法的总则中突出强调企业必须承担的基本社会责任,使企业社会责任纳入法制化、规范化的管理体系中。强化企业社会责任实际上是强化企业的守法行为,使企业在生产经营的过程中严格遵守劳动保护法、生产安全法和环境保护法,在遵守国家各项法律的前提下创造利润,为社会作贡献。

5. 地方政府要加强对企业社会责任的监督

地方政府有关部门应对企业履行社会责任的情况做出定期评估,对企业守法行为的情况要充分了解。表彰激励认真履行企业社会责任的企业,对履行社会责任不力的企业要形成人人喊打的局面,对那些严重违反劳动法、生产安全法和环境保护法的企业提出批评或惩罚,从而引导企业转变观念,朝着积极履行社会责任的方向发展。

6. 完善企业社会责任三方机制

企业社会责任涉及政府、企业、职工三大利益主体。由于民营企业大多没有工会组织,或有工会组织而没有独立性,无法承担起维护职工合法权益的职责。缺乏强有力的组织支撑,员工永远是弱势群体。所以,强化企业社会责任,关键在于强化工会的维权作用,完善政府、企业与职工三方机制。

第二部分　公共关系主体论

· 公共关系主体形象的塑造和建设

第四章　公共关系主体形象的塑造和建设（上）

第一节　形象和形象的核心——知名度和美誉度

一、形象就是软实力

什么是形象？说通俗些就是印象，别人对你的印象好，就是形象好，别人对你的印象不好，就是形象坏。把别人的这些印象综合起来，就是形象。此道理与人如此，与事如此，与一个单位和地方来说也是如此。

形象之于个人就有了个人形象、领导人形象，企业家形象、明星形象；形象之于组织，就是组织形象之说，如高校形象、医院形象、单位形象、企业形象、机关形象等；形象之于区域，就有了国家形象、城市形象，之说；形象之于行业，就有了金融形象，执法形象，之说。形象是可以塑造和打造的，这就叫形象建设。对形象进行打造，就是站在一定高度，对某一形象进行有目的的策划和设计，并进行一系列的实施，使得形象有所提高。不同的形象分类，有着不同的形象内涵和外延。

形象就是实力，它可以直接制约组织的发展，对组织产生着直接影响。从实力上讲，实力一般包括两个方面，即硬实力和软实力。以企业为例，企业的硬实力，主要包括企业规模、资金、厂房、设备、技术研发、效益、开发总量，市场占有率、营销能力和研发能力等，硬实力主要体现企业那些外表看得见的硬指标方面，多可以用数量和金钱数额表示，是企业发展的物质因子。而企业的软实力，则包括企业的企业文化、价值观、管理模式、品牌忠诚度、市场美誉度、售前售后的全程服务以及企业的社会责任感等,这些就是企业对外展示的软实力,即形象。软实力主要体现企业的道德、精神和文化方面的品位,多数无法用金钱数额来衡量,这些软实力指标因子虽然看不见、摸不着,但它们却时时刻刻决定着企业的发展,决定着企业长久发展的方向,是企业战略不可或缺的部分,对企业生存和发展时时有着直接或间接的影响。

二、形象和软实力的关系

(一)社会公众对组织的评价主要是对软实力的评价

社会公众看组织,对组织的评价都是对组织形象亦即软实力的评价。社会对组织的印象,也主要是看软实力方面。例如,以企业形象为例,社会公众对企业的感觉,在挑选企业产品时最明显。社会公众一般不太在意企业的规模、厂房、设备、资金、科研开发能力等,对市场占有率、营销能力也不太看重。社会公众最看中的,最能唤起客户注意力的恰恰就是企业的知名度、企业的美誉度、售后服务及态度、产品质量、企业价值观等这些软实力。

社会公众对组织的评价也多集中在组织的软实力方面。因为组织的规模、资金、建筑等指标是社会公众不会过多关心的,公众关心的是和他要购买的产品或服务有关的那些软实力指标。硬实力决定组织在同行中的竞争地位,决定不了组织形象的知名度和美誉度的高低,决定不了社会公众对组织的印象,而组织的无形形象即组织的软实力则是决定社会公众态度的主要指标。

(二)硬实力和软实力是组织生存和发展相辅相成的两个方面

组织的硬实力和软实力是一个组织生存和发展相辅相成的两个方面,表面上看,软实力与硬实力似乎是对立的,实际则不然。形象软实力和硬实力是互相转化、互相结合的。组织的生存和发展,软硬两方面缺一不可。一般来说,组织的硬实力,是容易被量化的,具有投资和收益明显的特点,也容易被宣传和鼓动,容易被组织所接受。对硬实力的追求,往往可以通过强迫手段立即获取短期利益,但却未必能确保长期利益。现在流行的排行榜,就多是对组织硬实力的排行榜。这类排行榜,指标都是数字,看得比较清楚,任何一点造假别人都可以看出来。

组织软实力的建设因子,即组织形象的很多指标是难以量化的,它需要有一个相当长的建设和培育周期,不到成熟期不可能立刻给组织带来明显的收益,如组织信誉、组织品牌、组织知名度、美誉度和组织内员工的忠诚度,社会对组织的认可度等,这些因子往往会被一些以"急功近利"为导向的成长型组织所忽视。如果完全依赖硬实力,企业生存的基础就不会扎实。

三、形象已经是决定组织生存最重要的因素

在组织的发展中,尽管一切硬实力都在,但如果软实力形象受到严重损失,组织的信誉、道德、美誉度没有了,照样会导致破产。现代社会的发展已经表明,对组织破坏最厉害的还不是天灾人祸,不是硬事故发生的危机,而恰恰是由软实力引发的危机事故,即形象危机。这些危机带给组织的是灭顶之灾,是组织软实力的损失殆尽,组织形象一塌糊涂。近几年,一些典型的危机事件其导火索都是一些组织或组织领导缺少良知,不顾起码良心、违反起码的社会道德等,这是以软实力形象的严重损耗为代价的。组织缺失道德诚信,造成组织形象被破坏已经成为引发组织危机最主要、最直接的原因。

以企业为例,企业生产假冒伪劣商品、欺诈客户、产品危及人的健康等事件连续发生,不断被揭发出来。导致一些企业破产。百年老店南京冠生园由于形象危机,一夜倒闭;三鹿奶粉导致这个品牌的永久消失;企业形象的创伤是让企业一招就能致命的内伤,是企业最可怕的损失。据不完全统计,在我国,现在80%以上的企业危机是由道德和责任问题引发出来的。这些危机轻者造成浪费资源,劳民伤财,重者则致人于非命,受到法律的审判,给企业带来灭顶之灾,给社会带来了巨大损害,严重地干扰了正常的市场经济秩序。

四、形象的特点

组织形象的内涵和外延是极为丰富的。不同性质的组织,其形象的内涵和外延各不相同。一般来说,一个组织,其形象主要有以下特点:

1. 形象是历史性的

从形象特征来看,形象首先是历史性的,不论组织的形象如何,它的形成和发展变化,都反映着组织过去的存在状况对现实状况的影响,组织形象形成中无不保留着组织形成和发展历史的"遗传"特征,如传统的文化意识沉淀、自然资源和生态状况等都可能是组织形象形成的重要原因,可以说组织的现有形象就是组织历史的积淀。同理,在可持续经济发展中,现有组织形象的一些因素对组织未来形象的形成也将产生

深远的影响，从而对可持续经济发展目标的实现产生重大影响①。

2. 形象是客观的存在

形象是客观性的。组织形象是一个组织外表的、被人们感知或凭借感知而作出判断的东西。组织事物的存在本身是第一性的，组织形象外在的表现则是派生的，是第二性的。虽然由于形象反映事物本身，为事物本身所决定，但组织形象仍然是组织事物的客观存在的组成部分。组织形象是任何组织都不可能摆脱的属性，不论是否意识到，不论是否注意它，每一个组织都会有一个"定位"的形象。

3. 形象具有相对稳定和可塑的二重性特征

组织形象具有相对稳定和可塑的二重性特征。组织形象一方面要受到历史"遗传"因素的影响，一旦形成，在一定时期内就处于相对稳定的状态，社会心理容易产生定势，社会公众对既成的组织形象的认知很难改变；另一方面，组织形象又不是一成不变的，它会随着组织事物或构成要素以及公众认识水平和评价依据的变化而变化，组织主体素质的降低或提高、组织行为的规范或扭曲等都与公众的认识和评价相联系，组织形象也会因此变得更富有魅力或者被"毁容"。组织形象这种可变性，也意味着组织形象因为其构成因素的可变而具有它的可塑性特征。

4. 形象具有综合性

组织形象包括的因子很多，组织的政治、文化、经济、科学、人、教育、环境、资源等都和组织形象的形成有关，它包括有形的和无形的，静态的和动态的，精神的和物质的状态等。形象的综合性表明塑造组织形象必须多方面着手，是以点带面的事情，需要齐抓共管，多方配合，仅仅想靠公共关系的CIS理论去打造形象肯定是远远不够的。

5. 形象具有差异性

组织与组织之间在自然条件、经济特征、社会文化背景等方面都存在有一定的差异，这些差异就形成了组织形象的个性特征。如独特的地域、文化、主导产业、特色资源、名牌产品、地理区位等。塑造组织形象，就要注意这些组织差异，形成富有个性特色的组织形象特征。组织形象的这种综合因素的同一性和差异性，使不同组织形象之间有了进行比较的意义，突出了组织形象识别的重要性。

6. 形象具有关联性

地缘相近的组织与组织之间的形象会具有关联影响。当某地的一些组织形象较

---

① 马志强. 区域形象——现代区域发展的品牌和魅力[M]. 哈尔滨：黑龙江人民出版社，2002:29.

好时,其临近和边缘地区的组织形象也会带动跟上。当某地区的组织形象较差时,其临近和边缘地区的一些组织其形象也会受到影响。以企业产品形象为例,当某地某种产品声誉比较好时,同一地区的其他相同的产品也可带动跟上,某一产品质量低劣,受到公众谴责时,同一地区的同类产品也肯定会受其拖累。

7. 形象具有不平衡性

正如经济的发展具有不平衡性一样,形象之间的不平衡性也是肯定的。在一定条件下,一定程度的不平衡可以促进人才、物资、信息之间的合理的流动,使之发挥最大的效益,激发后进组织奋起直追,有着一定的促进力,同时,形象较好的组织也为后进组织培育形象提供了良好的借鉴经验。但过度的不平衡则会造成组织与组织在社会环境方面的差距越来越大,造成一定心理失衡,形成摩擦,形成人才的不合理流动,给形象较低的组织造成发展障碍,增加社会的不稳定因素。这不仅制约着一些组织持续发展的能力,而且在一定程度上也影响着先进的组织形象①。

8. 形象具有下滑容易上升难的特点

塑造组织形象,要靠组织本身的大力提倡,要靠组织全体群众的共同努力,要有一定的财力和物力的支持。这几乎需要数十年的精心培育。但一个企业,一个单位,一个区域,甚至一个国家,由于一个孤立的事件,甚至一个人的个人行为,都可能把良好的组织形象给葬送掉。前几年,比利时国家由于"二恶英"污染饲料事件,不但使本国经济上遭受了巨大损失,甚至出现了政治危机,导致内阁垮台,国家形象遭受了最严重的打击。

五、形象塑造的核心——知名度和美誉度

(一)知名度和美誉度

知名度和美誉度是形象的两个核心要素。所谓知名度就是公众对组织知晓的程度,所谓美誉度就是公众对组织的赞美程度。简单地说,这两个要素就是要回答两个方面的内容:一是知道与否;二是好坏与否。知名度和美誉度是评价组织形象的两个主轴,通过对两个主轴的评价和分析,可以量化组织形象,得出组织形象的好与坏的评价结果。由知名度可以引申出知晓组织的什么。知道组织的哪些方面?又可以据此

① 马志强.区域形象——现代区域发展的品牌和魅力[M].哈尔滨:黑龙江人民出版社,2002:30.

得出知名度的评价指标。美誉度可以引申出喜欢什么? 喜欢哪些方面? 又可以据此得出美誉度的评价指标。

形象良好,表现为其知名度和美誉度同时较高;反之,其知名度或美誉度则低。我国形象评价的大量实践告诉我们,知名度和美誉度有时具有不平衡性,知名度较高的组织有时其形象较差,而有些美誉度较高的组织其知名度也不够高。这种不平衡性说明了塑造形象的必要性。良好的形象就是组织的无形资产,可以转化为组织的有形财富。一个良好的组织形象并不完全是自然天成的,也不是单靠埋头苦干干出来的,天上不会掉馅饼,守株待兔或"只埋头拉车,不抬头看道"都不可能塑造出一个组织高大端正的形象。在市场经济的今天,一个组织要想迅速发展,提高组织的竞争力,扩大组织的优势,那就必须设法改善组织形象,设法提高组织的知名度和美誉度,使其在形象战略上占据主动①。

从传播学的角度来说,组织形象最初是以人际传播为主要手段,它以人的口耳相传为主要媒介,以人的亲身感受为根据,以人的印象为评价标准。人们对一个特定组织,总会要亲身感受一番,总会要有一个自身的感受,也总会把这种感受告诉给别人,从而也就有了对一个组织的形象评价。现代传播技术的改进,传播方式的专业化,组织形象的传播开始使用大众传媒手段,利用大众传媒手段传播组织形象。大众传媒手段可以迅速提升组织的知名度和美誉度,提升组织的竞争力,当然传媒手段也可能迅速"毁坏"组织形象,让组织形象的美誉度一夜之间损失殆尽。组织利用媒体可以传播自己的形象,媒体也给组织传达着公众对组织的评价。

(二)知名度和美誉度的辩证关系

知名度和美誉度具有以下四种关系:

知名度高,美誉度高;知名度高,美誉度低;知名度低,美誉度高;知名度低,美誉度低,如图 4-1 所示。

知名度和美誉度的这四种关系既是组织形象的现状说明,也是组织的知名度和美誉度的态势说明,也是组织开展公共关系前必须要做的调研分析。只有对组织的公共关系状态有了较为详细的估计,才有可能对下一步开展公共关系工作有较好的把握。

1. 知名度高,美誉度高

对一个组织来说,知名度和美誉度都好是最理想的状态。组织开展公共关系的最

---

① 马志强. 区域形象——现代区域发展的品牌和魅力[M]. 哈尔滨:黑龙江人民出版社,2002:31-32.

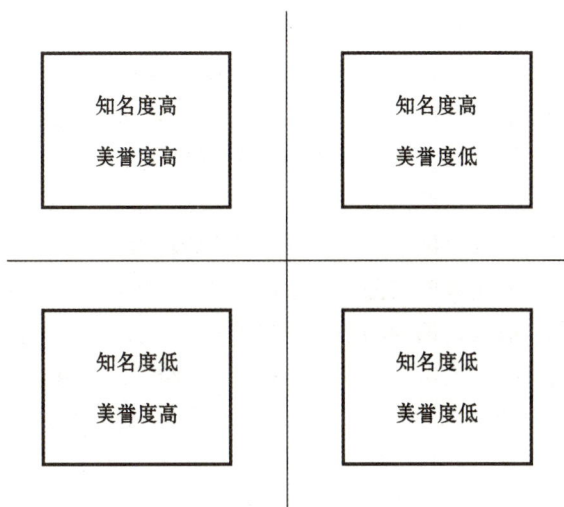

图 4-1　知名度和美誉度关系图

终目的就是追求高知名度和高美誉度。如果组织形象达到这个状态,当然是最好了。但在现实中,组织形象处于这种状态的并不多见,任何一个组织或个人,其知名度和美誉度不可能都能达到顶点。除了极个别组织其形象可以达到相对理想的状态外,更多的组织其形象是达不到理想状态的。一般来说,组织形象的高知名度和高美誉度总是相对的。一些组织可能在一些行业或区域内其知名度和美誉度很高,但换个行业或区域,其知名度和美誉度也许就一文不名。

案例:

高知名度和高美誉度是相对的

对国内高校来说,北京大学、清华大学是我国最著名的两所高校了,国内考生以能上这两所高校而自豪。但放在在世界范围内,两所高校的知名度和美誉度就不那么高了。哈佛大学是世界上最著名的高校,很多世界高校的排行榜上哈佛大学都是世界第一。可把哈佛大学放在国内很多企业和农村,可能成千上万的人对其是一无所知。

美国是世界上最著名的国家,世界上的很多事情离开美国就办不成。但美国的国家形象一直不太好,其美誉度一直受到挑战,在一些国家经常受到质疑。瑞士和新加坡是世界上最富裕的国家,人民安康,生活安定,但它在世界上的知名度和影响力就是比不上美国和俄罗斯。

同时做到知名度和美誉度很高是很难的。

2. 知名度高,美誉度低

对一个组织来说,知名度高,美誉度低,美誉度和其知名程度相差过大,是不太好的。尤其是知名度甚高而美誉度甚低时,就有点"臭名昭著"的感觉了。处于这种状态下的组织形象是不光彩的。组织一定要扭转这种尴尬状况。

组织处于这种状态,对组织的发展和壮大都很不利。一般来说,处于这种状态的组织,其形象由于某一负面事件的影响已经被媒体炒得沸沸扬扬,知名度虽高,而形象已经被破坏或"毁容",其美誉度在公众心中已经打折,组织日常工作由于负面形象的影响而不能正常开展,被舆论诱导的公众对组织形象已经产生抵制,甚至拒绝。这种状态下,组织开展公共关系工作会有较大的困难。组织这时要做的是尽快扭转在公众中的形象,让公众去再次相信自己,理解自己。但大家都知道,让别人知道自己很容易,让别人理解自己很难。这对一个组织来说也是如此。

一般来说,一个正常经营的组织其知名度不可能达到100%,而美誉度是0%。如果真是这状态,那这个组织肯定是死定了。例如三鹿奶粉就是一个活生生的例子。当组织的知名度较高,而美誉度较差时,组织应当下大力气进行公共关系,去开展一系列提升组织美誉度的公共关系工作。

3. 知名度低,美誉度高

知名度低,美誉度高。组织处于这种状态是最该开展公共关系工作的,也是比较容易进行公共关系的。相比之下,提升知名度要比提升美誉度容易。处于这种状态下的组织,可以选择机遇和机会,开展一次以提高知名度为主的公共关系,扩大知名度。

案例:

香格里拉县今后应有的公共关系

由于组织的性质不同,对公共关系的开展肯定会有不同侧重。

例如云南的香格里拉县,在当地政府的治理下,空气质量良好,绝少污染,青山绿水,高山大川,蓝天白云,风景优美,五谷丰登,社会治安良好,风土人情绝美,很适宜居住,藏族人民在此安居乐业,其乐陶陶。但由于其远离大城市,交通不便,和内地交流不甚多,其美誉度甚好,但其知名度往往不被国人普遍所知,或虽知但了解甚少,国内很多公众根本不知道香格里拉是个县,更不知道香格里拉在云南,只以为香格里拉是个酒店的名字。这种局面制约了其进一步发展的持久力。对香格里拉县来说,其最主要的工作就是开展提高知名度的公共关系,用公共关系大力提高县域形象,为开展旅游业和吸引人才打好基础,增强进一步可持续发展的持久力。

4. 知名度低,美誉度也低

知名度低,美誉度也低。其实知名度和美誉度都不太高的组织是最多的,成千上万的组织多是处于这种状态。这种状态下的组织,虽然现在也明白开展公共关系的重要,也急于开展公共关系,进行自我的形象塑造,自我的形象设计,但其公共关系工作的成效并不显著,公共关系状态也不太理想。究其原因,是不知道如何真正展开本组织的公共关系。开展公共关系工作,一般而言是先易后难,即先提高知名度,再提高美誉度。提高知名度相对比较容易,提高美誉度就比较难。

5. 辩证地看待知名度和美誉度

知名度和美誉度是相比较而言的。上面所述的四种状态也是相对的。现实中,很多组织其公共关系都是处于四种状态之内的某种亚状态阶段,就是说组织的知名度和美誉度说高不高,说低也不低,说没有公共关系吧,那也是开展了一些;说有公共关系吧,那开展得又不甚理想,公共关系处于一种冰封状态。这个时期,组织的公共关系工作千万不可掉以轻心。只有长时间地开展公共关系,其知名度和美誉度才能显著提高。每个组织,对自己组织的知名度和美誉度应有一个基本的评价和清醒的认识。

第二节　国家形象

2010 年 10 月,中国第一部国家形象宣传片向海内外推出,预示着公共关系工作已经走上了国家形象塑造的层面。2003 年的非典治理,使国家行为活动第一次有了公共关系的参与;2008 年的"5.12"汶川大地震,是国家行为成功运用公共关系作指导进行的一次危机事件处理。而后的"北京奥运会"、"上海世博会"、"国庆大阅兵"、"海军护航亚丁湾"等国家层面的公共关系活动一个接一个地进行,让中国国家形象迅速闪亮全世界,中国形象在世界各地正闪耀着耀眼的光芒。

一、国家形象的含义

所谓国家形象,就是世界公众对特定的主权国家的言行所给予的印象和评价。这种评价既有对国家政治、经济、文化、外交和历史的评价,也有对国家实力(硬实力和软实力)、国家活动和国家的具体人的评价。例如,现在很多外国人对中国国家的评价就来源于最基本的两个方面:一是中国货;二是中国人。

孙有中认为:国家形象是一个国家内部公众和外部公众对该国政治(包括政府信誉、外交能力与军事准备等)、经济(包括金融实力、财政实力、产品特色和质量、国民收入等)、社会(包括社会凝聚力、安全与稳定、国民士气、民族性格等)、文化(包括科技实力、教育水平、文化遗产、风俗习惯、价值观念等)与地理(包括地理环境、自然资源、人口数量等)方面状况的认识与评价。管文虎认为,国家形象是一个综合体,是国家的外部公众和内部公众对国家本身、国家行为、国家的各项活动及其成果给予的总的评价和认定。国家形象具有极大的影响力、凝聚力,是一个国家整体实力的体现[①]。

二、国家形象的特征

国家形象的内涵和外延是极为丰富的,它几乎概括了国家的各个方面。

(一)国家形象标志着一个国家凝聚力

国家形象对内具有强大的凝聚力和向心力,对外具有形象展示的作用。一个国家,可能由一个主体民族组成,也可能是一个多民族的聚合。但不论是单一的民族还是多民族的聚合,国家是民族团结和融合的标志,是国内各民族向心力、凝聚力所在,是对民族精神、民族风格的高度概括。正因为是同一个国家,同一片国土,所以各民族才可以团结起来,共同保卫和建设这个国家。国家还是民族自信心的象征,不同民族之间团结如何,民族融合如何,都可以通过国家形象表现出来。例如,一些国家的国旗就是民族的象征,就是不同民族标志叠加而成的。我国960万平方公里的国土就属于56个民族所共有的。我国的56个民族肩负着共同保卫国土的职责,共同的国土把56个民族紧密地团结在一起了。

(二)国家形象是国家实力的象征

国家有大有小,国家有各种各样的区别,国家的经济、政治实力也不一样,国家形象就是一个国家实力的高度概括。国家实力又有硬实力和软实力的区别,国家形象就是对一个国家软硬两种实力的总结。国家的硬实力包括经济、军事等,国家的软实力包括政治、文化、国家观念等。一个国家的国家形象如何,也预示着它在国际舞台上的角色地位如何。

---

① 　秦启文,周永康.形象学导论[M].北京:社会科学文献出版社,2004:389.

案例:

美国形象

一提起美国,全世界的人马上就会联想到下面这些:

(1) 耀武扬威的舰队,航空母舰,全世界乱窜的飞机,攻打伊拉克和阿富汗,持续全球的不断地军事演习;日美条约,韩美条约,北约军事同盟等。

(2) 金融危机,美元,奔腾机芯,银行倒闭,还有股票和油价等。

(3) NBA 篮球,电影大片:《第一滴血》,《魂断蓝桥》等。

(4) 奥巴马,克林顿,巴顿;麦克阿瑟、比尔盖茨等。

这些联想叠加在一起就是美国当今的国家形象。

美国的硬实力很强大,软实力也很强大,世界无出其二。美国对世界各国都有着影响力。

但美国在世界上处事过于霸道,世界上的任何事情它都想插一杠子,什么事情都想自己说了算。美国人看问题的方法很实际,处理问题很现实,这大概就是世界给美国的印象。

再例如,为何全世界的很多国家除了学习本国语言外,就数学英语的国家最多,这在很大程度上说明了美国的软实力对世界的影响。

(三) 国家外交是国家形象的直接反映

不同的民族,有不同的民族风格,不同的国家,也有不同的处事风格。一个国家的外交风格就是这个国家和民族的风格在外交方面的反应。国家形象代表着一个国家的外交风格。

案例:

俄日在对待南千岛群岛的不同表现

2011 年 2 月 9 日,法新社报道,俄罗斯总统梅德韦杰夫下令加强对俄罗斯与日本间存在争议的南千岛群岛、日称北方四岛的防卫,增加部署现代化武器。

梅德韦杰夫还表示,南千岛群岛对俄罗斯具有战略意义,是俄领土"不可分割"的一部分。

千岛群岛位于堪察加半岛与北海道之间,群岛南部齿舞、色丹、国后和择捉四岛被日本称为北方四岛。长期以来,日俄两国在四岛归属问题上互不让步。

2010年11月,梅德韦杰夫视察国后岛之后,俄罗斯高官陆续前往南千岛群岛。针对俄罗斯举动,2月7日,日本首相菅直人在日本设定的所谓"北方领土日"当天,发表演讲说,梅德韦杰夫的登岛举动是"难以容忍的粗暴行径"。

同样是在7日,日本右翼团体成员在俄罗斯大使馆门前,将俄罗斯国旗拖在地上行走并蓄意破坏。俄方还证实,俄罗斯驻日使馆还收到了一封装有子弹的恐吓邮件。

俄罗斯外长拉夫罗夫8日传唤日本驻俄大使表示抗议,并说日方应将此次事以刑事案立案展开调查。不过拉夫罗夫说,俄方无意将"这一蛮行"与日本外相前原诚司10日开始的俄罗斯之行关联起来,双方将如约举行对话①。

这是正在热炒中的俄日南千岛群岛之争。南千岛群岛,两个国家已经争论了几百年,各说各的理。从双方的交流中可以明显看出两个国家不一样的外交风格。这种外交风格反映了俄罗斯民族和日本民族的各自的民族性格和习惯。

俄罗斯,民族强悍,扩张性强,从没有打过败仗。历史上曾经挫败过拿破仑和希特勒。是现今世界上领土面积最大的国家。其土地都是祖先通过战争霸占得来的,所以一定要保护好。扬言要提高驻军装备水平。俄罗斯的外交风格是成熟、果断、强硬,丝毫不拖泥带水,具有俄罗斯民族明显的风格。

日本,民族执著,不屈不挠,认死理,不认错,外表温文尔雅,骨子里瞧不起人。二次世界大战日本是战败国,被美国占领,至今美国还在日本驻有大量军队,"国耻"至今没有洗刷干净,中国、韩国和朝鲜至今对其的侵略行为还"耿耿于怀"。北方四岛被俄罗斯占领,和韩国有独岛之争,和中国有钓鱼岛之争。在世界上,日本现在虽然是经济巨人,但政治上明显"跛脚"。在北方四岛之争中,总是采取小动作,内阁成员坐着飞机眺望北方四岛,设立"北方四岛日"等等。显现出日本的外交风格是执著、认死理,但不大气,这也显现出了日本民族的风格。

三、国家形象的塑造

世界上任何一个国家都非常看重国家形象,不允许任何歪曲国家形象的行为存在。许多国家也都看重国家形象的塑造,利用一切场合突出其国家特征,打造国家形象。

---

① 中国参加联合开发南千叶群岛(北方四岛)可能性非常大[D]. 中央电视台央视四套,2011-2-10.

（一）国家外观形象

国旗、国歌、国徽、国家仪仗队、国家主题色彩，标志性建筑，代表性的城市等，是一个国家形象的外观。这些外观既是国家和民族性格的外露，也是国家标榜"自立于世界"最显著的标志。国旗、国徽是一个国家民族精神和民族风格的"平面"体现，代表着一个国家、民族的风格和审美倾向，图解着整个民族对国家的理解；国歌是国家在形成过程中最具有代表性的"呐喊"，是国家在"声音"方面的体现；国家仪仗队是国家意志、国家整体风格的群体反应，是国家在"人"的方面的体现；标志性建筑则是国家形象的浓缩，是国家在建筑方面的"立体"体现；代表性城市则是国家发展的现实版的解说，是国家活力在"空间"上的体现；国家的主题色彩则是国家、民族风格在"色彩"上的表现。国旗、国歌、国徽、仪仗队、主题色彩、标志性建筑、代表性城市共同组成了一个国家的人、财、物的外观，形象地展示了一个国家整体面貌。

案例：

国旗、国歌、国徽、国家仪仗队、国家主题色彩，标志性建筑，代表性的城市

我国的国歌是《义勇军进行曲》，国旗是五星红旗，国徽是国旗、天安门、齿轮和麦稻穗，我国的国家仪仗队是中国人民解放军仪仗队，我国的代表性建筑是天安门，我国的代表性城市是北京和上海，我国的主题色彩是红色。代表性人物是孔子、孟子。

俄罗斯的国旗横长方形，分别为白、蓝、红三色；国徽为盾徽；国歌是正式《国歌》；俄罗斯的代表城市是莫斯科，俄罗斯的标志性建筑是克里姆林宫，俄罗斯的仪仗队是国家仪仗队；俄罗斯民族也喜欢红色，在俄罗斯民族眼里，红色象征美丽、吉祥和喜庆。代表性人物是托尔斯泰、普希金。

美国的国旗是十三条红白相间的横条，加上五十颗星星组成，国徽是一只象征独立、自由精神的白头鹰，鹰的前面佩戴有盾牌状的国旗；国歌是《星条旗之歌》，代表性建筑是白宫，代表性城市是华盛顿和纽约，仪仗队是美国陆海空三军仪仗队。代表性人物华盛顿、林肯、富兰克林、比尔·盖茨。

从美国、俄罗斯和中国三个国家的仪仗队的走路姿势就可以明显看出三个国家的国家性格和国民态度。美国国家仪仗队走路和敬礼都有几分骄傲、几分幽默和调皮，透露出的有傲慢和活泼。俄罗斯仪仗队和军礼透露出来的是桀骜不驯，是狂放不羁，是野性。中国仪仗队和军礼则是威武中兼有儒雅，是素质和英武的综合，是典型的文明之师、威武之师。

（二）国家理念的外现——政治和外交

一个国家的最高理念,表现在以下几个方面:

1. 从文字方面看,国家理念体现在国家宪法中

国家宪法是国家理念的最高体现,是国家行为的依据,也是国家政治的基本依据。一个国家,进行任何行动,都必须遵循国家宪法,都要以宪法规定为准则,任何超越宪法的行为都是不允许的。

2. 从行为上看,国家理念体现在一个国家政治中

国家理念体现在一个国家政治中。国家政治表现在国内,就是国内安定团结,党派政治竞争有序,民主机制健全,民众对国家政治体制满意,经济形势发展良好,老百姓安居乐业,对国家的前途有信心。还表现在国家和民族的凝聚力强,老百姓爱国主义热情高涨,国力不断上升,国家受到普遍尊重,国家的科技、文化教育、体育卫生事业发达,引领着世界的潮流。许多国家喜欢与之交往,并喜欢这个国家的语言和文化。

3. 国家理念还体现在一个国家外交中

国家外交,是一个国家政治的继续,是国家政治对外方面的延伸,外交是为国家政治服务并服从于国家政治的。独立于国家政治之外的外交是不存在的。国家政治表现在对外方面,就是国家在外交中不逞强,不用强,不霸道。处理外交事务有理、有利,尊重国际法,遵守国际规则,尊重每一个国家。国家不论大小,一律平等看待。处理国家与国家的事务时,不以武力相威胁。遵守别国的民族意志,不干涉别的内政。

（三）国家历史和国家文化——国家的软实力

一个国家的历史和文化对世界的影响和贡献是不言而喻的,这是一个国家的软实力形象。一个国家悠久的历史和文化不但对本民族有影响,也影响着世界其他民族的文化,影响着其他民族的生活习惯,对其他民族的风格产生着制约,这就是国家软实力强大的象征。例如,亚洲文化就深受中国历史和中国儒家文化的影响,亚洲很多国家的文化都植根于中国文化,和中国的历史文化有着渊源关系。例如,春节、端午节、元宵节、中秋节,这不仅仅是中国人的节日,也是亚洲乃至世界的一个节日。这是中国文化形象高大的一个标志。而古希腊、古罗马文化对整个欧洲也有着较深的影响。

文化和历史悠久,再加上国家强盛,在世界就能掀起一种为化热潮。去该国留学就会成为一种风潮,学习该国语言也会有高潮,国家的文化就会引领着世界文化的新动向。

（四）经济和军事——国家的硬实力

国家硬实力就是国家的硬实力形象。一个国家的硬实力首先表现在经济实力强大。这包括国家的 GDP 和人均 GDP 的数量巨大；产业经济发达，产品数量多且质量过硬；商业繁荣，产品畅销世界；金融业繁荣；交通发达，方便快捷；老百姓生活富裕，社会福利较好，少有所养，老有所靠。其次国家硬实力表现在军事实力强大。这主要表现为有引领世界军事的利器，有强大的威慑力。陆海空三军均有先发制人或保护自己国土的强大武器，如航空母舰、核潜艇，先进的航天武器，先进的战机、先进的陆战武器等等。军事强大并不一定要进行战争，但却是制止战争最有效的办法。军事强大是国家发展的后盾，是外交的基石，可以保证国家不被欺辱。没有强大军事实力的国家成不了世界强国。

（五）体育盛会和各类国际活动——国家形象活的载体

1. 国家活动

以国家名义进行的各种策划活动，是国家形象的活的载体。最能反映一个国家的活力，最能展示一个国家的生命力，是对国家形象的最好展现。因此很多国家在可能情况下，都会积极承办国际活动，甚至赔钱也要干。这些活动极大地激发了国人的情绪，激发了强烈的爱国热情和民族自豪感，凝聚了国人的向心力，对外较好地展示了国家形象，是最完美的国家形象宣传活动。

2. 体育盛会

展示国家形象的另一个利好活动就是体育活动的展示。体育是一种文化，是全民族都要参与的活动。体育的强盛，代表着文化的繁荣，代表着国家的强盛。同时由于体育具有强烈的竞争性，其竞争的胜利者很容易激起国家百姓所具有的胜利感和自豪感，最易感染人们的情绪，人们很容易把这种情绪转为民族和国家的胜利，对凝聚人心有着不可估量的作用。例如我国 2008 年举办的奥运会和 2011 年广州举办的亚洲运动会就是明证。体育的强盛还代表着世界体育文化的发展方向，是和平时期最能凝聚人心的活动。

3. 各类国际会议

经常召开各类国际会议，有国际组织常驻，有着经常性的国际活动，这些都吸引着世界媒体的眼球，世界媒体经常提及该国的名字，评论该国对会议服务和组织的情况，这些对宣传国家形象都有较好的正向作用。

（六）国人形象

国人形象主要包括国家领导人形象和国家普通人的形象。在国家形象中，国人形象是不可小觑的，人们对一个国家的看法，在很大程度上是对人的看法。例如，俄罗斯和乌克兰美女众多，高挑挺拔、风姿绰约的美女是两个国家的骄傲，两国都把美女当成国家的一种资源来看待，美女形象是这两个国家特有的形象资源。

1. 领导人形象

国家形象肯定包括这个国家的人的形象。一个国家人的形象首先表现为国家领导人的形象。国家领导人是国家形象的当然代言人，是国家人的最杰出的代表，因此国家领导人身上承载着国家形象最多的东西，国家领导人形象的塑造就显得特别重要。

（1）礼仪形象。国家领导人应该处处遵守各种礼仪和仪表，包括各种国际礼仪，所在国的特殊礼仪，日常礼仪及政务礼仪。和一般人相比，国家领导人对礼仪的要求更高，举止言谈要和身份相称，举手投足都要符合国际要求，每个国家的外交部都有礼宾部门，礼宾部门其中一个任务就是研究各国礼仪，遵守各国礼仪。国家领导人失礼是非常不好的事情。

（2）睿智聪明。国家领导人是一国的代表，在国际事务中具有举足轻重的位置。因此在各种场合要有应有的睿智和聪明，有处理棘手事件的能力，有足够的反应能力，有一定的反击和反驳能力。才思敏捷、出口成章、文学底蕴深厚的领导人最受百姓的欢迎和欣赏。

（3）语言能力。国家领导人要经常发表演讲，表达看法，进行会谈，举行记者招待会，应对记者的提问。这不可能都有事先准备好的稿子，有时就要即兴发表演讲，有时还需要运用一些外语进行对话，因此国家领导人具有较强的语言能力是必需的。其实语言就是武器，雄辩的人在任何场合都可以占据主动位置。一个语言木讷、口吃的人是不适合当国家领导人的。

2. 普通人的形象

国人形象中的大多数是普通人的形象。普通人的形象主要包括两类：一是走出去的国人形象，即国人到国外旅游给外国人留下的印象；二是外国人到特定国家，从和国人的接触中得到的对国人的印象。前者为旅游形象，后者为人群形象。国人普通形象反映了一个国家真正意义上的人的形象。外国人对国人的了解在很大程度上是通过旅游来获得的。例如，美国人幽默活泼，英国人呆板，法国人浪漫，西班牙人热情，日本人谨慎，德国人循规蹈矩等都是对普通国人的观察后得到的印象。

第三节　政府形象①

政府形象是一个综合性的概念,是指社会公众凭借已有的经验对政府在公共管理过程中显示的行政行为、服务行为和精神状况的总体印象和评价。政府进行形象管理时,公众既是政府公关的对象,同时也是评价政府形象的主体,公众在政府实际形象中具有高度的参与性和主动性。和公众建立有效的沟通机制,并确保两者始终能进行良性的互动是非常重要的。

按国际公关界标准:政府形象由政府的知名度和政府的美誉度构成,一个区域政府一旦在公众的心目中树立起了良好形象,就可以赢得社会的好评,取得社会的信任,吸引大量资源,可以得到社会各方面的赞誉与支持,就会给该区域的发展带来旺盛的生命力。如果说协调是政府公关活动的内容,它告诉我们该做什么;那么政府形象则是这种内容的形式再现,它告诉我们该怎么去做。政府形象塑造是一个巨大的系统工程,其目的还是为了从协调到和谐,提高政府的美誉度和知名度是政府公共关系的最终目标和责无旁贷的职责。

一、阳光政府与信用政府形象

(一) 阳光政府与信用政府是良好政府形象的总体基调

阳光政府与信用政府是良好政府形象的总体基调,自始至终贯穿整个政府形象并成为核心要素。所谓阳光政府就是政府决策要透明,透明是现代政府必须选择的行为方式。透明政府可以从源头上杜绝暗箱操作,防止腐败的滋生。现在各级政府纷纷推出的政务公开制度就是很典型的自我曝光、接受公众监督的做法。在各级政府中包括许多乡镇等基层政府在内,电子政务比较流行,但遗憾的是,对电子政务的理解和开发总体上比较肤浅,仍停留在发布信息层面,公众的参与程度较低,尤其是网上办理的服务窗口少之又少,网络媒体实时交互、共享开放的优势远未充分挖掘,与电子政务的初衷仍有一定差距;政府网站的建设和管理还有待加强。即使是网站信息发布,也不同程度存在着时效性问题。有效的信息表达机制非常必要,直接体现政府对公众知情权

---

① 本章节主要参考了马志强,华艳红主持的浙江省社科联 2005 年课题. 打造平安浙江 促进区域和谐发展的公共关系研究[D]. 的理论部分.

的尊重,对公众眼里的政府形象极具意义。

(二)公共财政的管理,公共财政支出公开透明,合乎法则

现代政府的透明度还体现在对公共财政的管理,公共财政支出应公开透明,使之合乎法定原则。作为非营利组织,政府的公共财政主要来自于税收,与纳税人的利益息息相关。这在政府公共关系上,首先应体现在对公众知情权的尊重,而这恰恰正是构筑良好政府公共关系的基础与开端。因此,作为主要用于提供公共产品的公共财政支出应规范化与法制化,随时接受社会公众的监督。黑暗是滋生腐败的温床,腐败行为严重影响社会稳定,导致人民群众逐步失去信心,危及政府形象、危及党的执政。斩断腐败、打造阳光政府已迫在眉睫。

(三)信用是政府权威性和公信度的源泉

信用是政府权威性和公信度的源泉。转型期社会政府施政主要依赖公信力,缺乏公信力与权威性将直接影响政府的管理。我国长期以来的中央集权政治体制形成了强势政府的惯性思维,即习惯于自说自话,缺乏换位思考意识,容易忽视公众的权利与感受。比如作为公共产品的公共政策提供时,不仅要求政策符合公众意愿,符合当地社会的实际情况,还要求政策执行具有相对稳定性,但此间政府失信现象却较为常见。为了杜绝政府失信的行为,一些地方政府已经出台了政府《典型失信案件曝光规则》,用以监督政府的公信力。

案例:

乡政府一再失信被曝光①

最近,辽宁省首次对失信案例进行了公开曝光,首批5起欠债不还案登上了"失信榜"。其中政府失信案2起,企业失信案2起,另外一起是个人失信案。

两起政府失信案,失信者分别是瓦房店市杨家乡政府和朝阳县根德乡政府。杨家乡政府从辽宁省经济林研究所购置银杏树苗,共欠款本金23.9万元及相应违约金,杨家乡政府一再承诺还款,却一再失信;根德乡政府建筑学校房屋,欠下朝阳县羊山镇宏达房屋维修队工程款9.892万元,一直不兑现还款承诺。

记者注意到,在这5起典型失信案的曝光过程中,除了用几百字来通报失信者失信的详细过程,还配发了法院执行局的剖析。据了解,目前政府有关部门正在建立与

①　乡政府一再失信被曝光[N].渤海早报,2010-07-20

经济生活密切相关的社会信用奖惩联动机制,对失信行为要给予信息披露、限制市场准入、降低信用等级等行政处罚和经济制裁,特别严重的,要追究失信者的法律责任。

辽宁省发改委信用管理处处长王钰向记者介绍说,下一步,辽宁省将拓宽典型失信案件的获取渠道,采取省直部门报送和社会举报相结合的方式,对社会举报的失信案件一并进行受理。

记者采访了解到,辽宁省在典型失信案件曝光之前,实行了预警机制,相关部门对失信主体予以了警告,促其限期履信践约,逾期将给予曝光。

(四)政府决策必须科学化

政府决策必须科学化,事先应集思广益、充分论证,要考虑决策可能产生的后果以及给政府形象带来的各种可能性,杜绝"拍脑袋"的点子决策模式。此外,转型期我国传统的社会价值观念体系正遭受前所未有的冲击,二元价值论正被多元价值观所取代,而新的价值观念体系又尚未完全确立,在新旧体系的震荡调和中,公众普遍感到困惑、无所适从,诚信缺失与道德滑坡成为全社会共同关注的问题。因此,从该层面上看,政府恪守信用还会起到社会标杆的作用,并凭借媒体的议程设置与舆论导向,唤醒迷茫的公众,促使尽早形成符合社会各方利益的新价值评判标准,重建社会信用体系和规范社会秩序。

案例:

信用沈阳率先整治政府失信行为①

2009 年 11 月 7 日,记者从有关部门了解到,在市委召开常委会研究部署加快信用体系建设工作后,"信用沈阳"建设正加速推进和落实。据介绍,"信用沈阳"建设分为三个层面,即:以政务信用为主导,以商务信用为重点,以社会信用为基础。在当前的启动阶段,率先从政府诚信抓起,着重开展政府关联类失信行为的整治工作。

信用缺失问题已引起市委、市政府的高度重视,社会普遍关注的领域将成为失信行为整治的重点。市有关监管部门将加大对合同履约、产品质量、信贷、纳税、环保、食品药品安全等方面有失信行为企业的监管力度,对一些社会反映强烈的信用缺失问题有针对性地进行清理整顿。目前对社会关注重点领域的信用状况及失信行为的调查研究工作现已展开,市政府将选取社会普遍关注的合同欺诈、产品质量欺诈、制假售

---

① 刘妮.信用沈阳率先整治政府失信行为[N].沈阳日报,2009-11-10.

假、偷逃税款、恶意拖欠银行债务、严重污染环境以及会计失信等行为集中开展整治工作,特别是在个人税收、信贷等方面将加强监管,有步骤地实施对失信行为的整治,以此推动全市的信用建设。

为确保"信用沈阳"建设尽快取得实效,市政府加强了机构建设,对全市信用建设工作任务进行了分解,并纳入政府绩效考核体系。强化了信用管理规章编制工作,正在抓紧制定有关信用信息归集和使用的政府规章和相关管理办法,为开展信用信息资源整合提供法律支撑。

二、为民服务的政府形象

随着计划经济时代的政府集权管理向如今的公共管理转变,政府形象也由单纯的管理者形象丰富为管理者与服务者的形象。"大社会、小政府"时代的来临。对政府形象首先提出了挑战。政府必须高效、精简,应当能够服务于当前和未来的社会需求,并且能够合理地考虑在成本与效率和公平之间保持平衡。政府的角色已由经济建设的主体向公共服务型嬗变,政府的管理者形象正在淡化,而服务者形象日益突出,政府充当的不再仅仅是"守夜人"角色。

政府的服务功能主要是提供公共产品,集中在提供经济服务与社会服务两大方面。转型期政府不再充当经济建设的主体,其重要职能主要转到为市场主体服务和创造良好的发展环境方面。政府为经济和社会的协调发展提供必要的公共产品和有效的公共服务,比如制订市场竞争规则保护市场的健康有序;进行合理的资源配置和产业布局,进行经济规划时着重长远利益,坚持环境与发展的综合决策,坚持科学的发展观,走可持续发展之路。以人为本,保护生态环境,大力发展绿色 GDP,只有政府能够突破本位主义,不为局部与眼前利益所动,谋求经济效益和社会效益的同步发展。在社会服务方面,政府的作用同样关系重大。我国现在出现了多种经济成分并存的格局,社会利益主体趋向多元化,社会结构不断分化,社会矛盾趋向复杂。三农问题、下岗失业、贫富悬殊成为全社会共同关注的重大问题。因此,除了制定政策、切实解决一些结构性的问题外,政府有必要动用税收等杠杆,建立健全社会福利保障系统,以维系整个社会效率与公平的平衡发展,尽可能消解不利社会稳定的诸种矛盾,实现经济发展与社会发展的双轮驱动。

总而言之,政府服务功能是转型期政府执政能力的重要体现,政府的服务形象就是公众对政府执政能力的社会评价。作为本质维度,服务政府形象是政府整体形象中与政府作为关联最为紧密的维度,完善政府公共服务是政府职能转变的出发点,也是转型期政府形象的基本立足点。

现在的问题是政府的职能已经转变,但政府的许多工作人员包括一些地方领导人的观念还停留在计划经济时期。他们至今还固执地认为"我就是政府"、"我就是主人",还没有从管理者角色中转变过来,处处事事还都以管理者、主人公的角色去看待问题、处理问题,居高临下,提不得意见,听不得反面意见,更见不得反对者,一遇见这类问题轻则发雷霆,重者动用司法工具抓人。这是极大损伤政府形象的。现代社会政府是什么?政府是公共政策和公共事物的服务者,而不再是高高在上的管理者。谁先意识到这个问题,谁就会在当今社会中游好"泳",做好事。谁还停留对计划经济的怀念中,那他就要栽跟头。

三、良好的传媒形象

政府的传媒形象是政府形象中的经典维度。因为无论政府职能发生何种转变,政府与传媒的互动关系始终存在。尽管任何传媒都有自己的方针立场,但传媒作为社会公器却是深入人心,因此传媒的意见通常被视为舆论。随着传媒技术的现代化与公众权利意识的觉醒,公共空间大大拓展,传媒关注的角度越来越广,政府的传媒形象就这样在传媒舆论中、在公众充满的期待与批判的目光中游走。

确切地说,政府的传媒形象是一个复杂的问题,是一个包含政府、传媒与公众三者互动的社会传播系统,同时也是三者利益的博弈过程。新闻媒介作为舆论的激发器和承载者,对社会舆论的形成具有深刻的影响力:把握舆论、引导舆论,并通过导向聚合、内容聚合、效果聚合、注意力聚合、资源聚合、素质聚合、信息聚合、力量聚合等来聚合和形成舆论。舆论作为公众的意见对社会的政治、经济文化具有深刻的影响力。因此,传媒有时是倾听舆论并作为承载器表达舆论,有时是顺应舆论并最终汇集舆论,形成强大的舆论攻势,而更多的时候则是作为激发器引导舆论。既然传媒对舆论的作用力非同小可,政府向传媒展示自身形象时就得小心翼翼。这时政府官员的工作不纯粹是新闻发布,更要学会与传媒打交道,与之保持良好的二元互动,随时准备和媒介握手、和公众对话。近年来在中央各部门和省级政府中建立起来的新闻发言人制度是展示政府传媒形象的绝佳平台,但也直接考验新闻发言人的综合素质。目前我国除了国新办、外交部、国台办等新闻发布已经达到国际水准外,大部分各级政府新闻发言人目前仍面临媒介素养有待提高的问题。

国际社会风云诡谲,面对各种政治力量的消长与不断进行的利益格局调整。我国各级政府的形象也成了外媒关注的一个部分。敌对势力的觊觎与境外传媒的虎视眈眈,更是让各级政府的传媒形象时刻如履薄冰。政府除了规范国内传媒的新闻监督外,还要对境外媒体的报道引起足够的重视,境外传媒形象不仅是政府传媒形象的组成部分,同时也是我国国际形象的组成部分。国际社会传播中,由于传媒力量的不对称,西方主流媒体长期对我国存在"妖魔化"的报道倾向。境外媒体的报道也往往容易被公众认为较我国媒体更为客观公正,其传播效果不容小觑,对我国政府在国际社会的形象将直接产生举足轻重的影响。这就要求一方面我国的传媒应通过及时真实的新闻报道来树立起强大的权威性和公信力,以获取公众的信任与支持;同时还要加快传媒业自身的改革,实施"走出去"战略,学会与境外媒体正面交锋,为展示、维护我国政府的良好形象开创坚实的主阵地。

四、危机管理形象

经过 30 年的高速发展,我国的改革开放取得了举世瞩目的成就并已进入了关键期,各种社会矛盾凸显,社会利益格局剧烈变化,政治体制也要不断应对新的挑战。随着社会竞争加剧、流动加快、分化加速,再加上人口、资源、环境、效率、公平等社会矛盾不断升级,公共领域的危机诱发原因也会越来也多。这些形形色色的危机诱因对构建和谐社会来说都是隐患,一旦被引发,就会成为和谐社会里不和谐的音符并最终威胁到社会的安定以及执政党与政府的公信力。"非典"事件已经凸显了社会危机的极度破坏力,我国政府滞后的危机管理软肋也暴露无遗,而事实上"非典"事件只不过是休眠状态下巨大危机场的冰山一角而已,由于危机传播管理的缺位和公共卫生产品的短缺,"非典"才被人为地一再放大,并出现一度失控的局面。而目前广为舆论关注的"三农"问题、腐败问题、下岗失业、城市拆迁、贫富分化以及其他社会问题基本都与弱势群体或社会公平密切相关,社会情绪汹涌澎湃,稍有不慎就会引发社会危机,并对社会安定造成极大的冲击,甚至可能造成社会动荡。可以说,转型期中国社会的危机管理荆棘密布。

公众对政府危机评价的范畴往往体现在以下方面:

1. 政府是否具有危机意识

是否具有危机意识,危机的反应速度快速与否、态度坦诚与否、控制危机的措施得当与否以及是否建有危机预警机制和危机心理干预机制等,其中,政府是否以民为本、具备悲天悯人的人文关怀和俯仰天地的境界至关重要。因为,归根到底就是要评价政府是否是一个负责任的政府。良好的危机管理形象首先要求政府具备强烈的危机意识并将之落实到实处,如上海市政府在 2004 年制定了突发事件应对的宣传册子对市民进行免费发放(同为国际大都市的纽约于 2001 年出版针对普通市民的纽约紧急情况预案。这本名为《纽约准备好了》的指南包含了居住在纽约可能遇到的各种灾难和紧急情况以及应对措施和建议),不应仅被视为是危机自救和互救知识的普及,更重要的是唤起市民树立危机意识。

2. 政府处理的危机的能力

当危机不可避免地爆发时,政府应能迅速反应,应对得当,将损失控制在最低限度内。这就要系统考量政府的危机管理水平,包括事先有无确立危机管理制度,政府的资源协调与危机控制能力等。

3. 对危机的总结和思考

危机过后的反思与修复。政府要重视本次危机的震动频度与滞后性危害的估计,对受害者及其家属的态度与措施,是否重视危机心理干预等。由于危机爆发充满了各种现实可能性与全球联动性,危机管理形象成为衡量现代政府形象的重要维度,是公众对危机中政府执政能力的评价与反馈。

五、法治形象

在强调"依法治国,建设社会主义法治国家"的今天,民主法治观念已深入人心,政府的法治形象意义重大。胡锦涛总书记在提到"构建和谐社会"时首先就是强调"民主法治",民主法治是构建和谐社会的根本保证。政府合法性是政府行政的基本前提,依法行政和依法管理是政府行政的核心,是政府正确行使行政权力的基本准则,其本质是依法规范和制约行政权力,严格按照法定权限和程序行使权力,履行好管理经济和社会事务的职责,做到合法前提下兼顾合情与合理的行政行为。建设法治政府,关键是摆正政府与公民、权力与权利的关系,建设一支人民满意的公务员队伍,努力培育符合时代要求的良好政风。目前我国公务员尤其是基层政府的领导干部不乏长官意识浓厚者,官本位风气盛行,干群关系紧张等,法治观念淡薄是重要原因之一。

依法行政、民主行政与科学行政是政府行政方式的三个基本要素。政府应全面把握三者之间的关系,在具体的行政行为中自觉遵守科学、民主与依法行政的要求,不断提高政府的行政能力,努力构建和谐社会。

六、公务员形象

公务员处于政府公关的最前沿,是政府形象展示的窗口。建设透明高效政府有赖于公务员的高效务实、清正廉洁,时刻秉承党和政府三令五申的"立党为公、执政为民"的公仆意识,并自觉地将政府公关意识渗透到日常行为之中。公共关系学特别重视"全员公关"的概念,有学者甚至提出"100−1＝0"的观点,强调全员公关必须落实到组织的每个成员,这不是危言耸听。政府的期望形象与实际形象难免会有差距,如何缩小这一差距与政府的全员公关关系密切。

政府形象是公众通过对具体可感的政府作为进行评价并存在于公众的印象中的,而政府作为的执行者就是公务员。有人打了个比方,将政府形象比喻为一张裸露的脸。勾画这张脸的虽是公众,但也取决于政府成员。公务员廉洁,政府形象也就廉洁;公务员务实高效,政府形象也就务实高效。值得引起重视的是,政府领导人的形象,对政府形象有着特殊的示范效应。1998年,朱镕基就任总理时在中外记者招待会上的讲话掷地有声:"不管前面是地雷阵,还是万丈深渊,我将勇往直前、义无反顾、鞠躬尽瘁、死而后已"。作为最高级别的公务员,朱镕基总理的人格魅力在国内外公众心目中树立起党和政府的良好形象功不可没;当天沪深股市大幅上扬、双双飘红收盘便是舆论对此的积极反应。温家宝总理为民工讨工钱、关注弱势群体的种种作为为新一届政府的"亲民"形象作出了鲜明的诠释,全社会刮起的"为民工讨工钱"与关爱弱势群体活动都是构建和谐社会的缩影。

目前公众对腐败问题的痛恨已达到新中国成立以来之最,腐败的主体就是公务员。个别被曝光的公务员腐败现象已是触目惊心,权力寻租的腐败现象此消彼起。公务员制度的不尽完善尤其是激励机制的滞后是重要因素,因此,通过完备的制度及其落实是促成勤政、廉政公务员队伍建设的关键所在。此外,公务员除了廉洁奉公,还要具备较高的业务素质,即具备较高的履责能力、决策能力和管理水平。如何提高公务员的综合素质,是我国政府人力资源开发的重大研究课题,也是政府公关面临的瓶颈。公务员队伍建设的成败与否直接关系到政府形象的美誉度高低。

政府形象作为一种特殊的社会资源,其对政府的影响力起着非常重要的作用,在政府公共管理中占据重要位置。政府形象直接体现着公众的评价,是构成政府影响力的基本要素之一。在民主政治进程加速和经济飞速发展的今天,公众对政府的期望和要求愈来愈高,政府形象成为衡量政府绩效的一项重要标准。作为社会的管理者和示范者,政府手中握有各种权力和资源,是构建和谐社会理所当然的主导者和设计者,"和谐社会"首先要求"和谐政府",与之相适应的便是"和谐"政府形象;"和谐"政府形象及其管理是包括政府形象塑造在内、运用相关专业理论知识进行科学管理的系统工程,其前提便是对政府形象的含义及其维度有准确而全面的认识。

作为政府公关的终极目标,随着政府职能的转变,政府形象也必须与时俱进,"和谐"政府呼唤"和谐"政府形象。然而现实情况却不容乐观。总体上我国的政府公关无论是理论还是实践都尚处于起步阶段,对地方政府来说,政府公关远没有上升成为政府的管理哲学和管理价值观。就整体而言,成功的政府公关仍不多见,更多的政府形象管理实践仍存在不少误区,重形式轻内容和重建设、轻管理的"形象工程"、"政绩工程"、以单个新闻事件策划等同于公关等背离政府公关的短期行为也不少见,除了利益驱使,政府公关理论发展的滞后、公关专业化与规范化程度有待提高以及认识上的偏差是其中的重要原因。

第四节　区域形象①

一、区域概念阐述

区域是一个相对的概念,也是一个内涵和外延变化很大的普遍概念,和区域比较相近的词有"地区"(area)"地域"(territory),但意思并不完全一样,一般人对区域的理解是比较浅显的。《现代汉语词典》对"地区"的解释是"较大范围的地方",对"地域"的解释是"面积相当大的一块地方",对"区域"就更简单地解释为"地区范围"。作为一个科学的概念,不同的学科对其也有各自不同的解释。经济学把"区域"看成为一个在经济上相对完整的经济综合体,政治学一般把"区域"看做国家实施行政管理的行政单元,地理学把"区域"作为地球表面的一个地理单元,社会学把"区域"作为具有人类某种相同社会特征(语言、宗教、民族、文化)的聚居社区。

崔功豪、魏清泉、陈宗兴对区域的表述是:"区域是一个空间,是地球表面上占有一定空间的、以不同的物质客体为对象的地球结构形式。其基本属性是:①区域是一个空间概念,是地区表面的一部分,并占有一定的空间(三维)。这些空间可以是自然的、经济的、社会的……②具有一定的范围和界限。其范围有大有小,是依据不同要求,不同指标体系而划分出来的;其界限往往具有过渡的特征,是一个由量变到质变的"地带"(自然界区域界限有时是截然的,但大部分是过渡性的);③具有一定的体系结构形式。分级性或多级性、层次性。因而区域具有上下左右之间的关系(纵向的、横向的)。每个分区都是一个区域的组成部分;④区域是客观存在的。是人们按照

---

① 详细论述可见:马志强.区域形象——区域发展的品牌和魅力.哈尔滨:黑龙江人民出版社,2002.

不同的要求、对象加以划分的,是主观对客观的反映。"一般地说,区域多是泛指,所指的范围可大可小,大的区域可以指地球上的一个洲际,也可以指一个国家、一个省、一个城市,小的则可以指一个县、一个村镇,还可以指某个具有共同特征的空间单元①。

根据上面的叙述我们可以知道,区域是人类聚居的场所,是人们从事经济和社会活动的空间载体,是人类为了自身发展和社会进步而进行开发、利用、改造的对象。随着社会的不断进步,随着经济全球化和信息化,随着不同地区的人们进行社会活动时所带有的各自不同的特性,区域各自的特点会越发明显,对区域进行研究,可以促进区域乃至全球的共同发展。

二、区域形象阐释

区域形象又称为地区形象,地方形象,是指一个区域对内和对外的整体形象,是区域内外的公众对区域的总印象和总评价,这种印象和评价既包括区域的自然环境等物质的方面,也包括区域的经济、文化、政治、历史等精神方面,还包括在区域范围内居住的人的行为表现,是区域空间的总括,也是区域社会进步与否的标志之一。区域形象设计和塑造,就是站在区域可持续发展的战略高度,对区域进行整体的规划和设计,并依据设计对区域进行整体的塑造和建设。进行区域形象的设计和塑造,可以振奋区域精神,发挥区域优势,突出区域特色,增强区域的凝聚力和吸引力,改善和优化区域的内外环境,展示区域的实力和魅力,使区域走向可持续发展的良好的道路。

区域形象通常是由一个地区的知名度和美誉度来标示的,是知名度和美誉度的和谐统一。我国区域形象评价的大量实践告诉我们,区域的知名度和美誉度有时具有不平衡性,知名度较高的区域有时其形象较差,而有些美誉度较高的区域其知名度也不够高。这种不平衡性说明了塑造区域形象的必要性。良好的区域形象可以使不相识的人们对其增加信任感,减少心理压力,去掉最初的戒备和警惕,从而较容易地完成最初的交往和交易,也可以使相知的人们更放心地完成今后的交流,没有后顾之忧。良好的区域形象就是区域的无形资产,可以转化为区域的有形财富。在市场经济的今天,一个地区要想迅速发展经济,提高本地区的竞争力,扩大本地区的优势,那就必须设法改善区域形象,设法提高区域的知名度和美誉度,使其在形象战略上占

---

① 崔功豪,魏清泉,陈宗兴.区域分析与规划[M].北京:高等教育出版社,1999:1.

据主动。如果对区域形象进行评价并设计,有目的有步骤的对区域形象进行塑造和建设,追求其高知名度和高美誉度,就可以从战略的角度把握区域的现实和未来的发展,把人们内心追求的真、善、美体现于实实在在的区域形象塑造之中,形成善良、优美、真诚、相爱的环境氛围,就可以为区域的持续发展和建设提供强有力的形象保证①。

三、区域形象和区域经济的发展

(一)区域形象是一个区域精神文明和物质文明程度的综合的外在反映

区域形象是一个区域精神文明和物质文明程度的综合的外在反映,反映着区域自然、经济和社会发展的整体水平,既是区域经济发展的结果,也是区域经济可持续发展的动力。有目的地进行区域形象的塑造和建设,实际上就是在优化区域的整个社会环境,就是在提高区域社会的文明程度,就是在提高整个区域的竞争实力,就是在给发展区域经济打基础,因此,区域形象与区域经济的发展具有密切关系,对经济的持续发展有着深刻而深远的影响。

考察世界和我国经济发展的实际情况可以看出,区域形象与区域经济的发展存在着一种正比关系。这种正比关系表现在:区域形象较好的地区其区域经济的发展也较好,区域形象较差的地区其经济也往往较落后。这不是一种无意识的巧合,而恰恰是一个规律。这种正比关系告诉人们,发展区域经济和塑造区域形象是密切相关的。在发展区域经济,进行区域规划,开发区域内的产品时,必须要同时考虑到区域形象的塑造问题。树立区域的良好形象,就是在给区域内的企业营造良好的竞争环境,就是在给后代人营造良好的生存环境,就是在给区域经济持续健康的发展营造良好的氛围和后劲。区域形象对区域经济的消长作用十分明显。

一般地说,经济发展的初期,区域形象对经济的影响并不突出,这个时期,人们即使单纯发展经济,对区域形象无暇顾及,也可能使经济有一个快速的发展和提高。但经济发展到一定阶段,尤其是区域经济开始向外扩展,并出现了竞争对手时,区域形象对经济的制约作用就开始显现了,这个时期进行区域形象建设就非常有必要了。经济方面的竞争越是激烈,竞争对手越多,区域形象对经济的制约作用就越发突出。谁早

---

① 马志强.区域形象——区域发展的品牌和魅力[M].哈尔滨:黑龙江人民出版社,2002:29.

一点意识到这方面的问题，并协调好两者之间的关系，谁就会在竞争中处于主动地位。实际上区域形象理论本身也是随着经济竞争的激烈应运而生的。经济发展与区域形象是互为依存，互为驱动力的。良好的区域形象既是区域经济发展的标志，也是区域经济持续发展的良好基础。良好的区域形象可以振奋区域精神，优化区域的内外环境，促进一个地区经济的健康发展，增强区域的凝聚力和吸引力，是区域经济乃至整个区域可全面持续发展的后劲。而经济的发展反过来可以进一步促进区域形象的提高，从而形成良性循环。反之，较差的区域形象则对区域经济的发展产生一系列消极的负面影响，甚至会阻碍区域经济的发展。

（二）区域形象的塑造和建设同区域经济的发展具有相辅相成的联系

区域形象的塑造和建设，是一项复杂的软系统工程，同区域经济的发展具有相辅相成的联系。我国经济发展的具体实践已经证明，改善和塑造区域形象，进行区域形象的建设是经济发展到一定时期的必由之路。经济发展到一定时期，进行区域形象的塑造、强化区域的对外影响力、加强区域全方位的建设就成了必须要做的工作。

区域形象的塑造和建设，能对区域经济产生潜在的效益和优越性，但这种潜在的效益和优越性往往需要较长的时间才能看出。对区域形象建设的投资初看是没有直接投入到经济领域中那么明显，但它对区域经济的回报只是个早晚的问题。如果说发展经济的投入可分为有形资本投入和无形资本投入两部分，那么塑造区域形象就属于经济发展中的无形资本的投入。区域形象就是区域的无形资产，这种无形资产虽然无法用具体的数字表示，是看不见、摸不着的东西，但它确实存在于区域社会之中，对区域的发展有着很大的影响，并对区域的建设一直产生着能动作用。高发展位势的地区如果致力于塑造形象，发挥好这部分无形资产的作用，将会使发展速度得以维持，从而走向更高的台阶；低发展位势的地区如果塑造良好的形象，这部分无形资产将会加大，将会加快地方经济的发展速度。江苏省张家港市自设市以来，注重区域自身形象的塑造，注意发挥形象资产的作用，使其在国内的名气迅速上升，其知名度和美誉度迅速提高，不仅带来了巨大的社会效益，也创造了可观的经济效益。

在发展中，应当知道，不是单纯地为发展而发展，发展经济的目的除了增强国力，满足人民群众的物质生活的极大需要外，还要充分考虑到满足人们生存环境的需要，满足人民群众精神生活的需要，还要考虑到让子孙后代继续过上好生活。要获得这些,良好的区域形象就显得十分必要了①。

(三)区域形象的定位与传播问题在发达国家早已受到高度重视

区域形象的定位与传播问题在发达国家早已受到高度重视。小到一个乡村,大到一个地区、一个国家集团、甚至一个国家,要有效地在当今世界求得生存和发展,都需要精心定位、传播、维护自己的形象。从国际上看,经济活跃的国家和地区,都比较注重区域形象的塑造。各国家、各区域集团为了在激烈的国际市场的竞争中取得最大的利益,争得较多的份额,都在不断地改善其国家形象和地区区域形象,营造良好的竞争环境。地缘相近的一些国家,为了共同的经济利益,通过交流经验,协商讨论,以协议的形式确立相互间经济合作的关系,形成区域经济的集团,使其内部的资本、资源、人才、技术都有扩大,给成员国提供了更为良好的生存和发展空间。同时,集团内部实行互惠互利,对外协调立场,采取一致行动,既保护了成员国的利益,也增强了国际竞争的能力和地位。形成了相对固定的地区区域形象。

(四)在国内,塑造良好的区域形象已经成为共识

从我国的实际情况来看,自改革开放以来,我国的国民经济连续 30 年突飞猛进地发展,成了世界上发展速度最快的国家之一,综合国力不断增强,人民生活迅速提高。伴随着经济的发展,中国在世界上的地位越来越高,其国家形象越来越好,发挥的作用正越来越大。中国正以全新的形象迈向新世纪。再从我国区域发展的现状看,改革开放以来,东部及沿海地区利用优惠政策,抓住机遇,大胆改革,其经济持续高速发展,创造了新中国经济发展的奇迹,为中国的崛起作出了不可磨灭的贡献。伴随着东部经济的发展,东部地区也加强了各项基础建设,改善生态环境,优化社会环境,加大教育投入,提高人民素质,增加个人收入,使东部地区的区域地位迅速提高,其知名度和美誉度越来越高,区域形象越来越好。良好的区域形象吸引了大批投资者,实现了区域形象和经济建设互相促进的良性循环,使东部地区对国家发挥的作用也越来越大。

四、区域形象与区域软实力的辩证关系

区域综合实力是指区域生存和发展所拥有的、包括物质力量和精神力量在内的全

---

① 马志强. 区域形象——区域发展的品牌和魅力[M]. 哈尔滨:黑龙江人民出版社,2002:53.

部实力和对外影响力,如果我们把物质力量称之为区域生存和发展所必须拥有的硬实力,那么区域在生存和发展中所逐渐积累起来的各种精神力量、文化力量和对外影响力则称之为区域的软实力。硬实力主要表现为区域经济的强大和厚实,而软实力则主要表现为区域对外交往时无处不在的影响力和对内的凝聚力,这种影响力具体的外在表现就是区域形象的优劣与区域竞争力的强弱。大体说来,区域形象就是区域整体实力的外在表现。它既反映了区域的硬形象,也反映了区域的软形象①。

(一)现代的国际竞争主要表现为软实力的竞争

现在国际的竞争主要表现为以软实力竞争为其表现形态的国力竞争。经济活跃的国家和地区政府,为了维持其强大的政治或经济地位,保持其经济的继续发展,都把软实力当成综合国力的一个组成部分而刻意渲染。世界上活跃的国家和地区政府 正以挑战的姿态强化自己的影响力,增强自己的竞争力,欲维护自己的显著地位,为其全球战略服务。

(二)国内各区域之间的生存和发展也表现在软实力上

从国内看,这种软实力的竞争主要表现为各区域之间的生存和发展上。三十余年的改革和发展,实际上就是各区域培育和发展区域软硬实力的过程。考察国内各区域发展的进程可以看出,国内区域发展的层次大体可分为这样两类:一类为浅表层次的发展;另一类为深层次的发展,这两类发展层次又都同时存在着不同的亚层次。浅表层次的发展特点是发展中过多地注意经济速度的提高,注意区域硬实力的发展,对区域其他功能的进步注重不多,投入的精力不够。在区域初期腾飞发展中这种层次的发展在短时间内很容易显出功效,但如果按这种模式长期发展下去,区域发展的根基就显得很不牢靠,发展基础不扎实,区域今后发展的前景就必然会受到制约和影响。我们称这种发展为"单极发展"。处于这种发展层次的区域多是中小城市或是经济欠发达的区域。这些区域的领导为了发展区域,往往采取这种急功近利的形式,使得区域的经济在较短的时间内有一个显著的提高,当然区域的对外形象也会得到一定程度的改善。

深层次发展的特点是发展中同时注重区域其他功能的进步,注意区域全面和谐的发展,这种发展把提高区域层次当成区域发展中一项极重要工作,使区域的软硬实力

---

① 马志强.区域形象——区域发展的品牌和魅力[M].哈尔滨:黑龙江人民出版社,2002:
57.

得到和谐发展。深层次的发展是区域步入成熟发展期时的发展。处于这种发展层次的区域多是发展水平较高、区域发展已有一定规模、经济已有一定实力的大中城市和部分已步入良性发展的中小城市。

（三）塑造区域形象也需要理论指导

中、西部地区一些城市甚至包括东部一些城市在这方面的差距是明显的。这些城市、尤其是一些中小城市由于缺乏有关理论的指导，在实际发展中或多或少地忽略了软实力方面的问题，把发展理解为单纯的经济发展，把城市化理解为单纯的经济化，片面地追求经济速度的提高，忽视了城市其他功能的进步，即使一些城市在进行软实力建设，也缺乏理性的分析和实际的借鉴，往往一哄而上，缺乏科学的论证，缺少地域特色和文化内涵，拆掉了古老的街巷，扒掉了古老的民居，盖起了那些没有任何地域特征和个性的"国际式"高楼，城市形象变得千篇一律，城市建筑变成千孔一面，城市街道变得毫无特色，看了一个城市，往往等于看了许多城市，因此其城市的知名度一直不高，影响力不大，在竞争中一直处于较弱的态势，城市发展一直在浅表层次上徘徊。这些城市要想迅速发展经济，提高城市的竞争力，扩大城市的优势和影响力，吸引更多的外资，那就要设法扭转人们对城市现有形象的看法，设法提高城市的知名度和美誉度，这是在中西部开发建设中各级政府要着力注意的。因此，总结城市发展建设方面的一些经验，找出软实力在城市发展中的重要作用，对提高中西部城市的竞争力，将有较重要的启迪和实际指导作用①。

五、区域形象的评价要素②

一般说来，个人对区域的评价是不会按照区域形象评价作业图的方式来进行的，他们往往是根据区域的某一方面或某几个方面的大概印象，根据自己感受强烈的某一点，就对区域进行了"定位"，因此，个人的这种评价不免带有些主观的成分。但这种评价方法确实很具有普遍性和群众性，许许多多的人就是从这种评价中得出了对区域的认识和判断。如果把存在于群众口头上的这种评价方法和系统的评价作业图进行比较就会发现，实际上两者在很大程度上是一致的。不同的是，个人对区域的评价多是

---

① 马志强.区域形象——区域发展的品牌和魅力[M].哈尔滨:黑龙江人民出版社,2002：64.

② 马志强.区域形象——区域发展的品牌和魅力[M].哈尔滨:黑龙江人民出版社,2002：69.

直观的、无目的的、浅显的,而评价体系更为科学罢了。

个人对良好的区域形象最直观、最明显的感受主要是以下几方面的内容:①廉洁高效的政府形象;②作风良好、讲究信誉的本区域的企业群体形象;③文化素质较好、精神文明程度较高的公众群体;④良好优美的区域环境;⑤较高的物质文明程度。个人对区域形象的坏印象的评价当然也多从这五个方面谈起。

(一)廉洁高效的地方政府形象

1. 良好的政府形象首要是为民服务

政府形象是区域形象的首要因素。政府形象,是整个区域的门面,政府形象如何,将直接影响到整个区域形象的高低,影响到区域内经济的发展,也经常是外商投资时着重要考察的因素。政府形象就是当地老百姓和政府自己的工作人员对政府的评价。根据我国的实际,良好的政府形象应是小政府、大服务。小政府、大服务就是政府最大限度地为人民群众办事,而不过多地利用行政手段去干涉人们的正常生活。例如,在市场经济的环境下,企业正常的事务,企业生产什么、如何生产,如何经营应由企业自己做主。政府对企业的影响,重要的是通过制定法律、法规来进行,通过对企业的宏观指导来进行。政府过多地插手企业事务,等于政府直接参与了企业的生产和经营,此时的政府本身既是运动员,又是裁判员,就不可能公平地处理与企业有关的业务。

较差的政府形象就是政府过多地插手地方企业的事务。企业干任何事情往往先要上报政府有关部门。本来是政府职能部门正常的工作,但个别工作人员却把它当成谋取私利的手段。这样做的结果,伤害了企业的感情,加重了企业的负担,使企业失去了对政府的信任,致使政府形象在当地越来越坏,其威信也越来越低。大量的事实已经证明,政府对企业的干涉越多,其负面影响就越大。

2. 政府形象的主要表现就是廉洁和高效

政府形象的主要表现就是廉洁和高效。廉洁就是政府有强有力的手段保证自己的工作人员不利用手中的权力为自己牟私利,高效就是政府能最大限度地为人们服务。廉洁和高效是紧密关联的。不廉洁往往导致低效。当前较差的政府形象最主要的表现是官僚主义、地方保护主义和政府腐败。官僚主义主要表现为办事效率低、文牍主义、对老百姓的事漠不关心、行政集中度高、滥用权力、过多干涉等。官僚主义不但影响政府形象,也影响区域的改革开放。

3. 政府工作人员是地方政府的形象代理人

政府的形象往往是通过自己的职能部门和工作人员来树立的。工作人员是政府的代理人,政府的许多行为是通过其工作人员来实现的。因此,工作人员素质的高低直接影响着政府的形象。形象良好的政府往往有一批素质过硬的工作人员,而形象较差的政府也肯定有少数"蛀虫"在滥竽充数。因此,当政府在塑造区域形象时,教育工作人员,尤其是高级工作人员,提高工作人员的整体素质是十分必要的。

(二)作风良好、讲究信誉的本区域的企业群体形象

1. 企业形象和区域形象是有联系的

企业的群体形象是指在一个区域内若干个企业的共同形象。形象良好的区域多有一批运作良好、讲究信誉的企业,它们共同组成区域的产业和区域支柱。一个区域的形象如何,它的知名度如何,它在社会上地位的高低,都和这些企业有着密切的联系,可说企业名称本身就是地方形象的代名词。宁波的服装、温州的小商品、四川绵阳的长虹彩电、青岛的海尔冰箱,都是凭着著名的品牌而闻名于世的,在产品叫响全国的同时,其产品的所在地也响遍了全国。

2. 良好的企业形象可以带动区域形象的提高

形象良好的区域多有一个乃至有数个知名的企业或企业集团,这些企业有着一个或几个知名品牌做龙头,有一个或数个支柱产业为支撑,有数个高素质的著名的企业家作领导。内部有严格的财务管理,有赏罚分明的人事制度,有充满活力的企业文化氛围。对外有良好的企业信誉和企业形象,有运作正常的企业经营机制。这就是我们常说的"品牌"效应。青岛形象在全国叫得很响,这在很大程度上与"海尔"、"海信"、"青岛啤酒"、"双星"、"澳柯玛"等品牌效应有关。良好的区域环境能产生良好的企业,良好的企业能产生著名的品牌,而著名的品牌又反过来促进区域形象的提高,形成良性循环。

3. 较差的企业形象可能拖累区域形象

形象较差的企业也往往会给企业群体形象和区域形象带来巨大的损害,它主要表现在:企业信誉度差,有意拖欠债务;产品质量低劣、以次充好;制造假货,坑骗消费者;其产品打一枪换一个地方。这种"饮鸩止渴"的企业虽然是个别,但其结果是必然给整个区域带来恶劣影响,降低了整体的区域形象,致使整个区域的经济短期内急剧滑坡,萎靡不振。这种由于企业群体形象欠佳而影响区域经济和区域形象的例子在一些地区是屡见不鲜的。这样的企业群体形象不说是创名牌,就是凭空给一个名牌,恐怕也保不住。

（三）文化素质较好、精神文明程度较高的公众群体

一个区域的精神文明建设搞得如何,主要是看其公众群体素质的高低。公众的群体素质主要包括区域内人民群众的文化、教育及娱乐欣赏水平,群众的思想水平,关心社会及公共事业的程度,人际关系的和谐情况,人群中高学历的比例,高等院校、科研院所的多寡以及道德、风俗、习惯、舆论的约束程度等等。人们都有这样的体会,我们在赞赏某一地区时,往往赞赏某某地区科研院所、高等学校多(即高学历的人才多)。区域形象较好的地方,高层次的文化演出就多,高水平的人才活动也多,影响较大的会议和活动也多。奥委会在挑选申办奥运会的城市时,就把公众的群体素质作为其中一个衡量标准。同样,国家也会把较多的机会给予区域形象较好的地区。珠海市运用良好的城市形象成功地举办了国际航空博览会,就是一个很好的例子。

形象较差的区域主要表现为群众文化素质较低,卫生状况差等等,也就是说,其精神文明建设抓得较差。公众群体形象与区域表现机会成正比,公众群体形象越好,其表现的机会就越多,其形象也越好;群体形象越差,其表现的机会越少,其形象也越难以改变。

案例:

天津大邱庄的盛衰史

十几年前,天津市静海县大丘庄曾是我国乡镇企业的一面旗子,名声一直显赫。但由于包括其党委书记禹作敏在内的整体群体素质太差,不遵纪守法,认为自己处处高人一等,屡次欺辱外地人,终于酿成打人致死的恶性案件。在严重的治安案件面前,他仍然执迷不悟,屡屡袒护凶手,甚至扣留处理办案的警察,公然对抗各级领导,造成影响全国的抗法事件。这些恶劣事件导致其区域形象全面滑坡,经济迅速萎缩。

大邱庄至今已经被很多人遗忘。其形象的负面影响是不可低估的。

（四）良好优美的区域环境

区域环境包括区域内的社会环境和自然环境,这里的社会环境是狭义的社会环境,指的是社会发展水平及其现状的全部表现,主要包括区域社会治安的状况、卫生状况、文化娱乐设施的多寡、服务保障的完善程度、社区文明风尚程度等等。自然环境指的是人们生存和发展所依赖的各种自然条件的总和,主要是指大气质量、城镇绿化面积、资源状况、城市建设外貌、生态平衡情况等等。

　　一个区域的形象如何,和区域内的环境有很大关系。环境污染,资源缺乏有计划的开掘,有限的资源浪费严重,城镇建设无序,绿化面积不足,卫生状况较差,社会治安混乱,文化设施贫乏等等都会影响到区域的整体形象。区域的社会环境是往往反映着一个区域精神风貌的好坏和群众素质的高低。区域社会环境较好的地区,公众的群体素质也往往较高,社区服务较为完善,卫生状况良好。区域环境和公众群体共同组成区域形象中的社会因素。

　　自然环境是一个区域的外貌,是区域内的人们赖以生存的基础,标志着区域群众居住环境的质量,也是一个区域社会环境的外在表现。形象较好的区域自然环境大体相似,居住环境优美,幽静干净,城市建设具有特色,社会治安良好,环境污染较少等。形象较差的区域在环境方面的表现往往又是最充分的:社会治安混乱,黑社会横行,恶性案件层出不穷,卫生状况较差,城市建设无序,环境污染严重、生态平衡遭到严重破坏等都是区域环境的外在表现。

　　(五)较高的物质文明程度

　　物质文明亦即富裕程度。一个地区的物质发展状况,标志着该地区经济、社会、乃至文化精神方面的发展水平。一般说来,物质文明较好的地区由于其辐射面较广,交流区域较广,影响面较大,名声也较大,因此其区域形象一般会好些。物质文明是塑造区域形象的物质基础。从我国现实的实际情况看,由于历史、政策及其他方面的原因,东部及沿海地区就富裕些,而中西部地区就贫困些,因此,东部沿海地区的区域形象也好一些,中西部地区的区域形象也较差一些。正是由于这种物质方面的差别,我国东部及沿海地区的区域形象近年来一直较好,而中西部地区的一些区域形象一直较低。人们往往把中西部同贫穷落后联系在一起。

第五节　大学形象①

一、大学形象

　　大学形象,又可以称之为高校形象,它可以泛指为公众对大学形象的整体认知,也可以特指对某个高等学校的具体形象,是社会公众对大学的总印象和总评价。这种印

① 　详细论述可见黄东升、马志强.大学形象建设论.西安:西北大学出版社.2009.

象和评价既包括大学的自然环境等外在的方面,也包括大学精神、大学文化、科研能力、教学水平等内在的方面,还包括大学所包括的人的行为及表现,如员工教师形象、学生形象。大学形象是对大学的总括,其实质乃是大学客观现实的外化,是大学办学质量、科研水平与整体实力的显示与折射。

二、大学形象的本质

大学形象的本质是大学精神,大学特色可说是对大学精神的说明和描述,大学形象则是对大学精神和大学特色的主客观评价。

看一个大学看什么,或者说衡量一个大学的好坏标准是什么? 不是看校园的气派与否,不是看大楼的时髦与否,不是看学校人数的多寡,不是看学校赚钱与否,不是看大学有多少硕点和博点,不是看大学对教师和学生的管理手段是否严厉和"先进",也不是看大学发表了多少论文,最主要的是看这所大学是否具有自己独特的大学人文风貌和大学精神,是否具有出类拔萃的大师,是否培养出了国家的栋梁之才,是否具有走在世界和国家前列的科技人才,是否具有熏陶人才成长的良好氛围和环境,还要看是否具有高素质的大学生和高素质的管理人员。这可以归结为两句话:一看大学精神;二看办学特色。

"大学不仅仅是客观物质的存在,更是一种文化存在和精神存在。大学的物质存在很简单,仪器、设备、大楼等等。然而,大学之所以称之为大学,关键在于他的文化存在和精神存在。大学文化是追求真理的文化,是严谨求实的文化,是追求理想和人生抱负的文化,是崇尚学术自由的文化,是提倡理论联系实际的文化,是崇尚道德的文化,是大度包容的文化,是具有强烈批判精神的文化。大学文化体现的是一种共性,其核心与灵魂则体现于大学的精神"。①

三、大学精神

1. 大学精神

大学精神,是指隐含于大学形象之中并洋溢之外的大学的本质元素,是大学形象的总概括和总评价,是大学的精、气、神的凝聚,是一个大学区别于其他大学而自有的鲜明特色,是一个大学自立于世而区别于其他大学的骄傲和资本。这种精神的核心主

---

① 杨福家.大学的使命与文化内涵[J].学习时报,2007(9).

要包括办学理念、办学特色、教育思想和精神风貌等。七十多年前梅贻琦就任清华大学校长时曾说："一个大学之所以为大学,全在于有没有好教授。孟子说:'所谓故国者,非谓有乔木之谓也,有世臣之谓也'。我现在可以仿照说:'所谓大学者,非谓有大楼之谓也,有大师之谓也'。我们的知识,故有赖于教授的教导指点,就是我们的精神修养,亦全赖有教授的 inspiration"。(《就职演说》)。梅贻琦的这句名言,经过演变,就变成了今天最为流行的一句名言:一个好的大学必须具有自己的大师、大楼和大学精神①。耶鲁大学校长 Richard C. Levin 从诺贝尔奖得主 James Tobin 的文章中引出了实现大学使命的基本要素:①要有有形资产(tangible assets);②要有人力资源(human resources);③要有文化内涵(internal culture)。有形资产不仅包括大楼,而且还有设备、图书等等。同样,人力资源也不仅仅指大师,还有学生和管理人员,一所大学若没有优秀的学生,是成不了一流大学的②。

2. 大学精神包含有科学精神和人文精神两个内容

大学精神最主要的包括两个方面的内容:一是科学精神;二是人文精神。所谓科学精神,是大学在自己的成长壮大过程中所形成的创造力、创新力、对民族和人类科学发展所作出的贡献的总和。所谓人文精神,则是一个大学所具有的文化感染力、辐射力、影响力的总和。一个成功的大学都应该具有这种与众不同的科学精神和人文精神。

科学精神和人文精神是两面大旗,是一个大学的魂,不可分离开的,两种精神不是简单的相加,而是相互交融,相互依存,相互依赖,这样长此以往,从而形成了大学独一无二的大学理念和大学精神。在大学,学生不是简单地被教出来的,而是被精神给熏陶出来的,是在和大师、教授的不断交谈中被感悟出来的,是在这种氛围中哺育出来的。大学不但是培养人才的地方,也是现代科学的引领者,科学精神是大学前进的动力,是大学为人类和社会作贡献的最明显的推动者。人文精神则是大学人才营造的一个氛围。一个大学不仅仅要教给学生做什么,还要告诉他们如何做,还要告诉他们如何张扬个性,发挥自己潜在的创造力,还要使这些人才具有与众不同的文化潜质,这就是大学人文精神的巨大魅力了。人文精神是人类文化在一个大学的具体体现,是人才成长的摇篮。人文精神飘浮在大学的各个方面,表现在大学人群的思想和言行中,学生们会在这个人文精神的大空间内不断地受到熏陶。如果一个大学能提炼出自己这种与众不同的精神,那这个大学办得就比较成功了,如果一个大学只突出了其中的一

---

① 大学校长合肥"论剑" 大学建设亟待走出三大误区[OL]. 新华网(http://news. xinhua-net. com/edu/2006-09/20/content_5112357. htm)

② 杨福家. 大学的使命与文化内涵[J]. 学习时报,2007(9).

点,那这个大学就不算很成功,如果一个大学在几十年的办学过程中,没有提炼出这种精神,那这个大学就非常不成功。如果一个大学过分强调科学精神,强调科技生产力,强调工具作用,而忽视人文精神,这样的大学充其量只能培养出工匠,出不了大师。

3. 大学精神的特点

(1)大学精神是抽象的,但也是具体的。大学精神就像空气,看不见,摸不着,但它无处不在,渗透于大学的各个方面。大学精神是由大学的每一个关联分子通过自己的言语和行为共同体现出来的。这种行为可以是自觉的,既有意识的追求,也可以是不自觉的,即无意识的形成。大学精神也许是不成文的,但却铭刻在人们的心中。它无时不在,无处不在,无事不在;它活跃在讲台上,弥漫在校园里,体现在人们的言谈和行动中。学生在学校中学到的知识,可以由时代的进步而老化,而淡忘,但大学精神却影响学生的事业,长久直到永远①。这种精神存在在任何一个和大学有关联的人的精神中,并可能影响着个人的一辈子。大学形象都是相当现代的,但内蕴在这些现代形象中的,仍是那不被风暴摇撼、不受时光溶蚀的大学精神:这种精神超脱于任何阶级、派别和权力机构,保持和发展着人类的自由知识和人类价值②。我们可以明显地感觉到,甲大学和乙大学分别所属的两个教师具有完全不同的治学态度和治学方法,两个大学的学生也具有迥然不同的社会人生态度和学习方法。同一个大学出来的学生,尽管相隔几届,但他们都有着比较相近的科学态度和研究方法,有着相同的研究理念,有着相似的对待世界的方法,这就是大学精神在人们心中的具体体现。

(2)大学精神是独特的。大学精神是独特的,是一个大学在长期办学过程中积淀形成的、本校特有的、优于其他学校的独特优质风貌,它在学校改革和发展当中,特别是在优化人才培养过程、提高教育质量当中,起着非常重要的作用,始终潜移默化地影响着学校的改革和发展,是外界认识学校的一个重要方面。国学大师季羡林先生早年求学并毕业于清华大学,在北大从教六十年。他谈到两个学校的风格时说:这两个大学"肯定不一样,这并不奇怪,就好比李白和杜甫是两个好朋友,但却风格迥异"。季羡林先生曾经给人们提出了一个大学精神、大学特色的"参考坐标",那就是"基础"和"积淀"③。

---

① 大学之魂[OL].萧雪慧,新浪网(http://book.sina.com.cn/longbook/his/1112168249_shiqudedaxue/76.shtml)

② 大学校长合肥"论剑" 大学建设亟待走出三大误区[OL].新华网(http://news.xinhua-net.com/2006-09/20)

③ 大学校长合肥"论剑" 大学建设亟待走出三大误区[OL].新华网(http://news.xinhua-net.com/2006-09/20/)

（3）校训和大学精神的概括提炼有着息息的相关性。校训和大学精神的概括提炼有着息息的相关性，校训是鼓励和号召教师们潜心学术、严谨执教，学子们立志求真、成人成才的旗帜，自然也是学校办学特色的表征和追求的理想境界。无论是北京大学的"爱国、进步、民主、科学"、清华大学的"自强不息，厚德载物"，还是哈佛大学的"吾爱吾师，吾更爱真理"、耶鲁大学的"真理和光明"，都融入了独特的大学精神①。"作为大学精神象征的校训，是学校历史和文化的结晶，是学校办学理念集中的体现，也是对学校特有的文化内涵的一种简练表达"。"一家报纸曾对'你认为中国哪个大学的校训最好？'做了调查，4 762人进行了投票。结果清华的校训'自强不息，厚德载物'得了54％的选票，获得第一名。'自强不息'反映了中华民族的精神，也被作为很多中国大学的校训"。"复旦大学的校训'博学而笃志，切问而近思'获得第二名。李政道教授特别欣赏每句话中的第二个字；学和问。学问就是要问问题，而不是答问题"②。

四、大学特色

1. 大学特色

大学特色也可称之为大学的办学特色，2002年教育部第一届中外大学校长论坛的《中国高等教育发展的目标定位、大学特色的形成和发展战略》研究报告认为，"大学的办学特色是指一所大学在发展历程中形成的比较持久的发展方式和被社会公认的、独特的、优良的办学特征。

2. 大学特色必须具备的特质

（1）大学办学特色必须是一所大学明显有别于其他大学的办学风格或优良特点，与其他院校没有区别，就不能构成特色，但区别本身并不等于特色。只有这种区别成为被广泛认同的优势，且这种优势达到其他大学短时期内难以企及的程度时，才构成一所大学的特色。

（2）大学办学特色必须是在长期办学过程中积累形成，并具有与时俱进的时代性和相对稳定性。换言之，所谓大学办学特色，绝非一朝一夕"自贴"或"被贴"的标签，也绝不是一时广告宣传和媒体炒作的产物。

（3）大学办学特色集中体现在学科的建设，在某些领域形成自己独有的优势，并具

---

① 大学校长合肥"论剑" 大学建设亟待走出三大误区［OL］. 新华网（http：//news. xinhua-net. com/2006-09/20/）

② 杨福家. 大学的使命与文化内涵［J］. 学习时报，2007(9).

有以此确立学校的地位和影响,带动学校整体的可持续发展的特性。

(4)大学办学特色必须在与社会的互动中形成。大学办学特色的价值必须取决于其对科学发展、最终为社会发展作出的被社会广泛承认的实际贡献的大小。离开这一衡量指标谈大学办学特色,是没有价值的。

(5)大学办学特色的灵魂是具有适应国家、社会发展的大学教育思想与办学理念。其表现为一所大学与众不同的校风、学风、师资水平、学科专业、制度规范、教学与研究方式,其目标是以服务社会发展为宗旨,创造领先的科研成果,培养出与众不同的有丰富创新能力的高素质人才"。

3. 大学特色是大学的生存需要

进入新世纪,我国高等教育在办学规模和招生数量上不断扩大,本专科招生规模和在校生规模已经跃居世界第一。随着办学方式多样化、高校教育市场化的改革进一步深化,使我国的高等教育成为我国个人和社会消费最大的市场之一。高教发展给大学带来了更多的机遇,同时也带来了高校在生源、教育资源和教育市场之间的竞争和重新分配。在激烈的市场竞争中,并不是每一所大学都能办得成功,并不是所有大学都能均衡地得到这些社会和教育资源,只有那些在办学过程中,注重学科建设、专业设置、办学条件、师资水平、社会需求等办学条件并形成自己鲜明特色的高校,才能健康发展,并得以壮大。特色办学就是打造学校品牌,就是塑造学校形象,就是在拓宽大学的生存空间,为学校的发展提供更多的发展机遇,让学校具有竞争的力量、优势和资本,在发展中争取到自己的地位。而那些缺乏自己办学特色、办学定位的高校将无法继续生存,那些千校一面、没有自己生存价值的学校也将岌岌可危。

4. 大学特色是大学继续发展的需要

一个大学不但要生存,还要发展和壮大。而发展和壮大,就必须要有自己发展壮大的空间,就要有让社会认可的特点和特色。大学特色是学校立足于社会的"通行证"和"身份证",能给学校的发展带来机遇,能给学校的壮大找出机会。国内外高校的发展的轨迹告诉我们,特色不可能在短时间内一蹴而就,大学鲜明的办学特色至少需要几十年甚至上百年的时间才能形成,它需要大学几代人的培育和努力才得以形成,大学发展壮大的过程就是大学独有特色形成的过程。并不是每一所大学都会有自己鲜明的特色。因此大学需要从价值理性和发展战略的高度来思考和建设大学的办学特色。而正确定位和内涵发展将是中国高等教育的必由之路。

五、大学特色和大学精神的关系

我们认为,大学特色和大学精神有着许多的相似处,具有交叉和叠加的地方。如果说大学精神是对大学办学的总结,那大学特色则较为详细地说明了大学精神的所在之处,大学形象则是对大学精神和大学特色的主客观评价。大学精神是从内涵方面揭示了大学"独特"的风貌和风格,是对大学形象、大学特色的高度凝练和概括,它往往以校训的形式概括为几个字或一句话,大学特色则是对大学精神的具体描述,它表现为大学独特办学的方方面面。大学精神体现在大学特色之中。没有独特的办学特色,那也就概括总结不出什么大学精神。大学里的大楼是大学精神、大学特色和大学形象的凝固展示,大师则是大学精神、大学特色和大学形象最成功的体现者和最典范的践行者,而大学人文氛围和环境则是人们感受大学精神和大学特色的主要体现。

六、大学形象的知名度和美誉度

评价一所大学的形象,主要看它的知名度和美誉度的高低。一所大学的知名度和美誉度往往不是表现在办学规模、占地多少、管理规章、办学经费、学生和教师人数、专业数量、科研论文和课题等表面的形式上,而主要是表现在办学特色等深层次上。我们夸赞一所大学,往往不是夸赞它的学校占地有多大,学生数量有多少,赚了多少钱。虽然这也可以说是优势,而往往是称赞它拥有的著名教授,在哪些学科上具有明显的优势,培养了多少著名毕业生,为社会作出了巨大贡献等。大学特色是大学形象中最为彰显的部分,是一所大学立足于世的最主要的特征,是一所大学傲立于世的资本。从办大学的角度来看,主要是要把大学办出特色,办出自己的风格,办成唯我独"尊"的"独一个"。一个大学能否具有强盛的生命力,是否有活力,在很大程度上,就是看办得是否有特色。特色本身就是生命力。

哈佛大学、加州理工学院、牛津大学、麻省理工学院、巴黎高等师范学院、早稻田大学等都是世界名校,他们都非常注重创建自己的特色,避免"大而全"的发展模式,不为一时的办学思潮所迷惑,常年坚持走自己的特色,避免重复别人的老路子,都有自己最鲜明的办学思路。我国的西安交通大学、同济大学、江南大学、上海财经大学、中国地质大学、中国农业大学等国内高校,也都是靠着自己的鲜明办学特色而立于国内著名高校之列的。

七、影响大学形象的形式主义表现

以世界的眼光来看,大学之所以成为大学,主要基于两个因素:一是高素质的教育和学术水准;二是其道德使命和人文关怀,亦即对人类精神世界的关照和社会道德的提升。因此,考察大学素来有两个标准,一是专业标准;二是人文标准。遗憾的是,这两个标准在我们今天的中国大学似乎都难以达到。我们现在一些大学对大学精神和塑造大学形象的理解显得过于促狭,对大学形象的塑造和建设也急功近利。办大学就是一心一意要办出名,一心一意要树大学新形象,一腔情愿的幻想短时间内把学校办好办大,过分强调要办成一流大学,办成知名大学,办成研究型大学,办成具有硕士点和博士点的大学。所以我们就有了"重科研,轻教学"、"重理工科,轻人文学科"、"重硕点博点建设、轻本科专业"的倾向,就有了拔苗助长、急功近利的形式主义,就有了摒弃大学精神、缺乏大学独具特色的"趋同倾向",就有了对大学教师"挤压"式的管理方法和措施,就有了对大学教育的近似企业"标准化管理"的模式。把科学精神简单地理解为科学研究,把提倡人文精神简单地理解成办一些文科专业。而在执行过程中,科研的行为往往被一再拔高,人文精神则处处受到排斥和压抑。沉浸于追求综合大学的"大"而"全",沉浸于大学排行榜的名次,热衷于搞一些"噱头"和小"创意"。

我们认为对大学精神的破坏最主要的就是华而不实的形式主义,这种形式主义办学已经让我们的大学呈现浮躁状态,走进了一个办学误区,形成了一整套误区办学模式。这种误区办学模式的最大特点就是追求表象,忽视精神,追求表面数字,忽视内涵培育。很多大学中都可以找到这种华而不实的形式主义的影子。形式主义对大学形象的建设和危害是巨大的。它的危害性就在于上述的做法看似在大力发展学校,其实是方向和方法都不对。看似在改革,实际上是在改变一些原有方式的同时又增添了一些新的弊病,其负面效应又在发酵。靠形式主义办学起来的学校,初看起来很热闹,很时髦,其描述的语言很动听,知名度很快提高,但美誉度却很平平。我们可以看出,那些频频出台"改革措施"的大学,那些不断细化管理"科学化"的大学,往往是一些各方面都平平的大学。这些学校少的是一种大学精神,缺乏的是可持续发展的后劲。靠这种揠苗助长式的伪改革是办不来世界一流和国内好大学的,事实上好大学也不是这样办起来的。

在高教改革的今天,我们有必要走出办学误区,还大学以本来的面目,在大学里提倡一种人文精神,强调大学的精神和灵魂,为重塑我国的大学形象而努力。

第五章 公共关系主体形象的塑造和建设（下）

第一节 军事公共关系

军事公关,顾名思义就是公关的主体是军队,是军队进行的公关行为,凡是以军队为主体进行的公关活动就是军事公关。军事公关的客体对象主要是国内外公众。

一、我国军事公关的特点

和其他公关主体相比,我国的军事公关有几个明显的特点。

（一）军事公关强调政治利益的最大化,没有任何经济诉求

和其他公关主体相比,军事公关没有任何经济要求,没有经济利益最大化的诉求。军事公关的目的只是追求政治利益最大化。在公关主体的排列中,企业组织对经济利益最大化的追求最为强烈,其一切手段都是为了赚取利润。军事组织由于其在国家中独特的工具作用,只能由国家提供全部财力,自己绝对不能有任何经济诉求。因此政治利益最大化就成了军事公关唯一的诉求。

（二）和其他公关主体相比,军事公关更加强调展示实力

政治利益最大化体现在军事公关上就是最大限度地展示软硬实力,展示实力是军事公关区别于其他公关最显著的区别。其他公关主体进行的公关也有展示实力的一

面,但对其他公关主体来说,展示实力不是公关的主要目的,主要目的是要通过展示实力获取经济价值和政治价值的最大化。而军事公关的主要目的就是实力的显现。通过展示各种打击力量,表演军事利器,起到威慑对方的作用。展示军事实力的目的不是为了战争,而恰恰是为了制止战争。制止战争的最好手段就是准备好打一场战争。

1. 军事公关要展示硬实力,增强威慑力

(1) 展示实力,是军事公关的硬要求。现在的国际关系还是以实力来说话的。尽管国家历史悠久,国土面积大,人口众多;尽管国人个个聪明绝顶,国家富裕,但如果国家没有一定的军事实力做后盾,就要被人欺负,就要被人轻视,在一些场合就没有发言的权利和发言的力量。尽管现在国际关系已经大为改观,有了很多"游戏规则",战争发生的频率也小多了,强国欺负弱小国家的行为也没有过去那么赤裸裸了,但恃强凌弱的格局并没有变化,强国发言的机会多,强国发言的力量大,强国会以各种方式做出偏袒自己的行为,而弱小国家却无可奈何。有时,几个强国联合在一起,他们发言的力量就更强大,足以支配世界。在世界上强国支配世界的格局上演了已经不是一两次了。这已经是几千年的历史说明了的。二次世界大战后美、苏两大军事集团安排的世界格局一直延续到今天,这是强国支配世界的最好明证。

(2) 现代中国更应该展示硬实力。中国作为一个大国,曾被列强欺负了近百年,八国联军和日本侵略者恣意践踏国土、凌辱国民的情景不堪回首;英舰"紫英石号"在我国长江横冲直撞,撞伤我渔船的情景;一次次丧权辱国的条款,一次次割让土地的耻辱,让国人屡屡感受到了弱国的无力和羸弱。我们必须要有一个强大的国防,这是全民族和几代国人的普遍共识。军事实力是一个国家实力的外显,军事是一个国家政治、经济综合实力的反应。任何一个经济强国必然也是一个军事强国。没有强大的国防军事,经济实力就没有办法保证,国土、海洋、领空就没有办法保全。我们不要战争,我们可以不去欺负人,但我们也不能被人欺负。和平时期,展示军事实力就是军事公关的目的之一。

案例:

我军的硬实力展示

展示军事硬实力最主要的目的就是展示威慑力。在当今世界,说什么都没有用,只要有克敌制胜的武器,那就最管用。你有了强大的武器,你就有了强大的威慑力,敌对势力就不敢轻举妄动。威慑力是保护国家领土、领空和领海的力量。我国现在有"钓鱼岛"之争,有"南海领海"之争。这些"麻烦"的主要原因就是我们过去没有强大的军事实力,没有这么大的威慑力,别人就是抢你的土地。现在国家强大了,必须发出强大的声音。这对解决这些领土、领海问题具有深远意义。同样,如果没有足够的威慑力,我国的香港和澳门的回归就不会这么顺利。

强大的威慑力是保护遍布世界华人的一支力量。如果有人敢欺负华侨,请想想这支力量。这次埃及和利比亚撤侨行动,我海军"徐州"号导弹护卫舰给撤侨行动进行护航,军用飞机也参加了撤侨行动。军队参加撤侨,本身就是一个威慑力信号。

强大的威慑力还是我国经济保驾护航的力量。随着对外开放的增加,当今我国的经济"触角"已经遍布全世界。我国参与的对外经济项目遍布亚非拉,我国的客运和货运船只每天都行驶在世界各大洋,我国的各类飞机每天飞行在世界各地。一些国家一旦动乱,就会影响到世界各地的中国经济利益,直接对我国的生命和财产造成损失。在阿拉伯海的亚丁湾,我国海军已经有 11 批军舰执行护航任务,没有出现任何差错。如果有人胆敢破坏中国的经济,也要想想这支力量。

(3) 硬实力还包括军事科技实力。整体军事硬实力展示的不仅仅是武器,还有高科技技术手段。现代化的战争已经不是靠人拿着步枪去冲锋陷阵,而是在千里之外轻轻按一下按钮,武器就冲向敌人。这里既有航空和航天技术,也有航海、潜艇技术,还有计算机技术。世界上运行速度最快的计算机之一就出自国防科技大学;我国航空航天技术的顶级科技也在军队;我国航海技术的顶尖科技也在军队,大洋深海中遨游的中国核潜艇就是高科技技术的结晶。我国核技术的中坚力量等都有中国军事的影子。展示军队的科技实力也是军事威慑力的一个组成部分。

过去传统展示硬实力主要是国庆阅兵或武器的使用,现在展示的方式方法多了。参加国际军演、武器列装、航母建造、航空展览、军事节目介绍军队训练情况、修建机场、打击恐怖势力等,都是对我国军事硬实力的成功展示。

2. 军事公关中的软实力展示

中国军队和外国军队的其中一个不同,就是中国的军队不仅仅是战斗队,还是文化队和工作队。这是中国军队自成立之日起就已有的宗旨之一。因此,展示自己的军事文化、军事体育、军事政治等软实力也是军事公关要做的一个主要工作。

这又包括以下几个方面:

(1) 密切和人民的联系。我们的军队是党的军队,是人民的军队,我们的党是人民的党,因此,军队和人民的联系是天然的。军队来自人民,服务于人民,这是我们军队成立第一天起就有的宗旨。离开人民,军队就成了"无本之木,无源之水",就失去了基础。因此,部队的作风建设其中一个建设就是爱民建设,把爱民当做一项日常工作来抓。我们的部队每年都会涌现出许许多多的爱民模范,每年都有军民联欢晚会,这就是我们军队的特色。每年都会有地方领导看望部队,部队领导又到地方慰问。这是我们军队自建立之初就有的规矩,这就是我们军队为什么会立于不败之地的独特法宝。战争时期,拿起武器就是军人,拿起锄头就是生产者,现在这种精神不能丢。这是我国军队的软实力之一。

(2)工作队的作用。我国的军队,和平时期也是保卫人民的一支最主要力量。我国军队和人民的关系是骨肉关系,是鱼水关系,是谁也离不开谁的关系。只要祖国需要,只要人民有难,军队一声令下,就会迅速投入到抢救人民生命财产的工作中去。这时的军队,不计较得失,不计较财力,为了人民尽其所能。30多年前的唐山大地震,我们的军队是抢险救灾的主力。1998年特大洪水抢险时,我们的军队更是形成了一道绿色堤坝,军队用血肉之躯保护了人民的生命财产,有些年轻的军人还牺牲了自己的生命。2008年"5.12"汶川大地震还是我们的军队走在抗震救灾的最前沿,救灾中涌现了许多可歌可泣的动人故事。全国各地每年的各类抢险救灾,都有军队的影子。军队总是在人民最需要的时候出现。哪里有险,哪里就有军队,哪里有难,军队就到哪里。军队是和平时期为人民服务的工作队。这就是我军软实力的形象。

(3)文化宣传队的作用。一个没有文化的军队是愚蠢的军队,而愚蠢的军队是不可能战胜敌人的。中国的军队不仅会打仗,还是一支出色的文化队和宣传队。它要宣传党的方针政策,宣传社会主义制度的优越性,宣传国家的强盛,军队是党和国家的一个宣传利器。

军事公关要对国内外老百姓展示军事文化,这主要包括军事体育,军事文艺、军事艺术等方面的展示。军队的文化是为兵服务的,也是为广大老百姓服务的。军队文化实力的展示有增强国家和民族自信心、和谐军民关系的重要作用。如我们国内最好的文艺人才在军队,最好的体育尖子也在军队,如篮球、乒乓球的精英等。

还有近几年,非常抢眼的军事题材的电视剧《士兵突击》、《陆军特战队》、《战争目光》、《突出重围》、《女子特警队》、《武装特警》、《DA师》、《导弹旅长》、《鹰击长空》、《沙场点兵》、《炊事班的故事》、《铁甲英豪》、《和平年代》、《激情燃烧的岁月》、《鹰隼大队》、《波涛汹涌》等,都正面反映了我国军队现代化和正规化的方方面面,宣传了军队,让老百姓了解了部队的生活,揭开了军队神秘的面纱,提升了军队形象力,增强了老百姓对军队的信任。

还有军队的画家、军队文工团、军队的文学家、电视军事科技节目、军队院校、网络里的军事频道等等,这些军事、文化、文学、科技和艺术,都是展示军队文化软实力的最好说明。是军事公关不可或缺的一个组成部分。

（三）军事公关中的政治立场分明

和其他国家不同的是，我国的军队是中国共产党的军队，是一支政治的军队，它服从于中国共产党的政治，所以我国的军队具有爱曾分明的政治立场。军事公关在关键的时候必须发出自己的政治声音。

二、我国的军事公关卓有成效

中国军事公关的实践并不短，自人民军队成立的第一天起就开始了。"人民军队"、"军民团结如一人，试看天下谁能敌"、"军民鱼水情"、"文明之师、威武之师"，这些响当当的口号本身就是我国军事公关最成功的典范例证。而刘伯承和彝族小叶丹结拜为盟、陈毅苏南执行抗日民族统一战线政策、打击敌人的成功范例则是我军最为成功的公关案例。但有意识、有目的地利用公共关系理论去指导我军军事公关工作还是近几年的事情。

近几年，我国公共关系的理论和实践也被引入了军事领域，军事公关、军队公关、军人公关，军队形象，军人形象，军队实力等等名词也开始步入军事研究者的视野。我国军事公关的活动也取得了较大的成效。我国现在的军事公关已经是有理论指导、有多种活动方法、目的明确的全方位的军事公关。

（一）利用媒体全方位塑造我军现代化、正规化和高科技化的军队形象

利用媒体宣传我国军队现代化、正规化、高科技化的进程，全面贯彻宣传打赢一场高科技条件下的局部战争的指导思想，利用各类广播电视、网络、电影、杂志全方位塑造我国军队现代化的形象。

（1）利用电视军事节目正面报道军队现代化、高科技化的信息，宣传部队增强战斗力的方方面面，让公众了解部队正在发生的根本变化。

（2）利用电视剧，用故事叙述的方式让公众感受军队和军人的日常生活，用艺术的画面扭转公众对军队"小米加步枪"的传统认识。扭转公众对过去军人日常的"立正"、"稍息"、"拼刺刀"的传统认识。

（3）利用网站增设一个军事论坛，形成一个"军迷"集团。论坛里活跃着一批关心我军各方面建设的"军队粉丝"。论坛经常论述我军和外军的发展情况，关心我军现代化设备的进展情况，谈论发生的军事大事，分析当前的军事形势。

（二）开展了一系列有目的的军事公关活动

近几年，一系列的军事公关活动全面铺开，军事公关好戏连台。中国的军队形象大大提高。我军硬实力的展示取得了实际效果。在世界，我军强悍的战斗力已经被世界广泛承认，谁也不敢小看"以毛泽东思想武装起来"的中国军队。我军的现代化高科技武器越来越多，越来越全，扭转了老百姓对我国军队"小米加步枪"的传统认识。国家利器对我国的经济发展、外交做了最好的后盾。自改革开放开始，我军武器现代化和国产化的路子也加快，1984 年的大阅兵，我军战士的武器全部是国产的，2009 年大阅兵，我军国产的高科技武器已经走向了一个更高的台阶。

例如，海军成立 60 周年的纪念活动——多国海军阅兵式；参加一系列的国际军演，如历年的和平使命军演，公众从我军和外军的交往中看到了中国军队的进步；国庆60 周年大阅兵；歼-20 试飞；航空母舰的建造；珠海航空展参展，军事节目介绍军队训练情况；青藏高原修建机场；打击恐怖势力；参加世界军展；神舟八号上天直播；参加国际维和行动；参加汶川地震和玉树地震抢险救灾，利比亚撤侨，钓鱼岛例行巡逻，和外军的军事交流等。这一系列的军事公关行动，不断冲击着公众的眼球，公众对军队的了解有所增多，公众对军队的美誉度评价大大提升。

（三）军事研究走向前台，军队有了形象代言人

近几年，军事研究也揭开了神秘的面纱，开始从军队的"高深大院"走进了公众的视野。军队研究人员开始在电视上亮相，讲述军事研究的现状，评析典型战例，论及现代军事时事，彻底扭转了公众对军事的神秘感。让军事理论走进了老百姓的客厅。同时，军队一些研究人员频频走向电视，点评军事时事，这些经常上电视的军人，实际上具有了中国当代军人"形象代言人"的角色。尤其是军事研究人员中的一些女性，还有一些博士，更让老百姓感到惊奇。

（四）部队着装更加细化，映衬了现代化的军人英武形象

军队现代化和正规化，还包括军队服装的现代化和系列化。服装不仅有保暖功能，还有防护功能、审美功能和形象功能。军队服装的细化水平，标志着军队现代化和正规化的水平。这几年，我国部队着装更加细化，军队内不同军种、不同地域着装区别更加清晰，标志更加明显，作训服、礼服、常服也已经分开。军队服装更加英武、漂亮、潇洒，映衬了现代化军人英武潇洒的形象。

第二节 企业公共关系

企业公关,又称为企业公共关系,是指以企业为公关主体所进行的公共关系活动。企业公关是中国公关的先行者。自20世纪80年代开始,企业公关就如火如荼地开展起来了,企业率先建立了企划部、客服部或公共关系部等专门的公关部门,最早接受并引进公共关系理论的也是企业,公关理论讲座、公关活动的开展乃至公关理论的研究和普及主要对象也多在企业。企业公共关系对我国公关事业的贡献最早,贡献也最大。这种贡献至今还可以在我国各类教材中找到些影子。

一、企业公共关系的特点

(一)企业公共关系的主要目的是实现经济利益最大化

任何公关主体开展公共关系都不是无目的的。按照公共选择理论的个人主义方法论,企业是一个人格化的经济组织,它要追求自我(经济)利益的最大化。同样,在政治市场上,它同样要追求自我(政治)利益的最大化。以此,企业开展公共关系的目的就很明确了。任何企业开展公共关系的目的就是为了实现其经济利益的最大化,公共关系是企业追求利益最大化的一个工具。当然,出于需要,不排除一些企业某一阶段也会追求政治利益最大化。

不同的公关主体,对利益最大化的追求是有区别的。例如军事公关,它就没有经济利益的追求,军事公关的唯一目的就是追求政治利益最大化。对许多政府公关和事业单位的公共关系来说,它们追求政治利益最大化是必需的,追求经济利益最大化的目标是辅助的。和其他公关主体不同,企业是经济类组织,是通过产品或服务来实现经济利益,以实现利润为最大目的,企业的一切行为都会围绕这个来开展和进行。当然,企业除了经济利益,有时还会有其他利益。对企业来说,追求其他利益都是辅助的。

(二)企业公共关系有一个对产品或品牌的追求

由于企业的性质,企业为社会提供的价值主要有两类:一是产品;二是服务。以生产和加工产品为价值的制造企业开展公共关系就是要生产和加工出高质量的产品,在公众中塑造良好的产品形象,追求的是最完美的产品品牌形象,以产品形象带动企业形象。以服务为价值的企业开展公共关系就是拿出最好的服务,在公众中塑造最好的服务品牌,追求最完美的服务品牌形象。以品牌服务形象带动企业形象。

(三) 企业的公共关系更具体、更繁琐

企业生产和加工的产品就是再好也不可能不损坏,其服务也需要有一个过程,因此企业的公共关系在多数情况下不是一次完成的,有一个延续和拉伸的过程。同时由于企业对客户进行的是具体产品和具体项目的服务,打交道的都是一个个具体行为的个人,所以企业的公共关系显得更具体,更繁琐,当然也更重要。例如,超市零售业的公共关系就是要日复一日地处理商品更换、产品修理及各种服务质量投诉等最具体的业务。这些事情繁琐、单调,但每一件事的处理都关系到品牌形象和企业形象问题,公共关系工作人员都必须以高度负责的态度审慎处理好,稍有不慎,就会演变成一个较大的危机事件。

(四) 较之政府机关和事业单位,企业对公共关系的认同度更高

从计划经济转变为市场经济对许多企业、党政部门和企事业单位来说都是一个痛苦的变革过程,是一个由不适应到逐渐适应的过程。这个变革过程对不同的部门和行业来说,感受冲击波的时间是不一样的。自20世纪80年代,我国首先进行的是经济体制方面的改革,这种改革对企业的冲击力来得最早,冲击力最强,企业的转变最快,最大,所以企业对公共关系的需求也最早,最快。现在企业都普遍成立了公共关系部门,企业对公共关系的认同度较高。

由于政治体制和行政体制改革是改革的第二步工作,相比之下,改革对政府机关和事业单位的冲击力相对滞后。政治体制和行政体制改革要求政府机关和事业单位提供完善的公共服务,要求政府和事业单位也要有品牌和形象示范的作用,因此,进入21世纪后,各级政府和事业单位才逐渐感受到公共关系和提供良好公共服务之间的关系。因此政府公共关系和事业单位的公共关系就比企业公共关系的开展晚了一大步。直到今天,各级政府和事业单位才有了公共关系的意识。

二、企业公共关系的主要功能

(一) 以良好信誉为基础——塑造企业形象

企业形象就是企业在经营过程中逐步积累起来的企业良好的知名度和美誉度,这是整个社会公众对企业的印象和评价。在市场经济的今天,一个企业要生存和发展,

就必须有央有良好的企业形象,必须具有良好的知名度和美誉度,企业形象已经是制约企业发展的一个主要因素。

1. 企业的美誉度是决定企业最重要的因素

在企业形象诸要素中,企业的美誉度是决定企业最重要的因素。这是因为,任何一个企业知名度都不可能为零,而企业的美誉度却可能会为零。一般情况下,知名度对企业的影响不是决定的,美誉度才是要命的。这表现在如果一个企业处于高知名度和低美誉度的状态下,企业的名声很不好,企业的原有的客户资源就有可能流失。较差的声誉,给企业不可能带来更多的新客户,企业的服务对象大量减少甚至消失,企业断了产品的销路,最后企业只能倒闭。企业形象最差的表现就是知名度高而美誉度低。

2. 信誉是美誉度中的重要因素

在企业形象美誉度诸要素中,最重要的又是企业信誉。企业信誉是指企业在市场上的威信力和影响力,指产品品牌在消费者心目中的地位和形象。建立良好的信誉是企业经营成功的诀窍。树立信誉首先要创名牌企业。按照公共关系学的观点,树立商品信誉只是第一步工作,树立企业信誉、创名牌企业才是最重要的。它不仅是企业长期发展的需要,也是现代社会对企业日益强烈的要求。

企业作为社会的一个单元,既可能给社会带来新的物质文明,也可能给社会带来公害和威胁。因此,公众对企业社会价值的评估标准就会随着时间的推移而提高,评价范围会由最初对产品质量和服务扩大到对企业生产经营和社会活动的各个方面。这时,公众舆论会对企业产生较大的影响力。因此,争取舆论支持,争取公众信任,就成为企业生存发展的重要条件之一。良好形象和声誉是企业无形的宝贵财富,企业公共关系的根本目的就是通过深入细致、持之以恒的具体工作树立企业的良好形象和信誉,以取得公众理解、支持、信任,从而有利于企业推出新产品,有利于创造"消费信心",有利于企业筹集资金,有利于吸引、稳定人才,有利于寻找协作者,有利于协调和社区的关系,有利于政府和管理部门对企业产生信任感,最终促进组织目标的实现[①]。

3. 缺失信誉是现在企业经营维艰的主要因素

多年来的实践已经证明,导致一个现代企业迅速衰退的主要原因就是企业信誉。据有关部门不完全统计,我国企业每年因为信用缺失而导致的直接和间接经济损失高达6 000亿元。相关调查表明,中小型(主要是民营)企业在问及"目前同行业存在哪些

---

① 公共关系的功能[OL].互动百科(http://www.hudong.com)

不良行为"时，企业经营者选择比重较大的前三位是："拖欠或压低职工工资"（43.4%），"偷工减料"（37.8%）和"欺骗用户"（35.5%），其他还有"生产污染环境的产品"（18.9%）等①。

良好的企业信誉是企业的无形资产，这种无形资产可以为企业带来贷款、声誉、客户，可以扩大企业的美誉度，可以赢得意想不到的收获。良好的企业信誉再加上一定的知名度，就可以为企业创造最好的生存环境。

企业信誉源自于企业的道德。如同一个人一样，一个企业就是社会上的一个"公民"，如果一个企业公民素质良好，遵纪守法，诚信经营，说话算话，不欠账，不赖钱，产品质量合格，那这个企业就会有良好的信誉，就会有诚信的客户和忠诚的公众，困难之时就会遇到真朋友。反之，一个企业公民在经营中缺乏诚信，不遵守法律法规，欠债不还，欠钱不还，产品质量低劣，说话不算话，那这个企业公民绝对做不长久，它就不会有也不配有朋友和忠诚的公众。

4. 在国内进行企业公共关系，从某方面来说，就是宣传企业信誉

在国内，进行企业公共关系，塑造企业形象，从某方面来说，就是宣传企业信誉，提倡守信经营，就是不欠债、不赖账，就是产品质量合格且有良好的售后服务。在这些基础之上，才能有企业经营理念，才能有企业文化和企业社会责任。

（二）以良好的产品质量为代表——塑造产品品牌形象

企业的产品就是企业的名字，是企业开展公共关系最重要的基础。产品会把企业的名字带进千家万户，带到四面八方。许多公众，记不住企业的名字，但一定能够记住产品的名字。良好的产品就是最好的公共关系。一个企业只有有了质量合格的产品，才能赢得对公众说话的权利，才有对公众中进行公共关系的胆量和底气。笼统地说就是指产品在公众心目中的印象和地位。它主要包括公众对产品的信赖和认知度。一个产品如果能获得公众普遍的信赖和信任，获得公众的认知，那这个产品的形象就好。

产品形象包括几方面的内容：

（1）产品的视觉形象——包括产品造型、产品风格、产品包装、产品广告等。

（2）产品的品质形象——包括产品规划、产品设计、产品生产、产品管理、产品销售、产品使用、产品服务等。

（3）产品的社会形象——包括产品社会认知、产品社会评价、产品社会效益、产品

---

① 企业失信带来高额经济损失 建设诚信东北迫在眉睫[OL]. 振兴东北网（www.china-neast.gov.cn）2006-11-06.

社会地位等内容。

产品形象体现了以下三个特征：

(1) 以产品为载体，体现企业的精神理念和企业文化。

(2) 具备一贯性的风格形式。

(3) 能成为消费者心目中的最爱，体现对其忠诚度①。

产品品牌形象是企业形象的重要组成部分，成功的品牌有利于企业形象的树立和企业经营的成功。纵观世界成功的企业，如可口可乐、万宝路、耐克、富士、松下等，它们的品牌成功均与品牌的战略化发展密切相关。而品牌战略正是企业公共关系实务的载体，没有这样的战略目标，企业公关活动只能是浅层的、临时性的。因此，创品牌、树品牌、巩固品牌已成为我国企业树立良好形象和经营成功的必然选择。然而，我国有些企业至今只将品牌经营作策略化处理，一味靠密集式、轰炸式、名人式的广告宣传，忽视产品、服务质量的提高；注意外在形象，忽视产品内在素质提高；重视价格竞争，忽视非价格竞争；停留于原状，忽视调整、开发、创新；注重自身利益，忽视公众利益，等等，陷入了品牌经营误区中，品牌的存续期极短，如一些新兴企业秦池、爱多、飞龙、三株、太阳神、亚细亚、巨人等企业在市场竞争中纷纷"触礁"便是例证②。

产品形象和企业形象是有紧密联系的。一般来说，企业形象中的知名度会随着售出产品的增多和生产产品时间的延长而不断提升，而企业形象中的美誉度只会随着企业产品质量的提高和稳定才可能提升。企业形象中的美誉度和产品的数量没有直接关系。企业产品质量不合格或不过硬，投诉率高，返修率高，尽管企业的知名度很高，也不会给企业带来过多的效益，甚至高知名度还会带来更多的负面效应。

良好的产品形象就是企业形象的代表。在企业形象和产品形象两者中，产品形象是企业形象的一个组成部分，也是企业形象中的基础部分。企业只有在产品形象的基础之上，才可能进行企业的整体包装、企业社会责任、企业内外环境的改造、企业文化的建设、企业精神的提炼等较高层面的东西。当然，产品形象也能折射出企业文化、企业精神理念、企业品位、企业管理等内涵的东西。

（三）打造企业精神和企业文化

企业精神就是企业在长期的经营和建设中所形成的一种独特的风貌和风气。这种精神和风貌看不见、摸不着，但却飘洒在企业的角角落落，落实于企业员工的言行

---

① 产品形象[OL]. MBA 智库百科(http://wiki.mbalib.com)

② 略论企业公共关系的功能与构建[OL]. 深圳(http://www.sz5.cn/file/fbcvguanlixue/llqygggx_gbhdde.htm).

中。是一个企业与其他企业明显的不同。把这种企业精神提炼出来,就形成了企业理念。

企业文化是企业在长期经营和建设中所形成的文化氛围和企业环境。和企业精神相比,企业文化看得见,摸得着。企业精神和企业理念是企业文化的精髓,是企业文化的高度概括。企业文化存在于企业的各个方面。企业的人,企业的管理,企业的产品设计和风格,企业产品的外包装,企业的厂房和建筑,企业的主流色彩,企业的经营状态,企业的报纸、杂志和文件,企业的营销理念,企业的职工生活,企业职工的业余活动,企业的CIS的设计,企业的工装,企业的生产流程,企业的各种口号,企业的卫生状况,企业人员的精神风貌,企业的体育文化活动、企业的办公室装修风格,企业职工的言行举止,企业职工谈恋爱、生孩子,职工福利,甚至企业的马路和植物都无不透露着企业文化的味道。

在企业精神指导下的企业文化是形成企业凝聚力不可或缺的一部分,良好的企业文化可以提高企业员工的素质,改善职工的精神面貌,提高管理水平,和谐员工生活,增加员工对企业感情,做到"爱厂如家"。这些企业文化最后都可以转化为实际行动,转化为生产力,最后落实到提高生产率、增加产值和利润上来。所以对企业来说营造良好的企业文化不但是必需的,也是有好处的。

公共关系就是要把企业精神提炼出来,并用文字表述出来,作为激励员工的口号,落实到每个员工的言行上。公共关系也要把企业文化做好、做精,落实到员工的心坎里,体现在员工的实际生活中,让企业文化给员工提供精神上的食量。企业文化可以大大提升企业的美誉度。一个运作良好的企业不可能没有自己的文化。

(四) 提供信息,监控企业环境

公共关系其中一个功能就是搜集和企业生存有关的各类信息,监控企业生存有关的环境。公共关系就是一个企业的医生。医生给人看病,就要检查病人的全身,查找到病源,最后开出药方,达到治病的目的。公共关系要经常搜集企业内部和外部的各类信息,诸如产品开发、管理漏洞、职工反映、企业形象缺陷、同行竞争、对手状态、自然环境变化、空气污染状况等都在搜集之列。同时公共关系还要经常分析这些信息,找到信息可能对企业发展和生存产生的影响,并提出相应的措施,给决策者提供决策依据。搜集信息就是查找病源,分析信息就是找到治病的方法,而提供相应措施就是开出药方。

任何企业都生存在一个特定的环境中,这个环境包括社会的和自然的,包括宏观的和微观的。环境对企业影响的重要性自不必说。在环境诸要素中,有些要素对企业的发展有正向作用,有些要素对企业的发展有负向作用,即抑制作用。公共关系要及时捕捉到对企业发展有正向作用的环境要素,及时汇报,抓住机遇,促进企业快速发展。如果信息不及时,这个机遇就可能消失。公共关系更重要的是要在信息中及时发展对企业发展有抑制作用的负面信息,分析这些负面信息对企业可能产生的影响,提出对应措施,上报决策者。没有监控到这些负面信息是公共关系的失误,没有分析出对企业可能产生的影响,没有及时提出对应措施,也是公共关系的失误,但没有采取行动,不是公共关系的责任。

三、企业公共关系的类型

企业开展公共关系工作,往往有着不同的公众。公众不同,其公共关系的方法和内容也不同,从而就有了企业公共关系不同的分类标准。一般来说,企业公关活动主要包括以下几个方面:①企业与消费者的关系;②企业与相关企业的关系;③企业与媒介的关系;④企业与政府的关系;⑤企业与社区的关系;⑥企业与内部公众的关系①。

按照公共关系的功能不同,公共关系的活动方式可分为以下五种:

1. 宣传性公关

这种方式就是运用报纸、杂志、广播、电视等各种传播媒介,采用撰写新闻稿、演讲稿、报告等形式,向社会各界传播企业有关信息,以形成有利的社会舆论,创造良好气氛的活动。这种方式的优点在于传播面广,推广企业形象效果较好。

2. 征询性公关

这种公关方式主要是通过开办各种咨询业务、制订调查问卷、进行民意测验、设立热线电话、聘请兼职信息人员、举办信息交流会等各种形式,经过连续不断地努力,逐步形成效果良好的信息网络,并把获取的信息进行分析研究,为经营管理决策提供依据,为社会公众服务。

3. 交际性公关

这种方式是通过语言、文字的沟通,为企业广结良缘,巩固传播效果。可采用宴会、座谈会、招待会、谈判、专访、慰问、电话、信函等形式。交际性公关具有直接、灵活、亲密、富有人情味等特点,能深化交往层次。

---

① 略论企业公共关系的功能与构建[OL].深圳(http://www.sz5.cn/file/fbcvguanlixue/llqygggx_gbhdde.htm).

4. 服务性公关

就是通过各种实惠性服务,以行动获取公众的了解、信任和好评,以实现既有利于促销又有利于树立和维护企业形象与声誉的活动。企业可以以各种方式为公众提供服务,如消费指导、消费培训、免费修理等。事实上,只有把服务提到公关这一层面上来,才能真正做好服务工作,也才能真正把公关转化为企业全员行为。

5. 社会性公关

社会性公关是通过赞助文化、教育、体育、卫生等事业,支持社区福利事业,参与国家、社区重大社会活动等形式来塑造企业的社会形象,提高企业的社会知名度和美誉度的活动。这种公关方式,公益性强,影响力大,但成本较高①。

根据公共关系工作的不同时期,企业的公共关系还可以划分为以下五种:

1. 建设型公共关系

建设型公共关系是在社会组织初创时期或新产品、新服务首次推出时期,为开创新局面而进行的公共关系活动模式。目的在于提高美誉度,形成良好的第一印象,或使社会公众对组织及产品有一种新的兴趣,形成一种新的感觉,直接推动组织事业的发展。

2. 维系型公共关系

维系型公共关系是指社会组织在稳定发展期间,用来巩固良好形象的公共关系活动模式。目的是通过不间断的、持续的公关活动,巩固、维持与公众的良好关系和组织形象,使组织的良好印象始终保留在公众的记忆中。

维系型公共关系是针对公众心理特征而精心设计的,具体可分为"硬维系"、"软维系"两种形式。"硬维系"是指那些"维系目的"明确,主客双方都能理解意图的维系活动,特点是通过显露的优惠服务和感情联络来维系同公众的关系。"软维系"是指那些活动目的虽然明确,但表现形式却比较超脱、隐蔽的公共关系活动,其目的是在不知不觉中提醒公众不忘记组织。

3. 防御型公共关系

防御型公共关系是指社会组织为防止自身公共关系失调而采取的一种公共关系活动方式。预防的目的是在组织与公众之间出现摩擦苗头的时候,及时调整组织的政策和行为,铲除摩擦苗头,始终将与公众的关系控制在期望的轨道上。

---

① 企业公共关系[OL]. MBA智库百科(http://wiki.mbalib.com).

4. 矫正型公共关系

矫正型公共关系是指社会组织在遇到问题与危机、公共关系严重失调、组织形象受到损害时,为了扭转公众对组织的不良印象或已经出现的不利局面而开展的公共关系活动。其目的是对严重受损的组织形象及时纠偏、矫正,挽回不良影响,转危为安,重新树立组织的良好形象。

5. 进攻型公共关系

进攻型公共关系,是指社会组织采取主动出击的方式来树立和维护良好形象的公共关系活动模式。当组织需要拓展(一般在组织的成长期)、或预定目标与所处环境发生冲突时,主动发起公关攻势,以攻为守,及时调整决策和行为,积极地去改善环境,以减少或消除冲突的因素,并保证预定目标的实现,从而树立和维护良好形象。这种模式,适用于组织与外部环境的矛盾冲突已成为现实,而实际条件有利于组织的时候。其特点是抓住一切有利时机,利用一切可利用的条件、手段,以主动进行的姿态来开展公共关系活动[①]。

第三节　媒体公共关系

一、媒体和媒体公共关系

媒体公共关系就是以传媒组织为主体而开展的公共关系工作。这些媒体主要是指专业从事信息传播的各类大众传播工具,如广播、电视、杂志、报纸、网络,还有手机短信平台等。

一直以来,媒体一直是其他组织开展公共关系所凭借的工具,媒体早已习惯替别人去做公共关系,媒体本身与公共关系似乎有点远。但随着社会的发展,随着社会对媒体的要求越来越高,随着媒体本身的发展,各级各类媒体的形象力和公信力问题就被提出来了,媒体形象也开始被人议论,媒体自身的公共关系问题也就开始展开。

从公共关系的角度看,媒体作为一个社会公器,常常是社会众多组织利用和追逐的对象,这种追逐就表现在媒体能利用自身的机器作用广泛报道这些社会组织的各种活动,宣传它们。例如做公关广告、软新闻的采访报道、有关组织的正常的新闻通稿,

---

① 周朝霞. 公共关系-理论与实务[M]. 北京:高等教育出版社,2005.

采访组织领导,报道组织的发展状况,跟踪采访危机事件处理的过程等。组织可以从媒体那里获得公共关系的"软效益",获得"形象感"。这时的媒体对它们有宣传价值。

当然媒体还可以利用自身的公器身份去监督其他社会组织。如果某个组织有对社会违规的行为,有对社会产生不良后果的举动,媒体可以迅速揭露它们,把那些不为社会知道或不想让社会知道的"事实"披露出来,大白于天下,而让这些组织"无所适从"。这时,媒体是站在社会"法院"的立场上,对这些组织进行"道义"上的审判。媒体对这些社会组织具有一种威慑力。

随着社会的发展,随着媒体的不断进步,媒体在不断给其他社会组织提供公共关系舞台的同时,其自身也有一个如何进行公共关系的问题了,也有了一个利用公共关系塑造形象,提升自己形象的问题了。这主要是因为:

(1) 现代社会,媒体越来越多,那种"酒香不怕巷子深"的年代已经结束了。媒体之间的竞争日趋激烈。这不仅表现为同行的竞争,也表现为不同媒体之间的竞争,没有竞争力的媒体或竞争力不强的媒体将会淡出历史舞台。这是现代媒体发展的需要,也是社会前进的必然结果。任何一个城市,都同时会有几家不同的媒体存在着,而信息源就那么多。为了在竞争中能站稳脚跟,取得优势,就必须做好做大自己的媒体,就必须立于不败之地。就要赢得最好的知名度和美誉度,这就需要拿公共关系来做文章了。

(2) 现在,各行各业都在塑造和建设形象,良好的组织形象对组织发展具有良好的推动作用,这已是普遍共识。各级各类组织都在利用良好的形象来赢得观众的支持和信任,靠形象力来发展壮大自己。就是各级政府现在也感觉到了形象魅力带来的益处。媒体作为社会组织,当然也需要良好的形象,需要在公众中赢得良好的形象,需要在公众中取得公信力。这也需要借助公共关系来完成。

(3) 市场经济,人们的思想日趋复杂。对记者来说,坚持应有的职业道德底线,不拿手中的权力做交易是最起码的。但就是有些记者经不起腐蚀和拉拢,用手中的"软权力"换取金钱,拿着"无冕之王"的帽子去唬人,达到不可告人的目的。这种人是少数,但破坏力极大,每每给媒体造成较大的破坏力。应对这些危机事件,扭转事件带来的负面影响,也需要公共关系的参与。

因此,媒体借力公共关系是必然的,利用公共关系"给力"媒体也将是趋势。

现阶段,媒体开展公共关系工作,其利益最大化的目的就是追求美誉度,追求高收视率。现在媒体考察栏目,考察频道最主要的指标就是收视率。媒体进行栏目策划、进行新创意围绕的中心也是收视率。因为收视率能带来人气,人气能带来广告,而广告能带来金钱。

二、媒体形象和媒体风格

和其他公关主体类似,媒体本身也有个形象问题,媒体也有一个社会评价和社会印象的问题,这已经被社会实践所证明。形象反映到媒体上主要包括两个方面:一是媒体的公信力;二是媒体风格。

(一)媒体公信力

所谓媒体的公信力,就是社会公众对媒体的信任能力,这种信任能力建立在社会公众对媒体报道的真实性、公正性、中立性的基础之上,建立在对媒体记者、编辑责任感、正义感、是非观的认可程度上。媒体常常会用自己独有的在公众中的影响力,向思想、意识形态等社会各个领域存在的种种问题宣战,为人民伸张正义、匡正道义。公信力是每一个严肃媒体的不懈追求,公信力的树立是一个艰难的过程。一家媒体如果公信力强,则其在社会上发出的呼喊就大,其在社会上的地位就高,对社会的影响力就大。衡量媒体公信力的标准是看社会对媒体的认可度,衡量媒体形象也是看社会公众对媒体的评价,在社会评价方面媒体公信力和媒体形象的评价标准大体是一致的。媒体形象的评价指标中就有媒体公信力的评价因子。从这方面说,对媒体公信力的评价就是对媒体形象的评价。媒体公信力对媒体形象具有重要影响,是媒体美誉度的重要砝码之一。

从现代传播学的角度看,媒体看问题的角度不仅仅就只有政府和民众两个角度,还可以有更多的角度,可以让任何不同的观点呈现出来,进行讨论。一般来说,媒体至少可以有六个角度来谈论问题:

(1)站在政府的立场上,向民众传达政府的各项政策法规及重大事件。

(2)站在民众的立场上,把民生疾苦反映给政府。

(3)从特定组织立场上,阐述一件事情发生的原因,申明组织的观点。

(4)以第三者的身份,客观叙述看到的事件,表明态度。

(5)直接以媒体评论人的身份对一些问题发表意见和看法。

(6)媒体没有观点,只是客观描述。

但上面所有的角度都只能归为一点,那就是看问题的角度能否站得住脚,是否符合社会公理,是否得体合理。媒体可以让任何观点出来说话,但媒体自己只能选择一种观点。

公信力是媒体内在品质的基本价值所在,是媒体在激烈的竞争中制胜的关键。公信力也是媒体导向的前提,只有具有公信力的媒体,它的社会效益与经济效益才可能具有基本保障。就是说,公信力是新闻成为社会文化公共产品的起码要求。公信力强,就是媒体能站在中性的立场上客观的表述事实,客观地评论事件,批评不公,褒扬正义。做到叙述客观真实,评论入木三分,伸张社会正义,鞭挞社会不公。如果一家媒体做不到这些,那就是不甚得体,就是公信力弱。

衡量媒体公信力的尺度可具体表现为媒体报道的新闻事件内容是否真实可信,媒体传递的社会要求是否合理,评论人评价的角度是否得体,媒体透过新闻事件表达的态度是否符合社会公理,编辑记者的举止言行是否符合社会规范。作为社会公器,媒体在评论别人的时候,也在被别人评论着,媒体的这些所作所为都会被社会所评价,都会给社会公众造成印象和影响,从而都会影响着媒体形象。

随着社会的转型期,人们遇到的问题越来越复杂、媒体的商业化运作程度越来越深入,加上媒体数量和从业人员越来越多,一时间,很难避免的鱼龙混杂的局面开始出现了。在这样的情况下,媒体的真实度、公正性、客观性在广大受众的心目中就要大打折扣,可以说,媒体的公信力也遭到了前所未有的挑战,给媒体形象带来负面效应的因素也越来越多。

案例:

媒体公信力最大的"致命伤"是什么?是新闻寻租①

2002年6月22日,山西省繁峙县义兴寨发生金矿爆炸事故,前去采访的新华社、山西经济日报社等的11名记者,因收受当地有关负责人及非法矿主送的现金和金元宝,在新闻报道中掩盖了事实真相,"报道事实真相权"就此葬送。

中央一家媒体披露了这样一条"新闻勒索路线图":出于创收的目的,《鄂东晚报》内部达成以曝光当事方丑闻的方式强拉广告的默契,形成了一条报社领导——记者——受要挟单位的"媒体腐败食物链"。

是的,作为大众传播工具,媒体有话语权,这种话语权是基于公民知情权基础上的公权力。当这种神圣的公权力被换成"广告费"、"集体小金库"时,这种丑陋的寻租行为就改变了媒体的本意。

新闻寻租,折射出媒体的一个侧面,作为大众传播的工具,所有媒体报道的信息,都不属于任何个人和机构,而是属于公众。如果公共权力的掌握者通过交易谋取个人利益,"寻租"的机会便诞生了。而新闻寻租实质是对媒体话语权的滥用,其目的是谋

---

① 毕一鸣. 媒体公信力:症结与根治[OL]. 中国新闻观察中心(http://www.1a3.cn).

取不当利益。具体说就是利用公权,即利用党和人民赋予的权力以权谋私。

新闻寻租,就是将公权据为己有,说白了,就是一个"私"字——以稿、以版面谋私。而其"谋"之"领域广阔","机会多多",正面报道、舆论监督都可以成为"私"字的"自留地";要"树形象"者,一手交钱,一手交版面;要"护短",抓住了丑事,想要媒体装"无语",那就出价吧……

难怪出现上周说某"产品问题",下周说"专家"认为"没有问题";难怪到了换届的时候一些地方的新闻"层出不穷";难怪总有人时时找媒体"搁平捡顺"。寻租,已成为一些媒体从业者"默认"的"行风",成为侵害新闻公信力和权威性的最大的毒瘤!这些现象,已引起广大受众的强烈不满。

公信力的树立如此艰难,要破坏它却是轻而易举。滥用公信力造成的伤害更是无法弥补。这一点,和形象的塑造及建设是一样的,好的形象需要多年的塑造和建设,而坏的形象一夜之间就可以形成。好的公信力,需要媒体多年的经营和维护,而破坏公信力仅仅一件小事就足够了。没有公信力的媒体,何谈什么形象呢?反过来,没有什么好形象的媒体,其公信力也值得怀疑。公信力的树立就像逆水行舟,一篙不及将一泻千里。我们的媒体经过多年努力,树立起一定的公信力,这是最值得庆幸与珍惜的。媒体在珍惜这一宝贵财富的同时,更应致力于不断加强它的范围与力度。

(二)媒体风格

媒体风格是媒体在长期经营过程中所形成的与众不同的特色,这种特色张扬着媒体的特点,散发着媒体的魅力,是一家媒体区别于其他媒体最显著的特点。有无自己的风格,是一家媒体成熟与否的标志之一。例如中央电视台的恢弘大气,湖南电视台的青春活泼,浙江电视台的江南特色,福建电视台的闽南风光,海南电视的台的旅游风貌,凤凰卫视的播音风格等,其风格特点就非常突出。还有《大河报》和其他城市报纸的风格就不一样;《读者文摘》30年立于不败之地,其经营特点和编辑风格就很有特点;搜狐网站和新浪网站其版面编排,对不同资讯的处理也不太一样;电台普通话与方言的播音风格也不同。这些不同媒体的特点,就是它们与众不同的风格。

媒体的风格没有好坏,但有格调的高低之分,有合适与否之说。衡量媒体风格的标准主要有风格是否符合大众审美;广告是否符合大众口味和习惯;包装风格是否俗套;栏目是否有针对性的人群等。好的媒体风格总能带来高知名度和美誉度,带来无数的"粉丝"和忠实观众,为媒体赢得经济和社会效益,而格调不高的风格也会给媒体带来负面影响,受到社会的谴责。

1. 广告形象

在各类风格中,影响媒体形象的首先是广告形象。

国内每个省、市、自治区现在都有一个主流频道、主流报纸、主流电台和主流网站。这个主流的电视频道要上卫星,对全世界播出,这个主流电台的呼号就是"××人民广播电台"、"××电视台"、"××日报"。相对于省内的其他频道,这个频道播出的范围最广,这张报纸的影响力最大。这些主流媒体就是这个省、市、自治区的形象代言人,就是这个省、市、自治区的形象宣传的窗口,全世界的人们都会通过这个窗口去认识这个省、市、自治区。所以,这个主流的脸马虎不得。

但反过来想想,如果这个主流媒体,其栏目中经常有庸俗的广告,不时闪现出骗人的"甩肉机"广告、治疗性病的各类广告、治疗乙肝的广告、一个庸俗的南方口音的普通话喋喋不休地贩卖些小产品的广告,还有一些庸俗的、带有挑逗性的词语,这些广告能在同一个时间段内反复播出四次以上,一个广告时段能延到四十分钟甚至一个小时以上,把广告编成电视剧情节来处理,充满虚假的宣传,那时人们对这个主流媒体会有什么感觉? 人们对这个省、市、自治区会有什么感觉? 人们对这个省、市、自治区的媒体管理会有什么印象? 这恰恰就是前一两年我国各类卫星电视主流频道的乱象。每天白天,只要你打开这类主流的上星电视,充斥你视觉和听觉的全是这些庸俗的东西,全是各类广告。以至于人们戏称是"广告时间插播电视剧"。有人做过这样的调查,在上午九点或下午三点左右,你打开各类上星电视,大概超过 1/3 的这些主流频道播出的都是那些反复直播三到四次以上、不厌其烦的各类广告,这类广告能把广告"加深印象"理论运用到极致的地步,能把广告做到让人恶心的地步。

试想一下,如果这个时段,突然播出省内某领导人的什么重要讲话,突然播出政治新闻,你对这个省领导人的讲话会有几分相信呢? 你不觉得这些新闻都很滑稽了吗? 这样的主流媒体还会有什么公信力吗? 还能有什么媒体形象可言呢?

诚然,在现代媒体管理体制下,媒体需要经济效益,需要养活自己,但媒体同样需要公信力,需要形象。当赚钱和公信力发生矛盾,当形象与广告发生矛盾时,我们这些靠宣传百姓吃饭、代表一方形象窗口的主流媒体一定不能自毁公信力和形象。当一些主流媒体选择了赚钱第一,选择了广告第一,它就做了降低公信力和形象力的选择题,从而就有了人们不再相信甚至厌恶媒体的感觉,就有了媒体宣传效果差的结果。当媒体再板起面孔去教训人,还想站在政府的立场上对老百姓喊话时,人们就有理由对这些喊话产生了怀疑。经济效益的丰厚是暂时的,而公信力和形象的积累是靠长时间辛勤积累的,拿多年积累的公信力和形象去换取短暂的经济效益不值得。一旦公信力和媒体形象彻底丧失,经济效益也会一样丧失。

作为一个有影响力的媒体,在做广告时,一定要对广告有所甄别。那些格调不高,庸俗不堪,对媒体形象和公信力有负面影响的广告一定不能做,尽管这些广告付的钱再多。因为再多的钱也买不来形象和公信力。媒体承受不起形象和公信力的严重破坏。

广告是有品位的,媒体也是有品位的。广告在选择媒体,媒体也要选择广告。广告具有杀伤力,媒体也有杀伤力。品位不高的广告,会给媒体的形象和品位带来巨大的杀伤力。凤凰卫视的广告,中央电视台的广告品位就高得多,它们播出的广告多是品位高的广告,对媒体不会产生负面影响。这一点,其他主流媒体应该学习它们。

2. 栏目风格形象

不同的媒体有不同的特点和擅长,不同的媒体都有自己不同的栏目,不同的栏目有不同的内容。栏目风格应该五彩缤纷,博众彩之长,开独秀之花,让不同的观众都能欣赏到媒体带来的艺术魅力。这些不同的栏目风格总起来就成了媒体的风格。不同的媒体风格就有了媒体不同的形象。

媒体具有不同的风格形象是正常的,也是我们应该提倡的。如中央电视台的大气恢弘的风格和湖南电视台的青春靓丽的风格同样受人欢迎。中央电视台代表着国家形象,典雅、恢弘、大气、知识,是中国儒家文化的精髓,是国家形象的媒体象征。湖南电视台打造着国内青年一代的代言人,引导着国内青年一代的文化潮流,其青春色彩,活泼靓丽的风格让无数青年为之倾倒和欢呼。这两种不同的媒体风格都是我们这个社会所需要的。还有浙江电视台和杭州电视台所刻意追求的江南风格,福建电视台的闽南风格,深圳电视台所追求的改革开放排头兵的风格,这些风格既有文化内涵,又有不同的地域风格,代表着"一方水如一方人",是区域形象的窗口,都深受社会各界的欢迎和欣赏。

但也有栏目风格不太被社会所接受,引起人们的议论。这主要是指一些带有媚俗性质的栏目,如一些栏目突出描写凶杀,突出揭露个人隐私,突出人世间的猎奇色彩,突出婚恋感情中的怪异,突出暗示色情和婚外恋,突出对人的性格某些分裂特征的描写,等等,这些栏目虽然也能吸引一些人的眼球,提高收视率,但这些栏目没有美感,没有文化品位,没有教育功能,绝不可能提升媒体的美誉度,甚至会带来一定的负面影响。栏目满足的只是人们不太健康的心理,具有浓郁的市侩风气,这些风格就需要商榷了。

大体来说,媒体具有三大功能,即教育功能、审美功能和娱乐功能,如果一个栏目没有上述这些功能,仅仅具有吸引人眼球的功能,满足的是猎奇色彩和知晓别人隐私的小市民风格,那这个栏目的正面意义就不会明显,媒体的格调就不会高,媒体在人们心目中的形象就不会提升,甚至还会降低,这就违背了媒体的初衷。

我们感觉,对于省、市、自治区的一些主流媒体,对于具有窗口意义和形象代表意义的媒体,这类格调不高的媒体风格栏目还是少一些为好。因为社会各界人们对区域的评价、对区域的印象主要是通过这些主流媒体来获得的。如果区域的主流媒体吸引全世界人民眼球的都是这些栏目,那区域的形象又能多高?区域的美誉度又怎么提升?那吸引外资、走出去和世界交流的基础又能如何?

第四节　事业单位公共关系

一、事业单位

事业单位是我国特有的模式,它是相对于企业单位和行政机关而言的。事业单位一般是国家设置的带有一定的公益性质的机构,但又不属于政府机构。一般情况下国家会对这些事业单位予以财政补助。分为全额拨款事业单位,如公立学校等;差额拨款事业单位,如公立的医院、部分公立的文艺单位等。事业单位主要履行国家大部分的公共服务功能,兼有一部分管理功能。事业单位既然是为社会服务的,就有一个服务好坏的问题,就有一个被服务者评价的问题,也就有了形象和美誉度的问题。

二、事业单位公共关系的特点

由于国家对事业单位的管理和拨款不一样,事业单位赚取利润的方式也不一样,因此开展公共关系的目的肯定也不完全一样,这也导致事业单位选择公共关系的方法和方式也有区别。尤其是今天国家对事业单位正在改革,而改革的目标又是减少国家拨款单位,让更多的事业单位自负盈亏,这就是所谓的"事业单位企业化管理",从而让事业单位呈现更多的性质。

事业单位开展公共关系也是近几年的事情。这是因为随着国家对事业单位的改革,事业单位和社会的联系程度更加紧密,人们对事业单位的服务要求越来越高,事业单位也希望拿出最好的服务来对待社会公众,从而换来最好的社会效益和经济效益。由于现在国家对事业单位的财政补助不一样,因此事业单位开展公共关系工作的要求和所要达到的目的也不全一样。

(1) 对于国家全额补助的事业单位来说,国家和社会不要求它们去赚钱,而只要求它们对社会服务得好。所以这些单位开展公共关系的目的就比较单纯,即达到政治利益最大化。例如各级各类公有学校就属于这类性质。学校开展公共关系的目的就是塑造和建设学校的形象,提升学校在社会的知名度和美誉度,录取到最优秀的学生,培养出最优秀的人才,达到学校利益的最大化。

(2)对于自主的事业单位即国家不拨款的事业单位来说,它们既是国家功能的一个组成部分,要承担国家公共服务的部分职能,但国家又不拨款给这些单位,这些单位同时既要承担国家的部分职能,又要养活自己。当它们忽略了国家的职能,强调赚钱时,社会对它们会有诟病,谴责它们一心赚钱;当它们强调国家功能,它们可能会因为没法养活自己而烦恼。这些单位总会在国家功能和养活自己两个端点来回摆动。这些单位开展公共关系工作,理论上说有两个目的:在经济效益最大化的基础上再追求政治效益最大化。这类单位有点类似于国有企业。

(3)对于国家差额拨款的事业单位来说,国家会给它们补助一部分钱。很显然,国家补助这部分钱的目的就是让这些事业单位不能把赚钱当成第一要素,要兼顾社会利益。因此,这些单位进行公共关系,理论上就该有两个目的,经济效益和政治效益同时最大化。但实践中同时达到这两个目的是有困难的,因此,在不同的阶段,这些事业单位开展公共关系的目标有所侧重。

三、事业单位公关和企业公关的区别

在我国,事业单位与企业是有区别的。

(1)原则上,事业单位不是以盈利为主要目的,事业单位是政府创办的分支机构,是政府功能的延伸,而企业单位就是以盈利为目的的机构,企业是在经济领域进行竞争性的经营活动,通过创造物质财富,满足人民的物质需求,并追求经济利益的最大化。

(2)企业单位一般是自负盈亏的生产性单位。所谓"自负盈亏",即自己承担亏损与盈利的后果,有一定的自主权。事业单位一般是政府设置的带有一定的公益性质的机构,但不属于政府机构。一般情况下国家会对这些事业单位予以财政补助。

(3)企业单位是以盈利为目的独立核算的法人或法人单位。它的特点是自收自支,通过成本核算,进行盈亏配比,通过自身的盈利解决自身的人员供养、社会服务来创造财富价值。事业单位是指以政府职能、公益服务为主要宗旨的一些公益性单位、非公益性职能部门。它参与社会事务管理,履行管理和服务职能,宗旨是为社会服务,主要从事教育、科技、文化、卫生等活动。其上级部门多为政府行政主管部门或者政府职能部门,其行为依据有关法律,所做出的决定多具有强制力,其人员工资来源多为财政拨款。

公共关系是一种为组织目的服务的工具和手段,组织的性质决定了组织开展公共关系的目的和手段的不同。由上述三点我们可以看出,事业单位公共关系和企业公共关系最大的区别是组织目的的不同。

事业单位由于具有政府的一些功能,不能以营利为主要目的,其领域往往受到政府政策的保护,其他民营和社会机构不可能大批渗透到该领域,因此事业单位在该领域往往占有主流的位置,具有不完全竞争性,所以经营相对较容易,容易盈利,也容易形成垄断。因此现阶段我国事业单位的公共关系总体看是处于一种左右摇摆中。事业单位都知道公共关系的重要性。对他们来说,由于组织的特点,他们的知名度已经达到了家喻户晓的地步,不可能再提高了,他们也理解形象和美誉度的重要性涵义,但其公共关系工作的成效总不是太显著。

如果事业单位强调经济价值,则把自己等同于一个纯粹的赚钱企业,那就会受到来自社会各阶层的谴责,说他们忘记了政府的服务社会职能。当这些事业单位过分强调其政府服务职能,经营不完善,需要政府投入大量的财政时,这时社会公众对其的反响倒不大,而政府却要把它看成了"包袱"。政府为了甩掉财政"包袱",往往要求其改革,至少要求它们不能让政府继续加大财政投入。近些年的事业单位就是在这种状态下发展和前进的。这种发展的轨迹也是事业单位公共关系开展的轨迹。事业单位的公共关系总是在利润和社会责任两个端点之间来回移动,不同时期,总有个侧重点。但社会公众总体对事业单位的公共关系不太满意,形象不算好,美誉度不强。

而企业的公共关系就不同了。企业就是以盈利为主要目的,没有较多的政府服务职能,主要考虑的就是卖出产品或服务。企业可以调动一切手段为利润服务,这是正大光明的。因此企业赚钱可以被社会公众接受,甚至还会被赞扬。企业的公共关系就是企业赚取利润的手段之一。这一点,政府认可,社会公众接受,因此,企业公共关系工作的开展有较好的公众环境和舆论环境。这是事业单位没办法比的。

四、事业单位公关和政府公关的区别

政府机关是指国家为行使其职能而设立的各种机构,是专司国家权力和国家管理职能的组织。包括中央和地方各级组织。从国家学说上讲,国家机关,即国家政权机关,它包括各级权力机关、行政机关、审判机关、检察机关和军队中的各级机关。在我国,中国共产党是执政党,宪法明文确定了共产党在国家事务中居于领导一切的地位。

因此,从广义上讲,中国共产党的各级机关应纳入国家机关的范围。

事业单位,是指为了社会公益目的、由国家机关举办或者其他组织利用国有资产举办的、从事教育、科技、文化、卫生等活动的社会服务组织。它们从事社会服务,满足经济建设和人民群众的精神文化生活需求的工作,对政治体制的运行、生产力的发展以及社会生活的正常进行起着重要的、不可替代的支持保障作用①。

从上面的对比中可以看出,政府机关公共关系追求的就是政治利益最大化,政府机关的公共关系没有经济诉求。政府公共关系的目的就是提升政府机关的美誉度,提升老百姓心目中的政府形象地位,从而使政府的决策顺利实施,让老百姓拥护政府,这就是政府公共关系的最高政治诉求。

事业单位的公共关系有一部分是和政府公共关系的诉求重合的,这主要是指全额拨款的那部分事业单位。但有一些事业单位有政府部分拨款,有一些事业单位自创自支,政府不拨款,还有一些事业单位进行了改革,由原来的政府拨款转变为自收自支,政府不再拨款。这些改革和转变,让事业单位呈现了多元化趋势,因此事业单位的公共关系的公众也呈现了多元化。其政治利益最大化和经济利益最大化的侧重也有所不同。但无论何种事业单位,其公共关系都不能以经济利益最大化为追求目标。因为它行使的管理职能是国家给的,它使用的财产设备是国家的,它在竞争中的有利态势是国家政策赋予的,因此它不可能和企业单位一样,把赚钱当成第一要素,其公共关系工作的开展要充分考虑到公众的利益,考虑到社会责任,考虑到其国家赋予的职能,把政治利益和经济利益的追求很好地结合起来,达到让国家满意、社会满意、自己也满意的水平。

第五节　国际公共关系

一、国际公共关系定义

所谓国际公共关系也称为民间外交,或公众外交,私人外交,是指特定组织在本国以外地区针对国外公众开展的公共关系活动或进行的对国外公众有显著影响的公共关系工作。也就是说一个组织在国际上开展的塑造形象、交流沟通的活动就是国际公共关系。

---

① 国家机关与事业单位的区别[OL]. 百度 (http://zhidao.baidu.com/question/1950250).

二、国际公共关系的特点

和国内公共关系相比较,国际公共关系具有以下几个特点:

1. 国际公共关系的主体比国内公共关系的主体范围更宽泛

国际公共关系的主体也是社会组织,但和国内公共关系相比,这个社会组织的内涵更宽泛,它不仅是我们一般意义上理解的各类政府机关、事业单位和各类企业组织,还包括一个行业,一个行政区域甚至一个国家。在国际公共关系舞台上活跃的"社会组织"中,以行业,行政区域甚至国家的面目出现的"社会组织"更多。即使这些"社会组织"是企业或事业单位,也是一些较为独立、规模较大的企业或事业单位,中小型的企业和事业单位一般不可能直接参与国际公共关系。例如,中国作为一个主权国家所进行的各类活动都会受到国际社会"公众"的广泛注意,其活动对国际社会"公众"都会产生影响,因此,中国作为一个"社会组织"以主权国家面目所做的活动就具有国际公共关系的性质。

2. 国际公共关系的客体也较之国内公共关系宽泛

国际公共关系的客体是本国以外的公众,这些观众较之国内公共关系也更宽泛。国际公共关系活动的场所不仅仅局限于国外,也大量地活跃在国内。国际公众中,以国家甚至国家地区面目出现的"公众"也更多。这是国内公共关系很少见到的。

3. 国际公共关系更多的是一种跨文化的传播和交流活动

和国内公共关系相比,国际公共关系的交流和传播至少是两个国家之间的事情,国家和国家之间不仅仅是地域的差别,更是一种文化之间的差别。国际公共关系活动更多的是一种不同文化之间的碰撞和交融。这种交融表现在各个方面,如艺术、文化、产品、包装、语言、礼仪、服装、饮食等。

4. 在国际公共关系中,讲究"组织"和"公众"的对等交流

和国内公共关系相比,出于尊重和体面的需要,国际公共关系更强调"组织"和"公众"的对等交流。如果主体的"组织"是公司,那么客体的"公众"也是公司,如果主体的组织面目是"行业",那么客体的"公众"也是"行业"。这既是国际化的惯例,也是相互尊重。

和国内公共关系相比,国际公共关系也更强调互动。国内公共关系的交流更多的时间是一个"组织"面对无数的"公众",而国际公共关系多是一对一的交流,在这种交流中,更强调互惠互利,更强调互相对等。这种互动和对等也表现在各个方面,既包括

日常礼节,也包括贸易和交流。如贸易中,你买我一些东西,我也就会买你一些东西。在工作中,你请我一次宴会,我也会请你一次宴会等等。

三、国际公共关系和外交的区别

(1) 传统外交是指处理政治家和外交官之间关系的活动,也就是说通过正统的外交渠道进行外交活动。外交活动往往涉及讨论领土、讨论国际争端,是从宏观上看待经济、文化、历史。而国际公共关系更注重微观,从某一个具体的角度解读交往,一般不会涉及国家政策的层面。

但国际公共关系和外交也不是绝对的。有时就可能交织在一起。当政府、组织和个人所进行的力图影响对方政府和对方决策人物进而影响对方的外交决策和外交活动时,这时就是外交和公共关系的混合物了。例如,我国为了营救被索马里海盗抓获的人质而开展各种行动中,其中就有在外交前提之下的各种公共关系活动。

(2) 外交是要和政治挂钩的,外交也可以理解为是国与国之间的政治交往的方式。而国际公共关系的范围却要广泛得多。只要是一个组织(政府或者企业)在国际上为了非外交而开展的活动,都可以理解为公共关系。如北京奥运会、广州亚运会是体育赛事,与国内的全运会等比赛一样是体育竞技,但是由于是各国之间的体育竞技,是展示中国形象、显示中国强大实力的好机遇,中国通过体育展示了国家强大硬实力和软实力,给国际社会留下了深刻印象。所以应该理解北京奥运会是中国所进行的一次国际公共关系。

(3) 外交是国事,讲究"国家的面子",讲究严格意义上的对等,讲究外交礼仪,讲究实用,总要有一定的场面。而国际公共关系虽也有一定的对等,但没有这么严格的要求。外交有时比较实用,总要达到什么效果。而公共关系更注重塑造形象,实用性没有这么强。如我国近年来所进行的一系列活动,国庆大阅兵、"神舟八号"上天直播,埃及和利比亚大撤侨等,其目的重在塑造国家形象,这些活动更具有国际公共关系的意味。

(4) 国际公共关系是为外交服务的,应该遵循国家外交的目标,是国家外交的延伸和补充。公共关系比外交更灵活,更变通,有时外交无法达到的事情,通过公共关系反而可以做到;有时外交无法去做的事情,公共关系去做更合适。

四、国际公共关系类型

国际公共关系可分为政府国际公共关系和企业国际公共关系两大类型。

（一）政府国际公共关系

政府性国际公关是指特定国家的政府系统在国际上开展的各种类型的国际公众关系的活动。这即指国家层面的政府，也指国家地方层面的政府，还指一些代表政府出面的政府机关。这种活动是政府外交的补充。这些活动多是政治、经济、文化等方面的具体活动。如贸易来往，工程项目的实施、体育文化活动的交流，医疗卫生项目的交流、人员的互访、学习、交流等等。

政府进行的国际公共关系主要有三个：

1. 大型活动，展示国家魅力

国际间的各类大型活动很多，这些活动对于一个国家来说，是宣传国家形象最好的场所，是进行国际公共关系最好的机遇，是主办国家发出最强声音的最佳时机。只要有可能，特定国家都会积极主办各种国际活动，参与这类活动，吸引全世界的眼球。

例如，2008年的北京奥运会，就是我们国家进行的一次典型的国际公共关系活动。它不是外交，但胜似外交；它不是政治，但更胜于政治；它不是经济，但更胜于经济；它是体育，但绝不仅仅是体育。是政治、外交、经济、文化、体育的综合，是国家软硬实力的一次大展示。

2. 军事公共关系，展示软硬实力

军事公共关系不可能是企业的行为，必须是国家行为。特定国家出于自己的需要，往往都会展示自己的军事实力。军事既是外交的基础，也是整体实力的对外展现。一个国家要想在世界上发出强力的声音，必须有自己强大的实力。而强大的实力之一就直接来源于军事实力。

军事实力的展示主要有两个：一是通过战争，能战胜对手；二是和平时期对外展示武器，展示过硬的军事组织。战争毕竟是特殊时期，而和平时期展示强大只能通过武器展示。

世界上展示军事实力的例子不胜枚举。美国航空母舰周游全世界，俄罗斯战略飞机游走全世界，世界各国不同的航空展，从不间断的各国军事演习，各种武器的试验和评估，各种军事栏目的观点对撞，各种军事人物的演说，各种军事武器的电视露相，各国国庆的大阅兵，都是展示军事实力，都是开展军事公共关系的最好舞台。

3. 国际援助

国家援助是指当一个国家出现困难时，另一个国家对这个国家开展的各类资助活动。这包括提供的各种道义支援和物资支援，包括提供物质支援、人员支援、装备支

援、技术支援。一般来说,当一个国家发生突发灾难的困难时,许多国家都会表示支援,就是敌对国家也会发表文告,表示同情。这既是道义的需要,也是人类伦理底线的要求。

世界发展到今天,就是敌对国家之间发生战争,也不是消灭肉体,而是以这个国家认输和政权更迭为目的。肉体消灭不是这个现代社会所认可的。灾难面前死人是整个世界的悲哀,对悲哀发出同情的声音是人类共同的心声。所以,一个国家适时地对受灾国家提供支援是提升国家形象最好的时机,也是缓和国与国之间关系的最好时机。适时地进行国际援助是开展国际公共关系的最佳时机。

(二)企业国际公共关系

企业国际公共关系是指在全球化背景下,国内特定企业在国际上对国际公众所开展的关系活动,这些活动包括企业形象宣传、企业品牌策划、企业产品形象的树立等等,也包括为承揽一些国际项目而展开的一些其他公共关系活动。

这种企业公共关系活动和外交的差异很大,其目标、人员、内容、活动场合、交流方式都与外交不一样,是仅限于微观的经济活动。这种经济活动可能既有国际公共关系专业公司的参与,也可能就是主体企业组织不借助国际公共关系公司,自己直接参与。

企业国际公共关系根据目标的不同,又可以分为以下几类:

1. 国际公关策划和创意

这是指国内一些公司为了走出国门在国际上所进行的国际公关策划和创意的活动过程。这个过程一般来说,比国内的创意和策划更复杂,往往要借助一些国际公共关系公司来进行,最起码第一次走出国门的企业多是这样。开展这类活动的目的是为了企业塑造、推销良好的国际形象,在国际上推广打响企业品牌,影响国际公众的舆论,优化企业的国际环境。

国际公关策划主要包括以下几个步骤:

(1)明确国际公关活动的具体目标,进行策划的实施。

(2)制定传播战略,确定传播的媒体。

(3)进行经费预算,做到科学合理。

(4)找好一个时间机遇。

国际公关活动计划的编定一般经过准备、草拟、论证和审定四个步骤。

2. 国际公关调查研究

是指企业为了收集、分析和研究与企业有关的各种国际性信息,为制定科学、合理的公关活动方案提供依据而进行的各类国际调查。公关调查是进行下一步公关活动的参考和依据,是开展公共关系活动的前提,进行国际公共关系活动,就一定要开展国际公共关系的调查,摸清本行业在国际上的现状、前景、可持续发展动态,为企业走出国门、开创国际环境提供依据。没有国际层面的调查研究,盲目地走出国门,是不可能成功的。国国际公关调查研究,一般由国际公共关系调查公司来进行。

3. 国际企业的品牌推广

国际品牌的推广既包括国际品牌在国内推广,也包括把国内品牌推向国际。企业走出去,在很大程度上是品牌走出去,让世界知道中国品牌,也让中国了解世界品牌。现在全世界的很多品牌已经走进国内,几乎是家喻户晓。如:阿迪达斯、背靠背、可口可乐、西门子、三星、现代、本田、丰田、奔驰、兰德、资生堂、肯德基、麦当劳等等品牌都誉满全国。而中国的海尔、海信、杉杉西服、联想等品牌也行销了世界。

不论是国内企业走出去,还是国际企业走进来,国际公共关系都是功不可没。没有国际公共关系的支持,我们的企业也不会这么快走出去,国际品牌企业也不可能被我国这么快接受。

五、开展国际公关的基本原则

1. 具备全球眼光

开展国际公共关系要有从全球看的战略眼光。国际公共关系绝不仅仅是一个单个"组织"的事情,而是和许多国际"公众"有着千丝万缕的联系的。国际公共关系是国家政治和外交的延伸,一次国际公共关系成功,就意味着这个"组织"成功走向世界,对世界上许许多多的"公众"都会产生影响。例如,20世纪六七十年代,我国在非洲修建了一个连接坦桑尼亚和赞比亚的"坦赞"铁路。这既是一条连接中非友谊的铁路,也是中国国家的一次成功的外交和国际公共关系。中国在非洲的形象一直很好,美誉度一直较高。中国和非洲各个国家的友谊几十年延绵不绝。

2. 重视地方特色

开展国际公共关系不是不要自己的特色,"越是民族的,越是国际的",这话一点也不假。不论在国际走出多远,摊子铺多大,都必须坚持本土观念,坚持国家观念。现在流行一个时髦名词叫"无区域企业"。意思是指一个企业在很多地方都有生产基地,已经没有区域概念了。这个"无区域"一词,在国内也许还可以,如果在世界也是"无区域",失去了本土化的特色,那就是"无源之水",也就没有了发展壮大的根基。

国家之所以是国家,是因为有自己的民族,有自己的民族特色,有自己的主权和国土。一个国家民族性越强,在世界上受到的尊重越多。一个企业也是如此,任何企业都有自己的本民族特色,它的强大和发展离不开国家和民族的支持。所以"组织"开展任何公共关系,包括在国际上开展国际公共关系,都不能忘记本土意识。

如穿衣服,你在国际场合穿西服当然可以,但如果你穿的是中式传统的对襟衫,女的穿上旗袍,那就很有特色,很容易被吸引,没准就会换来很"派"的感觉,给你的国际公共关系增加一点亮色。

3. 遵守国际惯例

遵守国际惯例,这是不言而喻的。一个"组织"既然走向了世界,就要有国际的眼光,要用国际流行的准则行事,按国际惯例来要求自己。一个"组织"在世界上行走,要熟练掌握国际规则,熟悉国际上的流程,而不能按照国内的习惯理解去恣意妄为。

例如,国际礼仪的惯例是"右高左低"。在陪同客人的时候,主人一般要走在客人的左边,座位安排一般也是客人坐右边。如果按照国内"左高右低"的位置安排客人坐在左边,就显得很不礼貌。再如,国际惯例是"女士优先",如果你在公众场合只顾自己走在前面,把随行的女士扔在后面不管不问,你就很不礼貌。没准你的一桩生意就此就砸了,你自己,包括你的企业的形象都会受到伤害。

4. 坚持道德规范

道德规范是全世界都有的。尽管各个民族习惯差异很大,但基本的道德规范还都是一样的。开展国际公共关系同样要遵守人们基本的道德规范。在社会主义市场经济的今天,一些企业在国内经营时,缺乏最起码的道德规范,坑蒙拐骗,欠账赖账,产品质量低劣。到了国外,同样还是这样,以为这样做照样可以在国际上通行无阻。这些没有道德底线的行为极大地损伤了中国企业的形象,给国人带来了耻辱。

做生意需要最起码的诚信,做公共关系也如此,做国际公共关系更应该如此。我国今天的市场经济,在给人带来巨大经济效益的同时,也对人的传统的诚信、道义带来了巨大的冲击,不少人做生意已到了"无骗不商"的地步,他们把这些劣性也带进了公共关系。公共关系的伦理底线就是诚实守信,没有最起码的诚信,公共关系就没有了最起码的信任,那就一切无从谈起。

5. 强调社会责任

在国际公共关系中,对一个组织更强调其社会责任。社会责任包括以下几个方面:

(1) 经济责任(创造利润)。

(2) 法律责任(遵守法律)。

(3) 道德责任和博爱责任(做合格的热爱主体)。

(4) 利他意识 强调民主、人权、正直、老实、和平解决争端和自律。

(5) 企业品质 企业家要有素养,经济来往中要有互惠互利意识。

第三部分　公共关系方法论

· 常用的公共关系方法
· 危机事件处理时期的公共关系及公关方法
· 公共关系中的媒体应对及技巧

第六章 常用的公共关系方法

第一节 公共关系的四步工作法

所谓公共关系的四步工作法就是指开展公共关系工作时常常采用的四个工作步骤,它们分别是公关调查、公关策划、公关实施和公关评估。对专门开展公共关系业务的专业公共关系公司来说,一般都会按这个路子走。但对更多的党政机关、事业单位和企业单位,它们并非专业的公共关系公司,由于它们对自己组织的公共关系状态已经比较熟悉,自己的公共关系人员在开展公共关系工作时,尤其是在对内开展公共关系时,其工作步骤就没有这么繁琐和复杂了,往往会省略一些步骤。

(一)公关调查

1. 公关调查的意义

所谓公关调查就是在开展正式的公共关系工作之前所进行的前期调查研究和摸底工作。组织要开展公共关系,首先要知道组织现在的公共关系状况,要了解组织目前一些和公共关系有关的组织知名度和美誉度的状态,要了解组织目前的形象状态,要掌握组织目前的服务态势,要知道组织的产品情况,要知道此前组织进行过什么公共关系工作,效果如何,还要知道组织开展公共关系要达到什么要求?最后还要知道组织开展公共关系工作要达到什么目标。做到有的放矢,才能百战百胜。

公关调查可以为下一步公关工作的开展提供以下作用:

(1)可以使组织更加准确地了解其在公众中的形象地位。

(2)为组织决策提供科学依据,也可以有效地预测和检验决策的正确性。

(3)可以让组织及时把握公众舆论。

2. 组织的性质和状况不一样,其公共关系调查的工作目标不一样

由于每个组织的性质和状况不一样,其对公共关系的工作目标也不可能一样。因此,公关调查的方式和方法也不可能千篇一律。例如,对一些政府机关和事业单位组织来说,其知名度高的就不用说了,可说是无人不知。因此这些政府机关和事业单位开展公共关系的工作目标,肯定不是为了追求高知名度,而是为了追求美誉度,为了塑造良好的美誉度形象。对这些组织来说,公关调查的前期工作主要是要摸清组织美誉度现状,找到组织过去美誉度不高的原因。这些组织如区域政府及机关、高校等。

对一些具有良好的美誉度的企业和公司来说,由于区域和环境限制,其产品的质量或服务质量一直很好,但产品或服务的影响力和被知晓程度还不够高,这些企业组织开展公共关系工作首先是要提高知名度,这时公关调查的前期工作是要弄清组织知名度不高的环境因素,调查产品或服务的特点,找到提高组织或产品知名度的最科学合理的办法。

3. 组织的性质和状况不一样,公关调查的方法不会一样

同样,由于组织的性质和状况不一样,不同的组织,所采用的公关调查的方法和方式也不会一样。公关调查和其他调查方法大同小异,如民意测验、访谈调查、问卷调查、抽样调查、观察调查、实验调查、资料分析、重点调查、普遍调查、个案调查等等。如要摸清组织现有的形象状态,弄清组织现有的知名度和美誉度,采用问卷调查、访问调查和民意测验是最好的办法。要摸清组织产品的历史,弄清组织形象构成的来龙去脉,最好的办法就是资料调查。调查的方法可以不一样,但调查的目的趋同。

根据不同的公共关系目标,公关调查还可分为不同的专项调查。如可以分为内部调查和外部调查,内部形象状况调查和外部形象现状调查,组织美誉度状况调查和知名度状况调查,组织产品状况调查,组织服务状况调查,组织产品分布状态调查,组织可能扩展的状态分析调查,顺意公众调查,逆意公众调查。甚至还可以进行组织负面状况调查,如组织形象的破坏力调查,影响组织形象的环境调查,组织美誉度低的原因调查等等。开展组织的公共关系工作,调查得越详尽,其提供的决策依据就越充分,今后开展公共关系工作针对性就越强,公共关系工作的收效就会大,成功率就高。

4. 公关调查会贯穿于整个公共关系过程

由于调查就是摸清组织的全面状况,为组织开展公共关系工作提供依据,因此在很多情况下,公关调查不可能一次解决问题,往往还要补充材料,进行不断地补充调查。公关调查既是开展公共关系工作的第一步,但也会贯穿于整个公共关系工作过程,公关策划、公关实施、公关评估都离不开公关调查。尤其是最后的公关评估,除了撰写评估报告外,评估的大多数工作还是公关调查,只是评估是公关工作的事后调查而已。

(二) 公关策划

所谓公关策划就是在掌握组织公共关系总体布局的基础之上,针对组织需要解决的公共关系问题而进行的公共关系的整体构思或设计。这个策划既有计划的因素,又有战术或战略的成分。这里面既有设计者的匠心独运,又有组织者的整体考虑。

1. 公关策划要符合组织的战略思想

组织开展公共关系的目的是为了组织发展的整体目标服务的,因此,公共关系的策划应符合组织的整体战略目标,而不能超越或者背离组织的整体发展目标。公共关系的策划不能游离于组织发展的整体目标之外,成为"无源之水,无本之木"。

2. 公关策划强调一个"新"字

公关策划不是别人公共关系工作的简单复制,而应是一个体现本组织特色的新的公共关系创意。尤其是公共关系的主题活动模式的选择及创意,其独到的、新颖策划能充分体现策划者的才智和聪明。公关策划实际上就是对公关目标、公众心理、信息个性和趣味这几个要素进行创新的统筹和融合,策划要既能体现公共关系的工作目标、任务和特点,又能适合目标公众的需要,对他们产生较强的吸引力。这就需要新点子、新想法、新活动、新视野,吸引目标公众的兴趣,引起目标公众的注意,并让这些目标公众最后转化为行动公众。

策划的关键是创意。好的策划都会有一个独特的、超乎一般人们所想的新创意。所谓创意,有人说"就是运用人脑的联想、直觉、想象等创造性和形象思维,考虑如何为活动设计精彩独特的主题并以此为核心安排活动项目的过程。这个过程本身并没有什么固定的程序和统一的格式。"[①]有人把公共关系这种创新的创意总结归纳成不同的类别,如逆向思维法、反向思维法、侧向思维法、独辟蹊径法、"创旧法"、"化平淡为神奇"法、类比法、"反其道而行之"法、"运用组合效应"法等等。

好的公共关系的策划创意都突出表达了两个意思:一是"符合实际";二是"新颖别致"。所谓符合实际就是任何一个公共关系策划和创意都是符合公关主体的要求的,符合公关主体当时当地的环境的。公关主体组织进行的任何一次公关活动都会有自己的公关目标,都有根据自己组织的特点提出的公关要求,有自己的经费预算。好的

---

① 黄昌年. 公共关系学教程[M]. 杭州:浙江大学出版社,2007:151.

策划创意都会根据要求,拿出符合公关主体组织要求的策划方案,根据公关主体组织的要求量身定做,进行专门的策划创意。而不可能抛开公关主体组织的要求,漫无边际地凭空想象。所以符合实际的就是好的。超越公关主体的要求,超越公关主体的客观环境要求的策划创意都是"空中楼阁"。

公关创意策划的"新颖别致",就是指策划创意不能走别人的老路子。这老路子既是指方法,也是指思路。一般来说,策划创意只能使用一次。好的策划创意第一次推出会具有较好的反响,第二次推出就反应平平,第三次再使用就没有意思了。中央电视台第四套节目首推的"好客山东欢迎您",是第一个省级形象广告,别致新奇,令人耳目一新,取得的效果很好。"浪漫之都——大连",是全国第一个城市形象广告,也很不错。而随后铺天盖地的"美好××欢迎您"、"××之都欢迎您"就反应平平了。如果现在还想再继续做此类的形象广告策划,就没有任何意义了。

案例:

"谭木匠"成功创业的秘密 ①

这是一个令人大惑不解的企业——一把小小的木梳,凭什么支撑一个享誉全国的品牌? 而同是一把木梳,何以能卖出高于同类产品数倍的价格? 再有,一个从未人流如织的专卖店,如何赚钱? 更如何令全国 300 余家连锁店几乎家家赚钱? 一切都是单纯的木匠们手工刨不出答案的秘密。

……

多少企业家成名后,想方设法遮掩或掩饰自己的过去。

之后,他卖过魔芋,卖过红橘,卖过塑料花,开过预制板厂,最后终于选择了父亲的老本行——当木匠,在自家的猪圈里办起了木梳厂。

"1993 年 9 月 14 日,谭传华三峡商城推销,几位服务员对我们的木梳爱不释手,随即掏钱买了 8 把。看来我们的梳子有市场、有销路! 市场万岁! 理解万岁!"谭传华在那个装着自己第一笔销售收入的破烂信封上,写下了这样一段话,并至今保存着这笔共 16 元人民币的"巨款"。

1995 年,谭传华正式注册"谭木匠"梳子商标。

……

1997 年,谭传华的小木梳终于获得了较好的市场知名度。

---

① "谭木匠"成功创业的秘密[OL]. (http://www.cnstock.com)中国证券网. 2008-10-09. 本文略有删节。

就在他磨刀霍霍准备大干一场的时候,一个意外的难关挡在了面前:由于没有固定资产作抵押,银行不愿意贷款给这个靠生产小梳子为生的小企业,谭传华后继乏力。这是当时中国所有中小民营企业共通的成长难题。1997年8月19日,对银行苦苦哀求没有结果的谭传华愤怒了,在重庆一家报纸上打出整版广告:谭木匠工艺品有限公司招聘银行。在当时的中国,民营企业招聘银行是一件国内外轰动的稀奇事,全国乃至全球1000多家媒体蜂拥而至,争相报道"谭木匠招聘银行现象",并随后在金融界、企业界引发了一系列关于"银、企关系"的大讨论。

谭传华终于获得了银行的支持,"谭木匠"的知名度也空前高涨。1998年春节,拿到贷款的他在中央电视台打出了自己的第一个产品广告,这也是整个木梳行业的第一个广告。第一个孩子再矮小也是排行老大,冥冥中他获得了第一个抢先出头的机会——"谭木匠"毫无争议地成了中国梳子第一品牌。

……

1998年3月7日,"谭木匠"与第一家加盟连锁店签约,从此开始了特许经营的发展之路。

到2000年初,"谭木匠"专卖店已星罗棋布地开了接近100家。

……

随后,谭传华花了一大笔钱,在绝对一流的"能干人"帮助下,谭木匠装修了一个既传统又现代、以中国传统文化为基调的新店面结果大获成功,销售额比老店竟多了一倍有余。

新的店面设计古朴、典雅,充满个性和传统文化气息,充分展示了"谭木匠,手工造"的悠久韵味,大大提升了谭木匠梳子的品牌文化含量。

……

2000年底,要求加入"谭木匠"特许经营网络的人数是1999年的几倍之多。在新店面的形象暗示下,一些消费者和加盟商对品牌的误解令谭木匠人哈哈大笑,他们说:你们谭木匠是百年以上的老字号吧?

2001年,创业不到8年的谭木匠公司有了成为"百年老店"的雏形。

……

一位朋友喝醉之后点评谭传华:"你身上最可贵的有两点:一是能听反对意见;二是从不忘记学习。"如果仔细研究"谭木匠",就不难发现,其实谭传华现在做的事很多都是别人做过的。

谭传华清楚自己文化程度不高,所以他拼命学习,像海绵一样吸干所有国内外企业的先进思想。他不仅读众多的书,还自创了一门"聊天学习法",不断找人聊天,对象有博士教授,有文人骚客,也有普通的员工,他总能从不同的人身上得到不同的启发。

学习则得智慧,智慧令人清醒,清醒者不忘与时俱进。

以产品开发为例,"谭木匠"围绕"亲情、友情、爱情、风土人情"的主题,年年滚动推出数百种新款式,如今已有2 480个梳子品种,享有12种技术专利,以品种繁多、各店之间不同质化的优势吸引顾客,也令所有的竞争对手望尘莫及。其实最开始,谭传华的梳子只有10来种,在听取各方意见,不断思考定位后,他很快成立了专门的研发部门,投入大量的资金,想了无数种办法引进高级设计人才,大搞研究开发。

……

他甚至不惜重金邀请国外的设计师来设计。

在"谭木匠",像这样因为诚实而获得好的回报的故事很多很多,这也是谭木匠人感到最为骄傲的地方。而这种骄傲构成了一个企业的文化凝聚力,演绎了一个小小的"企业乌托邦"。这个企业因此成为中国商业生态里一个生机勃勃的健康细胞,它让人踏实,让人信服;它凝聚人气。它和企业的创业经历、品牌形象、商业模式、产品创新力一道,构成了人们对它的尊重,和社会对它的接纳——也许从根本上说,这才是谭木匠公司最大的秘密。

3. 公关策划要会选择"由头"和时机

公关策划要会选择"由头"。"由头"就是一个公关活动得以开展的价值与依据,即给一个"理由"。一般来说,公关的"由头"有三个要素组成:

(1)"由头"要符合公众的利益,为公众提供信息、知识、思维性的服务,提供娱乐、教育、审美、实用等方面的需求,能唤起观众的欲望。

(2)"由头"要符合组织机构的总体目标和自身利益,与组织机构的性质有关,而不是牵强附会,使组织能产生"软"或硬的效益。

(3)"由头"具有新闻价值,能吸引媒体的"眼球",要被媒体所关心,具有传播的价值。公关活动所具有的新鲜性、突起性、公益性就表现在这里[1]。

"由头"越新鲜,"由头"的理由越充分,公关的价值就越大。一般地说,公共关系的创意就建立在"由头"的基础之上,是对"由头"最终思索的结果。

除了选择公关"由头",还要选择好公关时机。公关时机一般应选择在最好的时间节点上。如具有纪念意义的节日,容易凝聚人气的公众假日,能唤起人们联想的传统节日等等。如浙江嘉兴的"粽子节"总是选择在"五月端午"进行,百货商场总是选择"元旦之夜"打折销售,农技推广活动总是选择在"春忙"之前进行等。

---

① 熊卫平.公共关系学[M].北京:高等教育出版社,2007:111.

4. 公关策划的几个方面

公共关系的策划是一个复杂的过程,这个过程就像是一个作战计划,要有谋略,有布局,有目标,还有为实现目标而采取的步骤,还有预算。这些最后要被一个策划书整体表现出来。一般来说,公共关系的策划大体包括以下几个方面:

(1)目标决策。这就是组织开展公共关系工作所要达到的目标要求。目标是组织开展公共关系工作的依据和出发点,也是最后进行公共关系评估的标准。根据不同的组织性质,公共关系策划会有不同的工作目标。目标的制定要符合实际情况,既不能拔高,也不能过低,它建立在对组织公共关系整体地把握上,往往是经过决策层多次讨论后才商定的。

(2)公众界定。社会公众是多种多样的,任何组织都不可能不加挑选地对所有公众进行公共关系。组织进行公共关系都有设计好的目标公众。例如,对化妆品企业来说,它的目标观众就不可能是大量的男人,而应该是中青年的都市女性。对飞机发动机制造企业来说,它的目标公众就不会是一个个的个体公众,而是飞机制造商。对区域政府和机关来说,它的目标公众只能是本区域的社会公众。

(3)活动方案的制订。活动是公共关系的载体,公共关系往往是通过一系列的活动来完成的,公共关系贯穿在各类活动之中。没有活动,公共关系就没有了载体。公共关系要根据工作目标来选择最适宜的活动内容、活动形式等。公共关系常见的活动模式有:宣传型活动、交际型活动、服务型活动、社会型活动、征询型活动,另外还有大型的立体的活动方式,即整合营销活动。通过活动营造氛围,各种公共关系就可以就此进行。

(4)编制预算。开展任何公共关系工作都不是免费的,都要一定的经费作支持。但经费预算要有科学的支出为依据。要根据活动方式可能产生的经费进行匡算,既不能过分浪费,也不能不够使用。这些经费要包括创意策划经费、日常管理经费、器材使用经费、场地活动经费、交通工具使用经费、劳动报酬等。这种预算一般以表格的形式完成,一目了然。

5. 公关策划与公关计划

公关策划解决的是广告创意的事情,是对公关活动本身意义的解释或说明,主要是说公关"由头"和公关时机的。策划书要重点且详细地说明公关"由头"的意义、说明时间节点的好处。公关计划是对策划的具体实施进行的安排,计划包括了活动场所的挑选,活动费用的预算、活动人员的安排,活动时间的准备等等。一般来说。策划书和公关活动的计划书要分别来写。现在一些组织或公共关系公司在公关策划的同时也连带进行了公关活动的计划,把策划书和计划书揉在了一起,也是可行的。

（三）公关实施

1. 公关实施的意义

所谓公关实施就是按照事先做好的公关策划方案，一步步地去做并最终完成方案的过程。公关实施最明显的标志就是连续开展的一系列的活动，并通过活动来完成公共关系目标。公关实施就是公关理论联系公关实际的过程。纸上的公关理论已经策划好，把这些理论运用起来就是公关实施。公共关系的各项活动有声有色，形式也会各种各样。或吸引公众眼球，或图文并茂展示产品，或立体展示组织形象，或人与人交流达到深入了解。这些活动都是事先理论策划好的，而不是临时凑合的，没有不经策划就直接实施的公关活动。

公关实施既是一项管理活动，也是一种传播活动，还是一种人际交流活动。公共关系的很多特性都会通过公关实施表现出来。公关实施是公共关系的核心和聚焦点，公关调查、公关策划甚至后面的公关评估都是围绕公关实施来进行并为公关实施服务的。

2. 公关实施是展示公共关系魅力的过程

公关实施的过程是展示组织公共关系魅力的过程。组织形象，组织的社会责任，组织对人对事的态度，组织的公关理念，经营理念，组织精神，还有公关技巧、公关人员的素质、对公关方式的把握以及组织整体公关的能力，都会在这些活动中展现出来。同时，这些活动还能体现出组织领导人的个人理念和个人魅力。公共关系正是通过这些活动而被体现出来的。

公共关系人员要认真领会公共关系创意的主旨，把公共关系的主旨体现在具体的活动中去。公关实施是对公关策划的检验，好的策划方案对公关实施具有明确的指导性和良好的操作性。如果实施进程顺利，各项活动开展得井然有序，活动能达到预期目标，这就说明公共关系工作开展得顺利。如果实施过程不顺利，活动开展得不尽如人意，就说明我们的策划或措施有问题。

3. 公关实施是不断完善策划方案的过程

任何策划都不可能尽善尽美，公关实施就是不断完善公关策划方案的过程。有些策划方案在实际操作过程中可能和现实会有较大的差别，这表现为方案或操作有困难，或方案本身设计不太符合现实。公关实施过程中，肯定会对策划方案不断调整，使之更符合实际。这些调整，往往会在活动之前的办公会或现场会上完成，研究出解决的办法。一般来说，公关策划方案要符合公关的实际操作，而不是让公关操作去附和公关方案。方案是人为制定的，人们不能让不符合实际的方案困住手脚。

公关实施是大把花钱的时候，也是公关人员对公共关系实际操作的时候。公关实施就等于正在打仗，这时公共关系人员要有大局观念，服从指挥，统一调度，不以小事影响大局，不以小为而掉以轻心。公关人员的领导则要时时把握大方向，不能让活动变了味道。

4. 公关实施中不宜赤裸裸地宣示公关目标

公关实施过程中，最容易出现的毛病就是商业味道过浓或公关味道过浓，这在交际型公关活动中最为明显。诚然，组织开展活动是有目的的，但如果过分强调目的，把公共关系的目的赤裸裸地在活动中揭示出来，甚至还要不时地提示，那往往会给公众不舒服的感觉，让公众感觉自己就是道具，感觉自己是被利用的工具，从而对组织好感荡然无存。好的公共关系活动是行云流水，有公共关系贯穿其中而不过分显露，把公共关系做成"细雨润物"，让公共关系在活动中自然流动出来，而不是硬贴上去。例如，交际型公关中的活动就有酒会、宴会、午餐会、招待会等。受邀而来的宾客肯定都是有头有脸的人物，肯定都是组织的忠诚公众。这类交际活动的目的就是广交良缘。这类活动就不能办成工作会谈，更不能在这些场合赤裸裸地谈公关交易。这些场合，越淡化公关色彩越好，其实，凡是能来的人心里都已经清楚，他们就是组织的公关对象。组织把他们请来的目的他们自己也清楚。如果在活动中还要高调强调工作目标，那是很不合时宜的。

（四）公关评估

公关评估主要是对公共关系实施过程进行的效果评估，也就是对近一个阶段的公共关系工作进行总结。每一个公共关系公司在公关实施过程中都会对公共关系活动进行全程监控，记录下实施的全部过程，并据此写出公关效果的评估报告。公关主体组织也会对公关实施进行跟踪，对公关效果进行自己的评定，同时要求公共关系公司也提出评估报告，把组织对效果的评估和公共关系公司对效果的评估结合进行对比，从而得出自己的结论。

公关评估是公共关系四步工作法的最后一步，很多组织对前三步工作都很认真，唯独对这最后一步工作有所忽略。评估变成了应付其事。尤其是当公共关系效果比较显著时，组织对公关评估更容易忽视。这是需要扭转的。

1. 公共关系评估是对公共关系前三个步骤的逐一评估

公共关系评估是对公共关系前三个步骤的逐一评估，而不仅仅是对公关实施效果的单纯评估，是对公关调查、公关策划、公关实施三个步骤的逐一评估，同时还包括对评估本身的评估。评估的目的就是总结经验,以利再战。评估就是要回答"我们做得怎样"?"为什么会这样做"? 评估是对上一阶段的总结,也是下一个公关过程的开始。

2. 评估的内容

评估包括的内容有公关目标是否达到? 公关调查是否充分? 调查还在哪些不足? 新的创意是否得到较好的贯彻? 创意是否达到了最初的设计? 公关实施的效果如何? 实施过程中存在哪些问题? 实施中的管理和组织过程如何? 各个活动的关联度如何? 公众的满意度如何? 决策层对本次公关的评价如何? 从上面的内容可以看出,评估还是调查,评估运用的方法还是调查的方法,只是调查内容变成了公关实施以后的内容。这些内容概括起来就是准备过程的评估,实施过程的评估,实施效果的评估,专项活动的评估,公关状态的评估等。

评估最后会以一个评估报告的方式递交。

3. 评估的方法

(1) 评估的标准。评估的标准以策划方案规定的目标为依据。标准是策划时就制定好的。评估主要看是否达到了目标规定的效果,目标的各项内容是否得到实现。

(2) 建立评估体系。可以用表格的形式建立一个评估体系,把评估的内容细化为一组组标准的数据,变成一系列有序的、具有内在联系的佐证材料,列出需要提供的实物材料,书面材料,效果材料,活动现场的音像材料和效果反应等。分门别类,逐一说明。这样做,科学性和逻辑性强,论据充分,说服力也强。

(3) 提供佐证材料。对照评估体系,需要提供一系列的评估材料。这些材料需要积累,有些需要调查才能得到。例如,现场活动的评估就需要提供以下材料:现场活动的背景,现场活动策划书,活动现场的组织机构,人员构成表,活动场面的画面,现场活动的音像资料,现场公众人数的数据,现在互动的原始材料,组织现场的具体花销,能体现现场公众参与度和反应度的其他材料等。对公关效果的评估则更需要提供能反映公关效果的佐证材料,如公众对产品购买欲望的前后对比数据,公众对产品满意度调查数据表、问卷调查表,公众对组织形象了解程度的数据或佐证材料,公众现场采访录音或录像等。提供的数据越详尽,说服力越强。

(4) 评估意见。对照评估标准,参看策划目标,分析评估的佐证材料,最后给出评估意见,也就是结论。评估结论建立在对材料分析的基础之上,建立在对实际操作的评价之上,不是仅凭印象就得出的。当组织和公共关系公司的评估结论不一致时,双方应继续对材料分析,进一步提供能反映己方的事实材料,说服对方,力求达到一致意见。

4.评估结论的使用

不论对公关主体组织还是对公共关系的公司,评估的结论都具有重要的参考意义。评估的数据具有保密性,具有凭证作用和档案作用,需要好好保管。评估结论既是对上一阶段公共关系工作的彻底总结,也是开展下一阶段公共关系工作的开始。每一个公共关系周期都是在上一个周期的总结基础上再进行的,都比上一个周期具有明显的进步。这种进步就是总结了上个周期的经验,避免了上个周期的不足,使组织或公共关系公司的工作始终前进。

第二节　CIS 战略

一、什么是 CIS 战略

"CI"是英文(Corporate Identity)的缩写,字面意思是"团体的同一性或个性"。Corporate 的名词形式是 Corporation,意思是社会、公司、企业社团的意思;Identity 的动词形式是 Identify,意思是身份、统一、识别、鉴别等意思。所以 CI 直接翻译就是"企业(团体)的身份的统一"或"企业(团体)的识别"。CI 在发展的过程中不断得以完善,逐渐形成了 Corporate Identity System,即"企业的识别系统",即人们通常所说的 CIS 战略。

CIS 战略最早起源于第一次世界大战前的德国 AEG 公司。1914 年,他们在系列电器产品上采用了彼得·贝汉斯所设计的商标,使这一商标此后成为该企业统一视觉形象的 CI 雏形。1933 年至 1934 年,由英国工业协会会长弗兰克·毕克负责规划的伦敦地铁,在设计政策与识别上也称得上是世界经典之作。第二次世界大战以后,欧美各大企业纷纷导入 CI。1947 年,意大利事务器械所奥力维提开始聘请专家来设计标准字。1951 年,美国国家广播公司 NBC 在各媒体广泛运用由高登设计的巨眼标志。而可口可乐醒目的红色与波动的条纹所构成的"COCA—COCA"标志为他树立起了风行全球的品牌形象。1970 年,日本东洋工业马自达(MAZDA)汽车第一个在日本运用 CI。此后,大荣(DAIEI)百货、伊士丹 (ISETAN)百货、麒麟(WACOAl)啤酒、亚瑟士(ASICS)体育用品等企业都纷纷仿效。而美津浓(MIZUAO)体育用品、富士(FUJI)软片、华歌尔(WACOAL)内衣等品牌委托美国著名的蓝德设计顾问公司设计的 CI 新形象,更是后来居上。20 世纪 70 年代,中国台湾开始流传 CI。1985 年以后,在中国的公共关系正向纵深方向发展的过程中,CIS 战略也悄然而至,并由广东神州燃气具联合实业公司最早导入。1993 年以后,中国各地企业开始对 CIS 战略有了全面的认识和理解,在塑造企业整体形象中得以运用并取得了成效。

二、应正确理解大 CIS 的概念

在国内,CIS 战略已经是比较成熟的理论体系。经过近 20 年的发展和推广,CIS 已经有了很大的异化。CIS 现在虽然还叫"企业识别系统",但其内涵和外延都已经大为改观了。它不仅仅在企业应用,政府机关、区域、事业单位在塑造形象时,都引进了 CIS 系统,已经把它作为组织行为的一部分。如果还把 CIS 地简单地理解成是企业的行为,还看成企业的层次,还是"企业"的识别系统,那就太促狭、片面了。CIS 系统发展到今天,已经到了大 CIS 的阶段,即 CIS 已经扩展到对各类区域、各级政府和政府机关、各类事业单位的普遍应用。甚至连名称都开始改变了。

企业管理、公共管理、政府管理、公共事务管理、视觉传达设计和公共关系学都分别在研究和应用 CIS 战略系统,但它们所面临的对象不一样,出发点不一样,侧重不一样,因此,它们对 CIS 的内涵和外延的理解也不太一样。在这些不同的 CIS 中,政府形象和政府机关形象中的 CIS 最为复杂,事业单位导入 CIS 次之。企业的 CIS 导入最成熟。政府形象和政府机关形象导入 GIS 不能看成是对企业 CIS 的简单复制,它既有对 GIS 宏观把握,也有对 GIS 的微观了解,还有对党的方针和国家政策的执行。

对 CIS 我们应有一个正确的理解。

(一)城市形象和区域形象中的 CIS 和 RIS

尽管都是 CIS,不同的组织性质,对 CIS 导入的目的也不全一样,例如,企业导入 CIS 的主要目的还是增加企业的对外宣传力度,增强企业及产品的社会形象扩张力,最终目的还是加强企业的竞争力,增加企业利润。

1. 城市形象中的城市识别系统 CIS(City Identity System)

塑造城市形象需要导入 CIS,城市形象导入 CIS 后,虽然还叫 CIS,但目标、目的和内容都和企业的 CIS 有所不同。城市导入 CIS 在很大程度上是为了城市的美誉度,让不甚明晰的城市标志、城市理念、城市精神更加理论化、清晰化,让该城市和其他城市更容易区别,起到凝聚城市人心的作用,加强城市人群的归属感,达到宣传城市的效果。

2. 区域形象中的区域识别系统 RIS(region Identity System)

region 是英语"区域"的意思,是指地球上某一个空间的点,这个点可以是村镇、是县、是城市、是省、是国家,或者是某个地区,如长三角地区,东南亚地区,四川盆地地区,苏南地区等。公共关系学把这些地方塑造的形象统称为区域形象,区域形象导入CIS后,就改叫为RIS。区域形象导入RIS的目的和塑造城市形象的目的一样。

(二)大学形象中的大学识别系统 UIS(University Identity System)

大学形象中的大学识别系统(University Identity System)。高校导入CIS后,名称有了变动,改叫 UIS。University 就是大学的意思,塑造大学形象就被称之为 UIS。UIS最主要的研究不是视觉识别系统和行为识别系统这些外在的因素,因为国内许多高校的外在形象已经很不错了。而是侧重于理念识别系统的研究和塑造工作,即一所大学的大学理念、大学精神、大学特色和大学风格,这些理念是一所大学区别于其他大学的最主要的区别。现在国内很多大学"千校一面",大学办学趋同化现象严重,就是因为很多大学的办学理念、大学精神、大学特色、大学风格没有体现出来,无法在理念上和别的学校进行区别。

(三)政府形象中的识别系统 GIS(Government Identity System)

政府形象中的识别系统称之为 GIS (Government Identity System)。在所有形象系统的塑造中,政府形象导入 CIS 是比较难的,这是因为政府形象的理念系统政治性最强,其中的理念识别就是对国家宪法和党章的地区解读,其行为识别系统和视觉识别系统和所在区域的文化、地理、历史遗传、风俗、传说、特产等等密切相关。政府形象导入 GIS,就要对区域政府要有深刻的了解,并深入发掘出该区域政府和其他区域不一样的特色,而且有些视觉系统和行为系统是不允许有的。例如,政府机关中的旗、徽、歌、服装、标志性东西,这些就不能太招摇,也不能随意设计和使用。

三、CIS 系统的构成

CIS 是一个系统组合,它下面还有三个子系统,即理念识别系统 MI(Mind Identity)、行为识别系统 BI(Behavior Identity)和视觉识别系统 VI(Visual Identity)。

(一)理念识别系统 MI(Mind Identity)

理念识别系统是组织的价值观、组织的理念,是组织的全体成员在长期行为中形成的特有的组织精神、组织风格和组织理念。这是一个组织区别于其他组织最重要的区别。是一个组织的精神遗产,是一个组织的几代成员长期积累形成的,别人学不来,带不走。它代表着组织的素质、组织的发展方向,是一个组织的"灵魂"。

例如,对大学形象来说,大学不仅仅是客观物质的存在,更是一种文化存在和精神存在。大学的物质存在很简单,仪器、设备、大楼等。然而,大学之所以称之为大学,关键在于他的文化存在和精神存在。大学的最大区别不在外表,而在其办学风格、体现出的大学精神和大学教职员工表现出的不同风格。北大和清华同在北京,办学历史也差不多,但两个学校的办学特色明显不一样,两个学校走出的教职工和学生的风格也不一样;武汉大学和华中科技大学同在武汉,但两个学校的办学理念也不相同,追求的办学目标也有迥异;天津大学和南开大学同在天津,其办学的特色也不尽一样。这些学校,尽管地域相似,环境相似,但办出的学校就是不一样,这最主要的差别就是都具有不一样的大学精神和大学特色。大学就是一个"熔炉",由于"炉子"不一样,其"熔"出来的人就是不一样。

理念识别系统主要包括组织精神、组织信条、组织管理哲学、组织经营哲学、组织服务理念、市场战略、产品战略等方面。这东西看不见,摸不着,但却实实在在地左右着组织的各个方面。组织这些理念体现出来就可以表现为组织的精神口号、理念、标语、警语、守则、座右铭、歌曲等。

(二)行为识别系统 BI(Behavior Identity)

行为识别系统是组织的全体员工的工作行为和行为方式。它是组织理念、组织风格等的具体行动,是组织精神、组织特色的具体体现。它包括了员工对内和对外两种行为的活动。对内包括员工的在不同岗位上的行为规范(实验室操作须知、剧场操作规范、办公场合须知等)、办公场合员工语言规范、员工的生产管理活动、员工的培训教育、服务水平等。对外的行为规范包括员工的公关活动特色、组织的领导风格和特色、员工待人待事的态度,窗口单位的服务规范等。总之组织全体员工的组织行为和个人工作中的行为都属于组织行为识别系统的范围。组织的行为识别系统是组织行为的组合,组织的这些行为组成了人的行为印象。规范组织的这些行为并形成系统,可以最大限度地保证组织形象不被组织的一些行为所受破坏。

对区域形象和城市形象来说,他们还包括区域行为和区域的政府行为,如区域政策、区域对地方保护的方式优劣对比、区域对外开放的力度,引进外资和保护外资的方法等。还包括区域的社会治安、区域的执法单位的形象,区域人群对外地人的态度等。

(三)视觉识别系统 VI(Visual Identity)

识别视觉系统是一个组织所独有的一套识别标志。视觉识别系统是组织获得社会关注、传达自身形象、加深社会印象最有效的手段之一。

视觉识别系统是可以设计的,它主要包括组织的名称设计、标准字、商标、徽记、主体颜色、建筑风格、道路风格、植物风格、景区美化、吉祥物、信封、信纸、用笔等等的设计,还包括标志性建筑、独特风景、区域文化遗产的发掘与保护、河流的整治、历史建筑的保护、特产、特色小吃等等发掘与保护,还包括制服的风格和制作、办公环境的整治、交通状况、市容市貌等等。其中区域的窗口单位在这个系统中最为重要,如火车站、汽车站、机场、宾馆、景区风格、景区道路、餐饮等等。

这些视觉识别系统构成了一个组织的外观,对外展示着组织的立体外貌形象。

第三节 伪公关现象

一、什么是伪公关

我们应该认识到,在现代社会,公共关系的知识还远没有被普及,很多普通百姓还不知道公共关系为何物。很多人虽然知道公共关系这个词,但公共关系是做什么的,做公共关系有什么好处? 什么单位需要公共关系,大众还一无所知。甚至至今还有人认为,那些所谓的"公关小姐"、"公关先生"就是公共关系,陪酒、陪玩就是公共关系。社会对公共关系还有某种程度的误读和误解。

同时,还有一些人或者组织出于自己不可告人的目的,打着公共关系的旗号,干的却是违背公共关系准则和公共关系道义的事情。还有一些人认为,只要是推广知名度,就是公共关系。这部分人,明明知道什么是公共关系,但却违背做人的良心,干着反公共关系的勾当,这就是典型的伪公关。

伪公关也被称作假公关,或虚公关,是打着公共关系的旗号,干着违反公共关系准则和伦理的虚假的公共关系行为。伪公关是公共关系的反面,和真正意义上的公共关系是格格不入的。伪公关的出现一方面说明了整个社会越来越重视公共关系,另一方面,也过分夸大了公共关系的作用,偏差地理解了公共关系。公共关系是重要的,但公共关系不是万能的,任何对公共关系偏差应用、对共关系的不当使用,最终都是要吃亏的。

二、公共关系作用被夸大问题——"公关万能论"

诚如任何手段和工具都是有限的一样,我们也应该承认,公共关系对组织的作用也是有限的。公共关系对组织形象塑造的好处是显而易见的,是"锦上添花",但公共关系绝不是"包治万物"的无限法宝。个别社会组织其美誉度平平,其产品形象和产品质量也很一般,甚至有些还是假冒伪劣产品,弄虚作假。但为了短期的经济效益,强力利用公共关系方式来做企业形象,做虚假的品牌推广,无限度的制造知名度,把知名度捧到了不适当的地步。过分利用公共关系、夸大公共关系的作用、高强度地利用公共关系传播和宣传、利用一切传媒手段传播虚假信息、夸大组织形象、塑造虚假的社会组织形象和产品形象,公共关系被用来作为"敲门砖"和"遮羞布"来使用,这些手法都是典型的"公关万能论"的惯用伎俩。

案例:

昙花一现的品牌①

中国在短短的 20 年内,出现过不少的昙花一现的品牌:曾经以极快的速度在中国市场迅速蹿红,品牌的知名度达到空前的高度,令人万众瞩目;但又在很短的时间内惊人地如流星般陨落,让人万分惋惜。其中不乏当初优秀的企业,如三株、智强、旭日升、太阳神、健力宝、春都火腿肠、万宝冰箱、北京牌电视机、孔府家酒、孔府宴酒等。探究这些品牌浮沉的内在根源,有助于我们运用逆向思维的方式,找到能够长期支撑品牌持续成长,永续经营的根本动力,从而对今天的许多优秀或者知名品牌起到前车之鉴的作用,从而真正实现中国品牌的国际化和健康成长。品牌快速陨落原因如下:

(1) 巨额广告费的巨大压力,拖死品牌。智强品牌是四川非常有名的一个食品品牌,推出的智强核桃粉在全国很多区域畅销,但是智强发展到一定阶段之后,非常不明智的选择了 CCTV 的标王广告盟主,但是结果却是广告费的金额居然超出了上一年的销售额,因此,最终的结果是资不抵债,被迫宣布破产。非常有潜力的一个品牌就这样陨落。智强的失败,表明了当细分市场到来的时候,大众型媒体的传播方式是不适合的,像小众型、针对特定人群的传播手段是一种明智的选择。

(2) 企业过度膨胀,管理接近失控。品牌的成长在初期是逐步积累式的,达到一定程度以后,会快速增长,反映在销售额上就是爆炸式翻番。在这个阶段中,企业的人力、财力、物力很容易与品牌的几何级数快速成长无法匹配,因为企业找准了一个点之后,品牌像病毒一样蔓延开来非常可能,然而,企业的文化凝固和传播却只能一步一个脚印的进行,一旦遇到市场和业绩突飞猛进的时候,一个企业的资金链最容易断掉,以至于在品牌的推进中,出现很多环节或者局部的真空。在高业绩增长的情况下,这样

---

① 李玉国.中国品牌浮沉 4 大内在根源[OL]. (http://brand. icxo. com). 2006-09-05.

的问题被掩盖起来。当危机到来的时候,品牌就像自身免疫系统被破坏的肌体,已经无力对侵入的病菌进行抵抗,只能眼睁睁地看着自己苦心经营的市场如城墙倒塌般的崩溃。代表品牌有三株、秦池等,其实不管是口服液还是白酒,本身的市场非常巨大,但是这样的品牌扩张,势必应该建立在开拓、巩固、发展的良性循环体系上,秦池在夺得央视的标王之后,生产能力已经严重不足,当媒体揭露出秦池从四川买入原浆酒进行勾兑的事实之后,秦池非常不专业的危机公关并没有发挥出作用,失败和陨落在所难免。很多的企业家目标是成为百年老字号,但是在实际的品牌培育上却又急功近利,品牌成了气球,充气过多之后只能"砰"的一声爆掉! 茶饮料品牌的开创者旭日升也是同样的原因。

（3）品牌过度多元化扩张,造成企业的造血能力丧失。中国的很多品牌快速的消亡,淡出人们的视野,并非由于这些品牌的经营不善,而不少品牌的失败恰恰由于他们当初太过成功。巨人在汉卡的产品失败之后,迅速进入了生物科技行业,但是原本计划兴建一座巨人公司内部的办公大楼之后,迫于外界的期望和压力,对巨人大厦的楼层不断加高,以至于房产也成了巨人的一个支柱产业。当巨人大厦所需要的资金不断像食人鱼一样吞噬生命的时候,对于史玉柱处于战略地位重要的生物科技（脑黄金产品）成了巨人大厦的提款器,从而剥夺了品牌自身正常的造血能力,资金链突然断掉。品牌失去了企业的正常造血功能的支撑,只能快速沦为流星。

（4）品牌管理团队或者经营机制的更改。健力宝在历史上被称为"东方魔水",在20世纪80年代曾经蜚声海内外,成为一个能够跟可口可乐等国际品牌竞争的被非常看好的品牌。但是当三水市政府将原来的老臣李经纬革职以后,转手卖给了在资本市场上长袖善舞的张海,健力宝基本上开始了品牌的自由落体运动。因为张海仅仅是对资本市场经营的青睐,健力宝真正的市场策划、品牌定位、渠道政策等并不是张海所要深究的。最终健力宝成为饮料行业的弃儿。虽然第五季产品上市时轰轰烈烈,但是时至今日,第五季已经从人们的视线中消失了。

中国品牌流星快速陨落还有其他原因,诸如品牌合资、出租或者危机处理不当等原因,但是总的来看,这些企业迅速流逝的主要原因还是不去做扎实的基本功,不想在提高质量、提高管理手段上下工夫,而只是想靠广告出名,靠知名度卖钱,想在全国人民面前混个脸熟,过分依靠公共关系和广告。品牌流星现象的出现,说明了中国的品牌整体还不成熟,甚至还未成年,无论是渠道、传播、公关等环节上都显得过度幼稚。

造成"公关万能论"的形成的原因,是因为一些社会组织不太理解公共关系的真谛,以为公共关系就是不负责任地无所限制地宣传自己,过分相信传媒的造势力量。它们利用媒体制造声势,迷惑群众,谋取到的只是暂时利益。把组织的知名度和美誉度虚夸到一个不适当的地步。在公共关系过程中,不注意组织本身的和谐建设,没有量力而行,只是幻想靠公共关系来宣传和自己本身地位不相称的组织形象,这样做肯定是短命的。

三、传播媒体自身的公信力问题

在信息传播日益丰富的时代,以传播信息为载体的传播媒体自身就有一个公信力的问题,就有一个传播的道德和意识问题。所谓公信力就是社会大众对媒体认可和信任的程度,所谓传播的道德意识,就是进行信息传播时的主观态度,就是你为了什么去传播信息。传播道德意识是公信力的主体和核心。公信力和传播道德意识是一家媒体在竞争时代站得住脚和生存下来的基础,对媒体来说两者是息息相关的。没有公信力可言的媒体一定是短命的,没有传播道德意识的媒体是没有任何公信力可言的。

现在的状况是一些媒体,尤其是一些中小媒体为了金钱,为了竞争和生存,完全抛弃了公信力和传播道德意识,不固守生存的起码底线,随意编造虚假信息,或无中生有,或歪曲事实、或借东打西,或捕风捉影,或蛊惑人心,或煽阴风、点鬼火,利用人们的好奇心理,炮制猎奇事件,把信息传播沦落为炒作的工具,当成了纯粹赚钱的门路。为了赚钱,什么都可以不要,为了赚钱,什么手段都可以去做。这主要表现为一些非主流的报纸、杂志、电台和一些所谓的网络公关公司。

最要命的问题是,这些中小媒体和所谓网络公关公司并不是不懂得传播理论和公共关系理论,而是他们十分谙熟这些理论。如:"把关人理论"、"两极传播模式","受众选择的3S理论"、"论题设置理论"、"非对称传播理论"、"反向思维理论""形象塑造理论"、"扒粪理论",等等。这些中小媒体把这些理论能玩转到极致的程度,从他们的所作所为中你都可以看到这些理论的影子。他们能把这些理论细化为自己的具体行动并夸夸其谈。很能理论联系实际,甚至他们都能创造出一套传播理论,其理论素养一点不比专家们差。只是它们丧失了作为媒体和个人的良心,丧失了传播的道德意识,没有打算去要什么公信力,对一些理论去歪曲理解并应用,从而让理论走向了反面。当把传播看成了随意玩转的工具时,这些媒体的死期就不远了。

案例:

评论:跪爬捐款事件行善不容策划①

"有本事在广州街头跪爬一公里,我马上给你捐两万人民币"。据央视报道,3月22日广州街头,谢三秀女士怀抱身患眼癌的女儿边走边跪。后来揭出原来这是一家网络策划公司精心做的一个局,策划者"金泉少侠"巧妙地利用社会的愤怒和爱心,最终帮助这位母亲筹得了看病和做手术用的巨资。

真相浮出水面,丑陋不期而至。从同情到愤怒,从错愕到失望,从焦虑到失落,多种情感交织,一言难尽。

慈善不容亵玩,人们的善心不容愚弄。古人云,"慈者爱,出于心,恩被于业"。慈善的精髓在于自愿,是一种发乎内心、形之于外的精神高度,所谓"慈",爱也;"善",美好也。通过欺骗的方式愚弄民众大发善心,必然违背慈善的本意,这不仅无法推动慈善进步,反而将对慈善产生戕害。

目的的正义性,不等于手段正确。"金泉少侠"一再强调,其出发点就是为了救人。救人固然可取,但不能因此就不择手段。今天,为救人扯下一个小谎,明天就有可能会为另一个目标撒下弥天大谎。小谎到大谎,所带来的恶果无疑将更加可怕。

救人是善心,但不能以恶害善。怀抱女儿,边走边跪,1000米距离,两个小时跪行,确实抓人眼球,但让人跪爬,已涉嫌侮辱谢女士的人格。不应采取这种有伤公序良俗和社会伦理的方式,来换取公众的同情和捐助。

此外还需厘清的是,如何处置所募捐的善款? 据报道,截止到25日,通过银行捐款和其他一些募捐渠道,谢三秀已经获得28万多元捐款。有网友表示,谢三秀应公开治疗账目。平心而论,这一诉求颇有必要,大家捐助的目的也是为了孩子治病,钱花到何处,花了多少,应当有笔明白账,善待每一分善款,这样也是呵护每一份善心。

反思跪爬捐款事件,还需明确的是,不是鼓励见死不救和冷眼旁观,而是该明确通过什么渠道、何种方式去救。"金泉少侠"策划的背后,亦暴露出不容回避的现实问题,如果没有这种极端炒作,孩子能否得到及时救治? 有没有慈善机构第一时间伸出援手? 网友会不会迸发强烈的慈善热情? 如果是,那炒作就多余;如果不是,就应探讨该如何完善慈善机制,让更多的弱势群体得到关怀;如何健全社会保障体制,让疑难病症的患者得到救治。

一旦动机不纯,行善也有可能作恶。如今"金泉少侠"陷入舆论拷问的漩涡,但这

---

① 秦宁.跪爬捐款事件行善不容策划[N]. 京华时报,2011-03-27.

不是一个人的教训。该叫停这样的不良炒作了,否则我们残缺的社会信任资源,将透支殆尽。

四、公共关系传播的和谐度问题

公共关系传播有一个和谐度的问题。公共关系传播,就是要借助媒体的力量宣传组织的知名度和美誉度,把组织的美誉度和知名度提升到一个适当的水平。但美誉度和知名度不能无限夸大,要有一个适度,要达到和组织形象相匹配的地步。所谓公共关系的和谐度就是指一个组织的形象和其知名度、美誉度的匹配问题。如果一个组织的知名度和美誉度比较匹配,就说明其公共关系的和谐度指数较高,如果一个组织的知名度和美誉度有严重偏差,则说明这个组织的和谐度较低。对公共关系传播的和谐度进行分析,可以较好地说明一个组织公共关系的状况。

现在的情况是,部分组织在开展公共关系过程中,喜欢追求社会的知名度和美誉度,喜欢做表面的文章,而不注重自身内部的公共关系建设。如一些企业,一方面制造污染,破坏环境,使用童工,工人工资较低,劳动保护设施较差,另一方面则又拿出善款,捐赠贫困户,捐给受灾地区,高调宣传自己的"善举",这就是组织和谐指数较低的典型事例。组织这样做,会误导公众,最终会给社会组织造成利益损失。公共关系和谐指数较低的原因是一些组织只想急功近利,不去做公共关系建设的扎实工作,只想靠宣传来提高知名度和美誉度,到头来会适得其反。

公共关系和谐度问题和"公关万能论"有区别,是两个不同性质的问题。"公关万能论"是恶意地利用公关手段达到不可靠人的目的,其主观上具有"恶意"的性质。公共关系和谐度是一些企业不懂得公共关系的真谛,是不懂得如何做公共关系的问题,其主观还是"善意"。

五、限制公共关系传播的问题

在公共关系传播中,还有一种不正常的现象就是公共关系的反传播。所谓公共关系的反传播就是一些组织不但去开展公共关系,甚至去阻碍公共关系的传播。这主要表现在媒体对个别组织进行负面报道的时候。例如,当某些媒体报道一些组织的负面做法、对组织进行监督时,这些组织不是勇于揭短,改正错误,去配合媒体工作,进行正常的危机公关,迅速挽回形象,而是文过饰非,百般抵赖,拒不承认错误,阻碍和躲避媒体,给媒体提供虚假信息,更有甚者是利用某种力量或势力去限制传播,给媒体制造压力,或贿赂一些媒体人,让其不再揭露自己。而这些都有一个漂亮的名词,"媒体公关"。这种反传播现象现在在一些地方和组织中已比较常见。

这种现象不单是对社会民主的践踏,也是在对抗党和政府舆论监督的政策,是在对抗社会和民众的公论,是封建社会的集权思想在作怪。这种现象,随着整个社会文明意识的加强会慢慢减少,社会对舆论监督的认知度会越来越高。

伪公关现象我们还可以举出一些。在我们这个社会,伪公关现象数量现在还不多,但危害极大,它败坏了公共关系的名声,也败坏了自己的名声,对伪公关,我们一定要有清醒的认识,撕掉其假公关,还其虚伪的原貌。

第七章 危机事件处理时期的公共关系及公关方法

第一节 危机公关的涵义

一、危机公关的定义

危机公关，准确的叫法应该是危机事件处理时期的公共关系工作。危机事件具有突发性、不确定性、紧迫性和双面效应的特点，这些特点决定了危机事件的处理，是一个多部门、多渠道共同携手才能应对的复杂工作。危机事件管理，也不仅是公共关系的责任范畴，还属于是公共管理和企业管理的责任范畴。危机事件处理，又有人称之为危机风险管理，危机管理。西方教科书通常把危机管理（Crisis Management）称之为危机沟通管理（Crisis Communication Management），主要指危机发生时期的要开展的各种应对措施。危机公关，是危机事件处理时其中一项很重要的工作。随着公共关系的普及，很多人对危机公关都有了一定的认识。从广义上说，发生在 2007 年 7 月 17 日下午印度尼西亚大海啸，2008 年 5 月 12 日发生在我国四川省内的"5.12"大地震，2008年上半年，发生在英国伦敦和德国慕尼黑奥运火炬传递遭遇阻力事件，2008 年 10 月，发生在河北省石家庄市的"三鹿毒奶粉"事件，还有"最牛的县委书记"、"最牛的县长"、云南监狱里的"捉猫猫"事件等，可说都是一次次的组织危机，也都是一次次的危机公共关系的发生发展的处理过程。从狭义上来说，肯德基"苏丹红事件"、"毒饺子事件"、"SK-Ⅱ"化妆品事件，齐齐哈尔第二制药厂的"假药事件"、"南京冠生园"事件等，都是企业危机公关处理的典型案例。危机公关正在被社会和越来越多的企业和公众所接受。

二、危机公关的内涵及意义

什么是危机公关？国内外对它的定义可以说是众说纷纭，不下几十种。但纵观一些定义就会发现，一些定义把危机管理和危机公共关系混为一谈，或虽然没有混为一谈，但没有厘清危机管理和危机公关的区别。我们以为，危机公关不等于危机管理，危机公关不能代表全部的危机处理。当然危机处理如果缺少公共关系，那也不会达到最好的效果。所以我们给危机公关下的定义是：所谓危机公关是社会团体、机关和企事业单位在出现突发危机事件时，为了减少损失、维护和扭转组织形象，应对危机事件中的软危机而采取的一系列措施的过程。它还包括为了预防危机的发生而采取的各种公共关系预防措施。

第二节　危机公关的分类

根据不同的分类标准，危机事件可以分为不同的类别，危机公关对不同的危机也有着不同的应对措施。

一、硬危机和软危机

根据危机事件爆发的原因及对组织实力造成的损失，危机一般分为两大类，一类是硬实力危机；另一类是软实力危机。

（一）硬危机

硬危机是指由自然环境和宏观社会环境造成的危机。这类危机主要损失的是硬实力，是物质财产的浪费和损失。这类危机公关主要是挽救硬实力。

主要有以下几类：

（1）自然灾害：如旱灾、水灾、地震、海啸、暴雪、火灾、房倒屋塌等。

（2）交通责任事故：如火车相撞、飞机失事、轮船沉船、汽车相撞等。

（3）生产责任事故：如钢炉倾斜、重大工伤事故、矿井漏水、瓦斯爆炸、毒气泄漏等。

（4）环境污染事故：如江河、湖水污染，赤潮、废水排放、核电站泄露等。

（二）软危机

软危机主要是指由人为因素造成的危机，是人为地对社会公德的破坏和践踏。这类危机主要是对软实力的破坏，损失的主要是组织的信誉、组织的美誉度和忠诚度。这类危机公关主要是挽救软实力。

主要有以下几类：

（1）缺少社会责任：如不履行企业社会义务、极少关心社会活动、组织对社会活动冷漠等。

（2）缺少企业道德：如制造假药、销售伪劣产品、产品以次充好、坑骗消费者等。

（3）缺少信誉：如售后服务极差、不信守承诺、制造潜规则、人为烘托某种产品等。

（4）缺乏公平和公信力：如发生纠纷时明显偏袒某一方、编造虚假事实欺骗公众等。

除以上两类外，还有一些硬危机和软危机交织在一起的一些危机。这类危机公关主要是综合挽救两种实力。

（1）商业危机：如竞争对手冲击市场、股票、基金市场交易暴跌、产品质量严重下滑等。

（2）劳资纠纷：如罢工、罢课、游行示威、拖欠工资、工伤、劳保待遇、退休金争执等。

（3）人为灾害事故：如重大杀人案、重大自杀事故、和组织关系密切的某人行为不检点引起的社会议论等。

（4）媒体失实报道：如媒体对组织失实报道引起的社会议论等。

社会发展到今天，一些破坏活动不但会去损伤组织的硬实力，也开始去有意识地去破坏组织的软实力，此消彼长，以达到削弱对方竞争力的目的。公共关系已成为克敌制胜一种利器。

二、政府危机、企业危机和其他组织的危机

根据处理危机的组织对象的不同，危机可以分为政府危机和企业危机。

（一）政府危机

政府危机是指政府在管理国家和区域事务中，突然发生的如地震、流行病、经济波动、恐怖活动等对社会公共生活与社会秩序造成重大损失的事件。在危机发生越来越频繁的今天，一个国家要减少危机的发生，降低危机的损失，提高政府应对危机的效

率,就必须建立系统的危机管理机制。系统的危机管理包括危机的预防与应对两个方面。有效的危机管理机制,能够将政府的危机管理纳入一个有序、规范、条理的轨道中,保证政府在危机发生时能在最短时间内有效调动社会资源,将危机带来的损失减少到最低程度。

(二)企业危机

企业危机是指企业主体发生的各种危机。企业,尤其是生产型企业发生危机的频率是较高的。企业就要通过危机监测、危机预警、危机决策和危机处理,达到避免、降低危机产生的危害,将危机转化为机会。简言之,企业危机管理就是使危机对企业造成的潜在损失最小化、并有助于控制事态的管理。企业危机包含在企业内部管理的各方面,如战略危机、人力资源危机、财务危机、施工危机、物流危机、市场危机、品牌危机、文化危机、劳务危机、质量危机、安全危机,等等。自然危机、政治危机、金融危机、疫情危机、动乱危机、能源危机、特异危机等则是企业的外部危机。

(三)其他组织的危机

除了政府和企业,其他社会组织也可能发生危机,如学校、党政机关、事业单位都可能发生一些硬危机和软危机。就是一些慈善机构也可能发生一些危机,这是过去不曾听说过的。因此,各类组织都要有处理危机的意识。

三、内生危机和外生危机

根据危机产生的根源分类,可分为:内生危机和外生危机

1. 内生危机

内生危机又称主动危机,是指由内部原因造成的危机事件。如生产责任事故、贪污腐败案件、违背企业社会责任、管理缺失等。这类危机具有主动诱发性,具有可预测性,可以主动规避但没有去规避。所以这类危机具有不可原谅性。

2. 外生危机

由外部原因造成的危机事件,又称被动危机,如金融危机、自然灾害等。外生危机是组织外部的原因造成的原因,具有不可预测性,原因不可避免性。所以这类危机具有可原谅性。

四、局部危机和全面危机

根据危机波及的面分类,可分为:局部危机和全面危机

1. 局部危机

危机事件只涉及一小部分公众,种类少。

2. 全面危机

危机事件涉及大部分公众,种类多。

五、严重危机和一般危机

根据危害的程度分类,可分为:严重危机和一般危机

1. 严重危机

严重危机:与公众的冲突面大,烈度强,组织的声誉受到了毁灭性的打击,直接威胁到组织的生存

2. 一般危机

一般危机:与公众冲突面不大,烈度不强,组织形象只受到一定程度的损害,在一定程度上影响组织的顺利发展。

六、小型危机、中型危机、大型危机和特大型危机

危机可以根据危害程度分为小型危机、中型危机、大型危机和特大型危机等。还可以按照等级分为一、二、三、四等不同程度的危机。一级危机是较小的危机,其余依次类推。

危机分类的意义在于通过对危机范围、大小、层级的认定,可以采用不同的层面、人员、物质、规模来应对。这样既可以避免小事大作、产生浪费,也可以避免准备不足而手忙脚乱。

范例:

2011 年沃尔玛和家乐福危机事件的原因评析

2011 年春节前后,沃尔玛和家乐福出现的"诈骗门",危机至今还在发生着"多米骨

牌"效应和"蝴蝶"效应。从危机发生的原因看,这是一次典型的内生危机、软实力危机,是一次违反企业道德、违反企业社会责任自我主动诱发的、能预测到后果而又任其泛滥成灾的一次危机。这次危机具有不可饶恕性。

从公众角度分析,这两家商场欺骗的是自己最忠诚的公众,也就是说欺骗的都是对自己最信赖的朋友公众。公共关系价值的最大化原则就是"稳定(顺意)忠诚公众、争取边缘公众,减少逆意公众"。而这两家超市所做的正好是歪招,欺骗忠诚公众,结果是扩大了逆意公众,吓跑边缘公众。被媒体报道出来的家乐福直接得罪的企业忠诚公众就有"康师傅"、"飞鹤奶粉"、"福临门食用油"、"三九油脂"等这些大型企业公众,还有更多没有被报道出来的企业公众。两家超市还欺骗了经常去超市买东西的这些个体的忠诚公众。对这些零星公众,你让利销售、良好服务就是对他们忠诚的鼓励和赞赏,就是对这些忠诚公众的良好报答和回报。可这两家超市欺骗的恰恰是自己的忠诚公众,严重伤害了他们的心。甚至公众和他们讲理超市还不认账。这些公众,他们作为个体是弱势,但他们联合起来超市就变成弱势了。他们作为一个具体职业是弱势,但他们的职业联合起来,其职业聚集就能治超市于死地。两家超市是在自掘坟墓呀。

从危机发生的原因看,这次危机是一次有意自我制造的内生危机,主动危机,完全不是无心的过错,这样的危机对一个大企业、跨国企业来说,本来就不该发生,是完全可以避免、也完全可以预测到其结果的。危机是任何组织都想规避的,是唯恐躲之不及的。危机处理的原则也是寻找危机隐藏的根源并消除。而这两家超市却是在制造根源,有危机唯恐不发生的嫌疑。"欺骗"忠诚公众的结果是不言自明的,但两家超市不但有意去做而且放任危机结果的发生。这种欺骗在任何职业、任何单位和国家都是不准的,但这两家超市就是去做了。你说这是什么性质?

在危机的处理方面,这两家企业也犯了三个最低级的错误。尽管"诈骗门"事件已被媒体曝光,其实事情还是可以挽回的,但两家超市还是没有打算挽回影响的主观愿望。至今还是在百般抵赖。

1. 没有及时真诚的道歉

没有通过媒体向全社会公众诚心道歉,挽回影响。其道歉声明没有深思熟虑。缺乏企业社会责任心层面的考量,缺乏企业道德的反思。让公众看到的是敷衍其事、不痛不痒的声明,没有诚心改正错误的味道。

2. 没有改正错误的真正措施

其自我规定的"赔偿超出其正常价格的五倍赔款"也难以执行。据了解,从2011年1月27日至30日上午,上海家乐福超市所有门店受理的顾客退赔仅为5起,退赔金额总计 25 元左右。还有一些超市尽管客户受欺骗找到超市理论，但超市还是拒绝赔偿，只是退还了差价。这能是一个跨国超市的起码行为吗？

3. 就在全国人民人人喊打、两家超市已经是"过街老鼠"的情况下，两家超市服务质量和态度还是没有多大的改变，

下面是 2011 年 01 月 31 日四川新闻网转发的成都晚报张照华的报道：《气人"他们说，你嫌贵可以不买"》张女士随即提着东西赶回家乐福八宝街店，在二楼电梯左侧的瓜子货架上，她看到 300 克装"FP 辉乡煮瓜子"仍在销售中，标价 5.5 元。于是，她找到收银员询问是不是打错了。收银员随即表示，条码上的价格就是 6.2 元，让她等专门的处理人员处理此事。10 分钟后，一名身着黑色制服的工作人员前来处理此事。"这个条码不一样！"该工作人员解释说。"但是，你们这个品牌煮瓜子，明明只有一个规格啊？"张女士有些不解。"如果你嫌贵了，可以不买。"张女士回忆，该工作人员最后有些着急地说道。不想为了几角钱吵架，张女士就这样息事宁人了。

4. 两家超市都没有领导人出面坦诚谈问题，承担应有的责任

处理危机的关键时候，组织领导人应该站出来谈问题，交代处理的办法，承担应有的责任，这是一种表态，也是一种分量，还是对公众的一种交代。两家超市发生这么大的问题，根子无疑就在主要领导，就在 CEO。但两家超市至今领导的表态一个也没有，两家超市对待国人的愤怒有什么态度？如何挽回损失？如何改正错误，今后的方向在哪里？没有任何一个有分量的人出来说话。公众从这一行动中读出来的意思就有两个：一是表明了两家超市的公关水平确有重大失误；二是表明缺乏彻底改正错误的诚意。

由此，我们看到两家超市公共关系具有三个方面的失误：

1. 经营理念层面的失误

企业经营的目的不是你死我活，不是势不两立，是双方共赢。尤其是和战略伙伴的关系、和忠诚公众的关系更该如此。这两家超市在自己的战略伙伴身上打起了主意，去想榨干他们的油水，最后结果可想而知。

2. 公关指导思想层面迷失了方向

这两家超市最初也有良好的信誉，有良好知名度和美誉度，形象较好。但在好的形象面前超市迷失方向了，自我膨胀了，不知所以了。到现在这两家超市已经看不到公共关系的理念和实际工作了，能看到的就是无休止的中断供货，和客户的纠纷，欺骗公众等负面报道。这危险呀。

3. 对公众互动层面的失误

沃尔玛和家乐福对待忠诚公众的欺骗几乎是如出一辙。公共关系组织对忠诚公众一般会有所回报的，会通过各种途径给忠诚公众一些小恩小惠，让这些公众感到组

织在照顾他们,在回报他们,如会员卡,如银卡、金卡的打折,都是基于这个道理。但这两家超市对公众的回报是反向的,对忠诚客户的回报是欺骗和剥夺,其理念是"骗走你身上所有的钱。"这可怕呀!

可以说,家乐福和沃尔玛超市危机事件是一次最低级、最不顾脸面、有意为之、自毁形象的一次不可原谅的危机事件,事件结果是咎由自取。可以预料,如果两家超市继续为所欲为,不思进取,它倒闭的日子就不远了。

第三节　对危机管理和危机公关的认识

一、"危机公关"比"公关危机"的称谓更符合现代汉语词组组合的规律

从称谓上说,"危机公关"的称谓比"公关危机"的称谓更符合现代汉语词组组合的规律。从现代汉语词组的组合分析看,"危机公关",字面直接意思就是"危机的公关",最科学的名词扩展理解应是"危机时候的公共关系",全称应该是"危机事件处理时的公共关系工作",或者为"危机出现时期的公共关系工作"。这样称谓,"危机公关"是偏正关系,"公关"为中心词。"危机"在前面修饰、限定公共关系,是偏词。这样的排序符合现代汉语的语法关系,扩展解释符合词组应有的原意,所以这样的称谓应该是科学的。现在有些书本有"公关危机"的称谓,这样的词组排序,虽然仍是偏正关系排列,但这样的排列"危机"是中心词,"公关"在前面修饰、限定"危机",字面的直接意思就是"公关的危机",扩展后最接近的理解就是"公共关系的危机"或者是"公共关系出现危机"的意思了,这完全不符合"危机公关"的原意,和"危机公关"的意思完全相反了。这样的限定和称为称谓从语义上就解释不通,所以这样的称谓也是不科学的。

二、公共关系在硬危机和软危机处理中的不同作用

专家认为危机管理已经是整个管理工程里的一个子系统,是社会或企事业单位为应对各种突发事件所进行的规划决策、动态调整、化解处理及人员动员、使用等整个活动过程,其目的在于消除或降低危机所带来的威胁和损失。我们通常可将危机管理分为两大部分:危机爆发前的预计,预防管理和危机爆发后的应急善后管理。危机公关属于危机管理的一个有机组成部分。危机公关不是危机事件处理的全过程。

在危机管理中,危机公共关系主要负责两个方面的处理:一是硬危机事件发生时,处理与组织形象、组织信誉、媒体宣传等等有关的公共关系方面的工作。如地震、火灾、暴雨暴风、房倒屋塌等等,这类危机的处理,危机公共关系发挥的效力是有限的。这类危机的处理主要靠各类专家来进行;二是软危机的处理。如由诚信问题、企业社会责任问题、公平和公信问题等引发的危机。这类危机的处理主要由公共关系专家来进行,其他专家发挥的效力是有限的。

硬危机事件主要是天灾人祸之类的事件。主要是处理人口伤亡或金钱、财物这些看得见的损失。处理这类危机事件主要是挽回生命和财产损失,只有处理这类事情遇到一些媒体应对、对外发布事实、恢复组织形象等问题时,公共关系才有用武之地。处理这类危机事件,公共关系只是一个组成部分,不是处理问题的全部,或者说,公共关系在此类事件处理中只是配角作用。

软危机事件主要是指组织知名度或美誉度受到损失、组织形象受到伤害的事件。这类事件的主要特点组织的生存环境恶化。这类事件表现在组织内的人员和物质财产一如往常,组织照常运作,但由于组织赖以生存的某个环境明显恶化,直接影响到组织的生存,甚至造成组织的灭亡。软危机事件的处理主要是由公共关系来完成的,公共关系在此类事件的处理中是主角。所谓危机公关所涉及的事件主要就是这类危机事件。从公共关系的角度来看,由自然和其他原因造成的企业危机并不十分可怕。因为这些危机并没有危及企业形象,没有对企业的公信力造成危害,企业已有的形象还在,受损企业在公众中依然有相当的知名度和美誉度,企业用以重生的软实力还在。尽管危机让企业蒙受了巨大的经济财产损失,企业的生产能力可能被迫中断,其产品销售也许出现阻碍,但这只是暂时的,破坏的只是企业的皮肉。一旦措施得当,时机把握合适,企业凭着原有的巨大软实力,凭着原有的形象和公信力依然可以重整旗鼓,很快发展起来。公共关系对这类危机的处理一般多注重企业硬件的改善,多关注对企业内部公众的管理,其成功的可能性比较大,风险系数小[①]。

但由企业家和企业道德和良心引发的企业软实力危机却是致命的,几乎是一种无可救药的死公关。这类危机也许没有伤及到企业的硬实力,企业的生产能力和销售渠道还是畅通的,但这类危机伤及的是企业的筋骨,破坏的是企业赖以生存的立足之本,是企业的灵魂之痛。这类危机最大的破坏力是企业已经蜕变到千夫所指的地步,其知名度虽然还在,但美誉度、忠诚度和社会认可度几乎降到零。企业失去了社会公众对

---

① 马志强. 从企业公关危机的发端来看企业社会责任中的企业道德问题[OL]. 宁波公关网(http://www.pr818.com/view.asp? n=153)

其的起码信任,陡然增加大量的逆意公众,失去了应有的公信力,到了对其鄙视的程度,企业形象降到最低点,企业的软实力轰然倒塌,这时企业不论再怎样信誓旦旦地去改正什么错误都已经于事无补了。企业公共关系几乎无法展开。这类事件只要一出现,肯定会倒下一批企业,甚至危机到一个产业链的生存,最后的结果往往是企业名誉扫地、产品品牌倒地,企业和企业家经济损失无法估量,企业最后被迫破产,是一个无可挽救的绝症。这类危机一般来说已经不是公共关系危机处理所能解决的①。

范例:

三鹿奶毒粉事件

近几年,食品和药物中毒事件累计出现。如毒奶粉事件、苏丹红事件、毒火腿事件、齐二欣弗假药事件、南京冠生园事件、食品里掺工业原料和添加剂事件等等,可说是接二连三发生,防不胜防。这类事件最典型的莫过于去年出现的"三鹿毒奶粉"事件了。我们可以看到,这次毒奶粉事件,并不是源于"三鹿"硬实力的损伤,厂房、机器、人员、资金、营销队伍都在,都是健全的,但由于"三鹿"长年积累经营的企业信誉、企业品牌和企业道德这些软实力被彻底粉碎,全国人民对此已经嗤之以鼻。这不但导致三鹿集团的整体破产,还影响到我国整个奶业链的生存,使我国的奶业产业在国内外的声誉严重受损,致使全国老百姓不敢喝奶,不敢买奶粉,牛奶业自己成了自己的掘墓人。事情已经过去近两年了,但现在我国奶业至今还在苦苦挣扎,吃着自己带来的苦果。大批量的外产低价奶粉流入国内,不断侵占国内市场的份额,严重威胁着国产奶业。老百姓对我国的乳制品普遍缺乏信任感。这一次以企业软实力损失殆尽的代价换回的教训,让我国整个牛奶业反思、追悔②。

三、中小型企业、政府机关和事业单位同样需要危机管理和危机公关

我们现在书本里的很多公关案例和危机应对案例都是大型企业或著名品牌,好像大品牌对危机事件的处理和危机公关的应用都很成熟。媒体对危机管理的关注点也多数集中在公关传播对品牌的影响上,往往忽略了中小企业的危机管理,导致许多中

---

① 马志强. 从企业公关危机的发端来看企业社会责任中的企业道德问题[OL]. 宁波公关网(http://www.pr818.com/view.asp? n=153)

② 倒奶杀牛:产业危困还是转型阵痛[OL]. 宁夏网. (WWW.NXNET.CN)2009-04-8.

小企业误认为危机管理是大型企业的事情,而没有做好相应的准备措施。其实这只是一种假象。从危机管理的案例数量来看,中国绝大部分企业的危机是在中小型企业,而不是大型企业。每年都有大量中小企业因为没有解决好危机而消亡,导致中小型企业生命周期短,生存能力弱。中小型企业的危机主要是集中在战略危机、财务危机、人才危机、品牌危机方面,但由于它们的社会影响度不高,所以往往就忽略了中小型企业危机管理和危机公关的问题。

除了企业需要危机管理,政府和事业单位同样也需要危机管理和危机公关。近两年大量的事实已经告诉我们,在危机管理和危机公关的应用上,政府部门和事业单位对其的应用一点不亚于企业。山西的"黑砖窑事件"、"最牛的县委书记事件"、河南"灵宝发帖事件"、"河北李刚事件"等都在一定层面上损伤了地方政府的形象、破坏了区域政府的公信力,伤了老百姓信任力。修补这些区域政府的形象,提升区域政府的公信力,增加群众的满意度,恰恰是政府管理部门要做的危机公共关系方面的工作。

四、任何危机公关都存在风险

任何危机的处理都是存在风险的,当然任何危机公关也是存在风险的。不能认为,只要开展了危机公共关系,一切就高枕无忧了。所以,又有人把危机管理称为风险管理。危机公关就是通过任何手段,在一个肯定有风险的环境里把一些风险减至最低的管理过程。当中包括了对风险的量度、风险等级的评估和应变策略。理想的危机公关,应该是一连串排好优先次序的过程,对当中的可以引致最大损失及最可能发生的事情优先处理,而相对风险较低的事情则压后处理。

五、危机管理和危机公关重在平时的预防

危机公关要有事先已经建立起来的防范、处理体系和对应的措施。危机公关不仅仅局限于危机突发时才有的应对过程,更主要的是在危机出现之前就已经建立起来的危机监控方面的公关措施、危机应对方面的公关机制、各类危机公共关系预案的制定、不同危机公关方法的选取等。我们不能被动地等待危机的出现,而事先就应该把可能出现的危机情况都考虑穷尽,制定好应对的办法。首先要监控危机,把危机在萌芽状态就消灭掉,并防止死灰复燃。其次是制定好方案,从领导班子、抢救人员组成、设备的准备、物资的储备和使用、整个应对过程的处理、媒体应对、形象维护、新闻发布、争取公众等等方面都要有现实的规划,要做到人人心中有数、挂到墙上、写进文件,落实

到行动上。一旦危机来临,马上按既定计划实施,做到人人胸中有数,从容不迫地面对。

六、危机公关应是各类社会组织一种正常的常态工作

危机公关是各类社会组织一种正常的常态工作。根据美国《危机管理》一书的作者菲克普对《财富》杂志排名前 500 强的大企业董事长和 CEO 所作的专项调查表明,80% 的被调查者认为,现代企业面对危机,就如同人们必然面对死亡一样,已成为不可避免的事情。其中有 14% 的人承认,曾经受到严重危机的挑战。我们应该认识到,危机是我们日常生活和生产中不可避免的事情。在我们的生活中,危机天天发生,如地震、火灾、交通事故、生产安全、企业社会责任方面的失误等都可能随时发生。从容的应对危机,是我们社会和组织经常要做的一件工作。我们应该研究危机产生和发展的规律,研究危机处理过程中公共关系应该起到的应有作用,找出对付的办法。最可怕的是我们对危机一无所知,危机降临后我们惊慌失措,毫无办法。

七、加强信息的披露与公众的沟通,争取公众的谅解与支持是危机公关的基本对策

加强信息的披露与公众的沟通,争取公众的谅解与支持是危机管理的基本对策。现代社会,媒体异常发达,媒体对事件的报道是迅速、快捷的。媒体报道是一把双刃剑,它既可以最快地告知人们发生了什么,让人们尽快了解事情经过,不至于发生人为的恐慌,起到安抚人心的作用。同时,媒体可以传播危机事件本身,让其"臭名远扬"。媒体还会有跟踪报道、深度分析,现场采访、综合分析等,并会请一些专家进行点评,从而把媒体的效力发挥到最大的限度。媒体的效益发挥得越好,对一些危机事件来说,那是要命的。危机将临,我们要对媒体如实公布真相,防止小道消息满天飞,控制好信息源,做到一个渠道公布信息。同时,真诚道歉,尽量取得公众的谅解,并进而得到公众的支持。危机事件最忌讳的就是封锁消息、掩盖事实、推托责任,妄图大事化小,小事化了,避重就轻。这样一旦事实经过被公开,组织本身和事件直接人的结果就可想而知了。

八、危机管理还包括对危机处理的研究和总结

危机管理还包括对危机处理的研究和总结。危机处理以后,我们要对危机的发

生、发展过程进行回顾,对我们处理危机所采取的行动进行总结,从危机的偶然性中找到规律,有计划、有组织地学习危机,适应危机,在危机中发现有利因素,把握危机发生的规律性,掌握处理危机的方法与艺术,尽力避免危机所造成的危害和损失,并且能够缓解矛盾,变害为利,推动社会和企业的健康发展。普林斯顿大学的诺曼·R·奥古斯丁教授认为,每一次危机本身既包含导致失败的根源,也孕育着成功的种子。发现、培育,以便收获这个潜在的成功机会,就是危机管理的精髓。而习惯于错误地估计形势,并使事态进一步恶化,则是不良的危机管理的典型。简言之,如果处理得当,危机完全可以演变为"契机"。

第四节　危机公关处理的基本原则

一、预防原则

防患于未然永远是危机管理和危机公关最基本和最重要的要求。危机管理和危机公关的重点应放在危机发生前的预防,预防与控制是成本最低、最简便的方法。为此,建立一套规范、全面的危机管理预警系统是必要的。现实中,危机的发生具有多种前兆,几乎所有的危机都是可以通过预防来化解的。以企业为例,危机的前兆主要表现在产品、服务等存在缺陷、组织高层管理人员大量流失、组织负债过高长期依赖银行贷款、企业销售额连续下降和企业连续多年亏损等。因此,企业要从危机征兆中透视企业存在的危机,企业越早认识到存在的威胁,越早采取适当的行动,越可能控制住危机的发展。

范例:

海尔集团总裁张瑞敏当众砸毁冰箱

1985 年,海尔集团总裁张瑞敏当着全体员工的面,将 76 台带有轻微质量问题的电冰箱当众砸毁,力求消除质量危机的隐患,创造出了"永远战战兢兢,永远如履薄冰"的独具特色的海尔生存理念,给人一种强烈的忧患意识和危机意识,从而成为海尔集团打开成功之门的钥匙。

二、制度化原则

群体危机事件发生的具体时间、实际规模、具体态势和影响深度,是难以完全预测的。这种突发事件往往在很短时间内对组织会产生恶劣影响。因此,组织内部应该有制度化、系统化的有关危机管理、危机公关和灾难恢复方面的业务流程和组织机构。这些流程在业务正常时只起预防作用,备而不用,但是危机发生时会及时启动并有效运转,对危机的处理发挥重要作用。国际上一些大公司在危机发生时往往能够应付自如,保证组织形象的完美,其关键之一是制度化的危机处理机制,从而在发生危机时可以快速启动相应机制,全面而井然有序地开展工作。因此,组织应建立成文的危机管理制度、有效的组织管理机制、成熟的危机管理培训制度,逐步提高危机管理的快速反应能力,当然这些制度当中必然会有危机事件处理时公共关系制度的配备。在这方面,天津史克面临康泰克危机事件时的沉着应对就是一个典型的危机处理成功范例。相反,阜阳奶粉事件发生后,危机处理的被动和处理缺乏技巧性,表明组织没有明确的危机反应和决策机制,导致机构混乱忙碌,效率低下。

三、维护诚信形象原则

诚信和守信,是任何企事业单位的生命线,没有任何单位、个人会和没有信誉的集体和个人打交道。从某方面来说,组织的信誉和承诺是组织的底线。危机事件对企事业单位的冲击来自两个方面:一是硬实力的损失;二是软实力的损失。在应对危机事件时,我们不能只重视挽救硬实力,而忽略挽救软实力,不能有任何偏颇。当硬实力损失已经不可避免的时候,我们应当尽力去保证软实力不能再受到损失。任何企事业单位启动危机公关的目的就是维护组织形象,其中主要的一个方面就是维护组织的诚信和承诺。新近发生的诸多案例表明,危机事件处理得好,尽管企事业组织硬实力有损失,但组织的形象未必受到损失,组织的信誉可以得以保全。组织赖以复兴的软实力仍在,只要措施得当,组织可以在短期内振兴和恢复。

在危机处理的全过程中,我们要努力减少对组织诚信形象带来的损失,争取公众的谅解和信任。只要顾客或社会公众是由于受到牵连而受到了伤害,就应该在第一时间向社会公众公开道歉以示诚意,并且给受害者相应的物质补偿,并尽力挽回影响,赢得消费者的信任和忠诚,维护企业的诚信形象。

范例：

两例维护形象的案例

1982年9月，美国芝加哥地区发生有人服用含氰化物的泰诺药片而中毒死亡的严重事故，一开始死亡人数只有3人，后来却传说全美各地死亡人数高达250人。其影响迅速扩散到全国各地，"泰诺"胶囊的消费者十分恐慌，94％的服药者表示绝不再服用此药。医院、药店纷纷拒绝销售泰诺。

事故发生前，泰诺在美国成人止痛药市场中占有35％的份额，年销售额高达4.5亿美元，占强生公司总利润的15％。事故发生后，泰诺的市场份额迅速下降。

事件发生后，在首席执行官吉姆·博克(Jim Burke)的领导下，强生公司迅速采取了一系列有效措施。

首先在全国范围内立即收回价值近1亿美元的全部"泰诺"止痛胶囊，并投入50万美元在最短时间内向有关医院、诊所、药店、医生和经销商发出警告，要求停止销售。

对此《华尔街日报》报道说："强生公司选择了一种自己承担巨大损失而使他人免受伤害的做法。如果昧着良心干，强生将会遇到很大的麻烦。"泰诺案例成功的关键是因为强生公司有一个"做最坏打算的危机管理方案"。该计划的重点是首先考虑公众和消费者利益，这一信条最终拯救了强生公司的信誉。此举赢得了公众和舆论的支持与理解。

其次，进行新闻发布工作，迅速地传播各种真实消息，无论是对企业有利的消息，还是不利的消息。当强生公司得知事态已稳定，并且向药片投毒的疯子已被拘留时，并没有将产品马上投入市场。其时，美国政府和芝加哥等地的地方政府正在制定新的药品安全法，要求药品生产企业采用"无污染包装"。

强生公司看准了这一机会，立即率先响应新规定，为"泰诺"止痛药设计防污染的新式包装，重返市场。

11月11日，强生公司举行大规模的记者招待会。公司董事长伯克亲自主持会议。他首先感谢新闻界公正地对待"泰诺"事件，然后介绍该公司率先实施"药品安全包装新规定"，推出"泰诺"止痛胶囊防污染新包装，并现场播放了新包装药品生产过程录像。美国各电视网、地方电视台、电台和报刊就"泰诺"胶囊重返市场的消息进行了广泛报道。结果，强生在价值12亿美元的止痛片市场上挤走了它的竞争对手，仅用5个月的时间就夺回了原市场份额的70％，占据了市场的领先地位，再次赢得了公众的信任，树立了强生公司对社会和公众负责的企业形象。

强生处理这一危机的做法成功地向公众传达了企业的社会责任感，受到了消费者的欢迎和认可。强生还因此获得了美国公关协会颁发的银钻奖。原本一场"灭顶之灾"竟然奇迹般地为强生赢来了更高的声誉,这归功于强生在危机管理中高超的技巧及真诚的态度。

相反,老字号南京冠生园原本也是个有竞争力的企业。2001年9月,中央电视台对其月饼陈馅的曝光,使南京冠生园遭到灭顶之灾,连带全国的月饼销量下降超过六成。企业的形象危机甚至造成"三株"、"秦池"等知名品牌的销声匿迹①。

四、稳定情绪优先原则

群体危机事件的爆发往往是以群体的聚集形式出现的。群体聚集既有示威的意味,也有凝聚意见的意味,群体聚集对组织形象的破坏性作用是极大的。而这种破坏性的影响来自于各类群体的不良情绪,在群体情绪激动时,是无法处理任何问题的。最好的办法就是先安抚情绪,然后再处理事件本身。有时,事情的经过并不复杂,事情的处理也比较简单,就是因为双方情绪的问题,让事情变得复杂起来。到最后变成了情绪的对立,而不是事件本身的处理问题了。安抚群体情绪的最好办法首先是分而治之。七嘴八舌的大群体是无法进行调解问题的,各怀鬼胎也是无法达成一致意见的,把大群体变成小群体,把小群体变成个体,就是为了让群体达成一致的意见和要求,然后再进行对话。如可以选派群体代表进行对话,了解群体的声音,让他们充分表达意见,倾听不同的意见和要求。人们往往有倾诉的愿望,等最充分地表达了自己意见后,情绪往往就会平静下来。只有等到情绪平静下来,才可能去倾听对方的声音,才可能心平气和地考虑对方的诉求。这样才能去解决问题的本身。在危机事件来临时,最忌讳的是情绪对立,对立的情绪往往是矛盾走向激化的开始。发生在2008年的贵州翁安"6.28"事件,云南孟连"7.19"事件让我们最反思的就是,当群众情绪比较激烈时,地方政府不是去安抚群众,化解群众情绪,而是采取极端的措施,激化矛盾,任群众情绪发酵、小道消息满天飞,不明就里的群众情绪越发激烈,最后导致无法控制的局面。因此,危机事件发生后,安抚情绪是第一位的,事件处理是第二位的。

五、吃小亏占大便宜原则

在处理一些危机事件时,有些企事业单位往往因为不太大的问题会就和消费者对

---

① 泰诺药片中毒事件 要抬头必须先低头[OL]. 江西文明网(http://data.jxwmw.cn/index.php?doc-view-90159)

簿公堂,闹到让媒体公开报道,任人评说的地步。诸如产品售后服务责任的问题,产品损害后双方承担的损失数额比例,产品零部件更换问题,有些仅仅是几百元、数千元的问题,闹到公堂上,让社会议论纷纷。最终的判决结果无论怎样,企业的损失都必然比消费者的损失大得多。因为消费者面对的只是自己购买的那一件产品,而企业面对的是整个社会对其产品信誉的认可度,在产品出现问题时,社会公众的心理定势都会认为消费者是弱势,其态度肯定是会站在消费者一边的,一般不会认同企业的态度,这对企业来说是十分不利的,对产品的销售的信誉影响很大。当然对簿公堂,并不是说企业全错了,而是说当企业和消费者出现认知对立时,都有一定道理时,企业选择的原则应该是吃小亏占大便宜,是息事宁人。对簿公堂,任社会评说绝不是一个好选择。

所谓"吃小亏占大便宜原则"就是组织在处理一些责任归属时,尤其是涉及赔偿金钱的数额等问题时,在对方说的有一定道理时,尽管不太符合自己的规定,企事业单位要作出一定的让步,满足对方一定的利益,即使自己吃点亏,受到了一点损失,也不要把事情闹大。这一原则对产品销售企业来说尤为重要。在闹到公堂之前,企业要对这一事件进行评估,即这一事件的公开对企业的美誉度、产品的信誉度有无影响,有多大的影响,决不能去做那些赢了官司、失去市场份额的事情。企业要保证,那些拿到公堂对簿的事件,一定是一些消费者无理取闹、刁钻的事件,企业可以利用这件事"杀一儆百",决不迁就,并趁此宣传企业立场,起到宣传企业和产品的效果。通过这一危机事件弘扬企业正气,也不损伤企业的美誉度。如果消费者也有一定的道理,那产品销售单位就最好不要闹到公堂,更不要媒体去报道炒作这件事,因为每一次的报道,都是对企业和产品美誉度的一次打击。

六、善对媒体原则

新闻就是人们想知道但还没有知道、具有报道价值的、新近发生的事件。危机事件无疑具有很高的新闻价值,所以,记者的重要任务之一就是千方百计的搜取有价值的新闻,然后及时报道。可以说,被报道的新闻越具有轰动效应,记者的任务就完成得越好。这就和危机事件的当事单位形成了反差,因为危机事件的当事单位最怕社会公众和领导知道这件事情。现在社会,信息传播渠道多种多样,信息沟通异常发达,对危机事件是瞒不住的。因此,当事单位最好的办法就是及时和媒体沟通,把最真实、最有说服力的事实公布出来,让社会公众减少疑问,堵住小道消息流传的市场,这样才能取得主动,赢得社会和媒体的同情。

媒体其中一个任务就是监督,监督社会是媒体的一个责任。媒体进行负面报道,就是舆论监督,就是揭露阴暗面。媒体进行跟踪采访、评论、现场报道就是要深挖事件的真相,给社会还原一个最真实的事件,起到弘扬正气、打击歪风的作用。如果当事单位较为配合,媒体就会比较容易地得到事件的第一手真实材料,报道时就不会乱加猜测,就不会主观臆断,就会少一点为什么,增加了报道的可信度,从而就会让当事单位减轻一点舆论和社会压力。如果当事单位不配合媒体,不去及时公布事实真相,那媒体就会通过一些其他渠道打探消息,就会进行现场评说,就会进行深入采访,这样就会让当事单位处于被动之中,社会压力就会骤增,这对事件的处理无疑会增加难度。让媒体封口是不可能的,既然如此,我们莫如配合媒体、善待媒体。

七、沟通原则

沟通是危机管理的中心内容。与企业员工、媒体、相关企业组织、股东、消费者、产品销售商、政府部门等利益相关者的沟通是企业不可或缺的工作。沟通对危机带来的负面影响有最好的化解作用。企业必须树立强烈的沟通意识,及时将事件发生的真相、处理进展传达给公众,以正视听,杜绝谣言、流言,稳定公众情绪,争取社会舆论的支持。

案例:

中美史克和三星处理事件的区别

在中美史克PPA遭禁事件中,中美史克在事发的第二天召开中美史克全体员工大会,向员工通报了事情的来龙去脉,宣布公司不会裁员。此举赢得了员工空前一致的团结,避免了将外部危机转化为内部危机。相反,三星集团主席李健熙是一个强势的领导者。在1997年决定进入汽车产业的时候,李健熙认为凭借三星当时的实力,做汽车没有问题。实际上,汽车工业早已经是生产大量过剩、生产能力超过需求的40%,世界级品牌正在为瓜分市场而激烈竞争。由于企业内部领导层缺乏沟通,部门经理不敢提出反对意见。结果是,三星汽车刚刚投产一年就关门大吉。李健熙不得不从自己的腰包里掏出20亿美元来安抚他的债主们①。

第五节　危机公关处理的几个阶段

危机事件处理的公共关系是一个应急措施,它大体分为这么几个阶段。

---

① 什么是危机管理? [OL]. 是什么网(http://www.yuleuu.cn/k532995227/)

一、预案预演阶段

预案是预先制定好、并多次演练过的,已经上墙挂出来,人人都熟知的。不能把预案束之高阁,平时不管不问,等事件发生了再去拿来匆忙应对,那样等于没有预案。预案是需要事先演练的,没有经过演练的预案,各司其职的部门没有配合过,没有操作的实践检验,很多遗漏和不足就暴露不出来,相互配合就不会融洽。只有反复的多次演练才能找出不足,做到熟能生巧,配合得当,才能有条不紊地按照预案来处理危机事件。

案例:

史上最牛的校长

2008年"5.12"汶川地震,多少楼房倒塌,多少鲜活的生命来不及逃生被压载废墟中,但被称为"世上最牛的校长"安县桑枣中学叶志平校长以"我们学校,学生无一伤亡,老师无一伤亡。"的自豪言语载入史册。这所学校最成功的经验就是狠抓危机发生时学生从教学楼撤离的演练,常年坚持,始终不懈。这所学校与汶川大地震伤亡最为惨烈的北川县毗邻。这所在大地震中没被"震倒"的学校,4年来坚持组织学生紧急疏散演习,每学期都坚持,从不间断。即使有人对这种演习有非议,叶志平校长也不理会,一直坚持下去。从全体师生到每一位同学,对自己危机发生时的角色非常清楚,对自己如何逃生的步骤谙熟于胸,每个楼梯拐角,每个楼层都有负责的教师把守和检查。地震发生后,全校2 200多名学生、上百名老师,各司其职,从不同的教学楼和不同的教室中,全部冲到操场,以班级为组织站好,用时1分36秒,无一伤亡。尤其令人震惊的是,此次逃生的过程、模式及结果与演习一模一样,创造了"5.12"地震时的一大奇迹。网友们称其为"史上最牛校长"。

而我们更多的学校就没有这么幸运了,很多企事业单位根本没有危机预案,个别有预案的也没有演习过。地震来临时,一片惊慌失措,房倒屋塌,很多人根本不知道如何躲避和逃生。惨状之烈,令人惨不忍睹。我们应该从安县桑枣中学叶志平校长那里学到极为可贵的经验。

二、危机处理阶段

危机发生后,应该在最短的时间内宣布启动预案,领导层要在最短的时间内赶赴现场,召开临时会议,布置有关事宜,强调责任,宣布纪律;各部门紧急行动,以最快的速度开展工作,甚至在没有领导到达现场的时候,各部门就已经开始危机处理的工作。主要领导坐镇指挥,从中调度,各分管领导各把一关,相互配合。这时,公关人员最主要的任务是掌握数据,把握危机的程度,评估危机损失,配合媒体写好危机发生的第一篇新闻稿件。随时监控媒体与舆论发展的情况,并根据情况的变化发出自己的声音。看到坏消息,遇到流言蜚语,要在第一时间研究对策,根据不同情况或是辟谣,或是解释说明。

要不遗余力的进行抢救,并宣布抢救的措施,要让社会各界知道,我们的抢救是及时和有效的。这时,切忌隐瞒事实真相,即使有些真相对组织不利,也要及时上报,及时通报,因为随着事情的发展和时间的推移,事实隐瞒不住的,既然隐瞒不住,就不如及时公布,这至少赢得了真诚坦荡。

案例:

"5.12"特大地震 我国最成功的特大危机公关

2008年"5.12"特大地震,地震发生的最短时间内,党中央和国务院就召开了紧急会议,布置了各项紧急工作,启动了国家抗震救灾指挥部的全部工作,救灾级别标定为最高。温家宝总理当天晚上就赶到地震灾区,亲临一线救灾,指挥军队参与救灾,调度得当,为最大限度减少人民生命财产损失赢得了宝贵的时间。

同时,各大媒体第一时间公布了地震的真实情况,全世界在第一时间了解中国发生的大事,赢得了世界的同情和支持;世界各国纷纷深入救援之手,大量援助物质和人员从国内、世界各地运往灾区。同时灾区人民实行自救、互救等措施,涌现出了许多可歌可泣的动人篇章。

我国这次的地震损失是巨大的,但中国国家和人民的形象没有受到任何损失,而且中国的美誉度反而得到了大大提高。胡锦涛、温家宝等领导人的形象更加高大,受到中国和全世界人民的极大崇敬。这次抗灾救灾,是中国危机事件处理的公共关系艺术的一次展现。它扬了国威,凝聚了民族力量,展示了社会主义的优越性,体现了党中央和国务院想人民所想、急人民所急的崇高思想理念。

三、危机的善后阶段

组织不仅要处理危机,而且还要利用公共关系化解危机事件给组织带来的影响。应该说,危机事件过去后,危机带来的负面影响还没有过去,危机对人们心灵的影响还会持续一段时间,公众对危机事件的后续阶段还会注意一段时间。这个时期,公共关系还要继续发挥作用。

(一)继续发挥媒体的宣传作用

继续发挥媒体的宣传作用,继续给媒体提供有用的信息,让媒体继续报道危机事件的后续消息,宣传组织在处理危机善后事宜方面的责任和行为,提高组织的美誉度。据介绍,国外一些大公司专门设立了首席风险官,专门进行危机的处理工作。

(二)继续做好损失的挽救工作

继续做好损失的挽救工作,整理现场、抢救有用的物质,尽量做到废物利用。利用这个机会开展公关调查,对内部人员适时地进行解释和说服工作,加强内部公众的管理,做好组织美誉度摸底分析,分析谷底时期组织形象的状况。排查下一个危机发生的可能根源,争取彻底消灭危机产生的任何源头。在对全球工业 500 强的董事长和总经理的调查中发现,这些公司被危机困扰的时间平均是 8 周半,没有应变计划的公司,要比有应变计划的公司用时长 2.5 倍。危机后遗症处理的时间平均为 8 周,没有应变计划的公司处理危机后遗症的时间同样也比有应变计划的公司多用 2.5 倍。

(三)迅速恢复组织日常工作

迅速恢复组织日常工作,恢复生存环境,回到组织的正常有序的工作,可以这样说,组织恢复正常秩序的时间越快,说明组织的沟通、管理和应变能力越强。有人说,看一个组织的实力只需要知道它如何面对危机就行了。

范例 1:

可口可乐的危机管理

以可口可乐的危机管理为例。

(1)在人力资源安排上每时每刻都有危机处理小组成员处在值班状态,成员包括各部门人员,如瓶装厂总经理、生产管理人员、对外销售人员、技术监控人员、甚至是电话接线员,因为,一旦危机事件发生,询问电话就会潮水般而至,这时训练有素的电话接线员就成了公共关系的第一道门户。接线员的柔性声音、安详的态度和耐心的解释对公众和客户绝对是一副良好的镇静剂。

(2)每年可口可乐的危机小组成员都会接受几次培训,培训内容就是模拟记者的采访,模拟事件处理的整个过程,培训人员进行角色互换,如总经理扮演监控人员、公关人员扮演总经理,这样可以保证从不同的角度为全局提供服务。

(3) 在危机发生时可口可乐公司在很短的时间内就可以联络到总裁,不管他正在进行高级谈判还是在加勒比海度假。这大概就是可口可乐公司组织协作的显现吧。

(4) 及时回收问题产品,和消费者谈判赔偿事宜,讲明问题产生的原因,多次进行真诚的道歉。可以这样说,任何权势都比不上真诚的道歉和坦诚更能赢的公众的谅解。当把善意释放到最大的限度时,公众的态度就会转变了。

前两年,房地产大王潘石屹有一次给公众真诚道歉的事件,道歉事件很能说明个人的公关能力和水平。

范例 2：

潘石屹的"现代城危机事件"

潘石屹的"现代城危机事件",这次事件的处理就是一个化危机为转机的成功典范,至今仍为房地产界同行所津津乐道。几年前,许多客户在大规模入住现代城的时候,突然发现屋子里有一股尿的味道,经过仔细调查,发展商才发现是由于所有北方地区冬季施工的时候水泥里都放一种添加剂,它在夏天的时候会释放出氨气。氨气闻起来有一股尿味,这对于想要良好空气环境的购房者来说是无法容忍的。于是,最初购房的 100 多家客户联合起来,集体要求发展商给予一个完美的解决方案。潘石屹想了一个办法,就是无理由退房。任何一个买了现代城房子的客户,如果想退房,发展商将连本带息再加 10% 的回报全部退给客户。潘石屹为此还特地举行了新闻说明会,主动向新闻界解释问题何在,并且给业主们写了一封道歉信,在几家主要媒体上刊登,最终平息了众怒。

经此一事,现代城的名声大噪,潘石屹的"连本带息再加 10% 无理由退房"的做法在社会上引起了很大的轰动,且赢得了客户的信任。于是,一拨又一拨的客户涌向现代城。一场原本重大的销售危机就这样转变成了机会。

四、危及总结阶段

危机过去后,并不是我们的危机处理的任务就完成了。我们还要总结这次危机处理的全过程。

1. 要检查我们的预案是否完备和符合全部实际

要检查我们的预案是否完备和符合全部实际,有无需要调节的地方,适时更新的预案。

2. 要总结我们在处理事件的过程中有无过失

要总结我们在处理事件的过程中有无过失,看看有哪些地方需要我们发扬,有哪些地方需要我们改进和提高。

3. 对组织的知名度、美誉度进行一次调查

对组织的知名度、美誉度进行一次调查,和危机事件前后进行一次对比,看看组织的形象是否出现了变化?如果出现变化,是哪些地方出现了变化?

4. 对组织内部公众进行一次忠诚度的调查

对组织内部公众进行一次忠诚度的调查,对比一下危机事件发生后,职工对企业的认可程度,看看内部凝聚力如何?领导威信和能力的评价是否有了变化?这样系统的总结,对下一个危机事件处理无疑具有帮助作用。最后,表彰好人好事,批评处理导致事件发生的直接责任人。

第六节 危机处理时期的公关技巧

一、勇于认错 博得同情

危机事件处理时,最得不到公众同情的是什么?是拒不认错。如果发生了危机,组织对危机原因的解释是牵强附会,强拉硬扯,总找客观原因,那是不会得到公众的同情的。而认真认错,彻底解释清楚原因,诚心检查自己的错误,公众则会谅解其错误。公众具有的一个心理定势就是"同情弱者",尽管弱者是一个犯了错误的弱者。在这方面,台湾的陈水扁深谙其道。陈水扁就是一个大贪污犯,但陈水扁至今还有一班铁杆"粉丝"。是这些"粉丝"不知道陈水扁的贪腐劣迹吗?不是。这是陈水扁会装成弱者、装成挨打者,引起同情的一个伎俩。2004年竞选连任,他被打的那一枪也是处于同样的考虑。

认错是痛苦的,但不失为解决危机中释放公众舆论压力的一个好办法。最初的认错感觉很没有面子,但在公众面前,在国人面前,认错不可怕,可怕的是拒不认错的后果。

范例：

王石的"捐款门事件"

"5.12"汶川地震发生之后，企业各界纷纷慷慨捐款。网易赈灾企业英雄榜显示，港台在震灾面前踊跃捐款，表现极为出色，包揽赈灾英雄榜前三名。台塑集团为灾区捐款1亿元人民币位居榜首，邵逸夫同夫人捐款1亿港币居第二，富士康捐款6000万人民币居第三。国内名气颇佳的地产龙头万科仅仅捐助了200万元人民币。而就是这220万元的捐款，让万科及王石在全国人民爱心涌动、企业界动辄千万、上亿元的捐款面前成为被质疑的对象。有网友质疑，2007年，万科销售额排名内地第一，超过523亿元，净利润超过48亿元，此次捐赠的善款仅占净利润的万分之四。而万科2007年年报显示，万科职员合计16 464人，根据其报表中的管理费用超过17.63亿元进行平摊，每人年均收入超过10万元。而若以此次万科员工捐款进行分摊，平均每个人约12元。

面对网友的指责，王石15日在博客中回应说，"200万是个适当的数额。中国是个灾害频发的国家，赈灾慈善活动是个常态，企业的捐赠活动应该可持续，而不应成为负担。万科对集团内部慈善的募捐活动中，有条提示：每次募捐，普通员工的捐款以10元为限。其意就是不要让慈善成为负担。"王石的强硬表态和"10元之说"，很快在网上掀起声讨浪潮，很多网友认为万科"没有负担起企业责任"、"万科在我们心中一落千丈"。而在资本市场，万科股份从15日至20日也跌了8.66%。这就是当时著名的王石"捐款门事件"。

在遭到近十天的"批判"与"讨伐"后，深陷信任危机的万科与王石开始意识到民心的缺失，意识到不合时宜的博客宣言带来的将是企业信誉度和美誉度的丧失，也意识到问题被继续发酵的严重性。2008年5月19日，一场危机公关迅速展开。万科以电子邮件方式送达万科各位董事，并通过通讯的方式表决通过了一份关于参与四川地震灾区灾后安置及恢复重建工作的议案。5月20日晚间，万科终于发布公告称，拨出1亿元以内的资金参与四川地震灾区的临时安置、灾后恢复与重建工作。5月21日，王石在接受凤凰卫视采访时对自己在博客中忽略了网友的赈灾热情表示了歉意，他说，"当时（观点）比较对立，我就谈了我对这个事情的看法，就是不提倡去攀比，也不提倡高调。但就这个回答来讲，显然损伤了网友很多的赈灾热情"。5月21日，万科地产董事长王石在四川绵竹市遵道镇考察时，又向记者表达了他对这一事件的歉意："我现在认为在当时这种情况下，我所说的那句话还是值得反思。这段时间，我也为我这句话感到相当不安！主要基于三方面原因：一是引起了全国网民的伤心，伤害了网民的感情；二是造成了万科员工的心理压力；三是对万科的公司形象造成了一定的影响。在这里对广大网友表示歉意!"据悉,王石此次到四川考察是为了与遵道镇政府商讨城镇的重建方案。之前的"万科捐款门"引起了全国网民争议,此次万科积极参与重建援助,体现了万科一如既往的社会责任,也是对网友指责的有力回应。

万科集团和王石最后用真诚的道歉挽救了一场危机事件,拯救了企业形象,重新恢复了股民对万科的信心,渡过了一场对企业的考验。

万科的王石第一次挨骂是捐款太少,第二次挨骂是因为不思悔改,还要辩解,是作为一个强者来试图解释自己。而第三次被原谅是因为放下了身段,主动改错,以一个弱者的身份出来认错。王石在汶川地震后戏剧般的变化其实就是王石由强变弱的身份和口气的变化。从这个案例上,我们可以看出勇于认错和不认错的对比。

二、主动出击 解释根源

危机事件出现后,不但要向公众承认错误,还要解释好事情发生的原因,事情发生的原因解释得越早越好,不要等到公众掀起谴责的浪潮,等到事件发酵不可收拾的时候再去解释原因,那时候就被动了。解释原因要注意做好以下几点:

(1) 介绍事件的发生要是符合事实真情,不要有隐瞒,要到位,最好有图像模拟,有现场还原。同时还要找出事情发生的根源。

(2) 要准备好有力的证据,这些证据应有强大的说服力。

(3) 这些解释不是对上级的,而是对全体国民的,不要试图推脱责任,不要试图寻找客观原因。

(4) 公众的能量是无穷的,也许公众里面就有你身边的知情人,就有你的上级藏在里面。你千万别篡改事实。

范例:

南京徐宝宝事件

2009 年 11 月 3 日,六个月大的徐宝宝眼部发炎,由父母带着到南京儿童医院就诊,没想到第二天,徐宝宝就死在了这个医院,在救治过程中,徐宝宝的母亲曾三次向医院的医生和护士下跪,得到的回应却是冷漠和推诿。

2009 年 11 月 10 日,针对"患儿死亡事件",南京市儿童医院迅速作出了回应,但是这个由院方自行调查的结果却否定了患儿父母所投诉的"医生打游戏"和"家属下跪"等说法。根据南京市儿童医院在网上公布的调查报告认定:"值班医生当晚没有'偷菜'而只是写论文，主观上并无过错，只是水平还不够高，对患儿病情估计不足。"对于这个调查结果，徐宝宝的父亲徐定金难以接受。

徐定金没有想到，就在几天后，南京市儿童医院就将当天当事医生毛晓珺的回答作为了最后的调查结论。而更没有想到的是，南京市卫生局在没有做任何调查的前提下，直接引用了南京市儿童医院的这个调查结论。就在当天，南京市卫生局召开了第一次新闻通气会，通报结果为：①医院的责任主要是对患儿病情判断上的失误，对病情的凶险性估计不足；②至于说医生上网偷菜，调查认为医生不存在玩游戏，发牢骚等情况；③患儿家长向医生下跪求助的时间和地点和网友说的不一致。这个结果和南京儿童医院给出结论完全一致。

其实不仅是徐定金无法接受，南京市卫生局给出的这个调查结果也引发了民众的强烈质疑，事情很快发生了重大转机。

就在第一份调查报告公布48个小时后，2009年11月12日南京市卫生局又公布了一份堪称"颠覆性"的调查报告，针对社会普遍关注的值班医生是不是在玩游戏？是否存在失职行为？患儿母亲是否跪求帮助等细节，新的调查报告终于承认家属投诉基本属实。

调查组还认定，管床医师没有对患者及时请求会诊，值班医生对眼部蜂窝组织炎引起的严重并发症没有足够认识，没有发现应当发现的病情变化，采取应有的措施，存在着失职行为。而调查组通过摄像头画面，发现患儿母亲三次下跪镜头。在发布会上，南京市卫生局也通报了对此次事件的处理结果。当事医生毛晓珺被吊销医师执照，行政开除。南京市儿童医院院长给予行政记大过，党内严重警告处分。南京市儿童医院党委书记、管床医生、眼鼻喉科主管医生等相应责任人一并受到处分。

前后仅仅相隔48个小时，南京市卫生局拿出了两个截然相反的调查结论，完全推翻了自己之前公布的结果①。

徐宝宝事件中，南京儿童医院第一次的调查报告就是在糊弄国人，他们以为可以一手遮天，不顾事实，随意篡改事实。事实上网民中可不乏智者与知情人。真的事实一旦公布，狐狸尾巴就露出来了。

---

①　医生玩游戏致婴儿死亡事件调查：医院为何敢撒谎［OL］. 搜狐（http://news. sohu. com/20091116/n268254085. shtml）.

三、只说自己 不涉同行

有些危机事件不仅特定组织发生过,其他同类组织也发生过,这时,你只能好好检查自己,寻找自己发生危机事件的原因,不能因为别人也发生过就可以为自己开脱责任,不能因为别人也有这样的事情没有被抓住就觉得自己冤枉。

案例:

南京冠生园事件回顾

2001年9月,南京知名食品企业冠生园被中央电视台揭露用陈馅做月饼,事件曝光后南京冠生园公司接连受到当地媒体与公众的批评。面对即将掀起的产品危机,作为一向有着良好品牌形象的老字号企业,南京冠生园却做出了让人不可思议的反应:既没有坦承错误、承认陈馅月饼的事实,也没有主动与媒体和公众进行善意沟通、赢得主动,把危机制止在萌芽阶段,反而公开指责中央电视台的报道蓄意歪曲事实、别有用心,并在没有确切证据的情况下振振有词地宣称"使用陈馅做月饼是行业普遍的做法"。这种背离事实、推辞责任的言词,激起一片哗然。一时间,媒体公众的猛烈谴责、同行企业的严厉批评、消费者的投诉控告、经销商退货浪潮……令事态开始严重恶化,也导致南京冠生园最终葬身商海。

南京冠生园公司在危机事件中的应对,可谓败笔横出、毫无章法。南京冠生园的企业领导者在整个事件过程中的表现,也令人看到他们对于危机管理的无知到了可悲的地步。

在铁的事实面前,南京冠生园竟然还坚决否认、没有任何承认错误的表现,甚至公开谴责威胁将其曝光的中央电视台。事件曝光后,南京冠生园9月18日在媒体上发表声明,声明中央电视台的报道蓄意歪曲事实,公司绝没有使用发霉或退回馅料生产的月饼;又声明指责记者的报道别有用心,其意图就是破坏冠生园的名誉;声明同时表示:对毁损公司声誉的部门和个人,公司将依法保留诉讼的权利。

一口否认其产品质量问题的同时,南京冠生园又自作聪明地企图将事件焦点转移到同行和消费者身上,最终惹来更大的麻烦。

在接受记者采访时,南京冠生园老总却声称陈年馅月饼是普遍现象,是全行业公开的秘密,甚至指名道姓地提起这些厂家的名称。这种说法激起了月饼生产企业的强烈不满,一些月饼生产企业和经销商表示要起诉南京冠生园,而全国名称为冠生园的企业有很多家,南京冠生园说出这样的话,也殃及了与其同名的企业,招致了这些厂家的仇视,他们纷纷采取各种手段与其划清界限。

南京冠生园还一再表现出无视消费者的态度。面对消费者,他们非但没有做出任何解释和道歉,反而开脱说陈年馅月饼的做法并不违反有关规定,并自欺欺人地表示"生产日期对老百姓来说只是看看而已"。如此言论,既降低了冠生园这个知名品牌的标准,又愚弄了广大的消费者。

在空前的危机面前,冠生园这个具有 88 年悠久历史的著名食品品牌毫无抵抗地被击倒。2002 年 3 月 6 日,南京冠生园食品公司以经营不善、长期亏本等理由申请宣告破产。2004 年 1 月 30 日被拍卖,低至 818 万元的成交价说明了它在人们心目中的价值[①]。

四、实际改正 拿出举措

危机事件的处理不但要公布事实,承认错误,还要改正错误。认错是第一步,改正错误是第二步。要最真诚地拿出改正错误的行动,以表明自己永不再犯的决心。拿出的举措要切合实际,不要大话连篇,文过饰非,也不要解释,就是针对错误我怎么改。不论你的级别多高,不论你的权力多大,在人民面前你就是弱者,在媒体面前,你就是弱者,在更多的舆论面前你就只能低下头。对人民低下头不丢人,做弱者也不丢人。丢人的是拒不认错,不改正错误。

也许媒体的报道和事实有出入,也许你有难言之隐。没什么,先放下身段改正错误,拿出改正的积极态度,承认自己有错的地方,难言之隐将来有机会再去解释。如果急着去解释说明,而不是先拿出改正错误的决心,那到头来解释也解释不清楚,改正也没有机会了。

范例:

可贵的改错

上面举的万科王石的例子就是很好的说明,王石在国人面前勇于认错,承认自己最初对捐款解释的言行不当,并拿出了最切实的改错行动,在 200 万捐款的基础上又捐出亿元人民币支援灾区。本人亲自深入灾区,了解灾情,继续救灾,不怕苦累,行动

---

① 经典案例:南京冠生园月饼事件[OL].(http://11601226.blog.hexun.com/36267180_d.html)

真诚且实际,改错彻底,让国人看到了万科负责任的社会形象,看到了王石作为领袖人物敢作敢为的男人形象。迅速扭转了负面影响,走向了常规。

南京市卫生局第二次调查报告取得公众的认可是真正的纠正了错误,彻底恢复了事情原来的面貌。沃尔玛和家乐福不被国人原谅是因为不但不认错,其改正错误的行动也不中肯,是在敷衍全国人民,激起了网民的愤恨。南京冠生园最后何以落得破产,就是因为百般抵赖,拒不认错,就是因为非但没有改正错误的举动,甚至还攻击别人,恶意中伤,在事件被揭露出来后拒不认错,破罐子破摔,态度恶劣。

五、突出宣传 领导站岗

危机事件处理过程中,主要领导一定要亲临第一线,直接指挥抢救工作,并不断协调抢救现场,解决棘手问题。领导在场,可以安抚人心,可以鼓舞人心,可以让伤者稳定情绪,可以让逝者亲属感到安慰。可以解决其他人不能解决的问题,答复别人无法答应的问题。指挥其他人无法指挥的人。领导者一定要有事件不处理完毕不下第一线的精神准备,不能怕苦,不能对伤者或逝者家属发脾气,不要有高高在上的姿态。危机事件处理的一个重要原则就是先安抚人心。处理危机事件,在人心惶惶中是肯定处理不好的。

范例:

"7.29"特大淹井事件中的危机公关

2007年7月29日至8月1日,河南省三门峡市陕县支建煤矿经历了一场惊心动魄的战斗。在党中央、国务院的亲切关怀下,在河南省委、省政府和国家安监总局、国家煤监局的组织指挥下,受灾地区各级组织和广大军民密切配合,经过76小时的全力施救、科学施救、精心施救,69名被困矿工无一损伤地全部生还,成为我国煤矿抢险救灾最成功最完美的一次,创造了煤矿救援史上的奇迹,演绎了万众一心、众志成城拯救生命的壮举!

……

7月28日晚上,三门峡地区整整下了一夜暴雨!29日8时30分左右,山洪通过废弃的铝土矿泄入陕县支建煤矿,导致垂深173米的东风井水平巷道600余米被淹,没有能够及时升井的69名矿工兄弟被困井下,面临着淹死、闷死、饿死的危险!矿工的安危牵动着党中央、国务院领导的心。当天,温家宝总理批示,要抓住时机,科学部署抢救工作,确保被困人员安全。国务院秘书长华建敏要求,全力施救被困矿工。科学施救,防止次生事故。30日,温家宝总理再次批示:紧急调人员和设备予以支援。华建敏批示:望迅速落实温家宝总理批示,加大清淤和排水力度,力争尽早救出被困矿工。河南省委书记徐光春正在三门峡市卢氏县开会,一听到事故消息,便冒雨前往陕县。河南省省长李成玉正在辽宁考察,一听到消息乘飞机到了西安,驱车前往陕县。河南省煤矿安全监察局局长李九成得到消息后,报告了在省城的常务副省长李克,便驱车前往陕县,3个半小时到达。国家安全生产监督管理总局局长李毅中是坐飞机在7月30日凌晨2点多钟赶到现场的……

事故发生的当天,各级领导和抢险专家迅速集结到出事现场,为抢险救援成功奠定了基础。国家安监总局接到报告后立即启动应急预案。李毅中、赵铁锤局长、省委书记徐光春、副书记陈全国、常务副省长李克当日下午赶到现场。正在东北考察的省长李成玉、副省长史济春,在电话要求市县两级政府全力抢救的同时,中断考察取道西安当晚赶到现场。在这之前,三门峡市委书记连子恒,市长李文慧和陕县领导第一时间赶赴现场。在一间只有20平方的破旧平房里,陕县网通公司副经理张建刚马上安装20部电话,10部手机,省委徐光春书记任命副省长史济春为总指挥,生死大营救开始了。河南省安监局李九成局长,1982年大学毕业后就搞安全工作,全省大的生产事故均由他处理,当他得知人还活着,原本沉重的心情马上来了精神。抢险专家李震寰把矿区所有小煤窑和小铝土矿的图纸全部找来了,他们从历史图、工程平面图、剖面图一张张仔细看研究对策。

……

指挥部与矿工家属加强沟通。事故发生后,指挥部安排人员通知家属,让他们及时赶到现场,并向他们通报情况,做好思想工作。电话接通之后,让家属与井下的亲人通话。高飞的父母对儿子说:"你啥都不要想,会出来的"。由于电话太多,每个人被限定说两三句。到后来,电话一响,朱念群就按下免提,其他人都围在旁边听。家属与矿工保持联系,对稳定被困矿工的情绪起到了重要作用。31日下午,李震寰突然发现拨不通井下电话8044了,急得不行。他知道抢险存在很多变数,许多困难无法预计,不了解井下情况等于盲目施救。"可能号码编错了,也可能电话线被砸断了,最可怕的是突发事件,人和线路都淹了。"他赶紧让副县长王玉山找来网通的经理和矿里的电话工,一米一米地排查。三个小时后,终于把问题解决了。

新闻媒体与社会公众加强沟通。新闻媒介全方位多角度跟踪报道,通过新华社、香港凤凰卫视中文台,东方卫视,南方周末等媒体现场情况让公众及时了解情况,中央电视台午间新闻进行了实地转播。新闻媒体从关注、关心、企盼的角度,给予客观公正的报道,鼓舞了抢险救援的士气,为抢险救援工作带来了巨大的动力。

风中雨中泥里水里连续奋战四天三夜,8 月 1 日 12 时 53 分,煤矿东风井井口变成了让人热血沸腾的海洋:在泪水和欢呼声中,在震耳欲聋的鞭炮声中,在各级领导和广大群众的翘首期盼中,经过长达 76 小时的全力艰辛营救,被困井下的 69 名矿工全部获救。"不惜一切代价"也要把人救出来的共同愿望和实际行动,展现出一幅党和人民心连心的和谐图景①。

"7.29"特大淹井事件是由山洪暴发这一自然灾害造成的,这次事件之所以能够取得抢险救援的重大胜利。河南省有关部门在总结这一事件时说道:一是党中央、国务院领导同志的高度重视、正确指示;二是省委、省政府制定的救援方案科学合理、现场指挥有力,三门峡市委、市政府、陕县县委、县政府全力以赴投入救援;三是广大武警、消防官兵和义马煤业集团付出了极大辛劳。正如河南省委书记徐光春同志所说:"广大干部群众以坚强的意志、丰富的智慧和强大的力量,充分展现出了一系列崇高的精神,这就是立党为公、执政为民的精神,果断决策、讲究科学的精神,一方有难、八方支援的精神,英勇顽强、不怕牺牲的精神,以人为本、顾全大局的精神,军民团结、拥军爱民的精神"。

其实这次抢险救灾里面还有一个真实的情节,那就是省委书记和省长亲临一线直接指挥,冒着酷暑,几天几夜奋战在第一现场,领导的举动极大地鼓舞了参与救灾的全体人员,极大地安慰了矿工家属,也给井下的矿工以极大地安慰。领导的行动就是危机处理的标杆。

第七节　危机公关的预案

危机公关的预案和危机管理预案在制定上往往无法截然分开,只是有所侧重。一般来说,危机公关的预案侧重于软实力方面,侧重于对组织形象、组织信誉、美誉度、稳定客户、取得公众谅解、配合媒体采访、维护品牌等等方面,而危机事件管理更侧重于处理事件的本身,在于对整个事件过程的应对。由于单位的性质不同,预案的差异性就更大。下面,我们参照某城市危机管理应急事件处理制度来说明问题。

---

① 杜明国."7.29"特大淹井事件中的危机公关[OL].中国公关网,2010-1-8.

市级行政中心社会公共危机管理处置预案[①]

为了快速、有效处置各种突发事件,为了更好地适应市级行政中心出现的新情况、新变化,有效保障工作人员的生命和财产安全,营造一个安全、有序的办公环境,特制定以下社会公共危机应急措施和处置突发事件预案。

一、治安、安全应急处置预案

(1) 当发生突发事件时,执勤保安队员要保持镇静,设法制服犯罪嫌疑人,并立即通知机关事务局保卫处,保卫处在接到通知后,应在第一时间赶到现场进行处理,并同时通知相关单位。

(2) 保安队员要有效保护案发现场,记录所有情况和线索,如现场有受伤人员,必须采取措施进行救护,并立即联系医院进行救治。

(3) 对抓获的犯罪嫌疑人,保安队员要严加看管,防止其逃脱、伤人或再度进行破坏等现象的发行,同时报告并及时移交(送)公安机关。

(4) 保安队员在执勤过程中,发现有争吵、斗殴的现象的,要及时制止,以免事态扩大。发现可疑人员要严加盘查,并采取监控措施,必要时可移送到派出所进行调查。

(5) 遇车辆不能启动或突然熄火造成意外事故,执勤保安队员应立即通知保安队长,并及时组织力量将故障车辆移到空旷地段;出现交通事故,应协助当事人及时调解,同时现场队员必须有效疏导交通,保证交通畅通,并及时通知交警八大队进行处理,如有受伤人员要及时送往医院治疗。

二、火灾等突发事件应急处置预案

(1) 消防工作应坚持"预防为主"的方针,认真落实管理检查制度,确保消防设备、设施处于良好状态。保安、水电维修工作人员要勤于检查,在自己的责任区内及时消防火灾隐患,力求把火灾消防在萌芽状态。

(2) 发生火灾时,执勤保安队员应立即向"119"报警,并同时报事务局保卫处,并立即组织义务消防队员进入火灾区域抢险,切断火灾区域电源,关闭煤气管道闸阀,以防发生煤气爆炸事故,并迅速启动水泵,有关保安队员引导消防车和消防队员进行火灾现场。

(3) 在接到火灾警报的同时,保卫处要及时组织保安队员对火灾区域的人员进行疏散,本着先救人,后救物的原则,把引导、护送、接应责任落实到相关责任人,如火势过大,可以从各楼梯口向屋顶转移,等待消防队员营救。(疏散人员时不能使用电梯,

---

① 市级行政中心社会公共危机管理处置预案[OL].贵阳市应急管理网,2009-9-22.

要走人行通道)

（4）及时通知交警八大队在路面及现场维持交通秩序保证消防车最快到达现场。

（5）在灭火工作结束后,中天物管公司应组织工程部、物管部、保洁部人员对现场损失情况和物品进行清点,做好记录。及时抢修和启动各种设备,使工作能正常运行,并配合消防执法部门对造成火灾原因进行调查,写出书面报告报局领导和局安委会。

三、群体上访应急处置预案

（1）群众上访在进入行政中心区域时,保安队员要及时把上访人数、所属辖区报告保卫处,保卫处外勤人员在对上访群众进行引导和劝止的同时,内勤人员及时通知总值班室、监控中心、信访局、金阳分局国经文保大队等相关单位。

（2）上访群众如情绪激动,冲入办公楼大厅时,保卫处和保安队员要耐心进行劝解和疏导,避免矛盾激化,同时关闭六楼领导专区通道。保安队员应随时跟踪上访人员,并及时通知信访工作人员来引导上访群众集中到信访局接待。

（3）上访群众有过激行为,总值班室要及时通知110指挥中心,保卫处和保安队员积极配合金阳分局采取必要措施,必要时通知武警执勤中队采取必要措施。

（4）如出现特殊上访事件,保卫处及保安队员要及时果断处理、保证领导安全,并劝阻、引导上访人员前往信访局。

（5）在领导信访接待日,保卫处要事先安排中天保安部增加岗位,通知金阳分局国经文保大队人员进入接待室周边区域,加强观察,防止别有用心的人员制造混乱,保卫处积极配合好信访局维护接待秩序,避免发生冲击。

四、大型会议及活动应急处置预案

（1）重要会议和大型文艺演出活动的安全保障,各相关部门、单位必须在事前根据会议、活动规格及相关要求,制定安全保障方案和紧急情况预案,确保会议、活动万无一失。

（2）根据会议要求,市公安局110指挥中心调配市交警四大队和八大队负责交通道路安全及会展中心广场车辆停放,保卫处和保安队员予以积极协助,以免造成交通堵塞。

（3）根据会议要求,指挥中心、金阳分局主要负责区域为会议中心一楼及周边安全,防止有群体上访突发事件和其他影响会议、活动进行的事件发生,金阳分局巡警大队主要负责广场周围及市委、市人大等通道的巡查,并配合处理突发事件。

（4）根据会议要求,金阳分局消防科主要负责会前消防安全检查及会议期间的消防安全保卫工作,确保会议、活动的消防安全。

五、暴力突发事件处置预案

（1）各大楼门岗要执行办公大楼、东西库进出入制度，对携有易燃易爆物品管制刀具的人员，坚决制止进入大楼，查清目的和用途，如有过激行为的，立即实施控制并及时报110。

（2）各办公大楼设三道防线，各门岗为第一道防线，楼梯口和电梯口为第二道防线，各办公大楼五楼为第三道防线，如有过激行为和暴力倾向的坚决在第一道防线解决。

（3）护卫队员作为直接第一线必须做到配合制止犯罪过程，并及时上报总值班室、110指挥中心、安全保卫处、监控中心，收集好证据，协助公安部门做好善后工作。

（4）针对现有非正常上访人员的各种新情况和动态，必须做到不激化矛盾，配合信访局进行劝说疏导，如劝说无效，对冲击办公大楼行为给予强行制止，如群访人员过多已冲过第一道防线的应立即采取关闭领导区域通道，及时报总值班室、信访局、监控中心、安全保卫处由总值班室通知110指挥中心，并协助公安部门作好取证工作。

这是危机管理的预案案例，根据这个预案，当危机事件降临时，马上就可以启动预案，有条不紊的进行事件处理。该预案都只涉及了危机的处理，但缺乏软危机公关事件的处理，这是一个缺憾；其次，该预案概括性过强，而具体的操作性较弱。在这个预案后面还应该有更具体的操作性要求。

第八章　公共关系中的媒体应对及技巧

第一节　正确认识媒体和媒体监督

一、媒体是继立法、行政、司法之后的第四种权力

现代社会,媒体被看做继立法、行政、司法之后的第四种权力。媒体监督,又称为舆论监督,是媒体对社会中发生的各类违背伦理和违法事件进行的批评和报道,这其中包括对一些组织和成员的批评报道。说明白一点,就是在媒体上曝光社会上一些不光彩的事情。媒体监督主要是对负面事件的监督,负面事件最大的特点是见不得阳光,这些负面事件策划于密室,知道的人少或不想被人们知道,隐秘性强。媒体监督的最大特点就是:发现问题快、早,耳目广,造势大,会把那些策划于密室见不得人的事件曝光于天下,会在短时间内形成一种强大的舆论压力,让你面对整个社会,形成人人喊打的情况,形成强大的舆论压力。

媒体看问题的角度是多方面的,它可以站在政府的角度看问题,也可以站在群众、企业单位的角度谈观点,还可以站在第三者的角度去评论。媒体看问题的角度不同,对同一个问题看法就不尽相同。多角度、多方面地讨论问题,就可以最大限度地防止偏差。

媒体宣传和媒体监督被民主学者及广大群众寄予厚望。媒体监督的广度和深度被看做一个国家政治民主程度的重要标志。我国媒体监督近年来已经有了很大的改善。由过去的偶尔变成了常态,由过去的几家主流报纸变成了全媒体监督,由过去的监督小毛病小错误到现在大事坏事都可以报道。媒体监督成了监督党政机关、社会、领导干部工作作风、各种不良风气的最有力的工具之一,老百姓喜欢,党和政府支持。

二、党和国家历任领导都支持媒体宣传和监督

改革开放 30 几年,媒体监督也行使了 30 几年。几任党和国家领导人或题词、或亲访、或写文章、或讲话以实际行动支持媒体监督。

2004 年 4 月 26 日,中共中央总记记胡锦涛在主持中共中央政治局第十二次集体学习时发表讲话:"要进一步加强各项监督制度建设,把党内监督、专门机关监督、群众监督和舆论监督紧密结合起来,保证把人民赋予的权力真正用来为人民谋利益"①。

江泽民总书记说"当前,能否做好舆论监督工作,能否真正维护最广大人民的根本利益,也是衡量我们对'三个代表'思想学习得如何、实践得如何的重要方面。党的机关报应该按照'三个代表'重要思想的要求,积极探索新时期党报舆论监督的有效方式和方法,进一步增强党报的权威性、指导性、战斗性,为反腐倡廉、改进作风、促进经济发展和社会稳定做出新的贡献"②。

1998 年 10 月 7 日,朱镕基总理视察中央电视台后,与《焦点访谈》节目编辑、记者座谈时说:"我也属于你们监督的对象。"朱总理访问中央电视台,尤其是去了"焦点访谈"栏目,明确表示了对舆论监督的支持。朱总理最后给焦点访谈的题词是:"送给焦点访谈的同志们,舆论监督,群众喉舌,政府镜鉴,改革尖兵。"

2005 年 3 月 5 日,国务院总理温家宝在十届全国人大三次会议上作的《政府工作报告》中称:"强化行政问责制,对行政过错要依法追究。各部门都要加强内部管理,积极配合和支持审计、监察部门依法履行职责,对于发现的问题要认真整改。进一步扩大公民、社会和新闻舆论对政府及其部门的监督"③。温家宝总理曾先后 3 次到中国政府网和新华网考察工作,面对网民直接回答网民的提问,自觉接受媒体采访。2011 年 2 月 27 日,温总理在中国政府网和新华网接受网民采访时说:"如果说第一次和网友们在线交流我感到有点紧张,第二次我感到十分珍惜,那么这次我感到责任重大。我的任期还有两年,我以为这两年的工作不比前 8 年任何一年要容易,反而要艰巨得多。我必须恪尽职守,和人民一道克服困难,使我们国家更加繁荣昌盛"④。

2004 年 4 月 16 日,中共中央政治局常委李长春在看望《焦点访谈》栏目组全体工作人员时发表讲话:"党和政府重视舆论监督,人民群众欢迎舆论监督,推进改革开放

---

① 中央领导及专家谈舆论监督[OL]. 转引自新华网 2005-04-25.
② 改进和加强党报舆论监督工作[OL]. 人民日报新闻研究网 2010-09-01.
③ 中央领导及专家谈舆论监督[OL]. 转引自新华网 2005-04-25.
④ 温家宝总理与网民在线交流[OL]. 新华网 http://www.xinhuanet.com/2011-2-27.

和现代化建设事业需要舆论监督。舆论监督只能加强,不能削弱"①。

从党和国家领导人一系列的论述中我们可以看出,媒体监督是大势所趋,不管我们喜欢与否,都会坚持下去,不会以我们个人的意志为转移。同时,领导干部一定要学会和媒体打交道,学会使用媒体和利用媒体将是新时期领导干部的一个新技能。党政机关普遍设立新闻发言人就是一个最明显的信号。

三、媒体监督是民主社会的一个常态

民主说透了就是让老百姓说话,就是要有不同的意见,要听不同的声音。让老百姓说话,就是决策时要考虑到社会最底层的呼声,倾听他们的反应。听不同的声音,就是决策要科学,防止失误,防止偏颇。舆论监督是现代社会赋予媒体的一个社会责任,这个责任既是媒体的任务,也是媒体的卖点,对此我们要有正确的认识。要有一个从不适应到适应的过程。

现代行政制度改革的一个重要方面就是信息公开。我们过去的执政特点之一就是信息不公开,什么都保密,这是和现代社会是格格不入的。信息公开,是社会民主、开放的标志,讨论、议论事件是必然的,这样才能避免失和失误。现代信息社会,互联网、手机、电话、电视等手段瞬间传送,人人都是传递者,人人也都是接收者,人人还都是评论者,你也无法制止。

集权制的国家和封建制的国家是不需要监督的,独裁者、集权者的信息也是不公开的,隐秘的处理方式总是失误不断。我国封建集权社会延续了几千年,那是一个集大权于一身的年代,没有监督,没有民主,三呼万岁,下级敷衍权势,皇帝一人说了算,决断全靠皇帝的喜好,缺乏论证,失误也没有追究。结果是贪官、庸官横行,社会发展缓慢,那不是人类发展所追求的目标。民主社会就是要克服这些弊病。我们现在是一个法制健全、监督机制健全的社会主义民主社会,我们追求的社会目标是建设一个物质文明、精神文明、政治文明的和谐社会,在建设这个理想社会时,不能缺民主,不能有一言堂。所以,一个现代社会中的机关、事业单位、企业单位和领导干部自身,都要自觉地接受民主的监督,正确看待媒体监督。媒体监督是民主社会不可或缺的一部分。

最喜欢媒体监督的是广大老百姓和社会公众。这些人是最平常的人,没有社会背景,没有多少权力,是社会上的弱势群体。他们喜欢媒体监督,因为媒体说出了他们的心声,道出了他们平时想说但没地方表达的话。他们真诚地拥护党和国家的各项方针

---

① 中央领导及专家谈舆论监督[OL]. 转引自新华网 2005-04-25.

政策,对党和国家有着最朴素的感情,它们是这个民族最广大、最基础的部分。

谁最害怕媒体监督? 谁害怕网络? 这个答案不言自明。害怕媒体监督的不是党,不是政府。因为党和政府是媒体监督的倡导者。害怕媒体监督的也不是所有正直的领导人,因为他们没有小辫子被抓,是不怕媒体监督的。害怕媒体监督的就是那些不思进取、不明白媒体监督为何物的社会落伍的人,这些人缺乏最基本的媒介素养;还有就是那些干了坏事、又怕人们知道的一些人,尤其是一些社会上的要面子的"权贵们"。

四、组织和媒体的关系

现代社会,组织与媒体的关系不外乎以下三种情况:

1. 远离媒体

一些组织和领导个人表现为害怕媒体,看见记者采访就害怕,看见媒体就绕着走,以为媒体就是找自己麻烦的。社会上就流行这么一句话:"防火防盗防记者",把记者也当成了提防的对象了。产生这种现象的原因是一些组织认为与媒体打交道只能带来麻烦或损失,不能带来利益。怕暴露本身的错误,怕媒体批评。

有部分领导干部不具备和媒体打交道的基本能力,见到记者就害怕,就语无伦次,所以不敢见记者。

还有个别组织或领导者个人至今还坚持过去的一套,没有正确地看待媒体,以为自己就是"老大",谁也碰不得,媒体只是自己餐桌上的"一碟小菜",不把媒体监督看成一回事,轻视媒体的监督作用。一些领导干部也不习惯媒体监督,总以为媒体是宣传工具、是喉舌,而不是监督工具,更不是来监督自己的工具。所以媒体一说自己不喜欢听的话就暴跳如雷,就不高兴。

2. 若即若离

这种现象是第一种现象的自然延伸,正因为害怕媒体,就想去讨好媒体。为了让媒体少找自己的麻烦,经常给媒体一些好处,用小恩小惠去巴结媒体,但又怕走得太近。原因是怕一点关系没有,会轻易被媒体批评、曝光;走得太近了,媒体会经常来打扰,索要广告、发行报刊、支持赞助或对组织内部事项知道过多等。

3. 保持经常的沟通关系

组织与媒体保持经常的沟通关系,有专门的部门或人员从事宣传报道或公关工作。现在,机关和企事业单位都有宣传部门,宣传部门其中一个任务就是负责和媒体打交道,尤其是较大规模的一些组织,都会专门指定一些人负责和媒体打交道。这类单位受大众的关注度高,媒体一旦作出了对他们的批评或曝光报道,将对组织的声誉和形象产生较大的影响,尤其是重要的批评或曝光报道,将对组织产生致命的打击。所以越是大企业、知名度高的企业越重视与媒体的关系。

一些单位领导很害怕和媒体打交道,看见记者就害怕,遇到记者就躲避,看到媒体爆出和本单位或自身有关的消息就不知所措,得了"媒体恐慌症"。其实这是领导自身缺乏新闻素养和媒体知识的结果。媒体是代表公众来提问题的,是代表公众来论理的。如果你有道理,你和媒体讲清道理,就是对社会公众讲清了道理,这是领导应该做的起码的工作,何来怕之?如果自己有失误,要勇于承担责任,承认错误。犯错误不可怕,认清错误,确实改正,媒体和公众都会原谅的。躲避媒体,就是躲避社会公众。犯了错误,躲避不是办法,躲避可以暂时避免矛盾焦点,而不能解决现实的矛盾,过两天,矛盾和焦点还会缠上你。真正害怕媒体、害怕公众的还是那些做了见不得人的事情的单位和领导,因为他们无法面对媒体,解释不了事情发生的原因。

面对媒体,要理清思路,要讲清道理,要有领导的水平,你说出的话很可能会被媒体报道。接受媒体采访需要一些基本功,比如说工作语言、外交语言、基本的应变能力等。接受媒体采访还需要了解本单位的实际情况。一些人自身就是庸官,没水平,缺能力,媒体来了,害怕出丑,所以害怕媒体。一些人害怕媒体,是因为自身就行得不正,被媒体或者说公众揪住了尾巴,害怕彻底暴露,就躲避媒体。真正没有私心,没有权欲,没有后顾之忧的领导是不害怕媒体的,是不害怕面对社会群众的。

五、各类机关、企事业单位和领导个人都是被媒体监督的对象

中央各媒体驻地方记者站除了服务地方,宣传地方以外,其中一个作用就是耳目作用。它是中央放在地方上的一个耳目,替中央政府传递信息,监督地方的。一些机关或单位政府总想把媒体置于自己的可控之下,要媒体只报道自己喜欢的,不能报道自己不喜欢的,这和党和国家的精神正好是相反的。媒体其中一个功能就是监督功能,党中央和国家对媒体一个重要要求就是靠舆论监督来匡扶正义,批评错误。媒体是一个反映社情民意的地方,不是任何社情民意都和政府及机关领导人的意见相一致的。那该怎么办?让媒体报道一下反面意见天塌不下来,决策机关可以从反面意见中提取合理的部分,让决策更合理,让我们更清醒地分析决策,认识决策。我们要学会倾听不同的、甚至反对的意见。

很多单位和机关仍然沉醉在没有媒体监督的时代,尽管人已经走到了今天,但思

维还停留在没有网络、没有媒体监督的时代,怀念那段"阳光灿烂的日子"。因为在没有媒体"捣乱"的时代,财富、权力和很多事情更会容易"摆平"。而在媒体监督时代,人们可以近乎没有门槛地表达自己的利益诉求,可以将现实中的"扭曲"和"压抑"在媒体、尤其是在网上低成本地发泄,这是一个健康的社会所必需的。有问题并不可怕,可怕的是问题出现了我们却没有发现,一味地靠"捂盖子"掩盖矛盾,那样的进步永远是脆弱的,经不起任何的压力测试①。

六、领导干部要具有与媒体打交道的能力

领导干部要提高与媒体打交道的能力,实际上就是提高与公众打交道的能力。媒体的作用就是向公众传播信息。从这个意义上讲,善于与媒体打交道,就是善于与社会公众相处,尊重媒体,就是尊重公众,就是为自己在公众中树立良好形象打下心理基础。

在和媒体接触方面,我们党和国家领导人,我们一些地方干部已经给我们做出了很好的表率。他们的每一次记者招待会,每一次新闻发言人例会面对记者的提问,都有很好的表现。温家宝总理2011年2月27日接受网民的采访,可说是字字珠玑,回答问题明确,阐述道理深刻,讲解问题高屋建瓴,表现了一个共和国总理掌控全局、热爱人民的拳拳之心,听起来感人热泪。让人由衷地佩服总理的机智和敏锐,感慨总理驾驭语言的能力。党和国家领导人的光辉形象尽在于此。

民主的时代要求每一个地方领导和单位领导都要有一定的语言使用能力,要学会运用媒体,学会和媒体打交道并通过媒体去宣传公众。和记者打交道是一个技能,只要我们认真体会,揣摩一阵子,完全可以学好的,运用会很自如的。

七、接受舆论监督是组织和领导者个人必备的政治修养

作为领导干部要做好定期接受采访的思想准备,主动与媒体沟通,就一些群众关心的重大热点、难点问题表明态度。要提高引导舆论的能力,在处置突发事件时,闻讯而来和要求采访的媒体和记者不是"麻烦制造者",而应是可以借助和利用的资源。突发事件的新闻处理得当、媒体利用得妥当,舆论引导有效,不仅有利于事件的妥善处

---

① "欺实码"是对公权力的讽刺[OL]. 新华网江西频道(http://www.jx.xinhuanet.com/news/2009-05/14/content_16518742.htm).

理,还能使本来的负面信息变为正面报道。要解放思想,更新观念,适应网络时代的要求,提高应对互联网的能力。这些,我们党和国家领导人已经做了,也都做好了,我们下级党政领导和各单位领导有什么不能做到或无法做到的呢?

从根本上来说,监督特别是群众监督和舆论监督,是对权力运行的提醒和督促,促使领导干部重新审视决策和举措,去及时修正错误。躲避、拒绝监督,也就失去了一种宝贵的校正机制,失去了一道安全的屏障。领导干部不具备接受监督的执政素质,就容易出现腐败和失误,最终都会动摇政府的公信力和执政的民心基础。

八、媒体监督可能出现的几种情况

1. 媒体说的是真话,符合真实

如果媒体披露的都是事实,都是真话,被监督者由于害怕真正的事实真相被揭露出来,总想掩饰过去。这是没有任何办法挽救的。本书不讨论如何掩盖事实和作假的问题。

2. 媒体披露的部分是事实,部分不太符合事实

媒体披露的基本事实清楚,或者有部分是事实,有部分不太符合事实,和事实有出入,这需要去合理解释,承认对的,解释清楚有出入的。

3. 媒体说的不是事实,是无中生有,颠倒黑白

如果媒体说的是有意歪曲事实,是无中生有,颠倒黑白,或者虽然是无意的,但由于记者偏听偏信,或调查不清就发表了。这时我们要正本清源,还事实真相。

第二、第三个问题是我们要讨论解决的。

九、事件被炒作起来的几个原因

可以这么说,任何一个网络事件被发酵、被炒作起来大体有四个原因:

1. 事件违反常理

事件违反常理,被媒体揭露出来。媒体说的都是事实,当事人和单位无话可说,只能听之任之。例如沃尔玛和家乐福的"欺诈门"事件。两家超市不敢应对媒体,没有人敢站出来说话,就因为媒体说的都是事实。事实胜于雄辩,当事者无法解释,只能认错。

2. 没有应对措施或不会应对

危机事件发生后,当事人和单位对事件没有应对措施,或根本不会处理,或者不想

处理,任听网络炒作,使本来可控的事件演变成不可控。例如近期的个别公安机关违规抓人案件。

3. 事件处理不当或口出狂言

事件处理不当,致使事件不可收拾。如当事者解释不合常理,当事者单位隐瞒主要事实真相,第三方解释明显偏袒一方当事人,或口出狂言,仗势欺人等。南京徐宝宝事件、云南躲猫猫事件等。处理不当就等于推波助澜。

4. 背后有推手,有人恶意炒作

背后有推手,有人恶意炒作。这种一种不正常的炒作,做这种炒作的主要是网络水军和一些网络公关公司及一些非主流的小报纸、小杂志,这是明显违背公共关系最起码的伦理底线的,是违背人类伦理和道德的。这种人不是不知道这类炒作的违规性,也知道操作可能产生的恶意结果,而又偏偏为之。这种炒作的最可怕的地方是这些人的传播理论修养堪比专家,这些人的法律水平堪比高级律师,这些人的胆量堪比"武松",这些人的圈钱水平堪比比尔·盖茨。他们钻的就是法律空子。我们必须旗帜鲜明地反对并杜绝这类炒作现象。

第二节　媒体的正面效应和负面效应

一、媒体监督

应该说,我们当今的媒体主流是好的,是当今老百姓最喜欢、最开放、最能表达老百姓真实想法的一个方式,最充分地表达了主流民意。应该做二八开或者一九开。看看媒体揭露出来的事实就可以说明,80%～90%以上都是某些人拿不出台面的阴暗和隐私。真正造谣中伤的并不多。正面效应大大高于负面效应。那些利用媒体造谣惑众、达到别有用心的人有之,需要提防,但不是主流。对那些非主流的欲搅浑公众视线个别事件,我们要引导,要批评和纠正。但不能因为几起这类事件就否定媒体的主流。我们要相信老百姓的辨别能力,如果一个举措,一个对策,一个政策,80%的老百姓都说不好,那我们就真该调整思路了。

二、媒体监督的正面效应

舆论监督是当今最为重要的监督平台,是因为媒体老百姓接触最多,反响最大,传播最迅速,民意反应最强烈。行政监督、法律监督更正规、更威严、威慑力更大,但对老百姓来说过于正规严肃,手续麻烦,时间拖得长,条规框框太多,不是专业人员,根本吃不透精神。有些道德层面的东西,行政监督和法律监督也监管不到,而舆论监督上至国家大事,下到夫妻感情都能管到,吃喝拉杂,只要不符合老百姓意愿,只要不符合道德和伦理的东西,舆论监督都可以做。

舆论监督的正面效应主要表现在:

1. 监督社会 匡正谬误

对我们国家来说,媒体是为党和国家服务的,是党和国家的喉舌,是政府宣传人民、打击敌人的利器,是讲事实、摆道理的地方,是表彰先进、批评错误的阵地。监督社会,匡正谬误,是媒体的一个责任。正因为媒体有这样一个责任,媒体才可能深入人心,才可能赢得公众的信任。如果媒体没有监督社会、匡正谬误的责任,媒体的号召力就会小得多。

2. 信息发布及时

在大众传播时代,无论何种信息,只要媒体觉得有必要,信息都可以在第一时间发布出去,瞬间传遍四方。这是在人际传播时代不可想象的。在缺乏传播技术的年代,人们要广泛发布一个事实,最少需要几天,最多需要几年。一个战争胜利的消息被传到大本营,需要有人奔跑 42.195 公里,用时 2 个多小时,这就是著名的"马拉松"。而现在只需按上一个键,或者打开一个按钮,消息就迅速传遍全世界。

我们现在很多人物被大众知晓,就是通过媒体的介绍,网络红人一夜蹿红,靠的也是网络媒体的传播。电视台的著名主持人耳熟能详,明星们的一夜走红,一些事件臭名昭著,一些人物全国出名,都离不开媒体的宣传。

3. 引领社会前进

媒体最大的任务就是发布信息,由于其专业化的属性,媒体具有极大的宣传力。人们普遍相信媒体,跟媒体的"风",媒体提倡的,就是社会所提倡的,媒体宣传的,就是老百姓将要实行的。社会道德,要靠媒体提倡;先进人物,要靠媒体表扬;坏人坏事,要靠媒体批评,一些事项,要靠媒体提醒;天气情况,要靠媒体发布;社会动向,要靠媒体告诉大家。就是媒体使用的词汇,也会被老百姓所接受。人民日报曾在显著位置使用过"给力"一词,该词汇迅速传遍整个社会,其含义不解释也被老百姓悟出来了。另有"菜鸟"、"恐龙"、"杯具"、"童靴"、"GG"、"MM"、"BF"等,其传播和使用都源于媒体。媒体是引领社会前进一股不可忽视的力量。

4. 引导消费

媒体具有极大的诱惑力,现在平面媒体都有整版的平面广告,这些广告给媒体带来丰厚的利润。这些广告在引导着人们的消费,改变了人们的消费观念。一些电视也开办了专门的购物频道,一些被媒体宣传的物品迅速热卖。网上购物贴近了老百姓的生活,年轻人是网购的主力军。

5. 办公平台

现在许许多多的单位包括高校、中小学、公司等都在上班期间挂着 QQ 和 MSN,组成了自己的群,成了办公场所。这些网络的聊天平台现在都成了办公的平台,就是远在天边出差,上了网,就能和单位发文件、谈事情,能做到电话都做不到的事情。难怪腾讯和 360 一掐架,这么多单位和老板着急,原来他们单位的办公平台就建立在这基础上。它们一掐架,影响的是单位办公。

6. 社会的消遣娱乐

媒体的功能之一是娱乐。媒体不仅能进行宣传教育,还能满足公众的消闲和娱乐。小说、电视剧、游戏、动画、网络里各类消遣软件应有尽有,满足了不同层面人们的娱乐。

三、媒体监督的负面效应

1. 误导舆论,影响政府决策

我们应该知道,公众思维和个人思维的缜密、严谨完全是两回事。公众对事件的看法在很多情况下是直线的,是没有经过深入思索的,并没有经过更多的思考和推敲,没有缜密的逻辑思维,只是顺着事件的大致方向跟风。个别媒体就是利用公众的这种思维,编造事件以达到轰动效应、制造混乱,浑水摸鱼。

我们也知道,公众对事实的了解是完全靠媒体获得的,不可能知道新闻的全部背景事件,所以,媒体就有可能通过对事件的"选择性"报道,通过对事件的"突出性"报道,去影响公众,从而绑架公众,通过绑架公众来煽动公众情绪,最后形成舆论压力。这类事件在现实中已经不是一、两起了。为何会屡屡出现这类事件呢?究其原因,是所谓"假作真时真亦假",即公众对事件真相不完全清楚时,容易对事件的起因作出"恶意的想象",这完全不利于执法或者公权机关处理事件。那时即使执法机关或公权部门是公平公正的,也会失去应有的公信力和公平的信度。"因此,公权部门必须对自己的权力所负载的责任和道义有高度的敬畏。这种敬畏应体现在日常的执政为民的实践中,而不是只体现在曝光后的突发事件的处理中"①。

---

① 佚名.专家解析"网络水军"案例[N].人民日报,2011-1-25.

2. 欺骗公众,绑架民意,达到浑水摸鱼

这主要讲的就是"网络水军"的问题。现在突然冒出了一些网络公关公司,这些网络公关公司的主要任务就是炒作。一个城市要出名,一个单位要出名,一个产品要出名,一个人要出名,给我钱,我来炒作你。这就是一些网络水军的生财之道。炒作的主要手段就是先找些无中生有的、出奇的事情败坏你的名誉,让公众指着鼻子骂你,挣出个"坏"的知名度,然后再纠正事实。这样,你的知名度就出来了。很多不太光彩的名人就是这样出名的。

"网络水军"和"网络公关"为何盛行? 有专家说,是因为我们的政府公信力出现了问题。一个值得深思的现象是,在不少"网络水军"的案例中,有关部门即使站出来"辟谣",但其声音往往在第一时间被网上舆论的"狂潮"淹没。如何看待这种现象? 政府如何在此类事件中更好地说明真相,引导舆论?

对此,清华大学新闻与传播学院教授金兼斌认为,建立和维护政府公信力和廉洁公正的声誉,需要长期努力,而削弱和破坏公信力和声誉则容易得多。因此,政府部门必须十分珍惜和重视其自身的公信力。这是其执法或者执政有效性的基础。一些案例都表明,当公信力失去信任时,"官方说法"或者"官方消息"的传播效果也就丧失了。这就给各种肆意歪曲事实的说法甚至各种恶意猜想以可乘之机。当普通民众情绪中对"官方说法"有先天质疑时,加上对当今社会种种不公正现象的直接或者间接的感受,其对事件的解读往往容易有先入为主的判断,这就给了"网络水军"、"网络推手"乘虚而入的时机[1]。

四、谁是媒体操作的幕后推手

有时候,媒体炒作一个事件并不是网民自发,而是有意为之的。有意为之者就是推手。利用某种途径去制造轰动效应,达到提升知名度的目的,这是公共关系的一个工作原理。如果正面地利用公共关系的手段,适宜地利用媒体的力量,去提高知名度,达到知名度和美誉度的和谐统一,那这推手就是正向的。如果制造轰动的目的不纯,或制造轰动效应的手段不地道,那就是错误地利用了媒体的力量,这就是反公共关系了。反公共关系是对公共关系的反动,根本就不是公共关系,是打着公共关系的旗号,利用公共关系的一些手段,干着和公共关系背道而驰的东西。

如何判断媒体操作的幕后推手? 就一条,看谁是最大的受益者,谁又是最大的受

---

[1] 佚名.专家解析"网络水军"案例[N].人民日报,2011-1-25.

害者。最大的受益者就是推手，最大受害者的对立面就是推手。事件的推手是容易看出来的。当然不是所有事件都有推手。

五、媒体的杀手锏

1. 直接挑战

这就是直接揭露事件本身。一般媒体是都在掌握了大量真实材料以后才这样做的，具有必胜的把握。这些信息都会在媒体的显要位置刊登或播出，具有明显的挑战意味。所以，一经发表，对特定组织肯定是狠狠一击。例如，中央电视台对"达·芬奇"家具的报道就是如此。

2. 炒作，后续跟进

媒体仅仅报道一下组织的负面新闻还不会有太大的影响。为了扩大影响，媒体往往会跟进报道，继续采访当事人和知情人，撰写新闻评论，从各个角度分析事件的原因，推测事件的可能进展。这就是"跟进"效应。一般来说，报道评论能"跟进"三次以上，一个组织的负面形象就形成了。"轰动效应"也就形成了。

对不同的媒体，有不同的"跟进"方式。报纸媒体一般第一天是发个消息或专题，第二天就是通讯加评论。第三天就是对前两天的分析。电视报道一般是新闻联播中播一个新闻，紧接着后续就是一个专题报道，专题报道是对新闻画面的详细延伸。第二天会继续拍摄有关画面，有时会跟进一些电视评论，甚至会将事件编成电视故事讲述。电台则会连篇累牍一天不停的新闻跟进播出。总之要做到全社会的都知道。有时，几家不同的媒体再转载，那影响面就更大。

3. 暴露个人隐私

网络媒体是现在最令特定组织和一些领导人害怕的媒体。害怕的原因，是这些媒体发表信息是零成本，人人坐在家都可以发消息，坐在电脑旁，人人都可以是评论者。私密性强，你找不到这是谁写的，跟进者也不知是谁？现在四岁的孩子都会上网，上网的比看电视的多。网络炒作有一个最大的特点，就是都带有"惊世通言"的意味。报纸、杂志、电视、电台由于社会影响和媒体形象的原因，有时不敢报道那些隐私新闻和庸俗的新闻，但网络恰恰就是喜欢炒作这些俗东西，一旦被网络跟进，会毫不留情，私密的东西全部暴露，很是丢人。这就是一些人害怕网络的原因。

第三节 应对媒体的技巧——练好内功

一、成立机构——组织保证

各类组织都要成立一个公共关系部（新闻办），成立部门是组织保证，要有专人管理和媒体应对的事宜。国内现在的现状是，企业普遍设有公共关系部或企划部（客服部），政府部门普遍设立了新闻办，部分机关和一些事业单位（如银行）也成立了类似于公共关系部之类的部门。例如以北京市公安局为代表的全国十三家公安局也都先后成立了公共关系专门机构。这些都有先见之明。但还有很多的机关和部门没有成立专门机构，对应对媒体和利用媒体的认识还缺乏高度。有些机关单位虽然也成立了公共关系部（新闻办），设置了新闻发言人，但运作不太理想，人员缺乏最起码的新闻素养和基本功，或者干脆就是摆设。可以预见，在不远的将来，机关和事业单位都会设立公共关系部之类的机构，利用媒体、宣传媒体将是一种工作常态。

一般来说，机关或事业单位设置公共关系部（新闻办、新闻发言人办公室）的主要工作职责有以下几点：

（1）界定主体组织公共关系的范围。

（2）搜集和主体组织形象有关的信息。

（3）制定突发事件的应急方案。

（4）为新闻发言人提供信息背景和案例帮助。

（5）联系媒体，定期对媒体提供信息。

（6）联系社会有关公众，推介组织形象。

（7）塑造、设计组织的形象及建设。

（8）选择合适的新闻发言人。

（9）聘请联系自己的公关顾问。危机处理时不仅要有自己的实际问题的处理专家，还要有修复形象和应对媒体的公关专家。

现在不仅各级政府系统有了自己的新闻发言人，就是党委系统也有了自己的新闻发言人。其他的党政机关和企事业单位今后都要有自己的新闻发言人。这是宣传公众、展示组织形象、让群众了解自己，达到组织利益最大化的一个不可或缺的手段。中央外宣办新闻局局长郭卫民说："作为党委和政府新闻发言人，要提高新闻发布和与媒体打交道的能力，尤其是发生突发事件后，如何及时准确发布信息，积极做好媒体采访的服务管理,这十分重要"。

新闻发言人要掌握新闻发言人的基本素质和要求、要懂得如何发布新闻和与媒体打交道,学会新闻发布会的策划和组织、新闻发言人的工作技巧、突发事件新闻发布技巧,要会撰写发布词等等,还要经常进行新闻发布会的模拟演练和实操①。这样,临阵才能不慌,才能有备而来,不至于被记者的提问难住。

二、制定预案——事先预防

事先预防,就是事先就要制定好对事件防范的预案,根据组织可能发生的各类事件,制定出防范内容。制定的预案应包括两个方面:

1. 硬危机事件的处理预案

硬危机事件主要是天灾人祸之类的事件。这类预案主要是防范和处理人员伤亡或金钱、财物损失的事件。在处理这类事情遇到一些媒体应对、对外发布事实、恢复组织形象等问题时,公共关系才有用武之地。公共关系在此类事件处理中只是配角作用。这类预案的内容应包括领导分工、人员使用、工具分配、时间要求、挽回损失等等。

2. 软危机事件的处理预案

软危机事件主要是指发生了让组织知名度或美誉度受到损失、组织形象受到伤害的事件。这类事件的主要特点是组织的生存环境被恶化,突出表现为尽管组织内的人员和物质财产一如往常,组织照常运作,但由于组织赖以生存的某个环境明显恶化,直接影响到组织的生存,甚至造成组织的灭亡。

软危机事件的处理显然是由公共关系来完成的,公共关系在这类危机事件的处理中具有核心意义。这类事件的处理预案应包括:

(1) 分析事件原因,弄清来龙去脉。

(2) 弄清责任,处理责任人。

(3) 统一口径、对外发布事实。

(4) 制止事件的进一步扩大,挽回物质和精神损失。

(5) 利用事件,转危为机,扭回和扩大自己的知名度和美誉度。

现在许多单位只有硬危机事件的处理预案,没有软危机事件的处理预案,没有认清软危机事件照样会造成不可估量的损失。事实上,软危机事件比硬危机事件更难处理,损失也更大。所以,对待软危机事件,我们更应该谨慎处理。

---

① 全国党委发言人培训揭秘:200人模拟演练发布会[N]. 人民日报海外版,2011-03-02.

三、弄清责任——评估事件本身

（1）媒体曝光一些事件，在很大程度上不是针对政府单位本身的，而是针对某些特定人物的。我们在分析责任时，一定不要把某个特定人物非要拉扯上政府或者整个单位，让政府或者整个单位跟着陪绑。

（2）要弄清这些事件中的特定人物是在行使"公权力"，还是在"谋私"，一定不能把私人的事情强扯到"公权力"方面来。

（3）要弄清公权力行使得是否正确。不能把某个领导人的错误做法看成是政府或整个单位的错误，也不能把某些人错误行使了公权力看成是整个政府或机关的错误。

（4）要弄清媒体是在监督还是在兴风作浪，千万不要把媒体监督看成捣乱。因为很多事件最后不可收拾都是在这个环节上出错误，把媒体的正常监督看成是捣乱，以至于去报复媒体，最后很被动。南京冠生园事件就是一个很典型的例子。

（5）不能把单位沦落成某些领导人的私人办事机构，好像单位领导的任何作为都是在工作，不能替领导承担个人责任。

（6）要弄清我们错了没有。不能混淆是非，拒不认错。

（7）要弄清我们错了多少，对了多少，要分析透彻。

（8）要勇于承认错误。

案例：

因进京拘传记者 西丰县委书记被责令引咎辞职[①]

辽宁省铁岭市委5日在西丰县宣布，西丰县委书记×××因在"进京拘传记者"事件中负有不可推卸的领导责任，被铁岭市委责令引咎辞职。

铁岭市委通过调查认为，在"西丰事件"中，县委书记×××同意公安部门介入，同意县公安局立案并拘传记者。×××同志身为县委书记，法制意识淡薄，对事件负有不可推卸的直接领导责任。为此，铁岭市委决定，责令×××同志引咎辞职，并向市委写出深刻检查。

2008年1月，《法人》杂志刊发了一篇报道西丰县商人赵俊萍遭遇官司的文章。1月4日，西丰县有关人员来到北京，要求《法人》杂志澄清事实真相，称记者涉嫌"诽谤

---

① 霍仕明. 因进京拘传记者 西丰县委书记被责令引咎辞职[N]. 法制日报, 2008-02-06.

罪"已经立案,并要拘传。此事发生后,在社会上引起强烈反响,因"拘传记者"受到普遍质疑,西丰县公安局1月8日正式撤销立案、撤销拘传,并于9日到报社道歉。

铁岭市委在宣布对×××处理决定同时,要求西丰县委、县政府要从这一事件中认真吸取教训,向市委再次写出深刻检查,并要求全市各级党委、政府要进一步提高认识,深刻反思"西丰事件"的教训,不断增强法制观念,严格依法办事,提高领导干部的执政水平和司法部门的执法水平。

因为这起事件,西丰县的县委书记被称为全国"最牛的县委书记"。在这起事件的评估中,不仅县委书记有不可推卸的责任,就是县委本身也有不可推卸的责任。

第一,没有分清"县委"和"书记"的关系。这是涉及县委书记本人的一起自诉事件,就是有"诽谤"成分,本也该由书记本人去起诉,而不是整个县委的事情,更不是县政法委、县委宣传部和县公安局的事情。县委和这些部门根本没有弄清"书记"和县委的区别,硬把"县委"和"书记"等同起来了。好像点名批评"书记"就是批评"县委",就是批评县政法委、县委宣传部和县公安局,从而那么主动地去北京大院抓人,犯了典型的"书记就是一切"的狂妄错误。

第二,没有弄清书记"公权力"行使得是否正确。这些部门理所当然地认为只要是书记行使了"公权力",那就永远不会有错。谁对书记的"公权力"提出异议,谁就是"公权力"的"敌人",也就成了政法委、宣传部和公安局的"敌人"。从而让这些单位沦落成了县委书记本人的私人办事机构。

第三,在媒体铺天盖地的批评声浪中,县委和县委的上级没有及时发布消息,没有认真评估事件本身,任凭批评的浪潮一浪高过一浪,很是被动。1月9日,县委派人去北京道歉。县委到这时还是没有分清责任到底在谁? 是整个县委的错误还是书记本人的错误? 而去道歉者还不是书记本人,抓人的原因是诽谤了"书记",而道歉成了县政法委、县委宣传部和公安局的事情,书记本人就这么金贵吗? 犯了错误都该别人去替他道歉?

第四,对信息反应的迟滞。事情发生在2008年1月4日,铺天盖地的浪潮发酵后,上级对其引咎辞职的决定迟滞到2月5日才宣布,整整晚了一个月。这一个月,县委和上级是"任凭风吹浪打,胜似闲庭信步"。上级在做什么,主管领导对此有什么态度,没有看到对媒体和全国公众的任何交代,对此事的处理太滞后了。这一个月,对县里的发展影响有多大呀?

我们可以拿"最牛的书记事件"和几乎同时发生在陕西绥德的"最牛县长"事件进行对比。"最牛县长"事件最早发生于2007年12月25日,29日开始发酵,网上帖子铺天盖地。2008年1月4日。榆林市委书记周一波及时从外地赶回,当天主持会议,对县四大班子进行党的先进性教育,执政理念教育,迅速纠正错误,宣布六条整改措施,市委书记出面道歉并看望事件受害者,县长公开道歉,县长、教育局长、公安局长责令作出检查,全市机关开展一次工作作风大检查。对该事件的处理迅速对外发布。由于信息及时,措施得力,处理得当,对媒体和公众有一个很好的交代,事件很快得到平息。通过对"最牛的县委书记"和"最牛的县长"两起相似事件的不同处理态度和不同处理方法中我们可以看出,对媒体批评采取不同的态度,达到的是完全不同的效果。好的处理方法可以迅速平息事件,得到媒体的原谅,减轻对当事人和所在区域最小的伤害。而"软抗"、"拖延"甚至听之任之的处理方法得到的只能是持续的、铺天盖地的谴责和批评,得到的是对当事人和所在区域的最大损失。

"最牛县委书记"危机事件,由于当时的处理就不圆满,九个月后又导致出了一次"书记"复出事件的风波。

案例:

"最牛县委书记"东山再起,很像"报复"舆论①

这一消息一传开,各大网站上网民纷纷惊呼,有人干脆猜测说:张××后台很硬,水很深!

今年年初,张××派公安人员到北京拘传对西丰县进行舆论监督的记者(见本报1月7日一版),因此被网民称为"史上最牛县委书记"。"西丰警察进京抓记者事件"一时成为全国性大新闻。

2月5日,铁岭市委召开常委会听取调查组汇报后认定,张××身为县委书记,法治意识淡薄,对进京拘传记者事件负有不可推卸的直接领导责任。为此,市委决定,责令张××引咎辞职,并向市委写出深刻检查。

有谁敢想,9个月之后,张××这样一个"法治意识淡薄"的官员,竟然不可思议地东山再起,其速度之快,其不明不白,令人咋舌,难怪会震惊网络,成为一大新闻。

在法治社会,像张××这样一个"法治意识淡薄"达到"史上最牛"地步的县委书记,影响极坏,民愤极大,本该受到严厉惩处。但有关部门在其受处分仅仅9个月后,就安排其异地做官,这不能不让人怀疑,当初所谓的"处分",是不是只是为了暂避风头,平息人怒的权宜之计?"责令张××引咎辞职"是不是真正为了维护党纪法规?底下有没有不可告人的交易?否则,就像网民一针见血所言:"铁岭没人啊,沈阳没人啊,

---

① 宋广辉. "最牛县委书记"东山再起,很像"报复"舆论[N]. 中国青年报,2008-11-24.

中国没人啊,中国真的就找不出一个比张××更好的官吗"?

铁岭也好,沈阳也罢,肯定能找到一个比张××更好的官员。但不知为什么有关部门偏要让张××东山再起。是不是为了给当初愤怒的舆论一个"报复"? 否则很难说得通,因为这种安排,使得张××派警察进京抓记者的荒唐的违法行为,成本或代价几乎是零。人们有理由质问,张××究竟有没有受过处分? 甚至他的重新任命是否属于"带病提拔"。

还是让我们听听网民的呼声吧:"记者小心哟,你们再讲他,他还是会来抓你们的!"、"真牛!(张××)这样的辞职是侮辱百姓的智商!""这样的人还能当领导,说明他的领导也有问题"、"让一个素质如此低劣的干部再出来掌管一个大工程,真是不可思议"……

四、要合理解释——直面危机

事件出来后,领导要敢于面对危机,怕和躲避都不是办法。对媒体也就是向社会公众发布事件的真相。发布消息,要做好以下几点:

(1) 对事件的解释要合理中肯,不能牵强附会。有些单位的解释是很可笑的,如南京徐宝宝事件。

(2) 要用事实和真理讲清公理。就是说要用大道理说服小道理。

(3) 要坚持对的,勇于承认错误,开列出改正错误的措施,态度诚恳。

(4) 不能强行压制。不能乱删帖子。删帖子是无能的表示。

(5) 高明的领导人是利用媒体,低级的领导人是被媒体牵着走。

案例:

引人瞩目的钱云会案

2010 年 12 月 25 日 9 时 45 分许,浙江省温州市乐清市蒲岐镇寨桥村发生一起交通事故,该村村委会前主任钱云会被一辆超载的重型工程车压死。

钱云会死后,有关钱云会的死因一时众说纷纭,网络和各种媒体的质疑不断,给公安机关带来了很大的压力。在尊重事实、实地调查的基础上,执法机关得出了最后结论,还原了事实,缉拿了肇事者,做出了令人信服的判决。浙江省乐清市人民政府外宣办负责人向记者证实,广受关注的乐清市寨桥村前村主任钱云会被货车轧死一案将公开开庭审理。

2011 年 2 月 1 日上午,浙江省乐清市人民法院对备受社会舆论关注的"钱云会案"

进行公开审理，并当庭作出一审判决：肇事司机费良玉犯交通肇事罪，判处有期徒刑三年六个月。庭审现场以视听资料的形式真实地记录事故发生的前后过程，这些资料和费良玉的供述、证人黄标的证言等证据能够相互印证，证明本案确系一起突发性的交通事故，而无更多的背后原因。同时，案件在中央电视台《新闻调查》栏目针对网友列举的"五大疑问"："工程车逆行之谜"、"死者身体方向之谜"、"路口摄像头失效之谜"、"工程车不刹车之谜"、"肇事司机被带走之谜"，这些疑问都指向钱云会有可能是被谋杀等疑点，分别采访了浙江乐清钱云会被碾压致死案的现场证人、钱云会之子、肇事司机、村民、警方勘查照片、现场保安等，基本上还原了案发的情形……

据了解，1月18日，钱云会家属与肇事司机费良玉的代表等方面签订交通事故赔款调解书，钱云会家属获赔105万元，赔偿方为肇事司机费良玉的代表及乐清市山塘山矿山项目部等相关方面，钱成旭代表家属签字。

这起案件最初纷纷扬扬，媒体质疑声不断，各类证人、知情人不断"涌现"，有的牵强附会，有的"合理"推断，给公安机关破案带来了压力和疑点，公安机关不但要破案，还要解释清楚各类疑点，要给公众拿出最有信服力的证据。在这个案例中，温州乐清公安机关和人民法院坚持实事求是，以事实为准绳，没有被媒体牵着鼻子走，也没有去删帖子，也没有有意的去灌水帖，而是借助中央电视台的平台，主动给全国媒体和关心这个案件的公众一个合理的解释，消除了质疑，赢得了"公权力"应有的尊严和尊重。

五、及时公布事实真相、处理责任人——善后处理

（一）及时公布事实真相

很多事实和案例说明，在案件发生后，及时公布事实真相，相关部门及时介入是安定人心和消除疑虑的最好办法，拖延、害怕、息事宁人是不可能消除媒体和公众的迷惑的。"最牛的县长"事件处理得好，就在于榆林市委领导及时介入。榆林市委主要领导以"公权力"和第三者的身份及时介入，可信度高，具有威严性，其处理结果来得快，公信度高，所以事件平息也很快。"最牛的县委书记事件"九个月后还被人惦记并继续发酵是因为人们对最初处理结果的严重滞后就不满意，而一直被人"关注着"。

（二）不要被媒体的声音牵着鼻子走，而是要主动去解释事实

事件被炒作，有时不是事件本身，而是事情发生后的事件处置本身的问题。事件处置是一个技巧，处置得好，可以避免被炒作，给处理事件制造一个宽松的氛围。处理

不好,不仅受媒体和公众谴责,而且处置过程还会被媒体和公众质疑,这等于推波助澜。所以对违纪事件的处置要慎之又慎,要仔细分析和研究。危机事件本身就是媒体和公众高度关注的对象,你说得多不好,不说也不好,何时说,怎么说,说什么,都要有一个合适的度。发生在河北大学的"李刚事件"就是一个被媒体牵着鼻子走的典范案例。这次事件可说没有一个受益者。案件受害者一死一伤,精神和心灵受到极大的创伤,肇事者李一凡(李启铭)进了监狱,李刚因儿子的一句话备受牵连,事件发生地河北大学的解释也不尽如人意,保定市的城市形象也受到损伤。这次事件的处理很被动,一直被舆论压着头,任由媒体炒作。保定市政府和河北大学的无力辩解,"公信力"声音的"失声",不断给媒体和公众提供着质疑的"证据"。

"李刚事件"教训之一就是:河北大学和保定市政府都没有认识到公共关系在处理这类危机事件中的重要作用,没有在第一时间去引导处理好这件事,没有或很少去主动利用公共关系介入危机事件的处理,让"公信力"声音过弱,没有去很好地利用媒体。只有河北省长的表态让人精神为之一振,感觉到了"公理"和正义的"一呼"。

(三)不要文过饰非,也不要去糊弄或对付老百姓,更不要隐瞒一些 事实

不要文过饰非,也不要去糊弄或对付老百姓,更不要隐瞒一些事实。群众的眼睛是雪亮的.要有壮士断腕的勇气,不能护短。

"李刚事件"一直被操作,声浪越来越高,其教训之二就是:保定市有关部门和河北大学学会了"噤声",总想文过饰非,去躲避,但没有学会去利用媒体,直到最后也没有什么公共关系动作,一直显得被动应付。这些迟疑给全国人民的印象就有"护短"的嫌疑,"李刚"水很深,确实很有后台。

其实保定市、河北大学当时是有很多公共关系文章可以做的。比如:保定市政府可以高调宣布几条措施,如先让李刚"休息"或"请假"几天,免除全国公众担心其"权力"可能干扰破案;可以高调宣布要李刚配合检察机关工作;派出市委、市政府工作组调查其他相关问题,显示"公权力"也在谴责这起事情;可以请公共关系专家来讨论如何进行此次危机;可以把主要记者请来开一次规模较大的记者招待会,表示公权力的声音,并分化瓦解媒体的一致性;可以高调进行一次校园安全大检查;可以高调强调干部要管好身边的子女;主要领导可以有一次电视讲话出面表明态度。这些措施对挽回保定城市形象、平息民愤肯定有作用。河北大学也可以高调进行一次校园安全大检查;可以有新闻发言人高调宣布配合检察机关,严惩肇事人。可以组织专家学者讨论大学生应有的人生观教育,如何正确教育孩子,如何防止把孩子教育成为"官二代"、

"富二代"及对孩子溺爱的危害性等。这些主动出击,一定会挽回河北大学的一些负面印象。可惜这些当时都没有或做得不够。李刚是有组织的人,李刚这么被炒作,作为李刚的组织和上级,有什么态度,有什么动作,除了李刚父子在中央电视台的"声泪俱下"的表演,别的什么也没有看到,或者上级的一些措施被铺天盖地的"谩骂"淹没了。

2011年3月28日,《河北法制报》头版以整版篇幅,刊登《"我爸是李刚"是怎样炒起来的》的报道。该文考索了李启铭交通肇事案的舆情发展过程,对"我爸是李刚"的语境给出了解释,对"李刚有五套房产"、"李刚岳父是副省长"等一时纷纭的说法给出了调查后的否认,不仅澄清了相关事实,而且提出了值得重视的舆论生态问题。但这是半年之后了。

六、一个声音说话——"三统一"

危机事件出来后,特定组织一定要"三统一",这是铁的纪律。

1. 统一组织

就是要迅速组成一个专门处理事件的组织,24小时周转。没有专门的人员保证,事件是不可能处理好的。

2. 统一领导

就是要第一时间指定专门人员指挥。一般来说,这个事件的指挥者在预案中就已经明确。不能多头指挥,更不能瞎指挥。

3. 统一声音

就是不经允许,任何领导和个人不能擅自对外发言,不能谈论事件本身。新闻发布统统要由新闻办或指定的发言人对外进行。这应是一条铁的纪律。这也许会被媒体指责为"噤声"。但"噤声"也比不负责任的瞎说好。一般来说,事件发生后,媒体记者总是要找事件当事人或知情人想方设法打听信息,甚至会找一些所谓的"知情人"或"知情者"打探内部消息。其实有些信息未经证实,或者信息是真的但出于某种原因暂时不能过早发布,或者"知情人"对信息本身是一知半解,或者媒体记者在写稿过程中根据自己的理解断章取义,发表后对事件的处理、对公众的影响就很大,就有可能干扰事件处理本身,甚至对事件牵涉的一些人造成损害。

在事件没有公平处理之前,任何有关的个人,其言语都可能会被当成最大、最快的新闻公布出来,干扰公众视线,干扰事件事实的真实性,这是很可怕的。

第四节　应对媒体的技巧——学会"打牌"

一、分清媒体的先后次序

危机事件出现,各类媒体纷纷而来,媒体的记者只有一个目的:最大限度地报道这件事情。媒体的记者们之间也会相互交流信息,达到某种默契。这时,特定组织在平等对待各类媒体的前提下,在处理不同媒体的时候,应该有几个先后次序,不能让媒体团结一心,最好是分而治之,要让有的媒体为你说话。这些媒体的次序为:

(1) 和地方媒体相比,中央媒体优先。

(2) 和非主流媒体相比,主流媒体优先。

(3) 和小媒体相比,大媒体优先。

(4) 和一般媒体相比,关系好的媒体优先。

(5) 和外地媒体相比,本地媒体优先。

(6) 千万不要冷落网络媒体。

(7) 分化媒体,瓦解媒体的一致性。

(8) 让有些媒体替你说话,为你所用。

二、迂回更正事实

在危机事件处理时,每一个事件都有申明事实真相的问题。申明事实真相,一定要做到权威,做到无可反驳,做到"一次就足够"。为了达到这个效果,最好选用:

1. 用事实说话

谁都说自己说的是事实。但为了表明你说的与事实更贴切,最好直接选用当事人现场说明事实,而且最好是两个以上的当事人。如果当事人来不了,就要有音像资料,有现场分析,有实物证据,有旁证,有法律证据,这些证据拿了出来,谁都无话可说,谣言立马烟消云散。

2. 用数字说话

数字是枯燥的,但数字最能说明问题。例如,曾经有人对我国的国民生产总值有疑惑,国家统计局新闻发言人就拿出了具有法律意义的最具体的数字。数字是通过一系列的科学分析、计算以后得出来的。怀疑只是怀疑,大多数怀疑没有数字作依据。

数字一出,别人什么话也说不出来了。

3. 用权威专家说话

一般来说,为了证明事实的根据,要有权威和专家来做佐证。权威或专家都是某一方面的研究者,他们的说话具有科学性和权威性,他们的言语具有分析性和推理的味道,一般会让公众信服的。

例如:

姚景源:今年通胀压力较大 消费拉动作用增强

国家统计局总经济师姚景源 16 日在"2011 中国地产领袖年会"上表示,今年我国通胀压力仍较大,但我国有物质条件,因此不会发生恶性通货膨胀。

他同时表示,"十二五"时期,消费有望成为拉动经济增长最重要的力量。

姚景源表示,去年全年我国通货膨胀率在 3.5% 以内,但是由于我国是输入型通胀,作为进口大国,2011 年输入性通货膨胀并不会减弱,而且输入性通胀对经济的影响会大于 2010 年,所以 2011 年我国通胀压力仍然较大。

此外,他表示,就我国自身来说,流动性宽松也是物价上涨的一个重要原因。

姚景源介绍说,虽然 2011 年通胀压力很大,但是在抑制通货膨胀方面我国有两个物质条件,因此不会发生恶性通货膨胀。"其一,粮食连续七年丰收,而且库存充裕,为稳定价格奠定了一个非常重要的基础。其二,从市场格局的角度来看工业品,总体上是供给大于需求,一些行业还产能过剩,这也使价格不可能大涨"。姚景源分析指出,2011 年全年物价上涨保持在 4% 左右,是有条件、有能力做得到的[1]。

国家统计局总经济师姚景源是国内最权威的统计专家,他对国内经济形势的分析具有无可辩驳的权威。国内地产领袖请他去做讲座,要的就是他的权威。

三、善用"三三"论

"三三"论是应答记者提问时的一种技巧。

1. 给记者设定一个"窄窄的话题环境"

第一个"三"是允许记者提三到五个问题,给记者设定一个"窄窄的话题环境"。这样记者提问就不会大而无当,就不会围绕问题随意提问,就会挑选最重要的问题提问,

---

① 姚景源. 今年通胀压力较大 消费拉动作用增强[N]. 上海证券报于祥明,2011-01-17.

而这些最紧要的提问恰恰是你已经准备好的。

例如：

发言人或领导人在现场采访时就可以这样说："记者同志,您好。你也看到了,我现在工作很忙,现在的中心工作是处理事件。但你的到来我们也很欢迎,我也真心想配合你的宣传和报道工作。这样吧,让你提三个问题,我来回答。"这样的开场白就有理、有利,不会给记者难堪,也不会让记者无休止的采访下去。

2. 给记者的提问预设一个短短的时间

第二个"三"就是"三分钟到五分钟时间",给记者的提问预设一个短短的时间,这样的时间记者照样不敢乱提问题,也会捡最紧要的问题提问,这样也会应对自如。

例如：

"记者同志,您好。你也看到了,我现在工作很忙,现在的中心工作是处理事件。但你的到来我们也很欢迎,我也真心想配合你的宣传和报道工作。这样吧,我只能给你三分钟的提问时间,你来提问,我来回答。"这样的开场白同样就有理、有利,发言人或者领导始终处于主导地位,可以进退自如。甚至还可以说"记者同志,你三分钟时间利用得很好,你是个敬业的记者。为了表示对你的敬业,我再给你一分钟的时间,让你再提一个问题。"如果到了这份上,记者对你就感激有加了。

但"三三论"不是一个万能的技巧。偶尔一次,效果很好,经常使用,就会出尴尬。

四、学会出牌——可打的牌

1. 悲情牌

所谓的悲情牌就是要勇于承担责任,把自己变为弱者。社会公众总会同情弱者的,当一个人成为了弱者时,会引起同情的,"谴责"和"讨伐"的声音就小了。所谓弱者,就是要诚恳道歉,痛下决心改正,就是要做到让社会认可的地步。

案例：

广州"最牛官话"所在单位找到 当事人致歉[①]

"我拉屎要不要告诉你"? 这句牛言的"出处"已经找到。记者昨日了解到,前日在广州市黄埔大道交通整治工作会上,出言不逊的某"官"是新光快速路有限公司的一位

---

① 广州"最牛官话"所在单位找到 当事人致歉[OL]. 新华网,2009-10-30.

工作人员,并不是什么政府官员。昨日经调查后,新光快速路有限公司责令当事人做出深刻检讨,并做出对当事人停职的决定。

该事件的主角迅速成为众矢之的,被称为 2009 年的"拉屎门"。而该事件的迅速平息得力于事发单位的高度重视,单位领导从对待媒体监督的认识高度来看待此事,对当事人的迅速处理,中层干部会议上严肃批评当事人,责令当事人作出公开检查,领导带队登门认错,立即停职反省,从而取得了公众的谅解。和"拉屎门"结果完全相反的是同为广东的邻近城市深圳市海事局的"林家门"事件,海事局领导林××出言不逊,做事出格,违反人伦道德,被曝光后,全国公众一致谴责,但直到最后被停止反省,林××也没有说一句道歉的话,也没有给全国公众一个自己的交代,一副"死猪不怕开水烫"的凛然之气。这样的人物,有什么资格去做领导,又有什么资格去做什么"书记"? 这不是在自己给自己丢脸吗? 当然连带损害的还有交通部和海事局的形象。

2. 自信牌

面对记者,领导或者发言人一定要表现出应有的自信。这自信,不是给自己打气,而是给舆论和公众的安慰,给参加抢救者的鼓劲。自信还表现在要表态弄清事实真相,严肃处理当事人,安抚受害者,给公众一个满意的答案。

例如,可以这样说"有×××的支持,我们一定会妥善处理好这件事情,我们会立即组成调查组调查,弄清事实,查清责任,严肃处理当事人,给社会有一个满意的交代"。

3. 现场牌

危机事件发生后,作为主要领导一定要亲临现场指挥,并一直坚持在现场,这不仅是工作需要,也是宣传和鼓动的需要。要让社会公众看到领导和事件受害者在一起,让所有人都看到领导和大家一样为事件忙碌,领导和大家一样在揪心。这是树立领导形象最好的时候。领导此时不能缺席。

河南"7.29"特大淹井事故之所以完美,就是因为省委书记和省长在最困难的时候一直亲临现场直接指挥,亲自调度人员和器材,心和人民在一起,真正做到了执政为民。这时,估计任何"多事者"也无法"多事"了。

4. 忙碌牌

危机事件发生后,要让记者看到并亲身感受到领导忙碌的身影,看到领导亲临一线指挥的形象。在事件处理中领导忙碌的身影是对责任的最好解释。

五、要有理有节

1. 刁难的提问是记者的行规

我们不排除极个别记者的刁难言行,也不排除个别记者的私心和自利。当遇到这些情况时,最好不要当众人的面和他争论。和记者发生争论是不礼貌的,当面斥责记者更是无能的表示。而记者的刁难和刁钻是行规默认的行为。对待这类记者,我们要有心理准备。因为刁难的提问是记者的行规。

2. "转移"概念或"偷换"论题

记者提出的有些问题确实不能回答或不好回答,可以用转移概念或偷换论题办法,或者怪问怪答。记得陈毅元帅当外交部长时,我们打下了美国最高级的间谍飞机U-2侦察机。当有记者问陈毅元帅我国使用什么武器把间谍飞机打下来的? 陈毅元帅笑了笑回答,是用竹竿把它打下来的。因为当时使用的导弹是高度保密的,不可能告诉记者。但记者提问了,不回答显得无能,回答又不可能,陈毅元帅就转移了话题,出现了怪问怪答。既保住了秘密,又没有出现不回答的尴尬。

3. 用外交语言躲避

有时记者的提问不好回答,可以选择外交语言。外交语言就是看似回答问题了,你什么也没有抓住,看似没有回答问题,其实里面很有内容。

例如:

前几年,国务院台办副主任王在希在一次记者招待会上合众国际社记者提问说:

"陈水扁说希望胡锦涛访问台湾,您对此有何评价? 同时您说连战主席这次访问大陆的时候,对于和平的问题有了一些进展,我想问有没有谈到对台设置导弹的问题? 如果谈到的话,是否会撤除这些导弹? 如果撤除的话,撤除多少导弹? 如果没有谈到这个问题,为什么没有?"

记者的这个问题是套问型提问,大问题里面套小问题。提的问题尖锐,一环套一环,有两难推理的味道。隐藏的话题就是:如果说撤导弹,那你大陆就没有威慑力了,如果不撤,那就没有给连战面子。这问题很不好回答。

王在希是这么回答的:"胡锦涛总书记和连战主席'会谈新闻公报'当中,其中'五个促进'当中第二项专门讲到了,在'一个中国'原则基础上,双方优先讨论结束敌对状态的问题。我想只要是大家能够在'一个中国'原则基础上坐下来谈,什么问题都可以谈,包括导弹的问题。"

王在希的回答就是典型的外交语言。这种回答是不纠缠具体小问题,而是用大道理套住它,你说没有回答嘛,那也说明了一些问题,你说回答了什么,那又没有明确说明什么。给今后留下了充分的余地。这就是外交语言。

六、借力媒体,精心策划,转危机为机遇

任何一次危机都是一次塑造形象的机遇。策划得好,可以坏事变好事,可以把危机变成提升形象、提升组织的知名度和美誉度的大好事。

例如,我国 2008 年的"5.12"汶川大地震,地震给中国带来了巨大人员伤亡和经济损失,在灾难面前,国家形象不仅没有受到任何损失。国家形象反而得到了提升。对内凝聚了民族自信心,强化了爱国主义,激起了巨大的爱国热情。对外宣传了社会主义的巨大优越性,让世人看到了崛起的中国人民的伟大和善良,让中国形象更加光大。把一场灾难转化为一场巨大的爱国主义教育。

河南"7.29"特大淹井事故最后演变为一场提升河南形象的宣传活动,其最大的意义就在于这次事故处理过程中,省委领导并没有简单地把它看成一场单纯的事故,而是透过事故的处理去塑造河南形象,看河南人的真实、善良,看河南领导人执政为民的理念。让这场事故处理演化为一次扭转河南形象的好机遇。

七、与媒体合作

1. 有自己的新闻中心,定期给媒体配送新闻稿

一般来说,大一点的组织都要有自己的宣传部门,都要有自己的新闻中心。宣传部门或者新闻中心的主要任务就是关注本组织的形象,宣传本组织的形象,管理组织的知名度和美誉度,对组织的形象进行定期的评估,定期给媒体提供新闻稿,搞好和媒体的关系,不至于危机事件来了连个替你说话的媒体都没有。

2. 组成网络宣传员队伍,监控网络动态

组成自己的网络宣传队伍。在现有媒体的影响中,网络媒体事件处理起来是最棘手的。其他媒体往往是一次性的,持续发酵的机会不多,而网络每个人都能发言,说什么的都有,作者毫无忌讳,你最害怕什么,网络就可能说出什么,甚至无中生有的事情,网络也可以说出来。而且网络的推手进行的推断往往还是恶意推断,无限制想象,"蝴蝶效应"、"多米骨牌效应"在网络中效力最大。所以,一般大一些的单位都要有自己的

网络宣传员,监控本单位的网络状况,及时发现不利于本单位的网络帖子,第一时间处理这些帖子发现的问题。

3. 要有自己的新闻发言人,有自己的公关顾问

要建立自己的新闻发言人队伍,聘请自己的公关顾问,这些都是预防万一。不能等到出现危机时再胡子眉毛一起抓。同时也要提高自己的新闻发言人队伍的素质和公关队伍的素质。这是内练精神、外树形象的一支基本队伍。有些组织,尤其是基层组织,对这支队伍不重视,结果往往吃这方面的亏。假如河北省保定市平时注意公共关系,"李刚事件"就不至于处理得这么糟糕。

4. 要承担相应的社会责任,不搞邪门歪道

即使危机事件来临了,其处理的方法也不能搞邪门歪道,也不能不顾社会道义,不顾社会责任,病急乱投医,要聘请自己的公共关系顾问,多听公共关系专家的建议,这正反两个方面的经验和教训都不少了。

第五节　和记者打交道的技巧

一、记者的职业精神

新闻就是老百姓想知道还没有知道的新近发生的事实。采写新闻的专门人员就是记者。记者是信息传播专业化的产物。现代传播要求记者有一双鹰一样的眼睛,既要眼尖,又要跑得快。记者是以发现新闻和追逐新闻为职业的一种职业,采访是记者的工作。现代媒体需要记者的采访也要有新鲜的创意和策划,也要不断有新点子,不断有新思想和新思路,让受众有耳目一新的感觉。否则你的稿子就不会被采用,就没有人看。在信息内容方面,记者不可能只采访报道正面的,不采访负面的,不可能只写正面新闻,不写负面新闻。

从心理学上说,人们喜欢看新鲜的、奇怪的、刺激的、负面的新闻,这是人们本能的欲望。现代媒体制度的改革,要求记者必须学会寻找刺激点,迎合人们的一些心理,否则,媒体就无法生存。这个特点就要求记者要有献身精神。要具有敏感的"鼻子"和"眼睛"。但记者的职业道德又要求他们不能去过多写这样的新闻,他们主要还是围绕党和政府的中心工作去采访,去歌颂社会。偶尔会采写一点负面新闻。采写负面新闻不是记者的主要工作。

对负面新闻,记者都很慎重,在没有把握的情况下,他们一般不会出手,一旦出手,

就不会失手。对记者和媒体来说,媒体监督的方法就是最早发现,寻找一个突破口,然后猛烈爆料,制造轰动效应,赢得社会的热烈反响。这样的新闻社会关注度高,记者就有成就感,媒体就有人看。

所以即使记者采写了负面新闻,那也不是跟你有仇,那是他的职业要求,他必须这么做。

二、记者的特点

1. 行动快

记者行动快,是新闻采访的要求,也是媒体相互竞争的要求。谁第一个发布出这个消息,谁就是英雄,谁就赢得了满堂彩。所以记者往往是在第一时间就赶到现场,进行采访。

2. 好奇

记者要有鹰一样的眼睛。记者的好奇就是对什么事情都感兴趣。人们平时不注意的、习以为常的,在记者的眼里就能看出问题。记者不但能看出问题,还能分析问题。

3. 怀疑精神

记者要有怀疑精神,要敢于怀疑一切事实,敢鸡蛋里挑骨头,不能被一些表面的合理所迷惑。有些事情表面上的合理不一定合法,表面的正常不代表真正意义上的正常。存在的不一定就是合理的。记者要对一些事情表示怀疑,要追根求底,要有一股子"钻劲"。

4. 说话胆大

记者说话胆大,记者要敢于说出别人不敢说的话,而这些话又恰恰是某些人怕被人知道,而人民群众最想知道的。记者要为人民鼓与呼,那就要替人民说话。有些话尽管某些领导人不愿意听,但为了最广大的人民的利益,记者也要说出来。

三、记者的采访方式

记者的采访主要有以下几种形式:

1. 常规方式

常规方式就是记者通过问答的方式对被采访人进行的直接的面对面采访。这种采访是记者直接面对被采访人的,被采访人和记者直接交流,所以这时采集的新闻信息最直接,最真实,记者对被采访人的把握最准确。

2. 偷拍暗访

有些事情或者有些人不能通过正常途径采访或不适宜正常采访的时候,记者有时候会采取偷拍暗访的方式。这时记者一般会隐瞒自己的身份,以和事件完全无关的人员身份出现,以便让被采访者放松警惕,放心交谈,从而达到采访的目的。这种采访有时当事人并不知道,所以很容易造成对记者的成见。

3. 与相关人员私下沟通

一些事件由于一些原因,记者不可能进行正常采访,也不可能偷拍采访,记者有时会和相关人员进行私下沟通,通过私下交流得到一些事件的信息。这些未经证实的采访有时会达到一些效果。但这种采访对被采访人的影响较大。

4. 道听途说的采访

如果以上几点还无法采访到应有的消息,有时记者会采访一些事件知情人、证人、现场目击者等一些非正式的采访。这些采访对公众了解新闻事件具有烘托和佐证作用。但这些被采访人毕竟不是第一手材料,得来的信息未经证实,有时会出现曲解、歪曲事实的现象。

四、记者提问的技巧

记者的提问技巧是记者在日常采访中为了获得更多的消息而积累的一些提问方法,其目的是为了得到被采访者最多的信息。采访中注意运用技巧和方法,就有可能避免出现一些废提问,避免一些无意义的话题,可以在最短的时间内从被采访人那里得到最多的信息。

(一)直接提问

这种提问是最正常、最简单的提问。提问者直接就某一问题提出问题,开门见山,没有更多的限制条件和提问技术,不拐弯抹角,这类提问,容易理解和回答。

例如:

"总理,人们对金融危机的影响心中都很没底。您认为危机对中国的影响主要表现在哪些方面? 我们已经采取的应对措施起到作用了吗? 政府还会继续出手吗"[1]?

---

① 2011 年 2 月 28 日温家宝总理与网友在线交流(实录全文)[OL]. 新华网(www. xinhuanet. com)

"我是个浙江小型私企老板,感谢政府多年扶持。经验告诉我小企业活了,中国的经济就活了,眼前的危机影响非常大,我们想从银行贷款很难,很多我们这样的企业都存在着资金周转的难题。请问您政府能不能帮帮我们?"①

"俄罗斯国际文传电讯社记者:请评价一下俄罗斯和中国战略协作伙伴关系在国际事务中的表现。"②

(二) 引导型提问

引导型提问是提问者先限定一个话题环境,让答者就这一问题进行回答。这类问题一般来说,也比较清晰,容易理解。

例如:

[台湾东森电视台记者]我想问一下熊猫的问题。(开门见山提问)熊猫的魅力可以跨过海峡两岸,是否可以顺利赴台湾,现在有人把熊猫冠上"统战"的字眼,台湾地区领导人说熊猫赴台不是统战的问题,是涉及华盛顿公约的问题,华盛顿公约已经有涉及"进出口国"敏感的字眼,王主任怎么看?(引导型提问)是否会形成熊猫赴台的障碍?大家很关心,熊猫究竟从哪儿送?是从四川、北京、上海、福州送,各有不同的意义,哪里送比较适当?台北市长马英九说打算送台湾猕猴给大陆?王主任怎么看?是否打算用动物来打开两岸对话的平台?(引导型提问)③

(三) 假设型提问

假设型提问是提问者假设了一个话题环境,在假设话题环境的基础之上,让回答者回答假设的话题。

例如:

金融时报记者:我们听说这次陈水扁请宋楚瑜向大陆领导人传达一个信息,大陆方面是否愿意听他带来的信息?是否愿意作出回复,让宋楚瑜带回陈水扁那里去,您认为这种渠道是否可以用来促进海峡两岸的交流?(假设型提问)④

再如:美国有线电视新闻网记者:能不能解释一下什么样的方式算是非和平的方

---

① 温家宝总理与网友在线交流(实录全文)[OL]. 2011-2-28. 新华网（www. xinhuanet. com）

② 李肇星就外交工作和国际问题答中外记者问[OL]. 新华网(xinhuanet. com)2005-3-6.

③ 中台办副主任王在希谈连战大陆之行[OL]. 新华网(www. xinhuanet. com)2005-5-3.

④ 中台办副主任王在希谈连战大陆之行[OL]. 新华网 www. xinhuanet. com　2005-5-3.

式？如果中国遇到了一个范围更大的冲突，美国也参与进来，在这种情况下，中国是不是要建设一支能够打得赢的军队？（问题尖锐，假设型提问）①

再如：巴西圣保罗页报记者：朝鲜重返会谈有什么条件？他们的条件可以满足吗？假如出现"台独"的情况，中国该如何维持世界和平②？

（四）追问、逼问

这是在提问者对答者回答的问题不清楚或者不满意时候，继续或连续提出的问题，这类提问一般带有明显追根刨底的意味。这类提问一般会出现在专访中，如果在记者招待会上出现这类提问，会显得记者很不礼貌。

例如：

时代记者：为什么您的支持者要高喊"打倒美国"？

……

时代记者：你认为美国人民听见伊朗人高喊打倒美国，而伊朗总统对此不加以谴责的时候会作何感想？

……

时代记者：如果美国人高喊打倒伊朗，你们就会觉得受到侮辱。

……

时代记者：你认为美国和伊朗命中注定将要发生冲突？

……

时代记者：你准备好同美国人进行直接谈判了吗③？

（五）富有人情味的提问

这类提问，一般是采访威信较高的领导人，提问的多是一些带有感情色彩的问题或日常生活中的问题。这些问题轻松，很有人情味，不但可以改善一下严肃的气氛，更可以造成意料不到的效果。

---

① 温家宝总理昨答中外记者问[OL]. 新华网（www. xinhuanet. com）2005-03-15.
② 李肇星就外交工作和国际问题答中外记者问[OL]. 新华网（www. xinhuanet. com）12005-3-6.
③ 伊朗总统解说美国记者采访 从不担心美国袭击[OL]. 人民网（http://www. sina. com. cn）2006-09-19.

　　例如："我来自湖北，感动于您救助白血病患儿，这样的孩子很多，总理。仅凭您一己之力救不过来。我6岁的孩子患有原发性免疫缺陷，家里经济负担沉重，恳请总理考虑能否将特殊病患儿纳入医保统筹范围。救救我的孩子，叩谢您"①。

　　再如："温总理，我们在电视上看到您的回锅肉炒得不错，饺子包得也很漂亮，平时您在家做饭吗？拿手菜是什么？您喜欢吃什么菜"②？

（六）套问

　　套问就是提出的一个问题中还夹杂有其他问题，一个问题中套着另一个问题。这类问题在对外的记者招待会中是常用的。主要是因为记者人很多，能轮到提问的机会很少，如果能轮到提问，记者就会把最多的问题用最少的话表达出来，从而会出现套问的问题。

　　例如："新加坡联合早报记者：去年底，印度洋海啸发生后，中国对东南亚、南亚受灾国的援助受到广泛好评。中国作为本地区大国，下一步准备怎样和其他大国一起在本地区扮演积极的领导角色？今年是新加坡和中国建交15周年，请评价两国关系"③。

　　再如："中央电视台记者：我有一个问题：最近我们对七大水系和海洋的报道逐渐加多，特别是对湖泊的报道也有一些，但最近我们发现，在2004年，对湖泊和七大水系的治理不是特别尽如人意，我想知道在七大水系治理方面有没有一些新的举措？另外，效果不明显，是否有什么样的原因和难题呢"④？

（七）复杂提问

　　复杂提问一般都是事先设计好的提问，提的问题多是涉及政策面的问题，提问者是要答者对这类问题进行一个全面的阐述。有些提的问题不仅仅是提问，而是一个大而广泛的一个一个政策疑问。真要回答圆满这一问题，往往需要很多的时间。对这些提问，答者主要是提纲挈领，统繁驭简，简要回答，不可能回答得太详细。

---

　　① 温家宝总理与网友在线交流(实录全文)[OL]. 新华网（www.xinhuanet.com）2011-2-28.

　　② 温家宝总理与网友在线交流(实录全文)[OL]. 新华网（www.xinhuanet.com）2011-2-28.

　　③ 李肇星就外交工作和国际问题答中外记者问[OL]. 新华网（xinhuanet.com）2005-3-6.

　　④ 环保总局介绍我国环境状况和城市环保(实录)[OL]. 中国网（http://www.sina.com.cn 2005-06-02.

1. 迂回设问

例如："中央电视台记者：关于中国的外交政策，有人说中国外交取得了很多成果，更加成熟了。但是也有人说，中国外交是实用外交。你怎么评价这些看法"①?

再如："美联社记者：过去几个月来，各个方面都希望重开朝核问题的对话，但没有取得成功。中国和朝鲜关系密切，假如朝鲜仍不愿意参加解决核问题的对话，中国将采取什么步骤使朝鲜重新回到谈判桌前？"（预设式提问，复杂提问）②

2. 设置圈套提问

设圈套提问是提问者人为地有意识地设置一个话题，看答者怎么识别这个圈套，并绕出这个圈套。

例如："香港明报记者：当前香港的经济已经转好了，社会已经稳定了，为什么中央现在会接受董建华先生的辞职呢？你对代理行政长官曾荫权有什么期望"？（问题当中包含着更复杂的问题）③

提问的方式很多，我们也没有全部列举出提问的方式。明白了提问的方式，我们就可以有针对性地回答了。

第六节　新闻发言人概说

一、新闻发言人就是组织的"嘴巴"和"摆设"

新闻发言人是组织对外发布本单位信息、举行记者招待会的一个特定窗口。对一个组织来说，新闻发言人就是组织的"嘴巴"。组织的言行要靠新闻发言人告诉给媒体，并通过媒体传递给公众。新闻发言人是组织的耳朵，他要随时倾听媒体或公众对组织的各种反应。新闻发言人是组织的摆设，组织的内在和外在形象、组织的风格特点都会通过新闻发言人表现出来。一个组织的新闻发言人的选定对组织来说特别重要。除了新闻发言人和组织负责人，其他人是没有资格代表组织说话并接受媒体的正式采访。换句话说，其他人的说话行为只能代表他自己，而不能代表组织。组织内的

① 李肇星就外交工作和国际问题答中外记者问[OL]. 新华网（xinhuanet.com）12005-3-6.
② 李肇星就外交工作和国际问题答中外记者问[OL]. 新华网（xinhuanet.com）2005-3-6.
③ 李肇星就外交工作和国际问题答中外记者问[OL]. 新华网（xinhuanet.com）2005-3-6.

其他人完全可以拒绝和媒体打交道。只是不要简单地说"不"。

一场记者招待会,一次新闻发布会,从开始到结束,就像一次演出一样,有开场白,有结束语,有发布词的宣读,有介绍情况,有记者提问,有主持人回答,这中间通过记者提问,发言人的答辩,会有语言交流,会有思想交锋,会有会议的高潮,会有其他的插曲,会有观点碰撞,会有辩驳,会有逻辑严密的论证,会有事实的澄清。对于这一切,发言人事前都应当烂熟于胸,做到处变不惊,能随时掌握会场的变化。

一次记者招待会,无疑就是一场戏,发言人既是导演,还是主角。

二、新闻发言人是组织形象当然的代言人、是组织的具体浓缩

从新闻发言人的角度看,媒体的作用可概括为两个方面:一是要在日常工作中利用媒体来塑造本部门积极正面的形象;二是在危机事件中利用媒体化解组织的负面影响、重塑组织形象。媒体就像夹在发言人和公众之间的扩音器,发言人会把组织的真实形象向公众进行"大喇叭广播",而公众也需要借助媒体的眼光来认识发言人和组织形象。良好的新闻发言人形象可以化解公众对组织的误解,可以降低危机事件对组织的影响,可以提升组织的知名度和美誉度,是组织形象中的有益一环。不好的新闻发言人形象会进一步增加公众对组织的误解,可能进一步激发危机事件进一步发展,会败坏组织的美誉度,是组织中有负面影响的一环。不好的负面形象将使发言人本人举步维艰。

新闻发言人希望借助媒体做的是:让公众对我们,从不知道到知道,从知道到支持,并且长期保持信赖的关系。新闻发言人开始时需要打出知名度,借助自己的知名度来提升组织本身的知名度,第二步是提升自己和组织的美誉度,最后是长久地维护好自己和组织的名誉。

新闻发言人是组织理所当然的形象代言人,其在招待会上的一举一动都代表着组织形象,是组织管理水平、组织日常工作风格、组织政策水平、组织魅力的具体浓缩。

三、新闻发言人的基本要求

由于记者招待会和和新闻发布会的要求,新闻发言人要有较高的综合素质,有一定政治水平,有一定的专业知识,有一定的语言能力,(普通话及论辩能力),有一定的思维能力和瞬间反应能力。对新闻发言人有两个基本要求:一是内在的;二是外在的。

（一）新闻发言人的内在要求

1. 坚定的政治立场

新闻发言人是特定组织对党和国家政治态度的表达，是一个组织对党和国家各项政策的解读。新闻发言人的政治立场代表着所在组织的政治水平和政治态度。这一点对一些民营企业来说很重要。所以民营企业的一些新闻发言人不一定就是法人代表本人。

2. 对本行业业务要熟悉

每个特定组织都有与众不同的专业知识，这既是组织与别的组织的不同，也是特定组织立足于世的基本保证。新闻发言人首先要熟悉本组织的各项工作流程，熟悉本单位的工作状况。

3. 具有良好的职业操守

新闻发言人不但要熟悉工作流程，还是职业道德和社会责任的模范遵守者，是工作的表率。犯过错误或有过瑕疵的人一般不适宜担任新闻发言人。

4. 具有良好的思辨能力和心理素质

由于新闻发布会或记者招待会的特殊要求，新闻发言人要有良好的思辨能力和心理素质，做到遇事不慌，遇到刁难不着急，沉着应对，见招拆招。新闻发布会和记者招待会有一定的行规，而行规最起码的要求就是：不能动辄发脾气，发脾气是无能的表现；更不能粗暴对待记者。粗暴对待记者带来的只有负面影响，和我们举行记者招待会和新闻发布会的初衷正好相反。

（二）新闻发言人的外在要求

1. 说话尽量要准确、吐字清晰

语言表达是新闻发言人的基本功。吐字清晰，让人听得懂是基本的要求，其次是要做到让人听得舒服，口才要好，语言组织要逻辑严密。叙述事情畅晓明白，论证缜密，反驳有理、有力。新闻发言人最好使用普通话，因为普通话声音稳重、声调大气，口腔开口度大，声音悦耳，很有魅力。不能说方言不好，但四面八方记者中总有听不懂方言的，会影响交流。同时满口方言从某方面表明发言人或组织与外面的世界交流不多。

2. 具有良好的礼仪知识和习惯

新闻发言人要有良好的礼仪举动和良好的习惯。比如举行新闻发布会衣服穿戴就要正式,最好是一身西服,举止得当,言谈得体。没有不良的嗜好,如不能随地吐痰,不能当众对人咳嗽,头发不能凌乱,不能浑身酒气,不能有口头语,不能有口吃的毛病等。

四、新闻发言人的组成

新闻发言人不是指孤立的某一个人,而是一个团体。尽管他会以某个具体人的面目出现,但实际上"新闻发言人"是集体智慧的结晶。大一些的组织有新闻发言人办公室,小一点的组织有专门负责新闻的人员。这些人集合起来,通称都是"新闻发言人"。

为了更好地应对媒体,组织可以设立首席发言人、副首席发言人、发言人三类。平时出现在公众面前的是发言人;发言人不适合继续对外发言时,再有副首席发言人或首席发言人出面。一般来说,新闻发言人由新闻办或宣传部门的负责人担任,副首席发言人和首席发言人由组织的副职或正职担任。

五、新闻发言人的技巧

新闻发言人是我国各类组织中出现的一个新面孔,现在各级党政机关、企事业单位都在组建自己的新闻发言人。新闻发言人可不仅仅是对外说说话,它有一套完整的程序,有一个排兵布阵的过程,还有其他的一些技巧。

(一)发布词的撰写

每次新闻发布会。都要由新闻发言人先做主题发言。这些主题发言有些是交代事情经过,有些是进行政策解读,有些是新闻事件的发布。这个主题发言就是发布词。

发布词的撰写要简明扼要。要字字斟酌,不能有废话,也不能有歧义的句子,叙述事情要清晰,逻辑论证要严密,引用数字要规范,引用法律条文要准确。段落要分明,句子要通俗易懂。这些发布词也可以打印后,分发给记者,发给记者就变成新闻通稿了。

(二)问题的准备

发布词宣读完毕,剩下就是提问的时间了。记者可能提什么问题,会从哪几个角度提问题?这次招待会准备让记者提几个问题?这些问题准备怎么回答?这些都要事前做好准备。

准备的内容包括：

1. 政策准备

这包括党和国家及上级制定的决议、意见、规定、办法等，国家对各项政策的解释，现实的执行情况。

2. 应对准备

组织对这些政策执行的具体情况。有哪些经验可以继续去做，有哪些不对的或不清楚地需要研究。

3. 弄清事件

如果是危机事件的新闻发布会，要首先把事件的来龙去脉弄清楚。弄清发生的原因，弄清事情的主流，定下事件的基调，要清楚哪些事情做得还不错，那些事情还没有做好，这些都要考虑到。

4. 多角度、多视野的考虑好各类问题

多角度、多视野的考虑好各类问题。例如，记者可能从哪些方面提问题？记者会提一些什么问题？我们怎么回答？怎么回答记者才满意？要做到宁可备而不用，不能没有准备。

5. 遇见没有准备到的问题

如果有些问题没有准备到，不知道怎么回答，或者拿不准，不能着急，可以使用躲避式的回答，可以"说这个问题还要继续研究"，可以说"这个问题我们已经认识到了，我们会认真研究，以后回答"等。对没有准备到的问题，要做好回答的预案。

（三）新闻发布会的演练

新闻发布会是一台戏，要演戏，就要事先排练，或叫彩排。新闻发布会是一个流程，要把流程组织好，就要对流程熟悉一下。

1. 会场布置

要根据记者人数准备相应大小的会场。新闻发布会的会场一般风格要简洁、庄重。不要过多的雕饰。背景以蓝色白字为宜。有条件的可以贴出"××××新闻发布会"几个大字，落上时间、地点就行。

主席台长方形，铺上墨绿色或深色布。主席台和记者席中间可布置一些花卉。

2. 声音设备

声音设备要事先检查好，并准备好一套备用设备。

3. 灯光效果

发布会灯光不宜有较强的射灯,只要光线亮度合适就行。主席台的灯光可以适当强一点。

4. 演练发布词

由主发言人坐台练习宣读发布词。看看语调运用是否合适? 口气是否得当? 语速是否得体? 发音是否清楚? 时间是否合适等等。

5. 练习提问

由其他人员从各个角度开始假扮"记者"进行提问。提问最好要从严厉、刁难的角度进行,可以随意换个角度刁难一下发言人,考察发言人随机应变的能力。把可能遇到的提问全部演练一遍。

6. 修改完善

演练以后,要根据演练出现的破绽进行修改和完善,修改预案,弥补不足。必要时,可进行第二次演练。

(四) 新闻发布会的时间掌握

一般的新闻发布会一个小时左右为宜。其中15到20分钟的时间是宣读发布词的。提问一般是7~10个问题。一个问题答问时间是5~8分钟。

如果是危机事件的新闻发布会时间还可以缩短,可以缩短为40分钟左右。除了发布词的宣读外,可以给3~5个左右的问题进行回答。这时新闻发布会,主要不是解答问题,而是宣读发布词,表达官方或事件单位的意见。

六、新闻发布会现场

(一) 准时开会 不要迟到

新闻发布会要按时召开,不要随意取消或推迟。这是组织工作风格展现的时候。一次的推迟或迟到,不仅意味着发言人本人对记者的不尊重,也代表着组织工作纪律的松懈,会给记者留下很不好的印象。没有重要原因,招待会或新闻发布会更不能随意取消。

(二) 掌控会场

和演戏要有舞台总监一样,新闻发布会也要有总监,要有人一直掌控现场。遇到发言人需要帮助,要在第一时间走向主席台,提供任何帮助。所有后台人员都要在后台做好各种资料准备,包括各种政策咨询,各种规章制度等等。以备需要。遇到记者需要帮助,要第一时间走向记者席。

时间要掌控好,一般不要延长。必要时要提醒会议主持人。会议主持人一般不是新闻发言人,主持人是掌控会议,为发言人提供服务的。

人员分工要细致,服务员要周到,引导员要细心,翻译和必要的解释要耐心。车辆停放场地要考虑,散会后要掌握好出口,不要人员过分拥挤。

七、新闻发言人几个注意的问题

(一)学会游戏规则

既然是新闻发言人,就要学会与记者为伍,就要学会和记者打交道的本事,有问题不能迁怒于媒体和记者,而要从自己身上找原因,这是行规。"有本事你去玩记者,没本事你被记者玩"。任何迁怒于记者的发言人都不是合格的发言人。

(二)不要做问题的奴隶

这就是说,要靠自己的回答引导记者的思维导向。不要被记者牵着鼻子走,而要学会牵着记者走。新闻发布会,发言人是主角。答记者问就是发挥自己思维能力、发挥自己才华的最好时机。靠自己的能力去影响记者,别靠记者的慈悲可怜自己。别祈求记者高抬贵手。

(三)除非必要,不要把主要领导者推到前台

不到万不得已,组织的主要领导一般不要做新闻发言人。新闻发言人是一个有风险的职业。这种风险就在于他的言论代表着组织,一旦表态不合适,就要承担应有的舆论风险。为了给舆论风险留个后路,一般不要把主要领导推向发言人位置。这是为了给以后挽回局面留下余地。如果真有什么不合适的,主要领导人出来纠错还来得及。

(四)及时总结

每次记者招待会或新闻发布会后都要有一个总结。或开会讨论,或形成文字报告。把好的总结出来,坚持下去,把不足总结出来,下次改正。长此以往,就会形成有自己风格的新闻发布会或记者招待会。

八、新闻发言人的应答技巧

新闻发言人的答辩的技巧是很多的,本书举几个例子来做说明。

案例 1:

2005 年 3 月 5 日温家宝总理答中外记者问

美国有线电视新闻网记者: 能不能解释一下什么样的方式算是非和平的方式? 如果中国遇到了一个范围更大的冲突,美国也参与进来,在这种情况下,中国是不是要建设一支能够打得赢的军队?(问题尖锐,假设型提问)

温家宝: 你所说的采用非和平方式是我们所不愿意看到的。因此,只要有一线希望,我们就会尽最大的努力推进国家的和平统一。中国实行的是防御性的国防方针,台湾问题纯属中国的内政,不容外国干涉,我们不希望外国干涉,但也不怕外国干涉!(条件闪避式回答。避实就虚)

......

香港明报记者: 当前香港的经济已经转好了,社会已经稳定了,为什么中央现在会接受董建华先生的辞职呢? 你对代理行政长官曾荫权有什么期望?(直接提问。看似简单,其实问题当中包含着更复杂的提问)

温家宝: 董先生出于健康的原因提出辞职,我认为是诚心诚意的,会得到香港同胞的理解和中央政府的尊重。我相信,香港人是有能力治理好香港的。(避闪式回答)

案例 2:

2005 年 5 月 3 日中台办副主任王在希谈连战大陆之行

[合众国际社记者] 陈水扁说希望胡锦涛访问台湾,您对此有何评价?(直接型提问)同时您说连战主席这次访问大陆的时候,对于和平的问题有了一些进展,我想问有没有谈到对台设置导弹的问题? 如果谈到的话,是否会撤除这些导弹? 如果撤除的话,撤除多少导弹? 如果没有谈到这个问题,为什么没有?(这是套问型提问。大问题里面套小问题,问题尖锐,一环套一环,有两难推理的味道。意思是:如果说撤导弹,那就没有威慑力了,如果不撤,那就没有给连战面子。问题很不好回答)

[王在希] 胡锦涛总书记和连战主席"会谈新闻公报"当中,其中"五个促进"当中第二项专门讲到了,在"一个中国"原则基础上,双方优先讨论结束敌对状态的问题。(小

问题大回答。这种方法是不纠缠小问题，而是用大道理套住它，说没有回答嘛，那也说明了一些问题，说回答问了什么，又没有明确说明什么。给今后留下了充分的余地。这是不纠缠具体的导弹数量，不纠缠最具体的小问题，一句话统之）。我想只要是大家能够在"一个中国"原则基础上坐下来谈，什么问题都可以谈，包括导弹的问题。（避而不谈本次会议是否讨论了这个问题。避实就虚的回答）。

第四部分　公共关系艺术

- 公共关系语言艺术
- 公共关系礼仪和交际艺术

第九章　公共关系语言艺术

第一节　口语交际的艺术

一、口语交际的礼仪艺术

人要生活在社会中,那就要同其他人进行交往,就要在吃、穿、住、用、生活、工作各个方面同形形色色的人打交道,这就是交际。人,在交往时要说话,要凭借语言表达出自己的思想和意思,也要凭借语言去理解别人的思想和意思,这就是人与人之间的口语交际。口语交际,是人们最基本的和最重要的基础交际。现代社会,人们的一切交际,几乎都是在口语交际的基础上完成,并以口语交际为基础而去延伸的。文字的书写,电话、电脑的使用,报纸、杂志、电台、电视等大众媒体的产生,都是对口语交际的补充,都是为了弥补口语交际的不足而产生的。所以口语是第一位的,具有基础作用。

人类社会已有百万年的历史,可以这样说,自人类诞生起,口语交际就在人类之间进行了,口语是伴随着人类的产生而产生的,是人类实现交际的最早形式,而书面语交际是在人类创制了文字以后才产生的,是口语交际的补充和延伸,一般认为只有五六千年的历史,而其他多种多样的延伸交际手段更是近几十年才出现的。在人类出现的百万年中,人们绝大部分的时间都没有书面语,人们靠着口语的交际而生息和繁衍着,只是当人类发明了文字,进入文明社会后,人们也开始使用书面语交际和其他交际。

口语交际是一门科学,又是一门艺术。说话要因人而异,因时而异,说话要讲究口气、时间、场合和身份,说话要选择合适的词汇,要运用得体的修辞手段,所以说话也要讲礼仪。形体的礼仪是做出来的,是表演出来的,说话的礼仪是说出来的。说话人在一定情况下为了达到一定的目的,对特定人所说的话,这些话将会得到什么结果,这是个很重要的问题。善于交际的人,说话时总能把别人的注意力吸引到自己的身上,让听话者围绕着自己的思路转。谈感情时能晓之以情,讲道理时能动之以理。说者侃侃而谈,娓娓动听,听者津津有味,百听不厌,使双方达到和谐交流的目的,这就成了说话艺术。

二、声音的附属意义和口语交际礼仪艺术的关系

人们说的话是有质量和品位的高低之分的,人们的口语交际也是有风格之分的。悦耳的声音,柔柔的音质,清晰地吐字,可以表达出一个人的生活品位,可以表达出一个人的文化水平和知识水平,可以反映出一个人良好的精神风貌,给人以美感。而一个人如果声音尖细,吐字不清晰,用词粗俗,方言很重,那人们对说话者的感觉就不好,对说话者的评价就不高。口语交际有高下之说。

说话的质量和品位主要表现在两个方面,一是外在的声音质量;二是由声音而表达出来的附属意义。

说话的声音质量好就是俗称的声音好听,这主要表现在,人们说话时声音质纯正,吐字清晰,没有杂音,语速适当,声调到位,乐音较多,共鸣器发出的声音符合性别特点,不刺耳,让人听起来感到舒服。如男性的声音就要有浑厚感,声音带有后劲,发出的声音不尖细,其声音符合男人的稳重和成熟。而女性的声音就要符合女性的特征,声音不能过分细尖,也要有稳重和大方的感觉。根据人们的听觉习惯,人们的发声可分为悦耳型、平庸型和噪音型。根据人们发音共鸣器的音质,人们发声的风格可以分为高亢型,尖细型、低沉型等。符合人们听觉习惯的就是声音好听,不符合听觉习惯的就是不好听。

人们说话要表达出意思,表达意思的方法是多种多样的。同样的意思,可以有不同的表达方法,同样的方法,也可以表达不同的意思。表达方法的多重性反映到声音方面,就是透过声音能表达出说者很多没有说出来的意思。这些说者没有说出来,但透过声音别人又能体会到的意思就是声音的附属意义。我们现在还不能说人们的长相、胖瘦、高矮、个人爱好、品位、知识层次、性格、某些习惯和自己的声音有直接关联,但透过声音大体还是可以听出来的,人们通过听声音的辨别可以对说话者作出一些外表的和内在的判断,得出自己的结论。

声音的附属意义大体可分为感情意义和形象意义。所谓感情意义就是人们通过听对方的声音所得出的好恶感觉,所谓形象意义就是人们通过听对方的声音所引起的

联想。这种附属意义给人带来的感觉有时是很直接的,尤其是只听其声,未见其人的说话,人们对一个人的判断只靠声音来进行,这时声音带来的附属意义最明显,通过声音就可以对一个人作出起码的判断。如对说话者的长相、胖瘦、高矮、个人爱好、品位、知识层次、性格、某些习惯作出自己的评价,得出基本的好恶判断,想象出一个人的大致轮廓。从声音的附属意义来说,人们的声音有许多风格,不同的人对不同风格的声音具有不同的感觉。有些声音,甲听起来很舒服悦耳,乙感觉可能就不舒服,不悦耳。根据人们说话的不同特点,可以给声音区分出不同的风格。

从声音方面说,说话的礼仪和艺术,就是注意运用好声音的附属意义,让声音的附属意义表达出最好的效果。

三、人们说话不清楚的原因

在说话时,并不是所有的人都能把话说清楚的。现实中有些人说话就是让人听着费力,费了好大得劲,才能弄明白说话者的意思,这不但影响交流,也影响表达效果和人们的感觉。人们的发音质量形形色色,但人们要有一个最起码的发声标准,那就是说要让别人听清楚。如果一个人说话让人都听不清,那这个人的交际能力一定很有限。至少这个人不适宜去做公共关系工作。

说话口齿不清的原因很多,大体可分为四类:

1. 声音本身有杂质

有些人由于口腔和鼻腔的共鸣器的形状或声带厚薄不匀,从而产生声音杂质。这些人或咬音不准,或发声共鸣不规则,或发音共鸣器变形,或根本发不出民族习惯的声音,导致声音如"破锣",有"劈腔",声音刺耳,听不清楚或听起来不舒服。这是先天的。

2. 说话习惯不好

说话习惯不好。如有的人说话声音前高后底,一句话的前一半声音人们尚能听到,到后来声音越来越低,后半句话人们就听不清了;还有一些人说话断句不好,在不该断句的地方断句,让人不知所云;还有些人韵母和声母发音不到位,让人听起来怪怪的;还有一些人,四声掌握不好等。这些人是小时候没有养成好的说话习惯,后天又没有去有意识地改正,从而造成不好的说话方式。

3. 方言问题

方言和普通话的发音方法和发音方式是不一样的,我国90%左右的人说话都带有方言特质。有些方言的语流速度是比较快的,如吴方言区的人们说话的语流速度就比较快。所以有些人尽管在说普通话,但方言的特点比较明显,说者说话慢的时候,还可以听清,说得一快就听不清了。还有一些方言,发音就是咬字不清,如北京的老方言,发音时就是咬字不清,儿化过多,舌头过大,让人听不清楚。还有一些方言,"n"、"I"不分,"f"、"h"不分,舌尖前音和舌尖后音不分,造成别人听不清楚。

4. 口齿变形

一些人由于先天和后天的原因,口齿出现变形,造成发音部位合拢不正确,或发音共鸣器变异,从而造成咬字不准,让人听不清。例如,一些歪嘴的人,由于口腔变形,发音就不会到位,吐字就不清晰。

四、人们说话的四种境界

既然口语交际有质量高低和风格之分,那人们的说话就有不同的境界,口语交际就有了高下的划分。这里我们把人们的说话分为四种境界。

1. 话说清楚

说者的发声是最自然的状态,没有明显的毛病。说话者口齿清楚,在一定的距离内让人能清晰地听到说者表达的内容。但声音听起来平平,比较大众化,没有特点,也没有吸引力。这种境界的声音谈不上有艺术性。我国大多数人们的说话都处于这境界。

2. 听起来舒服

说话让人听着舒服。这类声音,由于口鼻腔的共鸣器构造较好,声音符合性格和性别特点,发音没有杂音,吐字清晰,让人听起来舒服,悦耳。声音传出的附属意义多是正面意义的。这类声音尽管没有进行过有意识的声音训练,发声还是以自然为基础,但说者自己后天注意发音练习,注意纠正自己的发音习惯,发音没有毛病,发音到位,发音方法和发音方式正确,所以声音听起来就舒服多了,具有一定的磁性。我们日常生活中听起来比较悦耳的声音多属于这一境界。

3. 说话有自己的魅力

说话要有自己的魅力。这个境界的声音音质条件较好,又经过科学的声音练习,咬字清晰,吐音正确,运气得当,声音具有相当的磁性,声音能展示出自己的个性和风采,能把声音和自己的气质、风度、品位、知识、长相有机地结合起来,具有了一定的艺术魅力,可以感染人。一般来说。电台播音员、电视台的主持人多处于这境界。但这种境界还缺乏较多的艺术魅力,缺乏用声音塑造形象的根基。

4. 把说话当成艺术

把说话说成艺术。处于这个境界的就是语言工作者和语言大师了。如相声演员、电影和电视剧演员、尤其是配音演员等。演员不但要用形体表演,同样还要用声音去塑造形象。好演员不仅形体表演好,其声音表达也很好。人们仅仅通过声音,就可以得到艺术享受。这类境界的声音,运用声音自如。声音穿透力好,感染力强。能模仿不同性别的人物说话、能运用声音来刻画人物性格、塑造人物形象,感染人,感化人,把声音提升到较高的艺术境界。

现实社会中,部分人连第一个境界都达不到。在一些高校,一些大学生甚至一些教师,其口语表达也成问题。尤其是一些方言浓厚的人,出了方言区,就难以和人交流。

五、口语交际礼仪艺术与其他艺术的不同

话说得好,就能很顺利地完成交际任务,能感染人,给人好的印象,为今后的继续交际打下良好的基础。如果有意识地锻炼自己的说话能力,发音清晰,吐字清楚,运用语言得当,词语选择得体,那说话就具有艺术品位了。说话得体就是说话交际时有礼貌,讲礼仪。如果说了不该说的话,说话时口气、语调、用词不对,让听者不舒服,就是不讲礼貌,就是缺少了礼仪,就没有了艺术。说话时,有时有些话又是要必须说的。必须说的话,而又没有说,也是缺少礼仪。口语说话的礼仪艺术归纳起来就是说话要得体,说话要讲究策略,说话要学会忍让,说话要适度。

一般来说,作为艺术的口语,和其他艺术门类相比有以下几个特点:

1. 其他艺术都有专门的表演者,语言艺术人人都是表演者,人人又都是欣赏者

一般说来,除了专门的语言艺术家外,更多的语言使用者就是现实生活中的普通人,普通人在几十年的说话实践中无形中会把话说到炉火纯青的地步,让听着舒服,乐意听,说者也从别人的反应中得到快感。这种说话艺术,流行于人们日常交际中,不需要专门的场地,不需要专门的场景,只要是有人,随时随地都可以展示。角色可以随时转换,你随时都可以扮成演说者,也随时可以变成听客。

2. 其他艺术是一种高级的精神享受,语言艺术也如此

其他艺术是一种高级的精神享受,语言艺术也如此,但两者的差别是非常明显的。其他艺术门类是高级的精神享受,说话也可以变成为高级享受。例如,两个相爱的男

女,找一个温馨的咖啡馆,在柔和的灯光下,听着曼妙的音乐,坐在柔软的沙发上,闻着森森的咖啡香,俩人可以相互倾诉几个小时。相爱的情人,可以搂着说话一个整夜而不知疲倦,这时,说话就是快乐,是比其他艺术更具有魅力的享受。再如,几个好的哥们,有两瓶好酒,几碟小菜,就开始侃大山,从天上到地下,从人间到仙境,从小镇到全世界,无所不能,话题可以随时转换,说话能从太阳西沉说到太阳又升,这也是说话的艺术魅力所在。

3. 语言艺术就存在于生活之中

其他艺术是对生活的再创造,而语言艺术就是存在于生活之中,其他艺术都是对生活的提炼和再创造,是来源于生活,又高于生活。而说话艺术本身就存在于生活之中,无需提炼,无需加工,随地而坐,就可以进行。

4. 公关语言艺术是公共关系对口语交际艺术在工作中的运用

公关语言艺术是公共关系对口语交际艺术在工作中的运用。从个人角度来说,公共关系就是一个利用语言进行交流的过程。公共关系的核心有两点,一是塑造良好的个人或集体形象;二是进行人们之间的沟通和交流,这两点都须臾离不开语言,都和口语交际息息相关。一个好的公共关系工作者,就该是一个良好的口语交际者,就该是一个驾驭语言的大师。公关语言艺术的最高境界就是说话如行云流水、不露痕迹,说话的风格可以迥异,但得到快感和达到效果的目的是一致的。

六、口语交际的礼仪

口语交际就是说话,口语交际的礼仪就是人们说话时应该遵守的各种礼节和禁忌。

人人都会发音,人人都会说话,但并不是人人都会把话说得很得体,并不是人人都会把话说得合适、贴切。任何人在交际时,都不会信口开河,随口乱说的。不是什么话都能说,也不是什么话都敢说的。有些话在一些场合可以说,换一个场合就不能说。在一些人面前一些话可以说,换一个人就不能说。如果说了,就会引起不快。这就是语言的礼仪。

见什么人说什么话是语言礼仪的一个最基本的规则。

七、口语交际的种类及其特点

口语交际的种类大致包括谈话语体和演讲语体。

（一）谈话语体

谈话语体是人们在日常的交谈活动中形成的。它是两人或两人以上在一起交谈的说话方式。人们相互接触，进行交际的基本形式就是谈话。谈话使用口头语言，借助声音语调表达意思，典型的方式是面谈，可以两人参加，也可以多人参加，类型多样。谈话语体又可分为随意谈话体和专题谈话体。

随意谈话体广泛地运用于日常生活领域，它是语言交际最基本、最普遍的形式，是人们日常生活和工作中传递信息、交流思想、表达感情最主要的手段和途径。专题谈话体主要用于比较专门、比较正式的场合，如正式的工作交流、学术讨论、新闻访谈等。谈话语体中最典型的是随意谈话体，它最充分地体现了谈话语体特征。

谈话语体最大的特征是它对语境的依赖性极强，在语言形式上有各种省略，这些省略因为有特定的语境存在而并不影响意义的准确表达，完全能为对方所理解和接受。另外，谈话语体还有以下一些特点：①句式简短，如"你好！""谢谢！"；②话题往往不集中，内容缺乏必然的联系，语句的跳跃性比较大；③存在非规范化的语言成分，如"请坐！你。""别介，咱们先吃"。④语音上，常常会夹杂一些超语言的剩余部分，有时还允许个别成分的脱落，较多的同化、异化现象，产生一些音变等。

范例：

甲：吃了吗？

乙：吃了，老一套，根本不想去。

甲：下次我们找个好一点的。

乙：先说好，你请客。

甲：看你那笨样，我就我。说想吃什么？

乙：老三样是一定的，还要有红烧狮子头，瓦罐。

甲：就这么多呀？我以为你狮子张大口呢？

乙：知道你钱不多，给你省点。

甲：今晚看过张学友，就去？

乙：好。

以上一段是两个好友日常生活谈话记录。这段谈话大量地使用了省略、脱落等语言表达的手法。但由于当事人都处于具体的语境中，表达的意思都很清楚，并没有因为省略而出现意思不详等问题。整段谈话句式简短，自然明白。显示了谈话语体的特点。

（二）演讲语体

演讲语体是演讲者在特定的情境下，面对广大听众，以口头语言为主要形式，就某一问题发表见解、阐述事理、抒发情感，将言语、情感和姿态诸方面综合运用的口语方式。演讲语体与谈话语体不同，演讲是一个人独自讲话，对语言环境的依赖不像谈话语体那么强；演讲有一个中心，不像谈话语体话题那么分散。在语言运用方面，演讲语体与谈话语体也存在着明显的区别。日常口语是语言的自然形态，简短通俗。演讲语体则是规范化了的口语，同时又是对口语的艺术化运用，比一般的随意交谈更讲究言辞的严密性、规范性、文雅性和语音的协调性。为了达到感染听众的效果，演讲语体常运用排比句式，使语气更加连贯畅通，具有鼓动人心的力量。

范例 1：

《历史将为我们立传》①

我们的血是热的，我们年轻，我们充满了自信。我们坚信：没有青年的民族是"夕阳"的民族，没有青年活力的时代是沉寂的时代，没有青年参加的变革是无望的变革。也许我们经验不足，城府不深，办事不牢，也许我们骨子里还有那么一点说不清的"傲气"和"狂气"，但是我们胸中怀有最可宝贵的社会责任感。我们忧国忧民，敢想敢干，勇于探索，立志成材，我们热情真挚，勤劳智慧，这就是我们当代的青年。

范例 2：

《像英雄那样走人生之路》②

哪怕是一条小溪，也要向着大海奔涌。哪怕是一滴朝露，也要向着太阳升腾！奔涌吧，升腾吧，短暂的青春，永恒的人生。

---

① 张芸. 历史将为我们立传[J]. 演讲与口才，1987(12).
② 王健. 像英雄那样走人生之路　大学生演讲选评[M]. 北京：中国青年出版社，1985.

这两段演讲充满感情色彩,句式整齐,语气连贯,音韵和谐,富有感染力。

演讲语体虽属于口头语体,但演讲者有时根据需要辅之以动作、表情等来抒发情感,从而说服感召观众,应该说,它是一种融合了多种语体要素而形成的口语语体。

范例:

闻一多《最后一次的讲演》

反动派暗杀李先生的消息传出以后,大家听了都悲愤痛恨。我心里想,这些无耻的东西,不知他们是怎么想法,他们的心理是什么状态,他们的心怎样长的!(锤击桌子)其实很简单,他们这样疯狂地来制造恐怖,正是他们自己在慌啊!在害怕啊!

这段演讲感情色彩很强烈,句式简短有力,而且配合手势动作、语调情绪来补充,可以想见当时闻一多先生义愤填膺、慷慨激昂的表情和气势。

还有一种演讲就是讲话。这主要是指一些领导即席发表的谈话,一般表现为领导参加会议时即席发表的一些讲话,这既有说话的成分,也有演讲的成分。这种讲话讲得好,就是一篇很好的演讲稿。这类讲话由于是即席的,所以最能看出演讲者的思维能力和对语言的驾驭能力。一般来说,领导者不能事事讲话都要有稿子。在一些场合,必须即席讲话,必须为鼓动士气发表一番即席演说,这是领导能力的一个反映。

八、影响口语交际的因素

口语交际是一种建立在心理接触基础上的人际交往,所说的话是人们思维活动的直接结果,有些人不会说话,或不敢说话,这只是表面现象。从心理学的角度观察,这是人的心理活动有了障碍。在影响人们口语交际的诸因素中,心理因素对语言交际的影响最大,也最直接。语言交际的心理障碍不是凭空产生的,而是在其主观、客观因素的共同作用下形成的。这种主观、客观因素主要包括印象、环境、情感及个性等方面。

(一)印象因素

人与人交往,总会形成一定的印象,总会得到一种看法,如某人不错,某人比较能干,某人心眼太多等,这就是印象。人们在语言交往中的印象是对等的。在你对别人形成印象时,别人也会对你形成印象。印象有时是不对称的,你对某人的印象好,而某人对你的印象也许不好。或者你对某人的印象不好,而某人对你的印象好,这时的印象就是不对称。你对某人的印象好,某人对你的印象也好,这时双方的印象是对称的。

　　由于人的生活经历、个人气质、处世态度、文化层次、民族心理及性格的不同,对同样的表现,往往会形成不同的印象。如某人喜欢说话,善于言谈,甲对他的印象可能是健谈善言,而有好感;乙对他的印象可能是耍贫嘴,顿生反感。对某人不善言谈,甲的印象可能是忠厚老实,乙的印象就可能是笨得像"榆木疙瘩"。

　　人与人之间语言交往中,印象是很重要的,如果印象好,相互间言谈就会主动些,话语就会多些。心理学显示,在同印象较好的人接触时,其心理状态就会兴奋些,其交际的距离就会近些。反之,如果对某人的印象不好,同他进行交往时,无形中就形成一种心理障碍,带有成见,产生心理抵触,这时话就会说得少些,言谈就被动些,甚至根本就不想与之谈话,从而影响到语言交际的正常进行。

　　在人际语言交往中,第一印象对人的影响最大。所谓第一印象,是指在语言交际时给对方留下的最初印象,它包括容貌、服饰、言谈举止等。第一印象往往是以后交际的基础。第一印象留下得好,人们就会有再见面的愿望,这就给以后的交往打下了良好的基础。"相见恨晚"、"一见钟情"、"一见如故"等都是第一印象良好的写照。第一印象不好,彼此都对对方不感兴趣,心理上甚至会产生或多或少的恶感,这就给今后的交往造成一些阴影,甚至会中断交往。

　　由于第一印象是人们的感性认识,它只是观察到人们的表面现象,如外表风度、谈吐等,还不能深入认识到其人的本质,所以往往有认识偏颇的可能。心理学把第一印象在人际交往中的作用称为"首因效应"。这种首因效应,可以帮助人们积极参加交往,又可以给人以误解,延宕阻隔人们的交往。人是复杂的,有些人有美好的外表,绅士的风度,优雅的举止,得体的言谈,但骨子里可能是一个"金玉其外、败絮其中"的小人。有些人长相一般,言语木讷,实际上可能是心灵手巧的人。对这些人,人们的第一印象往往被表面现象所迷惑,形成不正确的印象,人们经过进一步地交往和长时间地观察,从本质上了解了某一个人,才会慢慢抵消首因效应,从而得到正确的印象,这就是心理学上所说的"近因效应"。近因效应是由于较长时间地交往后所得到的最新的印象,所以"近因效应"一旦形成,就会最终决定人们是否交往,就会最终决定人们交际的方式和距离。

　　首因效应和近因效应不是根本对立的,而是相互有联系的,它是一个问题的两个方面。人们在语言交际中,第一印象很重要,最后的或最近的印象也很重要。一般地说,在与陌生人交际中,首因效应比较明显,在与熟人的交际中,近因效应比较明显。懂得了这些道理,在语言交际中,就要注意给对方留下较好的印象。同时要善于利用第一印象,进一步了解一个人的本质,排除各种心理障碍,使交际顺利进行。

（二）环境因素

人都是在一定的场合下说话的。不同的场合，人们的心理状态、心理准备就不一样，人们的思维进程就不会一样，所以所说出的话肯定也不会一样，语言学把人们说话的场合叫做语言环境，简称语境。语言环境有广义和狭义两种，广义的语言环境包括说话时的社会环境、自然环境等。狭义的语言环境主要指说话时的场合。如果说印象因素是从时间上揭示了语言交际心理障碍形成的原因，那么，环境因素则是从空间上揭示了语言交际心理障碍形成的原因。

社会环境对语言的心理影响是很大的，不同的社会环境，使人们的心理状态也有着明显的不同。一般地说，良好的社会环境对语言交际有着积极的协调作用，而恶劣的社会环境会加深人们的心理障碍，严重影响着人们正常的语言交际。社会环境也有宏观和微观之分。宏观的社会环境主要指整个社会大气候，包括社会的政治环境、民族文化、民族风俗、民族历史、民族习惯及道德风尚等。微观的社会环境仅指说话者所处的场合及气氛等。

宏观社会环境对语言交际的心理影响主要表现在：宽松的政治气氛，团结友爱的社会风气、群体间亲密融洽的气氛，有利于语言交际心理障碍的消除。

范例 1：

社会环境对人的语言的影响

例如，在一个团结互助、同志之间关系融洽的单位里，人们说话就比较随意、自然，人与人之间就容易相处。这是一种良好的语言交际环境。反之，在政治气候严峻的环境中，人与人之间的接触就会小心翼翼，人们说话就必须小心谨慎，三思而后言，这种恶劣的社会环境无形中就给人们的语言交际造成了心理障碍。我国"文化大革命"期间，多少人被打成"反革命分子"或"坏分子"，不都是因为说话的原因吗？在那样的政治环境中，人们怎么敢随意说话，又怎么敢说真话？除了唱高调，说空话，别无其他。人们的心理都互相封闭，形成了畸形社会环境中的畸形人。当然，某些特殊的社会环境也可以使人与人互相接近，形成良好的语言交际环境。例如，当双方同样处于受威胁的社会环境时，为了共同对付这种环境的威胁，双方原有的矛盾会淡化，互相接近，消除心理隔阂，双方会主动地去商量对策。

微观环境对语言交际的心理影响更是显而易见的。微观环境和人的语言交际息息相关。人们无论何时何地，都处于一种微观的环境中。不同的微观环境，人们交际时的效果肯定不同。

范例 2：

微观环境对人的影响

例如，有人在家里同家人说话时，就比较流利、自然，而在陌生的环境里，就无所适从。有些人站在讲台下侃侃而谈，一旦上了讲台，站在众人面前，就不知该说什么了。这种环境，由于说话人感到陌生，本能地产生了心理障碍，思维进程一下子被阻断，形成了不敢说或不会说、甚至连想好的话也会被忘掉的局面。微观环境对人的语言交际的影响最大，也最直接。

自然环境对语言交际也有一定的影响。一般地说，优美和谐的自然环境有助于语言交际的正常进行。

范例 3：

自然环境对人语言的影响

例如，青年男女在恋爱时，总喜欢选择在花前月下，人们跳舞时总喜欢把舞厅布置得彩灯熠熠，这是因为良好的环境能调整人们的心理，刺激人们的精神兴奋，能使人们感到无压迫感，从而减少心理障碍，顺利进行交际。当然，自然环境不理想时，人们就会形成心理障碍，直接影响到语言的交际。例如，一对年轻人正在谈情说爱，突然来了一群人，在其旁边大声吵闹，这种气氛，肯定会给那对青年男女带来心理障碍，使本来想说的话也不再说了。

（三）情感因素

情感是人们进行语言交际的心理动力。情感包括两个方面：一是感情；二是情绪。

对于感情对语言交际的影响，社会心理学家们曾用定势理论加以说明。在人们的交际过程中，每个人都具有一定的心理定势。所谓心理定势，是指在过去经验的影响下心理处于一种准备状态，从而对解决问题带有一定的倾向性、专注性和趋向性。人们语言交际中的心理定势表现为正负两种形式。正的定势表现为对他人的好感，负的定势表现为对他人的厌恶。当语言交际的双方处于正的定势时，其语言交际的信息流就会大些，交际频率就会高些，交流的速度就会快些，当语言交际的双方处于负的定势时，交际的双方感情相悖，互不信任，其交流的信息量就会小些，交际的频率就会低些，交流的速度就会慢些。

正的定势表现为交际双方的友好与喜爱,促成正的定势形成的因素则有外表的美貌,人的品格、性格、智能、爱好的相似性及相互间的合作等。负的定势常常表现为交际双方的戒备和互不信任感。在语言交际实践中,交际的双方产生了感情共鸣,引起好感,互相友爱,其交际的方式就比较随便、自然,其交际的话题就会广些,交际的距离就比较近。反之,如果双方心理上有隔阂,心里互相封闭,形成负的定势时,其交际的方式就比较单一机械,很少进行接触。出于无奈必须要交际时,双方也是小心翼翼,尽量选择中性词语,不露出任何情感,以免刺激对方。

应该说明,正负定势不是一成不变的。由于外界的影响,其正负定势有时会在一夜之间转换。在语言交际中,要注意尽量减少外界影响,创造良好的交际环境。

情绪对语言交际的影响是显而易见的。情绪是指人们受到外界的刺激而产生的临时性的心理状态。由于外界的某种刺激,人们正常的心理平衡被打破,出现了高兴、气愤、心情舒畅、心烦意乱、心情激动等现象。情绪激动的心理状态对语言交际的影响是复杂的。有些人情绪激动时,往往由善于说话变得不会说话,如"气得说不出话"、"高兴得不知说什么好"等,都是对这种现象的形象描写。有些人情绪激动时,则由不善言谈变得口齿伶俐,一下子能说会道起来。例如,当一个小伙子在自己暗暗爱慕的姑娘面前,为了让姑娘注意自己,小伙子往往会一反常态,言语甚多。而有些小伙子,在自己心爱的人面前往往会很紧张,表现为不知所措,笨嘴拙舌。

由情绪造成的心理波动是临时的,不稳定的,处于情绪激动时的人往往会违背常规,说出一些过激的言语,产生一些不良的后果。所以,人们在语言实践中,当情绪处于不稳定状态时,要尽量少说话,避免处理重要的事务。同时,要适当地控制情绪,不要让情绪影响自己的语言交际。

(四)个性因素

语言交际是个体之间进行的人际交往活动,所以,双方的个性因素对语言交际就有很大的影响作用,甚至印象因素、环境因素、情感因素等也都是通过个性因素来影响语言交际的。心理学研究的结果表明,不同个性的人对同一现象总会产生不同的反应,有着不同的处理方式。有些个性因素导致人际吸引,有利于语言交际的正常进行,有些个性因素则阻碍人际吸引,不利于语言交际的正常进行。

个性是一个复杂的系统,它包括个性倾向性和个性心理特征两个方面的内容。个性倾向性主要是由人的态度、价值心理和兴趣等内容构成,个性心理特征主要是由气质、性格等要素构成。

态度是指对人或事的看法及其在言行中的表现。价值心理是指人们对作用于他们的客观事物或对于其所参与的活动的价值所进行的心理评估。作为个性倾向性,态度和价值心理一旦形成,便对人的行为起着指导和调节的作用。在语言交际活动中,态度和价值心理的指导调节作用表现在:交际双方的态度和价值心理相悖,会使双方的认识、情感和行为方式等有所不同。对对方的情感和行为方式也会有不同的理解,从而影响到双方语言信息的交流。态度和价值心理相似的双方,对人、对事物的看法基本相同,行为方式也大体相似,交际中其"共同语言"就会多些,语言交际就很少形成障碍。在相似性因素中,年龄、职业、社会阅历、身份等的相似都会产生一定的作用。

兴趣是指人们对某种事物或活动所产生的好感和积极的态度。兴趣作为一种个性倾向,可以把人的行为导向某一事物或某一活动。一般地说,在语言交际中,共同的兴趣是语言交际的纽带,可以把人们联系起来,沟通理解,产生共鸣。在语言实践中,初次相识的交际双方一旦了解对方是同行,往往都是从共同的兴趣谈起,唤起对方的话题,引起好感。

按照心理学的解释,每个人的神经类型会赋予每个人异于他人的精神面貌,在心理活动与外部活动的表现上会显示出各种不同的状态。这些不同的状态就形成了人的不同的气质和性格。不同的气质和性格对语言交际有着明显的影响。心理学把气质大致分为多血质、胆汁质、黏液质和抑郁质四种。一般地说,外向型性格的人心胸比较宽广,为人比较热情,多善于言谈,坦诚大方,但使用词语往往不太严谨,不太注意小节。内向型性格的人待人处事比较谨慎,言语委婉含蓄,多工于心计,一般不善言谈,特别是公共场合,显得比较腼腆,拘谨。

在口语交际中,为了减少心理障碍,顺利完成交际,对不同气质和性格的人要采用不同的交际方式。

多血质的特点是:活泼好动,反应灵活,行动迅速,办事快;情绪兴奋性高,变化性大,外部表现明显,对人热情友好,善于交际,富有感染力,容易适应环境的变化;性子较急,平时不甘寂寞,但坚持性差,容易出现厌倦和消极情绪;在认识上对新鲜事物敏感,理解较快,心理外向,语言表达力强,但认识不深刻,容易受暗示,意志力较薄弱,注意力不稳定,容易见异思迁,显得轻浮不踏实。和这种性格的人交往相比比较随意,大可不必句句斟酌、囿于小节,多说一些鼓励的话语,强化意志,促进坚持下去。

胆汁质的特点是:兴奋性很高,脾气暴躁,情绪热烈,态度坦率,个性爽直,易受感染,心境变化剧烈,容易与人发生冲突;意志坚定,办事果断,做事倾向于一干到底;精力旺盛,心理外向,认识问题快,但不够准确;行为冷热不均衡,情绪兴奋时,决心克服一切困难,精力耗尽时,情绪一落千丈。这类人自尊心较强,与其交际就要温和亲切,不要闪烁其词。

黏液质的特点是:心绪平衡,善于克制忍让,生活有规律,不为无关的事情分心;埋头苦干,有耐久力,态度持重,不卑不亢,不尚空谈,富于实干精神,不轻易与人发生冲突;但不够灵活,注意力不容易转移,认识不敏感,对事物缺乏热情,沉默寡言,不善辞令,心里内向不外露。和这类人打交道就要时时认真,不与其兜圈子,有一是一,有二是二。

抑郁质的特点是:稳重深沉,情感体验深刻,善于观察别人观察不到的细节;容易多心,神经过敏,感情脆弱,性情孤僻、羞怯、腼腆,脾气古怪;认识问题慢,缺乏自信心,有严重的自卑感,心理内向,喜欢沉溺于内心体验中,在困难面前容易优柔寡断。这类人感情细腻,但疑心较重,与其交际时就要多谈些乐观有趣的事,说话就要选择好词语,不要半吞半吐①。

上面是对语言交际心理障碍形成的几个主要因素作了简要地分析。在现实中,人们还会表现出更多的性格特征,这些性格特征都是上述性格的亚性格。当然影响语言交际的因素决不至上述四点。在语言交际中,这些因素又往往是共同起作用的。我们必须因势利导,寻找出主要因素,以便克服心理障碍,顺利完成交际。

九、口才的锻炼与培养

锻炼口才就是学习语言交际的能力,就是锻炼自己的心理承受能力和适应能力,口才从不好到好,从不会说话到善于讲话,这要有一个锻炼过程。人不是一生下来就会讲话的,都有一个长时间的锻炼过程,只是有些人锻炼得多些,学会得早些,而有些人晚些罢了。任何一个正常的人,只要有意识地去培养自己的语言能力,并坚持下去,那他就能成为一个语言大师。英国前首相丘吉尔,据说小时候就是一个"结巴",常受人讥笑,青年时,丘吉尔立志成才,刻苦锻炼自己,他找出大量政治家的优秀文章去背诵,找出文学家的优秀作品去朗读,他对着镜子一遍又一遍地练习演讲,对着树林一遍又一遍地练习讲话,甚至在人群集中的地方也大声讲话,终于增强了自己的心理承受能力,语言能力大大提高,成了有名的演说家。

一个人,要学会讲话,要从各个方面去培养自己,锻炼自己。主要从以下几个方面注意:

（一）加强个人修养,克服自己的心理障碍

前面我们已经说过,有些人不会说话,不善于说话,或者在人少的时候会说,在众

---

① 马志强. 语言交际艺术[M]. 北京:中国社会科学出版社,2009:18-22.

人面前就变得脸红心跳,不知怎样说了。这看来是说话问题,实际上是一个心理问题。影响语言交际的心理因素前面已经讲过了,那么在心理因素的共同作用下,人们表现在语言交际中的各种障碍形式就有嫉妒、羞怯、自卑等,就会产生有口说不出,说话吞吞吐吐,词不达意等现象。

嫉妒包括嫉妒的心理和嫉妒的行为两个方面。影响语言正常交际的主要是嫉妒的心理。看到别人侃侃而谈,说话很动听,很得体,自己往往不服气,也想去表现一番,殊不知,正是这种不服气的心理造成了语言的心理障碍。你越想说好话,也越说不成话,越想比别人说得好,反而越不如别人。作为一种心理现象,嫉妒具有潜隐性的特点,同时又具有自伤性,在语言实践中,有些人往往已经产生了嫉妒心理,但自己还没有感觉到,结果或自暴自弃,或迁怒他人,不能从根本上找到原因。嫉妒心理是语言交际得一大障碍,不论它的表现形式如何,都大大地限制了人的交际范围,压抑着人的交际热情,阻碍了人们的语言行为。

在语言交际中,我们常常看到,有的人轻松自如,谈吐自若,应付裕如,有的人却手足无措,不知道如何是好,说话也显得失常。第一次上讲台的新教师或第一次当众演讲的人往往有这种体验,事先准备好的讲话,一到台上就乱了套。在心理学上来说,这就是羞怯的心理。羞怯心理是人们正常的情绪反应,它的产生有生理和社会心理两个方面的原因。当人们羞怯时,会产生紧张感,被恐惧情绪所控制,导致心跳加快,呼吸加速,血液循环加快,肾上腺素分泌增加,由于人的面部皮肤表层毛细血管特别丰富,所以脸红非常明显,同时伴随着大脑神经活动暂时紊乱,记忆发生障碍,思维出现差错等。从总体上说,羞怯不能不说是语言交际的一种障碍。它使人很难与陌生人交谈,使人拘谨而不能充分地表达自己的见解,如果长此以往,就会使人产生孤独感,妨碍了人们的正常语言交际。

自我意识障碍起因于不能正确地认识自己,把自己看得太高,就形成了自傲的心理,相反,把自己看得太低,则形成自卑的心理。具有自卑心理的人往往自我感觉甚差,怀疑自己的知识和能力,有意无意地去贬低自己,做事畏缩,裹足不前,说话则细声细语,毫无自信力。当然,有一些相反的情况,有的自卑者为了掩饰自己的自卑心理,反倒表现出狂妄自大,目中无人的报复心理,以期在心理上起到一种补偿作用。

自卑心理形成有多方面原因。但也无外乎生理的和社会的两个方面,或叫做主观和客观的两个方面。从主观方面讲,某些生理方面的缺陷极易导致自卑感,这种现象不只是人类有,就是动物也会有这种现象。比如一个长得高大强壮的大公鸡,在鸡群面前不论什么时候总是雄赳赳、气昂昂的,表现出一种好斗之气。而一个瘦小的公鸡,尤其是缺胳膊少腿的公鸡,在鸡群面前总是畏畏缩缩,毫无生气,这种情况在争食之时更是如此。再说人类,某些患有残疾、身材矮小、长相丑陋或智能低下的人,最容易产生自卑。从心理气质上讲,抑郁质和黏液质类型的人较容易产生自卑。从客观方面讲,家庭出身微贱、社会地位低下、生活贫困、知识贫乏等都会导致自卑。

猜疑心理是由于人们对于人际关系不正确的价值心理引起的。有这种心理的人一般都是"性恶论"者。他们认为所有的人都是虚伪的,都是不可信任的,他们在言行生活中总是以一种怀疑的眼光看人,"以小人之腹度君子之心",对人有一种强烈的戒备心理,平日里喜欢捕风捉影,惹是生非,传播小道消息,严重的话则会导致走向极端。

人们要顺利地进行语言交际,就必须克服上述的心理障碍。其次,人们要保持心理健康,就要加强个人修养,建立良好的自我形象,有自知之明,培养自己豁达大度的胸怀。在人际交往中,学会尊重别人,也学会尊重自己。适时地调整自己的情绪,做到得意之时勿自傲,失意之时不自卑,心理始终处于稳定状态。

(二)锻炼自己的胆量,多做练习

口才是需要磨炼的,好的口才,都是经过有意无意地大量练习才形成的。

锻炼口才,并不是一件难事,只要一个人勤说勤练,他的口才肯定会有很大的提高。锻炼口才,首先需要胆量。有些人并不是不会说话,并不是说不好话,而是换个环境就变得笨嘴拙舌、语无伦次了。这不是一个会不会说话的问题,而是一个心理问题,胆量问题,这种情况,刚刚踏入社会的年轻人表现得尤为突出。那么如何锻炼自己的胆量呢?最常用最简便的办法就是有意选择人多的地方,有意让自己多说话,强迫自己大声说,大声讲,不怕别人笑话,与人辩论,与人对话,久而久之,自己说话的胆量也就大了。最初,不妨也准备个草稿,按着草稿想着说;往后就拟个提纲,根据提纲去发挥;再往后就可以兴之所至,而"信口开河"了。

人只有敢说,才能说好。最初可以先观察别人谈话,看别人是如何说的,是如何围绕一个中心去开展话题的。揣摩一下别人说话的技巧在哪里?别人的哪些话说得很得体,需要自己学习,哪些话不得体,自己今后需要引以为戒。也可以多参加好友的聚会,去聊天,去神侃。因为在自己好友面前最能放得开,最自然。同时,也可以在听广播、看电影、看电视、看小说时留心主人公的话语,看里面的主人公是如何说的,不妨模仿一下,并把一些典型的话语运用到自己的语言实践中去,只要放开胆量,有意锻炼,口才会越变越好的。

(三)纠正乡音,学好普通话

在语言实践中,最好使用普通话。普通话是我国的标准话,它"以北京语音为标准音,以北方话为基础方言,以典范的白话文著作为语法规范。"说普通话,这是宪法对公民的号召,是在语言交际中提高交际效果的一个手段。一个口才好的人,不一定去说普通话,但一个好口才,再加上一口流利的普通话,更会给口才增辉,更会加强实际效果。

和方言相比,普通话有两大优点:一是使用者最多,其流传的地域之广,是其他方言都不可比拟的。人们学会了普通话,就可以走遍全国而任意进行语言交际,很少有别人听不懂之忧;二是普通话悦耳动听,表现力特强。确定普通话为我国的国语,除了政治、地域及社会的原因之外,其中还有普通话的悦耳动听之功。普通话听起来自然、大方,给人以庄重感,毫无轻飘、浮躁之感。普通话的表现力丰富,声音的高低升降错落有致,声调不尖不细,语速不疾不徐,说起来不费力,听起来很舒服,人们丰富的内心世界,普通话都能以其独特的表现力而刻画得淋漓尽致。

说普通话不仅有利于语言交际,提高交际效果,从某一个方面说,说普通话还是一个人知识层次的外在表现。我们不能说谁说方言谁就没有知识、没文化,但有知识、有文化,再加上一口流利的普通话,人们对它的印象肯定会深刻得多。学说普通话,对大多数中国人来说,并不是一件难事。普通话与各地的方言都有很强的对应规律,只要找到规律,大胆练习,很快就可以学会的。

(四)学点逻辑知识,理顺说话的顺序

有些人说话总是啰里啰唆,头上一句,脚上一句,让听者不知所云,有些人说话胸无全局,想一点说一点,想到哪说到哪,前言不搭后语,兴之所至,任意发挥。这些人不会说话,或说不好话,其主要原因在于层次不清,主次不分,逻辑混乱。

逻辑知识,说得通俗一点,就是说话要有个顺序,要按照事物的内在顺序进行讲述。如叙述一件事,就要先讲开始,再讲发展,最后讲结果。如果说明一个道理,就要先讲清基本道理,基本观点,讲清来龙去脉,然后再举例说明。如讲一个问题,就要先讲清问题的关键症结,再讲解决问题的方式和方法,决不能头上一句,脚上一句,这样别人听不懂,自己也越讲越糊涂。

学习逻辑知识,对于想学说话和说好话很有必要。逻辑学中有同一律、矛盾律、排中律和充足理由律。学习了这些逻辑的基本规律,可以保证你说话时不犯逻辑错误。同一律教会你说话时围绕一个中心来进行,说话不枝不蔓,层次分明;矛盾律可以教会你说话时不会自相矛盾,不会出现自己跟自己打架的语言毛病;排中律可以教会你辨明别人的逻辑错误,保证言论的真实性;学会了充足理由律,则可以教会你说话要注意因果联系,不犯"论据不足"或"推不出"的逻辑错误。

逻辑学还有一些简单的逻辑方法,如下定义的方法、划分的方法、概念的限制和概括的方法,寻找事物之间因果联系的方法等,学会了这些方法,可以大大帮助我们说好话。

在平日说话中,由于语言环境、说话者的身份、说话内容等等的限制,有时我们还需要善意地"破坏"逻辑规则,利用词语具有多种意义的现象,岔开话题,选择有利于自己的词义并进行解释,给人另一种全新的意义,或打破尴尬气氛,或制造轻松和谐,或取得意外效果,赢得交际场所的主动。

范例:

周恩来答记者问

有一次,美国代表团访华时,曾有一名官员当着周总理的面说:"中国人很喜欢低着头走路,而我们美国人却总是抬着头走路"。此语一出,话惊四座。周总理不慌不忙,脸带微笑地说:"这并不奇怪。因为我们中国人喜欢走上坡路,而你们美国人喜欢走下坡路"。

美国官员的话里显然包含着对中国人的极大侮辱。在场的中国工作人员都十分气愤,但囿于外交场合难以强烈斥责对方的无礼。如果忍气吞声,听任对方的羞辱,那么国威何在?周总理的回答让美国人领教了什么叫做柔中带刚,最终尴尬、窘迫的是美国人自己。

上面的范例,就恰当地利用了一词多义的现象,反逻辑规则而行之,对词义进行了完全不同于常人的解释,新的意义的解释不但出乎意外,而且又令人不得不佩服,表现了新中国领导人机智、幽默的另一面,既捍卫了祖国的尊严,又不动声色地给挑衅者以有力回击。周总理的这种方法,在外交场合中,是经常要用到的。

逻辑学是思维的科学,语言则是人们思维的外部表现,懂得了逻辑学,也就等于学会了调整言语次序的方法,就可以驾轻就熟地运用逻辑知识,为我所用,从而大大提高我们说话的质量[①]。

第二节　口语交际艺术的基本技巧

口语交际的基本技巧很多,分类也各种各样,本文主要从适时、适量、适度、适情四

---

① 马志强. 语言交际艺术[M]. 北京:中国社会科学出版社,2009:27-31.

个方面谈谈口语技巧的基本把握。

一、说话要适时

适时,就是说在平时口语交往中,要做到:说在该说时,止在该止处,这才叫适时。可有的人在社交场上该说时不说,如,见面时不及时问候;分手时不及时告别;失礼时不及时道歉;对别人的请教不及时解答;对求助不及时答复……反之,有的人该止时不止。他们在热闹喜庆的气氛中唠唠叨叨诉说自己的不幸;在别人悲伤忧愁时嘻嘻哈哈开玩笑;在主人心绪不安时仍滔滔不绝发表宏论等,这都是社交时不懂得适时的最具体的表现。

当然,适时还表现在该说的时候一定要说,不能畏缩,不能胆怯,话语一定要点到。少说一句,别人也许就无法理解你的意思,你就无法达到言语交流的目的。在一些场合,需要表现的是你的立场,是你的观点,是你的语言力量,这时你一定要说出自己的话。少了这一句话,也许就少了教养,少了礼貌或者少了应有的规范。因此,有教养和品位的人不会随意少说话,总会适时地说出适时的话。

适时还表现在说话时要学会时空环境的转换,就是说,在不同的说话环境里,要学会说不同的话,对不同的人,要用不同的风格和语气说话,不能不顾场合,只顾自己,在很多场合,说话不能由着自己的性子来。兴之所至,信口开河,这是要犯忌讳的。

人,是社会的一员。在社会交往中,往往会形成各种各样的关系,这种关系处理的好坏,协调的如何,一看人所做的事,二就是看人所说的话。人的一生绝大多数时间都是在说话,人们就是去做事,也是需要语言实现沟通的。离开沟通,人们就无法相互传递信息,去完成交际。而离开语言,人们将无法沟通,从而一事无成,做事和说话有时无法截然分开的。

例如,下面的对话,张处长和小李、大王由于三个人的身份不一样,其对话的口气、内容和交际方式就大不相同。张处长和大王就很随意,而和小李就一本正经的。

张处长:小李,你去把这个文件送到文印室。

小李:好的。

张处长:然后你到传达室看看巴黎办事处的挂号信寄来没有?要快点哟。

小李:好的,处长,我马上去。

(这时,外面进来一个人,简称大王)

大王:张头,我来找你的麻烦来了!

张处长：傻大王，你来这里总没有好事情，不是找麻烦就是来打嘴仗！

大王：张头，你这可冤枉我。如果我不来，你天天对小李一本正经的，连张笑脸都没有，还不憋死你俩呀。

张处长：你说得也对。我总不能和小李去斗嘴开玩笑吧？他可还是个大孩子哟。

大王：所以嘛，我就天天来了，呵呵……

一个善于交际的人，往往就是一个会说话的人。会说话的人，能把人与人之间的关系"说"好，关系不顺时，能"说"顺。而不会说话的人，往往能把本来挺顺的人际关系给"说"得不顺，即使说话人是好心，其效果也会适得其反。

例如，公司一男一女俩同事早上相互见面，开始打招呼：

男：张姐，早上好。

女：早上好，帅哥。

男：这段你看来这么精神，这么漂亮，看来日子过得不错哟！

女：是吗？帅哥，你的嘴真甜。

男：我说的真话，大伙都说你更年轻了。

女：帅哥，不管你说的是真话是假话，我都听得是很舒服的，谢谢你的夸奖，老弟。

如果换成下面的招呼，那就是另一种效果了。

男：张姐，早上好。

女：早上好，帅哥。

男：这段你看来怎么这么憔悴，是姐夫欺负你了吧？

女：大早上你怎么这么说话呢？

男：你就是憔悴了，我说的是真话哟，大伙看看，她是不是老了。你要当心自己哟。

女：你……真破坏情绪！

不同打招呼的艺术，会有截然不同的效果。

见什么人，说什么话，过去我们总是把这当成贬义词来使用，认为这是见风使舵，没有立场的小人言行。其实，见什么人说什么话，正是一个人日常交际中的正常表现，丝毫不带有什么贬义的色彩。从某种意义上来说，这还是人们交际时所要遵循的一种策略原则，是应该大力提倡的。例如，好朋友之间说话就比较随便，称呼也比较自然，说点笑话，甚至称呼一下外号也无伤大雅。但对上级领导、对长辈，说话就要严肃点，正规点,称呼一般都用正式的称谓,绝对不会胡乱称外号。和小孩子说话,就要用小孩子的口气,用最简单通俗的言语和他们交谈。和异性交往,一般人都要遵循这样的规范,即绝少谈论有关"性"的问题。有些话能给父母说,但不能给兄弟姐妹说,有些话能给同性说,但不能给异性说,有些话可以给家里人说,但不能在公共场合说,有些话能在外面说,而不能给家里人说。这些规范,人人都遵守,谁也不会肆无忌惮,不分场合、不分时间、不分交际对象去信口开河。这种种的表现,都是见什么人说什么话的表现,是绝对没有什么贬义的意味的。

人际交往中,话说得动听一点,言谈中流露的感情真挚些,人与人之间就容易交往,关系就会融洽。话说得生硬,不顾交际的环境、交际的场合,不顾交际者的境况,大放厥词,人与人之间就很难交往。

再例如下面的对话:

一个上午,单位办公室,一男一女俩同事在说话。

男:真困哟,昨晚没有睡好。

女:又是去整"马尿"(酒)了吧?

男:你怎么这么说话呢?

女:我怎么说? 你喝酒都把媳妇给"喝"跑了,把钱都喝光了,还喝,非有一天你把自己喝死不可。

男:你,你………

女:你什么你? 看你那样子,都快变成骷髅了,还没有正行。

男:我什么行,用不着你来管。

女:管你我还嫌累呢。滚,离我远点。

……

上面的对话,女的明显是在显摆,说话刻薄,非常呛人。这是人的性格特点之一。事实上这样的人,性格偏激张扬,做事高调,极度富于挑战性,很容易得罪人,我们生活中也会经常见到。这种口气说话的内容明显不适宜于同事,也不适宜在办公室。

协调人与人之间的关系还包括对同志、对朋友、对自己人说话要热情大方;对敌人、对恶意攻击者要言语犀利,不留情面。据说,周恩来总理有一次到某国访问,该国的领导人和周总理握手后,掏出手帕擦了擦手,然后又把手帕装进了口袋里。对于这种极不礼貌、有损祖国尊严的挑衅行为,周总理决不会让步。周总理也顺手掏出了手帕,擦了擦手,随手把手帕扔在了脚底下,给挑衅者以有力的回击。周总理的举动,虽无言语,但更似说话,是用动作代替了言语。相反,周总理对待同志和朋友是主动热情的。作为政府首脑,总理日理万机,但对于许多细微的事情,他也能无微不至。有一年的深夜,下起了大雨,总理还在伏案工作,总理身边的警卫员也还在雨中警戒。不一会儿,邓颖超同志打着雨伞,拿着雨衣出来了。她把雨衣给警卫员披上,并说:总理让我告诉你,下雨时,要离树远一点,以免让雷雨击着。总理和邓颖超同志的话,暖人肺腑,深深地感动了警卫员,更激起了人们对周总理和邓颖超同志的崇敬和热爱。

二、说话要适量

适量首先表现在话语要适可而止,这主要指的是说话的时间要控制。一个观点,一些意思表达明白就行了,不要啰里啰唆,没有个完。我们一些人,尤其是一些领导者,在讲话时,为了显示自己的与众不同,总喜欢长时间讲话,话不分段,一二三四五,ABCDE,讲起来没有一个完,好像只有自己水平高,唯恐别人不明白,说者唾沫星子满天飞,听者昏昏欲睡,一人表演,其他人受罪。这样是不会有什么好的效果的。不懂得适时,就像一些相声讽刺挖苦的那些人一样,说话啰里啰唆,不知道别人已经对自己的话语有了厌恶感。喋喋不休。最容易让人产生厌恶的。懂得礼貌的人,说话得体的人,其中的一个方面就是知道话语止在该止处。不去多说一句话。

范例:

啰 唆

捷克讽刺作家哈谢克的名著《好兵帅克》里有一个克劳斯上校。此人以说话啰唆闻名。他有一段对军官的"精彩"讲话:"诸位,我刚才提到那里有一个窗户。你们知道窗户是个什么东西,对吗? 一条夹在两道沟之间的路叫公路。对了,诸位,那么你们知道什么叫沟吗? 沟就是一批工人所挖的一种凹而长的坑,对,那就叫沟。沟就是用铁锹挖成的。你知道铁锹是什么吗? 铁作的工具,诸位,不错吧,你们都知道吗"?

克劳斯上校的这番话,虽然是作家加工过的,但生活中、社交场上说话啰唆也不乏其人。因此说话适量也是社交口才的基本技巧之一。

适量既指说话的多少适当,也包括说话的音量适宜。应该指出的是,适量并不是都是少说为佳,更不是指那种音量没有变化的老和尚念经,适量与否应以是否达到了说话目的为衡量的标准。

请看下面几段话:

范例：

不同的口气,不同的表达效果

(1) 您看,这么晚了还来打搅您,真过意不去。您要休息了吧? 真对不起,对不起……

(2) 我不同意这个意见! 我明确表示不同意。不管你们怎么看,我就是不同意。

(3) 那不是我说的,我怎么会那么说呢? 您想,我能说那种话吗? 那确实不是我说的。

上面的几段话,初听起来似乎有些"废话",但都是为了增强表达效果不得不说的"废话",是必须保留的语言的"冗余度"。第一段是表示道歉的话,重复几句显示了态度的诚恳;第二段话中的重复是为了表示说话人态度坚决和不容置疑;第三段则是说话人急于表白自己心情而采取的必要的重复。这种语言现象在社交场合经常出现。由此看来,社交口才的多少适量,并不排除为达到说话目的的必要重复,而是指根据对象、环境、时间的不同,该多说时不少说,该少说时不多说。有的人自我介绍啰啰唆唆,祝酒时说上半个钟头还不停,批评起来没完没了……这样既影响说话效果,又影响自己的社交形象。适量的社交口才还包括声音大小适量。大庭广众之中说话音量宜大一点,私人拜访交谈音量宜适中,如果是密友、情人间交谈,小声则可以表现亲密无间、情意绵绵的特殊关系,给人一种亲切感。这些都是在社交场合与人交谈应该掌握好的。

适量还包括说话不要有废话,有时说话人所说的话时间并不长,但所表达的都是废话,缺乏逻辑顺序,言语不通,头上一脚,屁股上一脚,那也是不行的。

范例：

韩复榘讲话

据说,旧中国山东军阀韩复榘,是一个大老粗,有很多笑话。一次他去一所大学演讲,是这样开头的:

诸位,各位,在其位:今天是什么天气? 今天是讲演的天气。来宾十分茂盛,鄙人十分感冒。今天来的人不少嘞,看样子大抵有五分至八了,来了的人不说了,没来的就举手吧。今天兄弟召集大家,来训一训,说得不对的,大家应该互相原谅。兄弟我是大老粗,你们大家都是从笔杆子里爬出来的,我是从炮筒子里钻出来的……

笑话中的韩复榘说话时结结巴巴,颠三倒四,文理不通,过多的方言,尽管也是称霸一方军阀,但仍让人背后讥笑。

三、说话要适度

口语交际的适度,主要是指根据不同对象把握言谈的深浅度,根据不同场合把握言谈的得体度,根据自己的身份把握言谈的分寸度。如果不注意说话的适度,兴之所至,胡乱讲话,那是要惹祸的。例如,

范例:

说话要切合自己的身份和时空环境——从牛哄哄的副局长的言行谈起

"你知道我是谁吗?我是北京交通部派下来的,级别和你们市长一样高"。

"我掐了小孩的脖子又怎么样,你们这些人算个屁呀!敢跟我斗,看我怎么收拾你们"!

"我就是干了,怎么样?要多少钱你们开个价吧。我给钱嘛"!

这是 2008 年 10 月 29 日晚上,深圳市南山科技园新梅园海鲜大酒楼里深圳市××局副局长兼纪检组长在酒后"猥亵"一个 11 岁的小女孩后,孩子父母在和这位高官"理论"时高官脱口而说出的牛哄哄的话。这位领导的话语经媒体传播后,引起了铺天盖地的谴责,形成了全民共讨伐的局面,网络上几十万个帖子在鞭笞这位不知天高地厚的有着相当"级别"的领导。称他是 2008 年最牛的"局级领导"。事情的最后结局想必大家都知道了,这位领导大人被撤职查办,孩子家长要追求这位领导的刑事责任。

其实在 2008 年,还有发生在陕西的最牛县长和发生在辽宁的最牛的县委书记的事件。这三个"最牛××"有一个共同点,那就是说话不知道天高地厚,不知道自己属于多大的官,说出了自己不该说的话,做出了自己不该做的事情。说话不注意身份,不知道适度,说出了胡话,说出的酒话,当然造成的结果也是严重的,这就是"祸从口出"的典型例子。

上面说的这位副局长兼纪检组长显然没有绷紧说话要适度、要看人说话这根"弦"。显然没有顾及到自己当时当地的身份,也没有顾忌到对方的身份,他以为他在大酒楼里还和在他自己的办公大楼一样,只要一发脾气,别人马上就俯首帖耳,亦步亦趋,唯唯诺诺。这位副局长说话不适度,不得体,犯了口语交际的大忌,所以小事遭大祸。到头来,丢人现眼,后悔莫及。

说话有一个要得体的原则。所谓得体,《现代汉语词典》解释为"(言语、行动)得

当;恰当;恰如其分"。语言学家说,语言得体,"就是语言材料对语言环境的适应程度"。(王希杰《修辞学通论》)所谓得体原则,就是在交际中所使用的语言必须合乎交际情境,即语境,(包括主观语境和客观语境)要使得交际语言得体,就是说话时要恰当。说话要符合当时自己的身份。语言进行信息传递、情感交流,离不开一定的时间、地点和场合,要使这种传递活动获得好的效果,语言运用不仅要符合特定的时代背景和此时此地的具体情景,还要恰当地利用说话时机,把握时间因素,力求切情切境,入旨入理。

"得体原则"的第一点就是提醒自己注意身份。何谓身份? 就是在不同的场合下,当事人所要扮演的不同角色。所谓得体,就是要以最贴切的身份扮演好自己当时的角色。每个人都同时会拥有不同的身份。一个男人,在妻子面前是丈夫;在孩子面前是父亲;在父母面前是儿子;在领导面前是部下;在部下面前是领导;到了商店,就是顾客;上了火车,就是乘客。任何一个人在不同的场合,都要随时提醒自己不要忘记自己此时此地的身份,学会随时转换身份,不能用错身份。

说话交际时还需要注意对方的身份。在没有弄清对方身份的时候,千万不能抬高自己,打击别人。这位副局长大人显然也犯了这样的错误。那位被"猥亵"的女童的父母的身份媒体没有披露,但可以肯定的是他们也不会是很普通的市民,更不会是一般的工人和农民,因为普通的市民不会奢华到三口之家的家常饭吃到"海鲜大酒楼"上去,我想,凡到"海鲜大酒楼"做客的人至少是衣食不愁得有身份的人吧。这位副局长大人在事情发生时显然没有考虑到这些,以为不论何时何地只要搬出自己的"名片"晃一晃,别人就会落荒而逃,别人就会对着自己的"光环"发抖哆嗦。殊不知,虽然女孩父母没有"级别和你们市长一样高",但也不是没见过世面的,并没有被"交通部派来的"言行所吓倒。孩子父母一较真,副局长就彻底败下阵来了。更何况退一步说,就是女童的父母是最普通的市民,他们的孩子也没有任何理由被副局长大人所欺负哟,做人的权利是平等的,维护人的尊严的权利也是平等的。

这位副局长大人犯的第三个错误就是没有注意说话场合。人们说话交际要注意时空环境,不但要注意说话的宏观环境,还要注意说话的微观环境。宏观环境主要是指宽松的社会政治气氛,团结友爱的社会风气、群体间亲密融洽的气氛等。这位局长大人这次宴请的是自己的老师,估计是私人性质的宴请。私人宴请到这么高级的场合,可见副局长大人收入不菲。在全国都在反对贪污腐败的大环境下,副局长大人高调出入高级饭店,大声宣示自己的级别,这不太合适吧? 副局长大人没有注意语言交际的宏观环境。

适度还包括说话要注意说话时的语言微观环境。微观环境就是指说话者当时当地的氛围。微观环境的特点之一就是其环境会随时转换。人们无论何时何地,都处于一种微观的环境中。不同的微观环境,人们说话交际时的效果肯定不同,人们说话的角度、口气、音调、用词显然都不能一样。

四、说话要适情

语言中的词语除了表达意思之外,还附着一种感情色彩。有一些同义词,尽管客观的意思是一样的,但其附着的色彩意义明显不同,选用带有不同感情色彩的词语,代表着说话者本人明显的主观感情。同时,不同的语调\逻辑重音、不同的问话、不同的音色、甚至不说话,本身就流露出一种感情。说话适情,就是选用这些词语要区分出感情。根据不同的交际者,选用不同的词汇。

范例:

对 话

"下午我们吃什么?"老婆。

"唔"。老头闷声说。

"想吃红烧肉吗"?

"唔"。老头继续闷声哼一下。

"馒头不多了,蒸点米饭吧"

"唔"。老头继续哼着。

"去淘淘米去"! 老婆继续询问着。

"唔"。老头还是这样应付着。

"死老头子,你到底咋了? 你要气我是怎么着"? 老太太到底憋不住了,开始发脾气了。

上面的对话,老头没有说一个字,只是干干的"唔",但这个"唔"字却表达了老头的某种不满的心理,老太太就是从老头儿不说话中读出了"不满意"的感情。

适情就是说话要注意适当的感情,注意用对、用好感情和表情。说话时带上适当的感情色彩可以增强表达效果。适当的感情就是说话该带感情的时候要有感情,不带感情的时候要避免感情夸张,同时,还要注意感情不能用错。不要把讨厌、憎恶的感情随意用,不能对人有一种高高在上的"飞扬跋扈"表现,平时交往说话也不能让别人对你有"居高临下"的感觉。其实,人人说话都会带有感情,只是在典型的语言环境中,一定不能用错感情。

以讲话的态度和口吻划分，人们讲话大体分为三种：亲切式，中性式、严厉式。最适合公共关系的说话态度显然是亲切式。亲切式交谈可以缓和人际关系，拉近人与人的距离，增强人与人之间的感情，赢得人们的好感。严厉式是在据理以争的斗争场合使用的，这种形式最明显的特征就是摆事实讲道理、多引用条例条规和法律条文，它是不讲情面的、不会顾及对方的心理感受和难堪与否，是以撕破脸为前提的。这种严厉式的口吻并不是只看说话语调的高低，而是多看说话时的内容。公共关系绝不能使用这种语言方式。中性式是介于两者之间的一种口吻方式，它的主要特征就是公事公办，一副事不关己的样子，缺乏亲切感和亲合力，显然，中性式口吻也不适用于公共关系。

从现代公共关系来说，提高组织形象，树立组织品牌，已经不仅仅是几个专门的公共关系人员的事情，而是全员的公共关系。和组织有关的任何一名职工都应该具有这种公共关系意识，都应该为维护组织形象而努力，每个员工的一言一行都和组织形象传播有着千丝万缕的联系。任何一名和组织有关的员工出现的失误都会极大地破坏组织形象，给组织带来有形和无形的损失。现代公共关系也告诉我们，窗口单位那种仅仅停留在不和客户吵架斗嘴为准则的要求已经过时了，要想拉住客户，让客户满意，就必须在"情"字上下工夫，发挥好窗口的桥梁作用，和客户打交道，就是通过言谈举止、通过语气口气、让客户感觉到你是在为他着想，你是站在他的立场上来进行这场交易，用感情来打动他，让客户对你产生亲近感，进而促成事情的解决和完成。完成一次合作，就是一次交接朋友的过程。这才是公共关系的真谛。

第三节　书面语交际的艺术

一、书面语交际与书面语体

除口语交际外，书面语交际也是一种重要的交际形式。书面语交际使用的媒介是文字，由于媒介的性质不同，口语交际和书面语交际的性质和规律也有不同。口语交际对语境的依赖性很强，并且可以借助副语言和体态语言等辅助手段。而书面语交际凭借的是文字。它没有相互对话的语言环境，也没有谈话时的情态、手势的补充，也不是即兴的漫无边际地交谈，省略、重复、跳跃的情况比较少。所以它的语言加工程度要远超过口头语体，而且可在写出初稿后再加修改，正式成文，因此，书面语交际可以字斟句酌，精心地遣词造句和谋篇布局，追求语言的准确、规范和形象生动。在书面语交

际过程中,书面语体逐渐形成。当然,书面语体中的各个语体在语言运用上也有各自
的特点。

书面语交际的礼仪和艺术就是文章写作要符合读者的特点,文体使用得当,符合
书写者的身份,符合阅读者的身份,语言遣词符合规范,没有语体方面的毛病,没有过
多的语法毛病和错别字,这就是尊重读者,也显示了作者的写作水平。

二、书面语体的种类及其特点

书面语体包括的范围较广,这里我们介绍常见的四种语体:公文事务语体、科技语
体、政论语体和文艺语体。

(一)公文事务语体

公文事务语体是国家机关、社会团体以及人民群众之间相互处理事务的一种语体。

1. 公文事务语体的种类

公文事务语体是一个广义的范畴,以不同的分类方法,可以归纳出不同的类别。
从应用的范围来讲,我们还可以将之分为①公文语体,如命令、通知、指示、请示、报告
等;②应用事务语体,如计划、总结、贺电、借条、祝词、启事、简报等;③经济事务语体如
经济合同、协议、商品广告等;④法律事务语体如法规、公证书、起诉书等;⑤外交事务
语体如联合公报、公约等①。

2. 公文事务语体语言的特点

(1)有固定的程式。公文事务语体的程式形式在公文事务语言发展过程中逐步形
成并为大家共同遵守的。公文的程式则是由国务院办公厅确定的。

在公文事务语体中,公文的程式要求非常明确和严格。在处理公务时,要根据公
务活动的需要和发文的内容、性质及发文机关的权限选用适当的文种,然后根据文种
选择相应的外部形式和内部结构。公文的格式,包括公文的构成要素、组成部分,各部
分的书写位置、书写要求、用纸规格等;公文有相对固定的内部结构,如请示有请示缘
由、请示事项两部分组成,这些要严格按照国家的有关规定行文。

(2)有一套固定的专门用语。如"特此函达"、"妥否,请批示"、"请批转"、"请认真
贯彻执行"等,这是公文使用中约定俗成的程式化词语,像文种用语、结构用语、经办用
语、态度用语、称谓用语等,必须规范科学地使用。

---

① 马志强.语言交际艺术[M].北京:中国社会科学出版社,2009:51-54.

（3）用词简明准确。在时间、数量、范围等方面都要求写得十分明确。如"本条例自 2006 年 9 月 1 日起执行"，"完全属于下列情形之一，经过及时采取合理措施，仍然不能避免对海洋环境造成污染损害的，造成污染损害的有关责任人免于承担责任"。

（4）句式要求周密、严谨。公文事务语体很少用省略句式，句子结构一般都较完整，周密。

如对部门内职能机构为监控生产经营活动的具体环节而建立的内容专一、分类仔细、频率固定的业务统计项目，在其内容不与其他统计调查项目重复的前提下，可向政府综合机构提出申请，由政府综合统计机构研究同意后，授权部门的综合统计机构进行定期审批管理①。

以上四点是公文事务语体在语言上的主要特点。概而言之，公文事务语体的语言以准确、平实为基本要求，以切合实用为根本目的。

范例：

国务院关于同意四川省撤销雅安地区设立地级雅安市的批复

国函（2000）66 号

四川省人民政府：

你省《关于撤销雅安地区设立地级雅安市的请示》（川府〔1999〕39 号）收悉。现批复如下：

一、同意撤销雅安地区和县级雅安市，设立地级雅安市，市人民政府驻新设立的雨城区。

二、雅安市设立雨城区，以原县级市的行政区域为雨城区的行政区域。区人民政府驻沙湾路。

三、雅安市辖原雅安地区的名山县、荥经县、石棉县、天全县、芦山县、宝兴县和新设立的雨城区。

雅安市的各类机构要按照"精简、效能"的原则设置，所需人员和经费由你省自行解决。

国务院

二〇〇〇年六月一十四日②

---

① 国家统计局.部门统计调查项目管理暂行办法［D］.国务院公报，2000（4）.
② 中华人民共和国国务院公报［D］.第 28 号〔总号：991〕

（二）科技语体

科技语体是一种专门性的实用语体。它是为了适应科学技术领域特定的交际目的、内容、任务的需要而形成的,具体表现为由同科技领域相适应的词汇、语法、辞格以及符号、图表、公式等非语言符号所共同组成的表达系列。

1. 科技语体的种类

科技语体有其不同的交际功能和用语特点,可分为:

（1）科技论著体。这是一种主要应用于专门性科学研究及科学信息交流等场合的分支语体。科技论文是科技论著的常用形式。它的常规结构格式,一般由题目、摘要、引言、正文（试验方法和论证过程、结果和结论）、参考文献等几部分组成。

（2）科技报告体。这是如实记录和叙写科学考察、研究、实验、观测过程及其结果的一种用语体式。例如科学考察报告、技术报告、实验报告等。

（3）科技情报体。这是传递科学技术信息、科学研究走向、最新科学知识、科学发现和科学成果的一种用语体式。例如科技情况综述、述评、学科和专题总结、技术经济情报研究、动态、发展趋势、年鉴等。

（4）科技教科书体。这是按照教育学原则系统地传授某门学科知识的一种用语体式。例如各级学校的物理、化学、数学等教科书。

（5）科技普及体。这是向社会公众普及科学思想、传播科学技术知识的一种用语体式。

2. 科技语体的语言特点

（1）用词准确。必须准确无误地表达和描述客观现象,能准确地定性和定量。为此,首先要求使用的词语准确,意义单一。要注意词语概念的确切性和单义性,并充分利用科学术语。

范例:

宇称不守恒定律

对称性反映不同物质形态在运动中的共性,而对称性的破坏才使它们显示出各自的特性。如同图案一样,只有对称没有它的破坏,看上去虽然很规则,但同时显得单调和呆板。只有基本上对称而又不完全对称才构成美的建筑和图案。大自然正是这样的建筑师。当大自然构造像 DNA 这样的大分子时,总是遵循复制的原则,将分子按照对称的螺旋结构连接在一起,而构成螺旋形结构的空间排列是全同的。但是在复制过程中,对精确对称性的细微的偏离就会在大分子单位的排列次序上产生新的可能性,从而使得那些更便于复制的样式更快地发展,形成了发育的过程①。

本段的科技术语用得较多,表意明确单一。

(2) 表达严谨。科技语体对客观事物现象和规律的记述和论证不仅力求确切、简洁,还必须概念明确、判断恰当、推理周密,表现出建立在逻辑思维基础上的特有精确和严密。科技语体表述定义、定律、原理或阐述某些规律,揭示错综复杂的自然现象,一般都采用结构严谨,表述含义周密的主谓句句式或偏正复句句式。有时也使用定语和状语的语法句式,但不是为了修饰,而是为了进一步区别事物之间的界限,即起界定或限制的作用。

(3) 重视非语言符号的使用。科技语体在以语言文字为表达手段时,还很重视科学符号、公式、图表和照片的使用。这一套非语言符号与语言符号系统结合在一起,成为科技语体独特的语言材料。这些非语言符号使科技语体行文简洁明了,显示鲜明的科学性。

科技语体在语言表达上具有鲜明的语体色彩,词语运用多选择具有科技语体色彩、意义精确限定的书面语词,极少运用甚至排斥口语色彩,也极少使用那些未经严格限定的多义的日常生活用语,同时,具有描绘性的、带有主观感情色彩的语词在科技语体中也很少使用。例如下面一段科技论文:

范例:

我国城市群聚集和形成问题的探讨

从点的方面来说,首先一个城市群必须具有若干个高度密集的大都市区,必须至少有一个代表城市繁荣程度的 CBD。这是城市群形成的力量所在,这就是点力。都市化繁荣程度不够高,点的力量聚集不足,就不能形成核心城市和骨干城市,就形成不了城市群的特色和核心竞争力,城市群的兴起就缺乏足够的辐射力。在城市群化过程中,CBD 作为都市化繁荣的标志是必需的,核心城市 CBD 的作用至关重要,它是城市群构件的第一要素。其二,城市群的构建要有相对合理的空间位置和空间布局,这就是点阵,这是城市群形成的天然因素。点的位置结构决定着线的多寡及联结方式。不同的点阵,就有着不同的线的联系。点阵合理,可以为线提供最好的空间连接。如果若干城市位置比较偏僻,不处于国家或者区域的中心地位,如果组团内单元城市之间空间布局不甚合理,没有形成互补和相互依托的空间条件,没有为线的延伸和发展提供合理的空间基础,那就不可能形成城市群。这时即使人为地去规划城市群,揠苗助

---

① 宇称不守恒定律[OL]. 百度百科(http://baike.baidu.com/view/187318.htm)

长,也不会得到良好的结果。不可能想象在非国家和区域中心能形成什么城市群①。

(三) 政论语体

政论语体是论述社会政治生活中的各种现实问题、阐明某种政治主张和社会生活准则的用语体式。

1. 政论语体的种类

(1) 论证体。这是阐述国家和政党各项方针政策和问题的一种用语体式。包括报刊社论、政治报告以及政治人物和社会活动家关于政治问题的文章、著作等。

(2) 评论体。这是对社会生活中各种现象和问题进行分析和评论的用语体式。其作用范围十分广泛,小的如对人们日常生活中的某些细节现象议论、大至对国家大事、世界动态的评述。常见形式有:政治评论(包括报刊评论员文章、编辑部文章、短论、国际时事评论、新闻评述等);思想评论(包括思想论坛、思想漫谈、杂感、短评等);生活评论,就社会生活中出现问题和现象进行评论。

范例:

杭州房价全国最高,还能算是"宜居"城市吗②

在我的印象中,杭州似乎是获得过什么"联合国宜居城市"或诸如此类的世界性的光荣称号的。曾经也为此自豪过一阵子,想想也是,杭州山美水美,而且每次接待外地来的朋友,都会一边赞叹杭州的山光水色,一边赞叹着杭州城市的街道清洁。从外观看,杭州确实是一个走到哪都能让能美慕的城市。

然而,如果你只是来这里旅游一下,只是做个匆匆的过客,或许杭州真的能让你赏心悦目一阵子,但如果你想在杭州安居下来,除非你是个富豪,否则,对杭州的感慨可能又要另有一番了。

日前《2010 年中国城市房价排行榜》揭晓,杭州房价跃居榜首,新房均价达 25 840 元/平方米,高过北京、上海。而且,这 25 840 元/平方米还仅仅是均价,因为许多边远乡镇的房子的价格拉了一把杭州市的房价的后腿,让它还不那么让人觉得太离谱。但仅就这个均价来看,你想购买一套能让三口之家住下的 80 平方米的房子,怎么说也得 200 多万了,这 200 多万,如果你仅仅是个工薪家族,而且是个不错的白领阶层,一年能

---

① 马志强. 我国城市群聚集和形成问题的探讨[J]. 中州学刊,2006(5):49.

② 吴有水. 杭州房价全国最高,还能算是"宜居"城市吗? [OL]. 新华博客(http://arka. home. news. cn/blog/a/0101000000000B332EBDD2B5. htm)

拿上 20 来万的年薪——能拿这样年薪的人,即使不吃不喝不纳税,而且那房价还不能涨,人民币还不能贬值。也得要存上 10 年了。但能拿到这样工资的人,在杭州毕竟是少数人,更多的人是拿不到这个工资的,毕竟,根据统计部门的统计,2009 年杭州市的社会平均工资仅仅为 30 480 元/每年。如果按这个收入,不吃不喝不用不纳税房子不再涨价、货币不再贬值,粗算一下,那也得要 70 年了。

70 年啊,一个人要不吃不喝不用房子不再涨价的条件上要干上 70 年才能买上一套房子。人的一生有几个七十年? 人的一生又能工作上几十年? 如果按照现在劳动法的规定,最早大概 16 岁才能工作拿工资,如果他有幸在 16 岁(大概是初中毕业吧?)就找到了工作,那么,他得干到 86 岁,而且不能吃不能喝不能穿,还得天天拜佛求神,让房子别再涨价,才能买到一套可以让他居住的房子!

如此算来,杭州还能让人安居吗? 如果连安居都不能,那还能叫上宜居吗?

(3) 宣言体。指国家、政党、团体或其领导人对现实生活中的重大政治问题、实践表明立场、态度的用语体式。常见形式有:政事宣言、军事宣言、外交宣言、事件宣言等。

(4) 决议体。用以表述国家机关、社会团体经过讨论形成的决定、决议的用语体式。

2. 政论语体的语言特点

(1) 用语准确有力。政论语体在表述观点和立场时,常常使用明确的概念、严谨的句式来分析判断和阐述社会生活的现象和问题,显示论述内容的客观性、真实性,从而增加论证的力量。

(2) 论述逻辑严密。政论语体在阐述各种社会政治问题时,要求进行具体的分析、系统的论述、严谨的论证,章句之间、片段之间都要有严密的逻辑性,以显示一种无可辩驳的力量。

(3) 表达鲜明生动。政论语体在表现风格上,往往使用生动形象的语言和幽默讽刺的笔法;并常采用比喻、排比、反语、对偶、对比、设问等修辞方法,以增强文章的感染力,达到鼓舞人心的效果。

范例:

共产党宣言

[德]马克思　恩格斯

一个幽灵,共产主义的幽灵,在欧洲游荡。为了对这个幽灵进行神圣的围剿,旧欧洲的一切势力,教皇和沙皇、梅特涅和基佐、法国的激进派和德国的警察,都联合起来了。

有哪一个反对党不被它的当政的敌人骂为共产党呢？又有哪一个反对党不拿共产主义这个罪名去回敬更进步的反对党人和自己的反动敌人呢？

从这一事实中可以得出两个结论：

共产主义已经被欧洲的一切势力公认为一种势力；

现在是共产党人向全世界公开说明自己的观点、自己的目的、自己的意图并且拿党自己的宣言来反驳关于共产主义幽灵的神话的时候了。

为了这个目的，各国共产党人集会于伦敦，拟定了如下的宣言，用英文、法文、德文、意大利文、弗拉芒文和丹麦文公布于世。

（四）文艺语体

文艺语体是一种具有突出艺术特征的语言体式。

1. 文艺语体的种类

文艺语体包括的范围较广，主要分为散言体、韵文体和对白体三类。散言体又可分为散文体、小说体、杂文体三种；韵文体分为古诗体、格律体、新诗体三种；对白体分为戏曲体、话剧体、影视体三种。需要指出的是，语体和文体不是一个等同的概念，文体是文章的体裁形式，是文章表现的分类综合。文学类文章各体包括诗歌、散文、小说、戏剧文学、电影文学、报告文学、传记文学等。

文艺语体具有以下的艺术特征：

文学是语言的艺术，文学作品的审美价值主要表现在作家对语言的艺术化运用方面。文艺语体与其他语体最大的区别在于，文艺语体是描绘性的，力求生动形象地反映社会生活；其他语体是阐释性的，重在科学、逻辑地揭示客观事理。

2. 文艺语体的用语特点

（1）描述富有鲜明的形象性。文学是通过形象来表现社会生活的，形象性应该是文艺作品的第一表征。文艺语体特别要求语言形象生动，真切地再现作者的感性经验，使人有身临其境之感。

范例1：

荷花淀

月亮升起来，院子里凉爽得很，干净得很。白天破好的苇眉子潮润润的，正好编席。女人们坐在小院当中，手指上缠绞着柔滑修长的苇眉子。苇眉子又薄又细，在她的怀里跳跃着。

......

这女人编着席。不多一会,在她的身子下面就编成了一大片。她像坐在一片洁白的雪地上,也像坐在一片洁白的云彩上。她有时望望淀里,淀里也是一片银白世界。水面笼起一层薄薄透明的雾,风吹过来,带着新鲜的荷叶荷花香。

(孙犁《荷花淀》)

范例2:

水浒全传

噗的只一拳,正打在鼻子上,打得鲜血迸流,鼻子歪在半边,却便似开了个油酱铺,咸的、酸的、辣的,一发都滚出来。……提起拳头来,就眼眶际眉梢只一拳,打得眼棱缝裂,乌珠迸出,也似开了个彩帛铺的,红的、黑的、绛的,都绽将出来。……又只一拳,太阳上正着,却似做了一个全堂水陆的道场,磬儿、钹儿、铙儿,一齐响。

(施耐庵《水浒全传》)

范例1语言的形象性体现在对人物的描写以及和人物有密切联系的周围环境的描写上。通过形象化的描写,人物和环境都具有特别清新的魅力。读了令人神清气爽。范例2描写镇关西被打的惨状。文章运用了色彩丰富的词语,多角度地进行渲染,给人畅快淋漓的感觉。

(2)表达充满强烈的感情色彩。文艺语体的表达富有强烈的感情色彩,因为作家创作的根本目的就在于将自己的感性经验和主观情绪通过艺术形象诉诸读者,以期感染和打动读者,所以艺术作品都毫无例外地带着作者的主观感情色彩。在文艺语体中,诗歌和散文主体化创作特征非常突出,即在诗歌和散文作品中作者表达的是自我情感,凸现的也是自我形象。小说和戏剧是对社会生活的描写和反映,同样透显出作者的主观认识,表露出作者的真实感情。当然在表达方式和程度上,各种语体有很大的不同,但这种区别也不是绝对的。

范例1:

我爱这土地

为什么我的眼里常含泪水
因为我对这片土地爱得深沉!

艾青《我爱这土地》

范例2:

屈　原

风！你咆哮吧！咆哮吧！尽力地咆哮吧！在这暗无天日的时候，一切都睡着了，都沉在梦里，都死了的时候，正是应该你咆哮的时候，应该你尽力咆哮的时候！

……

……鼓动吧，风！咆哮吧，雷！闪耀吧，电！把一切沉睡在黑暗里的东西，毁灭，毁灭，毁灭呀！

（郭沫若《屈原》）

范例1是诗歌，范例2是戏剧，两者都有强烈的感情色彩。

（3）语言讲究音韵节奏。文艺语体的语言具有声调、语调、音韵、节奏的音乐美，韵文体在这方面的特征非常突出。散言体和对白体的作品也讲究文句音律的美感，特别是那些被称为美文的散文作品，语调协调自然，音律优美，适宜朗读。

范例:

荷塘月色

曲曲折折的荷塘上面，弥望的是田田的叶子。叶子出水很高，像亭亭的舞女的裙。层层的叶子中间，零星地点缀着些白花，有袅娜地开着的，有羞涩地打着朵儿的；正如一粒粒的明珠，又如碧天里的星星，又如刚出浴的美人。微风过去，送来缕缕的清香，仿佛远处高楼上渺茫的歌声似的。这时候叶子与花也有一丝的颤动，像闪电般，霎时传过荷塘的那边去了。叶子本是肩并肩密密地挨着，这便宛然有了一道凝碧的波痕。叶子底下是脉脉的流水，遮住了，不能见一些颜色；而叶子却更见风致了。

（朱自清《荷塘月色》）

（4）重视各种修辞手段的运用，追求语言的艺术美。文艺语体讲究词语的准确生动形象，句式的丰富多样和各种修辞格的选用。在文艺语体中，作者特别注意选用准确、贴切的动词、形容词，形象地表现人、事、物的状貌和情态；善于使用色彩词、拟声词、双声和叠韵词、叠字，并不断地吸收新词、外来词、方言词等。句式方面，文艺语体运用各种各样的句子，短句、省略句、倒装句、长句、整句、散句、偶句等经常被用到作品中。大量地使用比喻、夸张、拟人等各种修辞格，增强作品的艺术魅力。

在公共关系工作中，上面四种书面语体都会使用到，但一般来说，应用文体是组织传播时使用，而文艺语体会在广告用语、对外宣传等场合下使用。熟练地掌握各种语体,可以更好地开展公共关系工作,作为一名合格的公共关系工作人员,不但要了解这些文体,还要学会熟练使用上述语体。不但要注意不同文体的转换和联系,还要注意文体之间的区别。例如,应用文体中通知和函的使用范围,申请和报告的不同点,这是最容易犯错误的方面。同时文件的外表规范,文件制作的流程,文件的签署、分发等,这些细节都表现出公共关系工作人员的文化底蕴。正确掌握和使用不同的文体,不但关系到组织形象对外的文化涵养,也表现出组织内部工作人员的文化功底。如果组织对外公函行文不正确,用语不规范,选词不严谨,轻者会影响组织形象,降低组织内工作人员的美誉度,重者就会影响公关日常工作的开展。

第四节　书面语交际的基本技巧

一、书面语交际是组织形象的书面化,是组织形象的语言表现形式

书面语的交际技巧也很多,其分类也是各不相同。书面语交际是组织形象的书面化,是组织形象的语言表现形式。组织的文件送达对方单位和个人手里,就等同于组织人员专门的登门表达,代表着组织最正规的声音,对方对组织的文件一点不敢小觑。书面语主要是组织对组织之间传播时使用的,规范化的书面语言,技巧得体的书面语交际,可以展示组织传播的文化涵养,提升组织文化的美誉度,可以规范组织的行政行为,是组织内部规范化管理的事实明证。同理,如果一个组织不注意书面语的规范,行文随意,出现知识性疏漏,那别人对组织的管理规范就会产生疑问,对组织的执行力和美誉度就会产生疑问,在一定程度上会破坏组织的美誉度。所以,各类组织一定要注意书面语的传播技巧,保证规范使用。

二、书面语交际的基本技巧

书面语的传播技巧,这里主要讲三个要注意的地方:一是要用对语体,注意不同语体的区别;二是要用好语体的语言风格,不同的语体对称不同的风格;三是书面语要切忌官话、大话和官场话。

（一）文体要规范

书面语的文体很多,不同的文体对应着不同的书面语交际场合,如应用文体和常

用文体是组织之间协调交流必不可少的。如平行文代表着平级或没有隶属关系的组织之间协调交流,如函、介绍信等;下行文是上级对下级经常使用的文体,如令、命令、通知就是最典型的下行文;上行文是下级给上级汇报工作、进行情况交流时使用的,报告就是最典型的上行文。决议、决定、通告等则是普发性文件。如果弄不清上面的行文规则,就会出笑话。组织传播中最常出现的技巧错误有这样几种。

1. 错用通知

通知是典型的下行文,主要作用是下达对下级的指示,这是我们生活和工作中随时可以遇到的一个公文文种。上级机关常常以通知的形式对下级下达指示,布置工作,各个机关又对自己的下级单位转发上级的通知精神。可以这样说,通知,各个单位都使用过。通知的第二个重要的作用是转发、批转公文。在各类法定公文中,通知的这一功能是独有的。批转公文即批准和转发公文。批准和转发的载体是批准和转发机关的通知。转发指下级机关用通知的形式转发上级机关或不相隶属机关的公文,转发行为本身即是肯定的态度,这即平时我们所说的"通知的通知"。我们使用通知最常犯的技巧错误就是对不相隶属的组织或单位下发通知。

范例:

错用的通知

关于召开工作协调会议的通知

局办发(2008)28 号

××区××局:

为了落实市政府第 51 次办公会议精神,更好地对我市街面小摊小贩进行规范管理,使我们两局工作的更加协调,特定于本月 18 日在我局二楼会议室举行两局协调会议,我局将有主要领导参加会议,请你局派主要领导准时参加。

××市××区行政执法局

2009 年 7 月 11 日

上述例子是两个同级单位的日常工作协调,没有上下级关系,没有工作指导关系,要进行工作联系,最好的行文文件是函,以商量的口吻去协商工作,这样显得谦虚可亲,结果错用了通知。这样的结果就是文件明显居高临下,口气生硬,带有强迫性,威严性,显得很不礼貌。这和一个人不懂得礼貌一样,破坏了组织形象,让人很不以为然。

2. 混淆了请示与报告的区别

在《中国共产党机关公文处理条例》和《国家行政机关公文处理办法》规定中,请示和报告是明确的两个文种,但在我们现实中,经常把这两个文种笼统地混淆为一个文种。请示和报告都是上行文,但两者的用法明显不同,有不同的侧重。简要地说,就是有事情要向上级汇报,要让上级知道自己的事情,就用报告。报告最明显的特点是只要上级知道就行,没有要求上级必须给予答复。

范例:建议报告

关于开展强化免疫活动消灭脊髓灰质炎的报告

卫字(1993)＊＊号

国务院:

脊髓灰质炎(俗称小儿麻痹症)是一种不能有效治疗,却可用疫苗彻底预防的急性传染病。为实现《九十年代中国儿童发展规划纲要》规定的一九九五年消灭脊髓灰质炎的目标,国家决定开展强化免疫活动。现将有关情况报告如下:

一、自我国开展计划免疫工作以来,脊髓灰质炎疫苗接种率提高,发病率显著下降,取得了可喜的战绩。

二、在冬季,脊髓灰质炎病毒传播能力最弱。为此,决定从现在起至一九九五年一月期间,每年的十二月五日和一月五日,对全国四岁以下儿童各加服一次疫苗。

以上意见如无不妥,请批转各地区、各部门执行。

卫生部

一九九三年十月二日 [①]

请示是有事情需要领导不仅仅要知道,还要表明态度,给予明确的答复,而上级的答复就是批示。所以"请示"和"批示"是一对配套的文种。

范例 1:请示

关于在我局开展×××工作的请示

市财政局发(2005)17 号

市政府:

近一段时间来,我局×××××××××××,为了×××××××××××,拟在

---

① 本文来自学习网(www. gzu521. com)[OL]. http://www. gzu521. com/essay/document/cygw/200904/35332_3. htm

我局开展××××××××××。具体意见如下：

一、×××××××××××××××××××××××××××××。

二、×××××××××××××××××××××。

三、×××××××××××××××××。

以上请示当否，请批示

××市财政局

××××年×月×日

有了请示，上级机关就会根据实际情况，进行批示。下面范例就是"市政府"给"市财政局"《关于在我局开展×××工作的请示》的批示。

范例2：批示

关于"财政局××工作请示"的批示

市府办(2005)21号

财政局：

你局××××年×月×日关于×××工作(市财政局发(2005)13号)文的请示收到，经市政府办公会研究，同意你局开展×××工作。望在开展工作的过程中继续发扬艰苦奋斗的精神，避免铺张浪费。及时总结工作中的经验，表彰工作中的好人好事。并将工作的最后总结报告上报。

特此批示

××××市人民政府

××××年×月×日

3．自我主张发文件

文件不是任何一个组织随意就可以制发的。具有法人地位的党政机关可以制发文件，这是毫无异议的。一般地说，有一定相对独立性的企事业单位、群众团体也可以制发文件。但一个独立的组织为了管理方便而设置的内部单位一般是不具有发文权利的。如一所大学的二级学院就没有权利对外发布文件，一个公司的业务职能部门也无权对外发布文件，一个工厂的车间也无权利对外发布文件。现实中，往往这些没有权利制发文件的内部职能部门出于某种目的也乱发文件，从而造成了文件的混乱。如"××大学 ××学院文件"、"××公司××部文件"，这多少有点不入门的感觉。这些内部单位真要发布文件，也要通过单位的办公室，以单位、办公厅、办公室的名义发布，而不能自作主张,随意制发文件。

（二）不同的文体风格要把握好

我们不但要用对文体,还要用好文体,用好文体,就是要把握好不同文体的文字风格。文体的风格是写作者通过不同的文字组合而显现出来的味道。不同的文体,具有不同的文字风格,这些风格不要混淆。例如文艺语体的风格是浪漫激情,多用修辞,句式或排比,或押韵,朗朗上口,具有一种外在的文字艺术美。评论语体的风格是逻辑严密,语言严谨,作风泼辣,鞭辟入里,入木三分。这种语体的风格用最通俗的话说就是"把你骂得狗血喷头而不带一个脏字"。科技文章的文体最主要的就是严谨。逻辑推理,层层相扣,前提和结论之间具有必然的逻辑联系,遣词造句刻薄,段落与段落之间具有明显的推论意味。这些文章,借助科学用语最多,有时也有图表和数字去作说明。应用文体和常用文体的风格是端庄严肃,一丝不苟,正襟危坐,给人权威。因为文件代表着组织,文件代表着组织的意志,具有权威性,具有强制性。知道了这些区别,我们就可以根据不同的文体,使用不同的文字风格,而不能"出轨"。假如我们不按一贯的风格运用文体,乱搭配风格,那就会让人笑掉大牙。

（三）写作不要空话大话

书面语体也是表达思想的工具,只是表达的思想往往不是某一个个人的思想,而是一个组织的意思。随着社会的发展和人类的进步,语言表达的意义可说是极为丰富。这其中就包括在人们讲求语言用词准确、表达贴切的同时,有时为了某种需要,达到某种目的或无奈,人们还追求一种模棱几可的表达方法,故意让人们不理解其思想,或有意追求歧义。这在外交场合屡见不鲜,在人们的日常生活中,为了某种目的,也会有意造成歧义的。这和我们语言学家们的初衷正好相反。

除了歧义,人们还发明了万能书面语,万能语言的最大特点就是不论在任何场合、任何会议上都可以使用。时下流行的万能讲话稿和万能总结就是代表。万能书面语虽然也是长篇大论,但言语里充满的是套话、大话,废话,内容不着边际,不论什么时候都是一样的套路,一样的口气,或让人耳熟能详,或让人摸不着套路。它最大的优点就是在任何场合、任何人都可以使用,不同的人对它完全可以有不同的理解。万能语言其实是对一些为官者思想懒惰的一种讽刺,也是对时下颇为流行的形式主义和官僚风气的一种鞭笞。

万能讲话稿道出了领导的无奈。因为领导者不可能事必躬亲,但部下又非要凡会议皆要出席,这样一来可以显示领导的重视;二来可以提高会议规格。如果现任主要领导来不了,那就请非主要领导,如果非主要领导来不了,就请已经退休的领导来露一下脸,这样也是光彩的。但领导来了说什么呢? 一无准备;二来也不懂得会议内容。久而久之,聪明的领导者或操笔者就总结出了这样的万能语言,一来了却领导的讲话之忧;二来也照顾了会议,凸现了领导莅会必讲话的重要意义,几全其美。可真正受苦的是听众,因为听众对这些领导的讲话早已经耳熟能详了。

万能讲话稿是滑头的表现,洋洋千字,没有一句实话,全是官场语言,没有为官者一句真情表达,全是流行语言大堆砌,除了显示为官者的亲临会场的权威外,无一字可执行的地方,无一句让人能记得住的新鲜词汇。可悲者,为官者。被下属当成木偶摆在舞台上,又被下属逼着张开嘴巴,发出的是自己的声音,说出的意思没有一句是自己的。可悲者,下属者,为了引起某种重视,为了显示自己分管的重要,尽管都知道领导讲的是废话、大话,但每每还是要拉来领导出席,听一下自己能倒背如流的万能词语。语言艺术到了这份上,也真达到了巅峰了。

政府机关领导专用的《万能讲话稿》

同志们:

今天,我们在这里召开的×××会议,我认为是十分必要的,这对于×××工作的开展,具有十分重要的指导意义。对于刚才某某同志,以及某某同志的讲话,我认为,讲得非常好,非常深刻。希望在座的同志,认真领会,深刻理解。回去后,要传达某某同志及某某同志的讲话精神,并认真落实、真抓实干,推动×××工作的顺利开展,努力开创×××工作新局面。

对于×××工作,我提几点补充意见:

一、对于×××工作,我们要从思想上提高认识,充分领会×××工作的重要性和必要性

目前,×××工作已经开创了很大的局面,获得了很大的成绩,这是有目共睹的。但是,还是要从深度和广度上更加推进×××工作。我看,最重要的一点是:提高认识! 各级领导要充分领会×××工作的重要性和必要性,各级党组织要加强关于×××工作的宣传力度,形成上下"齐抓共管"的局面,只有这样,×××工作才能更上层楼。

二、对于×××工作,要加强落实,要把工作落到实处

目前,有个别同志、个别部门,存在一个很不好的现象,就是:热衷于搞形式主义,热衷于开大会,传达文件。当然,开大会是必要的,上传下达也是必需的。但是,光是讲空话、打官腔,是远远不够的。对×××工作,要真抓实干,加强落实。各级领导要把×××工作,列入日常议事日程,要具体部署,认真执行。各级领导要为×××工

作,创造必要的物质条件和舆论环境,扎扎实实推动×××工作的开展。要抓出实效,抓出成绩。

三、要加强协调工作

历史证明:钢铁一样的团结,是我党消除一切困难的有力武器。关于×××工作也一样,各级领导要加强协调工作,要把上下、左右、各方面、各环节有机结合起来,步调一致地推进×××工作的开展。目前,有些部门,遇事推诿、互相扯皮,这种官僚作风,十分要不得!这种作风,轻则导致工作效率降低,重则影响党和政府的威信。我们要坚决铲除这种官僚作风。

四、要在实践中探索×××工作与市场经济有机结合的新路子

×××工作与市场经济有没有关系,我看是大有关系。市场经济是一场深刻的社会变革,它的影响将波及社会生活的每一个领域,×××工作也不例外,它必然会受市场经济的影响,因此,如何适应市场经济的要求,如何和市场经济有机结合起来,希望大家认真地思考一下,去探索一下,这是十分有意义的。

五、参与×××工作的同志,要有自豪感和责任感。

同志们,对于×××工作,政府是非常重视的;各级组织也投入大量的人力、物力、财力来推进×××工作。同志们,你们承担的×××工作,是肩负了各级组织对你们的殷切希望的,希望你们要脚踏实地、同心同德、努力工作,在各自的岗位上为社会主义建设,为改革开放,添砖加瓦!

以上五点,供各位同志参考。总之,大家要振奋精神,多干实事,少说空话,开拓进取,努力开创×××工作的新局面。

谢谢各位。

除了万能讲话稿,还有万能总结,万能批示,万能报告,万能决定等。其中总结不但有个人版、还有单位版;不但有公司版,还有党政版;不但有教师版,还有职员版。明目还繁多呢。据说,在进行各项活动时,每个时段,都有不同的模板供人们使用。这真正省了不少人的功夫了呢。

第十章　公共关系礼仪和交际艺术

第一节　礼仪的基本原则

一、礼仪的基本内涵

礼,就是礼节礼貌,仪,就是仪表和外貌。交际就是人和人之间的交往,规范就是人和人交往中一些必要的动作和忌讳。

礼仪和交际规范是人们在社会交往中长期形成的,是人类文化符号的外在表现。各个国家和民族都有自己独特的礼仪和礼貌,都有独特的忌讳和规范。礼仪和规范既有个人的属性,是人人需要做出来的;也是社会的属性,每个社会群体都会遵守约定俗称的礼仪和礼貌。

礼仪是一个人素质的外表体现。一般来说,懂得礼仪的人素质就高一些,所以人们常常用"举止得体"、"礼貌大方"等来褒扬一个人,也用"粗俗无礼"、"邋遢无知"来贬低一个人。懂得礼仪是一个人的文明,不懂得礼仪是一个人的粗野无知。

礼仪具有审美价值。我们夸一个人美丽,除了长相以外,就会说她优雅、大方、文明,举手投足有序,言行合乎礼仪规范,知道该说什么,不该说什么,知道该做什么,什么不能做,这样人们看起来就优美,就舒服。一个人举止怪异,没有礼仪,随心所欲,什么都不顾忌,想说什么就说什么,想做什么就做什么,全然不顾别人的感受,那这个人就讨人嫌,就是不美丽。

礼仪具有文化价值。礼仪是一个民族或部落长期积淀后的结果,是人类自己总结出来的行为规范。具有推广和模仿的意义。礼仪是学出来的,是耳濡目染的结果。礼仪和知识成正比,有知识的人都比较懂礼貌,没有知识的人往往也没有礼貌。我们经常说没有礼貌的人"没文化"就是这种含义。懂得礼仪的人就会尊重别人,不冒犯人的尊严,举止规范,就是有知识,就有文化。不懂得礼仪,就会"肆无忌惮",举止说话没有遮拦,感觉这个人就粗俗鄙陋,没有文化。

礼仪的规范包含两层意思,一是应该做的;二是不能去做的。

礼仪规范的第一类是应该主动做出的礼仪。人和人交往中有一些礼仪是需要人们主动去做出来的,该主动去做的而没有去做,或没有做好,就是没礼貌,就是不符合规范。比如人们平时见了熟人就该主动去打个招呼、问声好,这叫寒暄,这就是见面的礼仪。如果见了熟人理都不理,好像不认识一样,这就叫不礼貌。礼仪规范还有一类是不能去做的,就是人和人之间交往中有一些言行不能去做,做了就是不礼貌。例如,人们平时说话就不能带口头语,尤其不能带脏字"国骂"口头语。如果说话带脏字,那就很刺激人的听觉,显得很不礼貌。

二、交际的基本内涵

交际,又称交往,有广义和狭义两种意思。狭义的交际,仅指人与人之间相互联系的一种行为,即指人类的交际;广义的交际则是指有生命的物体的交往。科学研究已经证明,交际不是人类独有的现象。我们可以从雁哨报警、母鸡唤雏、孔雀开屏,鸵鸟起舞等动物的行为中了解到动物之间的交往行为。人在成为人之前就已经开始交际了。那时人类祖先的交际,和动物的交际没有什么区别,是一种纯粹的非符号交际。人类的交际,从人成为人那一天就开始了。

交际,是一个社会人的本能,也是人的必须。交际是人生存的需要。商品经济越发达,人与人之间的交际就会越频繁,交际的要求就会越来越高。在当今社会中,无法想象一个完全封闭的个人世界。

商人要和别人做生意,夫妻需要彼此间的柔情,孩子渴望从父母那里得到爱抚,父母希望自己的孩子健康成长,推销员想要对方在协议上签字,老板需要下级的忠诚,雇员则希望上级赞许自己的工作。仅从这些行为我们就可以看出,交际不是一种个人行为,而是至少要两个人参与的。大到国家之间的交往,小到个人与个人之间的接触,都是在交际,都具有交际所具有的一般特征。

三、公共关系工作人员的礼仪和交际是组织形象的 一个部分

由于工作的需要,公共关系人员要经常和人交流沟通,经常接待组织的各种公众。

这种接待需要大方得体,需要一些接待的技巧,也需要懂得一些交流沟通的忌讳。这些技巧和忌讳就是礼仪和规范。这些礼节和规范就构成了公共关系工作人员和公众交往时必须遵守的基本准则。

公共关系工作人员是代表组织出面交流沟通和接待的,其举止代表着组织的形象,因此,公共关系工作人员的举止言行是组织形象的一个有机的组成部分。组织都希望自己的工作人员举止文明,得体大方,给公众留下好的印象,给组织带来好的形象。没有一个组织会把那些粗俗无礼的人作为组织形象的代表。

四、公共关系礼仪和交际的基本原则

(一) 尊重原则

每个人都有自己的人格尊严,并期望在各种场合中得到尊重。尊重能够引发人的信任、坦诚等情感,缩短交往的心理距离。在交际中,尊重原则是实现交际目的的重要前提。坚持交际的尊重原则,就是在举止上和人格上尊重他人。

尊重他人,表现在以下几个方面:

1. 尊重他人的思想

一个人的思想是独一无二的,考虑问题的方法也是独特的。尊重他人,首先表现在尊重他人思想和考虑问题的角度,体现出对他人思想的理解。这往往需要换位思考,站在对方的角度想想问题。和对方意见不一致的时候,要用得体的言行传递出理解对方的思想,对对方提出的观点给予充分地考虑,满足交际对象自尊的需要。如果对方有不想提起的事情,不喜欢谈论的话题,不想提起的人,都要尽量避免在他面前提起。

2. 尊重他人的身份

身份是社会赋予的一种地位。身份显赫能满足人自我价值的需要,但也会给人带来一种瞧不起别人的感觉,会有“一览众山小”的潜意识。身份太一般,又会让人有一种自卑感。尊重人,就要尊重他的身份。生活中不以出身来划分人,不以身份的尊贵与否来看人。对待显赫的人不要卑躬屈膝,对待普通百姓,也不能瞧不起。对一些权贵者来说,遵守一般人的身份,理解一般人的思想或想法,往往是一种美德。

3. 尊重他人的年龄

对年龄大的人举止礼貌,礼让三分,是现代人应有的文明,全人类各个民族都有尊重老人的礼貌规范。尊重老人是美德。尊重年龄,就是对老人要在言行上经常使用敬语,不顶撞老人,举止不能冒犯老人。有时,老人的言行并不都对,但当老人的一些言行不是什么原则问题时,我们就要包容、退让一步,而不能去较真。在原则问题上需要和老人交流时,也需要选择好言辞,不能不顾言辞和行为随意乱说。

4. 尊重他人的性别

对异性,要有符合性别规范的举止和礼貌,这是全世界都通行的。违背了这些礼貌,就是行为不轨。我们的一些常用词,如"图谋不轨"、"举止轻佻"、"不端庄"、"色迷迷"等都是形容一个人在异性面前没有符合规范的举止。异性的很多行为具有私密性和不公开性,这些行为如果表现在大庭广众之下,那就很不礼貌了。如两个年轻的男女恋人,在大庭广众之下卿卿我我地亲热,尽管双方都愿意,但也显得很不得体,因为大庭广众不是亲热的地方。现实中,不尊重性别往往表现为一些男人不知道尊重女性,在异性面前或举止轻浮,言谈露骨,这就叫"色迷迷"了。例如,在一些有女性的场合讲黄色笑话,这就是很不礼貌的举止。

5. 尊重他人的职业和劳动

职业只是社会上的分工不同。从人的尊严上来说,只有社会分工的不同,没有工作的卑劣,不能以工作把人分为三六九等。比自己好的就去尊重,不如自己的就瞧不起。这是很不好的。懂礼貌的人,还知道尊重别人的劳动,不去无端破坏别人的劳动果实。例如,干净整洁的公共场所,是别人动手打扫整理的结果。如果在这里乱扔果皮纸屑,乱吐瓜子皮,弄得一片狼藉,那就很不知道尊重别人的劳动成果,这是极为不懂礼仪规范的事情,是无知和没有文化的举动。

6. 尊重他人的个人习惯

每个人都有与众不同的生活习惯,这些习惯不以别人的喜好会去改变。尊重人就要尊重他的个人习惯。有些习惯,有好有坏,如早起早睡,就是好习惯,熬夜贪睡,就不是好习惯。但有些习惯,也分不出好坏。例如,有人吃饭就喜欢细嚼慢咽,有些女性就喜欢化妆,有些人就喜欢吃面食,有些人就喜欢安静,有些人就喜欢红色,这些习惯无所谓好坏。尊重他人,就要尊重别人的习惯,不要强迫他人改变习惯,也不要随意指责别人的习惯。

7. 尊重他人的爱好

每个人还有自己的一些特殊爱好。这些爱好是个人性格导致的,是个人长期形成的偏爱。和习惯一样,爱好也有好坏之分,也有品位的高低,但如果一个人的偏爱没有伤及别人,也无伤大碍,只是一种自己的喜好,那这些就需要人们去尊重,不要随意去非议别人的爱好。如有些人喜欢吃辣的,有些人喜欢穿西装,有些人喜欢旅游,有些人喜欢摄影,有些人喜欢养小动物,有些人就喜欢独居,这些爱好无所谓好坏,是个人的偏爱,这些都必须得到尊重。

8. 尊重他人的隐私

每个人都有不为外人所知的隐私。所谓隐私,就是不想被别人知道的个人行为,具有隐藏性和秘密性的特点。所有人都不希望别人知道自己的一些个人隐私,更不喜欢别人议论自己的隐私。尊重人,就是不在背后议论别人的隐私。议论别人的隐私,打探别人的隐私,甚至传播别人的隐私,这是典型的市井市侩气息,是没有品位的表现。

9. 尊重对方的身体

日常举止中,不能随意触摸别人的身体,不合时宜地碰撞别人的身体是很不礼貌的行为,尤其是对方是异性时。尊重对方身体,还表现在尊重别人身体的某种缺憾,不能随意提及别人身体上的某种缺点。这就是"当着瘸子不能说地不平,当着聋子不能说声音小"。尊重别人的身体还包括不在众人面前说女性的敏感部位,尤其是在女人面前议论女人的身体,那是极为不恰当的。

10. 尊重对方刻意的空间距离

每个社会都有约定俗成的交际距离。交际距离是人们在日常交往时最适宜的相对距离。人与人之间正常空间交往,最近距离不会小于 30 厘米,最大距离不会大于1.5米。超过 1.5 米,就是陌生人的交往,小于 30 厘米,就是亲密接触。但在一些特殊场合要例外。如在公交车上,人挤人,人们的时空距离可能为零,但这不表明就是亲密接触。在交际中,要遵守这些空间距离,不能随意逾越。逾越就是不尊重别人。

11. 尊重他人的情感

每个人都会有与众不同的感情或经历,这种感情经历是个人的,也是隐私的。尊重别人就要充分理解别人一些感情。对别人感情方面的创伤不评价,不去触及,也不乱议论。更不能无端去背后中伤别人的感情经历。任何对别人的感情经历说三道四的人都是极为不尊重人的。

(二)相容原则

相容,即宽容,容忍,是指宽宏大量,心胸宽广,不计小过,能容人之短。礼仪交际的相容原则就是指在和人交往中要有宽广的胸怀,对一些非原则的问题、无关大局的小事不要去计较,严于律己、宽以待人,用辩证的观点看待人和事,以达到交际的目的。

我们的社会是一个多元化的社会,人们相互之间的关系越来越复杂。社会的复杂性导致人的个性丰富,这必然引起个体之间冲突的加剧,要与周围的人保持良好的人际关系,就必须学会与他人和谐相处、求同存异,具备宽宏豁达的心理品质,就必须多为别人着想,做到以诚相待,创建良好的交际氛围。

容忍宽容别人,就要做好以下几点:

1. 要学会和自己不喜欢的人打交道

和自己打交道的人,并不都是自己喜欢的人。每个人都有自己不喜欢的人,自己不喜欢的人,也有生活在这个社会上的权利,我们没有任何权利赶走他们。既然不能赶走他们,那就只能与之相处。对于自己不喜欢的人,只要不是原则问题,要学会退一步,学会让人。"退一步海阔天空"就是这个道理。不喜欢别人不要紧,关键是不要处处和不喜欢的人作对,不要有意为难他们。可以躲开他们,少接触,少说话,但不能有敌意。自己的心胸宽一点,与人为善就是了。现实中,往往会有些人就喜欢针尖对麦芒,你说我一句,我一定要顶过去一句,你瞪我一眼,我一定要还过去一眼。其实这很没有必要。大度的人,成大事的人都不会在这些小问题上和别人一般见识。而在这些小问题上喜欢和别人过不去的,往往都是小人物。成大事的人,都很会和自己不喜欢的人打交道。

2. 要学会听自己不喜欢听的话

人人都有性格,人人都不喜欢认输。总会觉得自己比别人强。表现在交往中,就是举止说话不会让人。人们说话不可能句句都说到人的心里去。交往中,听到自己不喜欢的话,尤其是别人无意中说得不好听的话,可以装作没有听到,一般不要顶回去。不能别人说你什么,你也回顶过去一句什么。这样只会把事情办得更糟糕。回顶别人是不礼貌的,是不符合礼仪规程的。如果别人是有意说的一些不好听的话,也要考虑一下,是否值得迎战,如果不关痛痒,大可扭头就走。迎战不是最好的选择。公共关系工作人员在日常交往中,更不能听到不顺心的话,就随时发泄给对方,那样事情会急转而下,把事情办糟。"以眼还眼,以牙还牙",不适合于公共关系。

3. 要学会面对自尊受到的挑战

每个人都有尊严。当自己的尊严受到挑战,尤其是对方有意污蔑你时,要学会有理、有利、适时地还击,还击不在言高,也不在于严厉斥责,而在于要说到点子上,要把最能置对方哑口无言的话说出来,让对方知道自己不可欺负。最好告诉对方,自己对他在忍耐,请对方适可而止,不要继续挑衅,否则双方唇枪舌剑,谁也没有好果子。但自己也要适可而止,不能恶语相加对方。不能以尊严对尊严,别人损伤你的尊严,你也去损伤别人的尊严,那是不可取的。但如果对方是无意地冒犯你的尊严,而且对方还没有意识到你的尊严受到挑战，这时最好的办法是暗示或提醒，让对方及时意识到，而不是马上变色，恶语相向。

4. 要学会吃亏和忍让

没有永远沾光的人。经常沾光的人，其人缘决不会太好。在日常交际中，人要学会吃亏，学会忍让别人。这表现在两个方面，一是别去沾光，尤其是别老去沾光；二是当别人沾你的光时，要学会吃亏和忍让。这既表现在语言方面，也表现在物质方面。当别人做出不礼貌的举止时，当别人沾你的光时，当别人说话伤到自己时，你要学会忍让一点点，至少不能老去想着占便易。

正如自己偶尔会沾点光一样，自己偶尔也会吃点亏，古人说"吃亏是福"，这话一点也不假。只要不是老吃亏，偶尔吃点亏没有坏处。吃亏的最大好处是不会得罪人，而沾光最大的坏处是会得罪人。你占了别人的光，别人会记住你的。你吃了一次亏，别人也许不知道，你经常吃亏，别人会同情你的。有了同情，就有了弥补你吃亏的机遇。

吃亏和忍让是大度，是一个人不计小节的外在表现。看问题要大处着眼，不要在一句话或者一件小事上去纠结。如果能跳出小事的圈子，看问题从大处看，那你就是可造之材。任何成功的人士都是先从吃亏和付出开始起步的，也都是从忍让开始的。

5. 要容忍长辈、尊者、上级

上级、长辈、领导都是尊者。什么是尊者，尊者就是需要你去尊敬的人。对尊者的尊敬表现在两个方面，一是对他们的言行和观点要表示服从，在尊者面前做到礼貌、谦恭；二是对他们的一些不是太正确的言行或观点表达不同的意见时要委婉，不能直接反驳，这就是维护尊者的尊严。尊者都是很要面子的，也都很看重自己的尊严。在众人面前驳斥尊者的观点，数落尊者的不是，就是对尊者的挑战。有时，尊者的确做错事情了，但为了尊者的面子，也不能当面指出，最好事后找个单独的时间和尊者探讨，那时尊者一定会接受的，他也会理解你的苦心的。

6. 装糊涂

所谓装糊涂，就是指在一些非原则问题上要学会别去较真。生活中很多事情并没有正确与错误之分，也没有好坏的区别，更没有捍卫真理之说。对这些非原则的事情，要学会用糊涂来处理，不能太较真，太较真就是"钻牛角尖"、"认死理"了。古人的所谓"清楚不了糊涂了"的话就是指处理这些非原则事情的技巧办法。

（三）得体原则

所谓得体就是举止言行要符合当时所处的环境。不同的环境下，人们肯定会有不一样的举止，面对不同的人物，场合不同，身份不同，人们说话的口气、语调、举动、运用的礼仪标准就不会一样。

1. 看身份选择举止

这要分别看双方的身份去选择不同的言止。自己的身份不同，对方的身份不同，作为当事人，其举止言谈就不会一样。当一个人在自己家说话，就没有多少顾忌，说话粗鲁与否，口气如何，家人一般都比较宽容。但如果到了单位，面对自己的同事，说话就要注意一点了，举止言行就要规范一点。当面前站的是自己的领导时，那就更要收敛一些，不能过分放肆。

2. 看场合选择言行

不同的场合，人们就要有不同的言止。如果是公共场所，人们就要选择小声交谈，避免干扰别人的听觉；如果是在工厂车间，人们说话的声音就会很大，因为隆隆的机器声影响着人的听觉；如果是在别人的婚礼上，你的举止就不能盖过新郎，要尽量低调；如果是在会场，作为听众，你就不能一直频繁进出，更不宜来回走动。一个人，周末在自己的家，可以穿得很随意，但出门就要穿得整齐一些，如果出席正规场合，比如坐在主席台，就更该穿得郑重一些。穿拖鞋、短裤、背心是绝对不能去坐主席台的。

3. 看时空环境随时转换身份

人们在不同的环境，要随时调整自己的身份和心态，调整自己的举止言谈。不能环境变了，身份不变，那样就会出笑话。作为一个领导，面对自己的下级，你可以端足架子，尽情拿出做领导的派头。但到了自己的上级面前，就要毕恭毕敬，决不能露出自己威严的一面。不学会这一点，那就要犯忌讳了。

4. 举止勿夸张

人们的言止不要夸张，不要有过多的夸张动作。说话也不要过分夸大事实，言行要和自己的身份相称。有些人就喜欢夸夸其谈，满嘴跑火车，自吹天下的事全知道，天上的事情知道一半，说话往往极度夸张，能把芝麻大的事情说成西瓜。这样的人肯定不是有水平的人，真正知道很多天下事的人往往不说，夸自己什么都知道的人往往是微不足道的市井小人物。同时，要减少不必要的肢体语言。肢体语言过多，会显得人缺乏稳重。

5. 符合自己的性别角色

对待异性，举止言谈都要有忌讳。尤其是在公共场合，对待异性要中规中矩，要保持合适的距离，要避免一些动作，还要禁止说一些词语，这些都是对异性的尊重。一个男人是否有品位，在很大程度上是看他对女性的表现。看见女人就色迷迷的，就像苍蝇沾上去,这样的人一定没有什么大出息。

6. 选择适合的话题

在不同的场合要选择不同的话题,不能不顾场合随意说话,也不能不顾场合随意插话。例如,在有女性的场合,就不能讲性方面的问题;在公共场合,谈论性笑话就会被人瞧不起。一些单位的领导,平时一本正经,架子很大,但喝了一些酒,就开始大谈性笑话,甚至当着女性的面也这样,这是极为不礼貌的,也是很掉架子的。尽管人们嘴上没有说,但背后一定会戳领导的脊梁骨。这样的领导,肯定是满口仁义的伪君子。

7. 说话要有品位,区分层次

说话要注意品位和层次,就要求人们在公共场合说话要儒雅、文雅。比如,可以开一些有层次的玩笑,可以说一些有品位的笑话,可以不失身份地幽默一下。但不能把别人的隐私当笑话,不能把别人的生理缺憾当笑话。那样就没有品位了。有品位的人会尊重别人,而不会去奚落别人。没有品位的人只会嘲笑别人,不会赢得人的尊重。

8. 看身份选位置

看身份选位置就是指在公共场合,要找到自己合适的位置去坐。每个场合都有尊位。尊位是给出席场合的尊者准备的,如果你不是本次活动的尊者,你最好挑一个不被人注意的位子坐。如果你坐在了尊位上,那就显得不得体,不礼貌,不懂事。

(四)策略原则

策略原则是说在一些事情上,要学会迂回说话。有时候,有些话是不适宜直接说出的,说出来就不合适、会有负面影响,但又需要当事人自己明白和知道,这时就要采取委婉的办法,要用策略的方法暗示对方、提醒对方。

在实际生活中,策略原则的技巧主要有声东击西法,暗示法,迂回包围法,王顾左右而言他法,还有打哈哈法。

1. 暗示法

例如,一个朋友欠了自己的账,不好意思直接张嘴要,就可以采取暗示法,说自己这几天钱紧张了,没米下锅了。暗示自己的朋友该还钱了。下级办了错事,需要批评,但上级顾及下级的面子,就只批评事情,不点名。这就是暗示下级,上级已经给了你面子,下次不能再犯错了。

2. 迂回包围法

迂回包围法就是在说自己真实意思的时候,先做一下铺垫,酝酿一下情绪,缓和一下气氛,绕个弯子,说几句其他的话。等说完无关痛痒的话以后,再去说自己想说的话。人们打电话就如此,找人办事也是如此。往往先寒暄几句,说说一些"今天天气哈哈"的话,寒暄过后,再说自己想要说的话。这种方法,在审讯中最经常使用。看似无关痛痒的闲聊,却暗藏着说话人的真正目的。也许绕个弯子,就把你绕进去了。

3. 王顾左右而言他法

王顾左右而言他法就是在说话时突然转移注意力,在议定一个话题时突然跳跃到另一个话题上转移话题,以回避原来的话题。这是平时谈话时回避话题和矛盾一个常用方法。该典故出自《孟子·梁惠王下》:孟子谓齐宣王曰:"王之臣,有托其妻子于其友而之楚游者,比其反也,则冻馁其妻子,则如之何?"王曰:"弃之。"曰:"士师不能治士,则如之何?"王曰:"已之。"曰:"四境内不治,则如之何?"王顾左右而言他。翻译过来就是:

孟子对齐宣王说:"(假如)大王有一位大臣,把妻子儿女托付给他的朋友(照顾),(自己)到楚国去游历。等他回来的时候,他的妻子儿女却在受冻挨饿。对待这样的朋友,应该怎么办?"

齐宣王说:"和他绝交。"

孟子说:"(假如)司法官不能管理他的下属,那么对他怎么办?"

齐宣王说:"罢免他。"

孟子又说:"国王没有治理好一个国家,那么对他怎么办?"

齐宣王环顾左右,把话题扯到别的事情上了。

该典故中,齐宣王在回答孟子的前两个问题时非常干脆,不假思索,而在回答第三个问题时则避而不答,转移话题。因为齐宣王明白了孟子的第三个问题是针对自己的,所以转移了话题,不作回答。

这种方法运用到现实中就有以下的方法:

范例:对话

老张:近段你们两口的关系不太好吧?

老李:……

老张:听嫂子说,你们吵架了?

老李:……

老张:说说怎么回事情?

老李:……过几天,咱们去张家界玩玩怎么样?那里很好玩的。

该例中的老李不想回答老张有关夫妻关系的问题,就故意引出张家界这个话题,以岔开夫妻矛盾的话题。这种方法还可以引申为打岔法和装聋作哑法。

范例:对话

老张:老张:近段你们两口的关系不太好吧?

老李:你说啥?我没听见

老张:听嫂子说,你们两口吵架了?

老李:你说啥?再大声一点。

老张:(大声)你昨天和嫂子吵架了?

老李:你是说我的葡萄架散架了?没有没有,好着呢?

该例中的老李不想回答老张有关夫妻关系的问题,就故意装作听不见,后来又有意打岔,岔开夫妻矛盾的话题。

4. 打哈哈法

打哈哈法就是在一些场合,对一些事情你无法表态,也就是说你左也不好,右也不好,表态不好,不表态也不好。这时最好的办法就是打哈哈。或装作听不见,或装着打瞌睡,或装着不注意,或大笑几声,或干脆开溜。这种方法,在剑拔弩张的场合,双方都逼着你去表态,你又不能表态时,打哈哈方法最管用。尽管你打哈哈对立的双方都不满意,但双方仅仅对你不满意,并没有把你当成对立面。这不失为缓解矛盾的一个办法。

上述四个方面是公共关系和日常生活中人际交往中最基本的原则。其实还有一些原则方法,我们没有一一提示出来。在一定的场合,这四种原则不一定同时被使用,其侧重点也不太一样。例如,第三、第四种原则主要就是说话时的礼仪。在日常交往和公共关系中,我们只有掌握了最基本的原则,才能判断自己的举止是否合乎身份,是否得体。

第二节　公共关系人员的外表礼仪

公共关系工作人员多有接待任务,接待就要有基本的待客之道,就要有符合身份的外表,就不能很随意、很慵懒地出门见人。不修边幅,衣服凌乱是对人的不礼貌。那么接待人员该有什么样的外表呢?

一、穿戴及外观的礼仪

服饰主要是给别人看的,服饰又可以称之为"服装语言"。穿不同的衣服,表达不同的品位;穿不同的衣服,表达出不同的审美思想和审美态度;穿衣服,也表达出人们的知识水平;同时,穿不同的衣服,也表达不同的处世态度。例如,在正规场合的主席台上,你穿短裤、穿汗衫就很不合体;在举行葬礼时,就不能穿一身鲜艳的红衣服;下田间劳动,一身西服就很不合时宜。所以衣服不能想穿什么就穿什么? 穿着得体是尊重别人,也是尊重自己。穿着不得体,就是不礼貌。但现实社会中一些人,就是不会穿衣服,不知道什么是好看,不知道什么是得体,穿出来的衣服不伦不类,这徒让人笑话。

大体来说,服装从风格上来说可以划分为庄重保守的工作装、潇洒随意的休闲装,活泼靓丽的时髦装。按季节可分为冬装、夏装和春秋装。按年龄可划分为幼儿装、儿童装、青年装和中老年装。按性别可划分为女性服装和男性服装。同时,还可以以民族习惯对服装进行分类。

(一)公共关系工作人员服装穿戴的要求

1. 要符合大众审美的要求

这是说公共关系工作人员在公众接待时穿戴不要过分时髦,不能穿超短裙,也不能穿露脐装,不能穿奇装异服,不能穿得很没有品位。要符合大众的审美眼光。当然也不能过分的"土"。符合大众的审美眼光,就是要具有时代的审美观,同时还要有品位感。例如,男性如果上身着迷彩背心,下身穿沙滩裤,戴副墨镜,再配上一个粗粗的项链,那整个就是一个黑社会打手的样子,这就不符合大众审美习惯,也没有品位。女性在工作场合就不适宜穿超短裙、就不适宜穿露脐装。符合大众和时代审美习惯大体集中于六个字的要求:"庄重、保守、大方。"

2. 符合性别角色、年龄和民族习惯

不同的性别角色,不同的年龄段就有不同的审美观念。公共关系工作人员的穿戴要根据不同的角色、不同的气质、不同的年龄段选择穿戴。同时,不同的地域,不同的民族也有不同的着装习惯。例如,男性着装就不宜颜色过多,中老年着装就不宜太暴露,青少年就不宜着正装,中小学生就不宜穿豪华名牌装。在一些场合,穿民族服装,可以强调特点,突出个性,令人耳目一新。再例如,在江南,在一些接待场合,女性工作人员就可以穿有带江南特色的印花布织出的格格衫。在云南,则可以穿上本民族特有

的服装。如果没有明显的地域特点，就穿简洁的职业装，男性穿西服、女性着裙装就行。

3. 符合季节转换，符合时空环境

穿戴要和季节相符，不能冬装夏穿，也不能夏装冬穿。还要和所处的时空场所相符合。例如，在海南三亚，女性就不宜在八月份穿上西服长裤去接待客人，在冰天雪地的北方，就是在暖意融融的室内，女性也不宜穿着暴露地接待客人。在一些政府接待政要的地方，公共关系工作人员男性着装应庄重大方，而不宜油头粉面，缺少庄重感。

4. 要符合自己的身份、要符合自己面对的人物

公共关系工作人员的穿戴还要符合自己的身份，符合自己接待和面对的人物。穿着不能太鲜亮，太张扬。如果接待人员穿着比自己接待的人物还招眼那就错了。同时，工作人员也不能比自己的领导招眼。男人正装穿着要符合"三一律"，风格是"庄重、稳重"，即整体穿戴包括领带、衬衣、西服、鞋袜的颜色整体最好为三种颜色，顶多不超过四种颜色，超过五种颜色，男性的着装就太"花"了。皮鞋、皮带要和西服颜色一致或相近，袜子和皮鞋颜色也要相近，不能反差太大。女性着装应和男性搭配，风格也是"庄重、稳重"，女性可以着裙装，皮鞋跟不宜过高，不能光腿或穿短裤。

5. 要符合自己的身高、和长相

穿衣服要配合自己的身材比例、脸庞、发型、胖瘦、肤色、性别而有所区别的，同样的服装，不同的人穿出来，其效果是明显不一样的，选择服装就要根据自己的职业、品位、长相、年龄、身材比例、脸庞等等，挑选出最适合自己穿的服装，衣服不能人云亦云。朱时茂和陈佩斯合演的小品《角色》就很能说明问题，同一件衣服，穿到朱时茂扮演的人物角色身上，那是正面角色的神气，而穿到陈佩斯所饰演的角色身上，就变成了叛徒的味道。再如，现在牛仔裤在年轻人中很流行，什么风格的都有，什么颜色的都有，甚至还有烂裤腿、烂膝盖和大裤裆的。穿上适合的牛仔裤，表现的风格是年轻人的阳光、靓丽、潇洒和活泼；穿上烂裤腿和烂膝盖牛仔裤表现出的是颓废，穿大裤裆的牛仔裤表现出的是慵懒。牛仔裤适合高个、长腿的人穿，矮一点的、胖身材的、腿不直的人就不太适宜穿牛仔裤。尤其是罗圈腿、牛腩肚的人穿上牛仔裤，那是无审美可言的。所以，人到了中年，身材变形了，就不适合再穿牛仔裤了。同样，吊带装最初就是给大肚子的人专门设计的。

不同的年龄，穿上不同的服装，给人的感官是完全不一样的。

（二）发型的要求

发型和衣服一样，是人整体的一个很重要的部分。人们欣赏一个人，一看脸蛋，二

看服装,三看发型,这三样看过了,这个人的外形状况就算差不多了。发型是人外表很重要的部分,丝毫不比穿戴的要求差。发型代表着你的审美能力的高低,代表着你的品位的高低,代表着你的气质的高雅与否。公共关系工作人员的发型,还代表着组织的审美和组织的理念,还代表着组织的管理水平。因此发型小看不得。

你在自己的家,发型做成什么样没有人管,但既然要把发型带上工作岗位,要代表组织去接待人,那发型就有了组织的审美意义,也有了组织理念的意义,所以发型要符合要求。

男性发型一般不能过长,以"前不遮眼,后不蹭领、旁不盖耳"为依据,就是头发的长度前面不要遮住眼睛,后面不能蹭住衣服领子,旁边的头发不能掩盖住耳朵。对男人来说,头发不宜过长。过长的头发,只代表与众不同,不代表美。还有就是不宜烫发,不宜留有两边不对称的发型,发型不宜向上,自然下垂为宜。发型的颜色以自然色为准,不能染成其他色,更不能染成淡色。这些要求既是大众审美的要求,也是对时髦发型的否定。

女性的发型也不能过分时髦,长度以不过肩为宜,不要染色,一般不烫发,不能有奇形怪状。发型总体的风格要求是"端庄、典雅、整洁",不能"慵懒、夸张、时髦"。头发的配饰不能过多,也不能张扬。

总之发型要和人的气质、脸庞、性格、肤色搭配。一个团队只能有一个头发的颜色。

(三) 化妆和配饰的要求

不论男女,只能化淡妆,夸张的浓妆很不适宜公共关系工作人员,只能破坏组织的形象,毁坏组织的理念。工作期间只能佩戴最简单的、不起眼的配饰,如工作牌、身份标识牌,细小的戒指、项链,具有名族风格的配饰等。不能戴耳环、手链、足链、粗大的戒指等。抛开公共关系,就从审美意义上说,服饰的佩戴和一个人的审美品位、知识水平密切关联的。越是审美品位高、越是知识水平高的人,佩戴就少。越是知识水平少,佩戴就越多。看看那些带十个粗戒指、浑身珠光宝气的人,一定是知识水平不高的土老帽。而党政领导人,有品位的大型企业家、高级白领、高级知识分子永远是很少有配饰的。因为人的美,不是配饰来表现的。配饰代表着人的审美品位。

作为一个公关团队,风格要合理搭配,要表达出自己的精、气、神,和谐的外观要求是必需的。

二、语言的礼仪

不论男女,公共关系接待人员都要使用普通话。普通话是全民共用的语言,发音大方,开口度合理,音色端庄,听起来最舒服,使用的人最广泛。我们不能说方言就不好,但使用方言总会给人没有见过世面的感觉。有些地方的方言听起来真的有点"土"。一个公关团队,什么都好,人员彬彬有礼、气质也不错,装束也很大方,但如果都是一口方言,那给人的形象真的有点怪怪的。

除了使用普通话,公共关系工作人员还要做到以下几点:

(一)多使用敬语

敬语就是讲话时使用的有礼貌语言,表示对人的赞美、恭敬、尊重等意思。使用敬语,是有礼貌、有品位的表示,也是尊重客人和来宾。敬语主要包括问候、致谢和称呼三个方面。

1. 问候语

人们过一段时间不见面,再见面总要先打个招呼,这个招呼就是问候。打招呼的方式有很多,如果有一段日子不见面了,总要寒暄一下,问候一下"近段可好?"、"身体如何?"、"家人可好?"、"工作顺利吗?"等等,这表达的是关心,是关切,也是亲近。如果经常见面,可以打个招呼,如"你好"、"您好"、"早安"(上午好,午安,下午好),或者点个头也行。如果第一次见面,一定要使用"欢迎光临"、"欢迎、欢迎"等词语。最不礼貌的就是见人如"入无人之境",不打招呼,不点头,好像没有看见一样,这种人看着架子很大,派头很足,其实最没有品位,也没有礼貌。

2. 致谢

请人办事或者会见客人,临走时一定要致谢,可以说"不好意思,打搅您了","对不起,占用你的时间了",主人一定要回说"不客气,欢迎下次再来"。这些都是人们约定俗成的套话,使用这些套话,才能显得礼貌,而不使用这些习惯性的问语,就显得没有礼貌。

3. 称呼

对人的称呼是最起码的礼貌,对不同的年龄、不同的身份、不同的性别要有不同的称呼,正规场合一定要使用官称。如"李科长"、"张经理"、"赵市长"、"陈书记"、"王总"、"李老师",等等,使用"张姐"、"李哥"、"赵叔"、"王妈"就显得不伦不类。但非正规场合,称呼就可以随意一些。非正规场合,"小王"、"老李"称呼就显得亲近。

（二）学会介绍

（1）自我介绍。自我介绍一般是第一次见面时的介绍。两个陌生人第一次见面，需要寒暄，最起码要让对方知道自己的姓，知道自己的单位，一般不会介绍自己的职务。如一般介绍总会是"你好，我是第一中学的老师，姓王，以后请您多关照"。也可以是"您好，我是这里的公关科长，姓张，欢迎您的光临"。如果有名片，最好使用名片。名片是最好的介绍，你的职务、你的来头自己不好说的，名片里面都有了。名片要正面的字对着客人，双手递过去，表示对客人的尊重，接过名片，先说声"谢谢"，要认真看一遍，尤其对于职务和职称，如果显赫，最好念一遍，然后站立再次寒暄一下，表示敬仰，表示尊重。要牢记住对方的职务或姓名。最不礼貌的就是拿到对方的名片，不去看，很随意的一放，甚至看都不看直接放起来，这就等于拒绝和这个人交往了。

（2）介绍别人。当有三个人在场，另外两个人又不认识时，需要为双方介绍。这种介绍一般是先介绍地位低的人，尊者、女性、长者后面介绍，尊者有先了解别人的权利。如果是集体介绍，最好按座位的次序由近及远或由远及近的介绍，一般是越亲近的越最后介绍，这是对客人的尊敬。

但工作中正式的会议介绍顺序正好相反，一般是先介绍尊者、地位高的人，然后再依次介绍。

第三节　公共关系人员的体态礼仪

一、体态语言的交际功能

体态语言又叫"势态语言"、"人体语言"、"行为语言"、"无声语言"等，是指通过人的表情、手势、动作等来交流思想、表达情感的一种辅助性言语表现方式。体态语言是一种没有声音的伴随性语言，语言交际中，体态语言对有声语言起配合、替代和补充的辅助性作用。

体态语言的交际功能主要有：

（一）指代功能

指代功能是指人们运用非语言手段指示、替代了语言手段所要传播的信息。体态语言信息含量丰富，虽然大多处于辅助性地位，但有时它可以直接替代有声语言进行交际,并发挥特有的作用。比如,裁判员在运动场上所作的各种手势和动作,就非常明确简练地传达了特定信息。裁判员向足球队员出示红牌,则明确判定该球员下场,这时出示红牌这一动作所指代的信息比直接用语言交际要有力、简省得多,而且它所发挥的交际和传播效力也比有声语言要大得多,这一动作能让在场所有的观众都能目睹并理解。再如哑剧,演员无需说话,全凭丰富的表情和各种不同的动作等演绎故事和情境,有很好的喜剧效果。哑剧中演员表情和动作都有明确的指代意义,否则,观众将难以理解和接受。

(二)辅助功能

体态语言一般是配合有声语言运用的,在运用语言进行交际时,人们有时会自觉或不自觉地运用体态语言来表情达意,更充分地表达语义,收到良好的表达效果。比如演讲中手势的运用就可以强化演说的效果。列宁在演讲时,喜欢站在靠近听众的地方,讲到激动处,身体迅速前倾,用手急剧地有力地向前一挥,手心向上,体现了革命导师领导无产阶级摧毁旧世界的不可阻挡的力量和坚定信念。

(三)弱化功能

人们在语言交际时,会出现"言不由衷"的情况,就是对方在听其言时还察其色,也就是对方根据说话者的表情,解读了话语的真实含义,了解其真实的思想感情。这就是体态语言在发挥着作用,所谓的弱化,是指弱化言语所指,实际上是强调了非语言的交际功能。

(四)调节功能

体态语言可以不经意地按交际的需要进行自我调节,以适应交际的场合。比如人在情绪紧张的情况下,一些下意识的动作诸如摆弄手中的东西或脚在地上踏来踏去,就向对方无意传达出内心紧张的信息。戴眼镜的人都有一个不经意的习惯,那就是时不时地扶一下眼镜。扶一下眼镜其表达的意义往往有:思索、掩饰尴尬、看清别人等。年轻人在特定场合会用手摸一下后脑勺,表示不好意思、难为情等。这些动作都具有调节的意义

二、体态语言的种类及其运用

(一)表情

表情,就是感情或者情绪外在的、表面的形式。我们所说的表情主要是指面部表

情,表情也可以宽泛地理解为一切体态语言,包括身段表情和面部表情两部分。面部表情是内心情感在脸面上的表现,是情绪的外化。

一般认为,面部表情对有声语言起着解释、补充、强化、纠正的作用。适当地运用表情,会使交际达到令人满意的效果。从生理上说,人的面部极细的神经束遍布于80块肌肉中,可通过肌肉和神经的组合产生25万种不同表情,它可以向人们表达出种种不同的信息。比如喜笑颜开、眉飞色舞、横眉怒目、愁眉苦脸、目瞪口呆、龇牙咧嘴、咬牙切齿等等,这些表情都是无声的语言,把人的喜怒哀乐的情感暴露无遗。

面部的表情主要集中于眉眼和嘴巴。

眉眼的表情:展眉表示欢快;皱眉表示愁苦;扬眉表示满意;竖眉表示愤怒;低眉表示悲怨;弯眉表示欢乐。喜悦或大笑时,眼睛半闭或全闭;惊讶时两眼张开;愤怒时双眼圆瞪;不赞成时两眼下垂或左右看,像避开厌恶的东西。

嘴巴的表情:噘嘴表示不快;抿嘴表示害羞;努嘴表示暗示或指示;撇嘴表示不愿或蔑视;歪嘴表示不服;咧嘴表示高兴;闭嘴表示生气;愤怒时咬牙切齿。

总的来说,人在高兴(如喜爱、幸福、快乐、兴奋、激动)时,嘴巴后拉,笑肌上提,眉毛平展,眼睛平眯,瞳孔放大,正是"眉毛胡子笑成一堆"。人在生气时,嘴角下垂,面颊下拉,眉毛紧锁。面孔拉长,"像个马脸"。这是两种基本表情,其他表情都可在此基础上分化出来。

罗曼·罗兰说:"面部的表情是多少世纪培养成功的语言,是比嘴里讲到的复杂到千百倍的语言"。有人问雅典的大演说家德摩斯梯尼:"对于一个演说家重要的才能是什么"? 他回答说:"表情"又问"其次呢"? "表情""再次呢"? "还是表情"。人们的面部表情异常丰富,它可能显示比语言更具色彩和表述性的信息。因此在与人交际时,要注意观察对方的面部表情变化。眉飞色舞、笑逐颜开,标志着谈话气氛非常融洽;脸色阴沉、左顾右盼,则说明对方不乐意此次的谈话,你该知趣告退了。

表情的礼仪表现在三个方面:

1. 在一些场合下要使用必要的表情,而不能没有表情

在一些场合下要带有必要的表情,而不能没有表情。比如,在有客人到来时,一定要眉开眼笑,露出欢迎客人来访的表情,让客人看到后感到舒服,不能面无表情。面无表情只表示不太欢迎客人或你很疲倦,不想让别人打扰你。

2. 不能用错表情

表情是复杂的,不同的表情代表不同的意思。在很多场合,主人的表情代表着主人的态度,尤其是地位高的人,别人有求于你时,你的表情就代表了你的态度。地位高的人,尤其是一些位高权重的人在,有客人到访时,在有人求助你时,一定不要露出鄙

视、瞧不起、不耐烦的表情,这是十分伤害人的自尊的,也是很不礼貌的。

3. 克服不必要的多余表情

很多人,日常生活中经常带有不必要的表情,这就是毛病和小动作了。一些人有时下意识地歪嘴、砸吧嘴、扣牙齿,有时下意识地眨眼睛、翻眼睛、或眼睛朝上看,有时下意识地点头或摇头。或者很不自然地微笑一下。这些表情都是多余的,都是怪毛病,都是礼仪规范所不容许的。要经过努力,自己克服掉。

(二)眼神

眼神也是表情之一。眼睛是心灵的窗户,是人的精神面貌的外现,人的内心世界都可以通过眼睛表现出来。一个人的老练与否,幼稚与否,说谎与否,真诚与否,胆怯与否,同意与否,都能从眼神中流露出来。面部表情中,眼睛所传达的信息最为丰富和复杂的。正如心理学家所观察到的,在人的各种感觉器官可获得的信息总量中,通过眼睛获得的信息量要占 80% 以上。人的内心活动以及非常微妙的心理变化和难以言传的情感都会自觉不自觉地在不断变幻的眼神中流露出来。眼神一向被认为是人类最真实的情感表现和交际信号,在面部表情中占据主导地位。

据专家们研究,眼神实际上是指瞳孔的变化。瞳孔是受中枢神经控制的,它如实地显示着大脑正在进行的一切活动。瞳孔放大,传达正信息(如爱、喜欢、兴奋、愉快);瞳孔缩小,则传达负面信息(如消沉、戒备、厌烦、愤怒)。人的喜怒哀乐、爱憎好恶等情感都能从眼睛中显示出来。

不同的眼神还可以表现出人的不同的精神气质和为人品格。比如目光清澈表示心胸坦荡、目光狡黠表示心术不正;目光炯炯表示精神振奋,目光如豆表示心胸狭窄;目光游移表示心神不定;目光沉静表示内心平和;目光呆滞表示心事重重等等。

眼神在礼仪中具有很大的功用,它可以真实地反映交际者的交际态度,影响交际效果。因此,在交际时,要特别注意观察对方的眼神,同时也要注意自己眼神的运用。

1. 注意视线接触停留的时间

在与人交谈时,视线接触对方脸部的时间应占整个谈话时间的 30%~60%,超过这一平均值,可认为其对谈话者本人比谈话内容更感兴趣;低于这一平均值,则表示对谈话内容和谈话者本人不怎么感兴趣。如果长时间的凝视则是对对方不礼貌不尊重,被认为是"对私人空间"的侵犯;如果几乎不看对方,那也同样是傲慢无礼,不将对方看在眼里。当然,长时间的凝视对方会产生震慑作用,有经验的警察、法官或其他人员会常用这种方式使对方心虚发慌;教师在课堂上,有时长时间凝视某个违犯课堂纪律的学生比语言的警示效果要好。

2. 注意视线接触的向度

视线接触的向度即说话时视线接触的方向，如平视、正视、斜视、仰视等都反映一定的语义和人与人之间的关系。一般来说，平视、正视表示平等尊重；俯视表示宽容爱护；仰视表示尊敬；斜视表示轻蔑；逼视表示威逼；瞪视表示敌意；白眼表示反感；眨眼表示疑问，眯眼表示高兴；双目大睁表示吃惊；双目微闭表示极度地鄙视对方。礼仪就是不能有斜视，也不能有逼视，更不能有白眼。一般不能有双目微闭，也不能眯缝着眼睛看人。

3. 注意眼神表示的态度

与人谈话时，目光要集中，不要旁顾左右而言他。左顾右盼是对别人的不尊重，或者表示对谈话不感兴趣。对对方要投以自然亲切的目光，冷淡、冷漠的眼光是拒人于千里之外的态度，当然在刚开始接触时，过于热情的目光比如很专注地打量对方也会让人不自在的。

（三）手势

手势在交际中是指通过手和臂的各种动作变化来表达思想感情和传递信息的，手势是人类很重要的辅助性交际手段。比如，聋哑人主要靠哑语进行交际，哑语就是一种手势语。警察和军人在执行一些特殊任务时由于不能发声，也会用固定的手势去表达很多意思。警察和军人都会上一些手语课。手势常常是配合有声语言使用的，并且使用的频率很高。所以，有人说："手势是口头表达的第二语言"。

在体态语言中，如果说眼神和表情是内心情绪的一种自然表露的话，那手势在大多数情况下则是一种自觉行为或习惯动作。手势在礼仪或交际中的作用主要有以下几点：

1. 表示形象和数字

在口语表达中，人们常通过手势来表示语言难以形容的形象性事物，或者简单的数字。一定的手势可以恰当地表达人们的表述，但不要有过多的手势。过多的手势是一个坏毛病。

2. 指示事物和方位

用手势指示事物和方位比用语言更经济、方便和准确。在很多情况下，手势和有声语言是同时使用的。如下面一个例子：

"请问学校行政办公室在哪座楼"？一个外地来访的客人问一位学生。那位学生顺手一指："喏，那座白色的大楼就是。"外地的客人表示谢谢就径直奔白色大楼走了进去。到了三楼，这位客人又问一位干部模样的人："请问张校长的办公室在哪里？"那位干部模样的人顺手一指，答道："张校长就在 305 室办公，可今天不巧，他外出开会了，请问你有什么事情吗？"那位外地的客人说："我是他的大学同学，专门从外地赶来拜访他的。""噢，那就请你到会客室等候他一会儿，好吗？""好！"干部模样的人做了一个"请"的姿势，就领着客人到会客室去了。

上面的一段描写就有三处是用手势语和有声语言相辅相成，贴切地表达了自己的意思，传达了最准确的信息。在日常交际中，要学会正确地使用手势，帮助表达情意。如，演讲或表演时，演讲者和演员常借助各种手势来表情达意。手势具有象征意义，比如高举手臂表示号召，挥手表示告别。方纪散文《挥手之间》写到毛泽东同志离开延安赴重庆同国民党谈判时，在登机时用手将帽子在空中一挥，这一挥手成了历史性镜头，它显示了毛泽东大无畏的胆识和高瞻远瞩的气魄。

（四）身势

身势，即身体的势态。与手势、目光一样，身势也能够传递各种信息，表达不同的感情，是非语言交际中不可或缺的一个重要方面。这里所讲的身势主要包括头势、腿势、坐势、站势等。一个人的身势往往反映他对人和事所持的态度，也体现出一个人的文化素养和气质风度。如果正确地运用身势这一无声的语言，它会使你显得优雅、大方，增添你交往的个人魅力。

1. 头部动作

头部动作也称首语，是指用头的活动来传递信息。一般而言，点头表示赞成、肯定；摇头表示否定、拒绝；侧头表示怀疑、深思或欣赏；昂头表示自信、自负；低头表示屈服、顺从或羞涩等。

点头和摇头是头部两个常见动作。点头除表示赞成、肯定外，还有其他的含义。比如两个熟人经常碰面时，相互点个头，表示"我看见你了"，"你好！"这个示意动作比语言交际更为简约、随意。听对方讲话时，点头不仅表示同意对方的观点，而且还表明"我在听"，以示对方继续讲下去。尽管有时并未听进去，但用点头来敷衍。所以，讲话者不能只根据对方的点头，来判断他是否在听，还要看其眼神是否专注。如果眼神游移、分散，就说明他并没有听进去。所以，点头这个首语的运用要和有声语言、面部表情以及眼神相互配合才会达到更好的交际效果。如果在点头时，表情严肃，眼睛几乎不看对方，而且不发一言，就让人难以捉摸其真意了。

低头和抬头是两种常见的头部姿势。"低眉顺眼"、"垂头丧气"、"低头认罪"、"昂首挺胸"、"昂首阔步"等词语都表示了低头和抬头的不同语义。中国有句俗话:"仰头的婆子、低头的汉,红心儿萝卜、独头的蒜",值得玩味。低头表示深思,有心术;仰头则是傲慢无礼的象征,倒过来,如果女人低头,男人抬头,则是被接受的,显然这里有男尊女卑的意识。不过,即使是今天,我们也要注意交际中低头和抬头所负载的文化信息。

2. 腿部动作

人的腿部动作是比较多的,所表达的含义也比较丰富。比如面试时,有人端坐在椅子上,两手合掌,插在并拢的两腿之间,而且腿部不停地抖动,表示他此时内心非常紧张不安。男性将两腿张开而坐,身体后倾,则表明自信,能接受对方。将腿架到桌子、椅子、沙发上,这是一种非常随心所欲的动作,只适宜在自己的生活和工作空间中采用。将一条腿架在另一条腿上,俗称二郎腿。一般情况下,二郎腿是习惯动作,也是为了舒适。但在严肃庄重的场合,不宜采用这种姿势。尤其对女性来讲,二郎腿是不雅观的。女性在公开的场合,非常注意自己腿部的姿势,常将两膝并拢,被认为是淑女的形象。概而言之,腿部动作常与一个人的文明修养有关,我们常发现有人在车厢里,将腿伸到另一张座位上,这是极不文明的表现。

3. 行走和坐立动作

俗话说"站如松,坐如钟,行如风",人的身体不同姿势都能传递各种不同的信息。解放军和人民警察手持钢枪、挺立的站姿就代表着一种神圣和威严,昂首挺胸、阔步前进的步态则是力量和信心的表示。"站有站相、坐有坐相",说明人们对站立和坐卧姿势都有基本要求。一个人如果站立时弯弓曲背、走路时左右摇摆、坐下时东倒西歪,则说明此人缺乏起码的文明修养。因此,平时就要养成良好的动作习惯,在公开场合,更要注意自己的各种姿势。步姿要平稳、自然。步幅不宜过大也不能太小,步速适中,步履轻盈,步态矫健。站姿则要求挺胸收腹、两肩平齐、两腿并拢或稍微分开。坐姿要求端正、大方、自然。不论坐在椅子或沙发上,最好不要坐满,只坐一半。上身要挺直,不可弯腰垂肩,当然不能过于僵硬,显得不自然。切忌半躺半坐或瘫坐在沙发里。公开场合,相比站姿、步姿,坐姿更能体现出一个人的文明修养程度,一个富有涵养的人其坐姿也能显出优雅的气度①。

---

① 马志强.语言交际艺术[M].北京:中国社会科学出版社,1999:55.

第四节　公共关系人员日常接待的礼仪

公共关系的日常接待最常用的礼仪有迎送接待、会客和会谈、会场的布置、宴请的礼仪等。

一、迎送和接待

公共关系中的迎送和接待是经常的,迎送和接待中必要的礼仪是不可或缺的。

（一）弄清客人到达时间

迎接,首先要了解客人到达的准确时间,如果是飞机,要问清飞机航班号;如果是火车,要问清火车车次;如果是自己开车来要问清走哪条路,到达的大概时间,同时不断询问路况,做到心中有数。

（二）提前订好宾馆

要提前给客人定好宾馆。最好到宾馆房间查看一下,看看是否适合客人居住。宾馆的房间不要靠马路,不要靠酒吧、卡拉歌厅等热闹的地方,免得影响客人休息。客房要窗明几净,床褥要干净,房间整齐舒适,给客人舒服的感觉。

（三）提前到机场或车站接客

要提前到机场或火车站接客,可以事先打着牌子,牌子上写清客人的姓名,让客人在远距离就能看到牌子。接到客人后,先寒暄几句,安排客人乘车。一般直接把客人送到宾馆,让客人先休息,并及时通报给客人行程及安排。

（四）送客的安排

客人该走的时候。要及时提醒客人。要安排车送站,要知道客人乘坐几点的飞机或者车次,提前把客人送到机场或车站。同时对客人告别,祝福客人一路平安。如果客人是从宴会或会议室直接去机场或车站,则一定要提前提醒客人,给路上留下足够的时间。

二、会客和会谈

（一）会谈场地安排

1. 安排好场地

要根据会谈或会见的内容安排合适的场地。场地不宜过大,也不宜过小。过大显得空荡,不利于人们专心谈话,过小给人促狭的感觉,影响人们的互动。场合最好幽静,温馨,灯光合适,温度适宜,坐椅舒服,舒适的环境适宜双方静心交流,提高工作效率,没有过多的外界干扰。

2. 排好座位

如果客人人数超过四人以上,就要给客人排好座位,最好写上姓名。最尊贵的客人坐中间。按照国内的规矩,是左高右低,则第二位尊客坐第一尊客的左边,第三位尊客坐右边,其余依次类推。如果是国外的客人,则是右高左低,第二位尊客坐在第一位尊客的右边,第三位尊客坐左边,其余依次类推。

3. 备好用品

座位上要摆好茶水和几张白纸,记录用笔,请客人自便。有条件的地方,可以摆放一些水果。但不要摆香烟。

4. 有人专等

会议开始前的十几分钟,就要有人提前到场,最后一次查看会议布置,检查一下会场情况,并在楼下或会议室外等候客人。客人到来,要引导入座,倒好茶水,并陪客人寒暄,直到会议开始。

5. 守候会议

如果是会议,等到会议开始时,工作人员要及时把门关好,做到保守会议秘密,不让声音外传,也不会让会议室的声音影响外面。同时,要有人在会议室外面守候,并随时观察会议室内的情况。

守候会议要注意一个细节,那就是会议不结束,守候人员不得离场,即使到了下班时间也不能离开,不能一到下班时间,守候人员不管会议是否结束,马上走人,那是很不懂事的行为。

6. 巡视会场

会议结束后,工作人员还要最后巡视一下会场,看看有没有东西落下,有没有东西损坏。并尽量把东西归置好。最后关灯、锁门走人。

（二）会场布置

如果是大型会议，要安排好主席台的位置。主席台要布置得适宜。客人和陪同的领导插花来坐，第一位尊客排坐在中间，由单位主要领导陪同，其余依次类推。要检查麦克风和音响的使用情况，提前做好电脑、投影仪、银幕、插座、插销的连线，并亲自操作一下。

会场要提前做好幕布，张挂好，会场的布置要适合会议的内容。如果是庆功会，就可以布置的热烈一些，如果是节日会议就可以喜庆一些，如果是工作会议就要庄重一些，如果是检讨会议，就要严肃一些。会议进行中，会场旁边，要有专人守候，以防主席台人员有事情。

会议中间要布置人员专门倒茶水，每十分钟就要巡视一圈茶水。

三、宴请的礼仪

（一）弄请客人口味

每个客人都有自己的爱好。有些不能吃辣，有的不能吃酸，有的肠胃不好，有的忌口，还有的特喜欢吃辣，有的喜欢吃广州菜，有的喜欢吃湖南菜，有的喜欢吃东北菜。这些都要提前打听好。做到对症派饭。

（二）提前订桌

宴请要提前订好，以免订不到饭。要告诉酒店宴请大概几桌，宴请几点开始，人数多少，多少价钱，有几样菜，菜里包括有什么特色菜，酒和饮料定的哪些？都要有数。

（三）要排好主客的位置

宴请的主要客人要排在尊者的位置。尊位一般是对着正门的位置。每个房间都有个尊位。尊位要安排给主客。陪同的主要领导则坐在尊位的两边，插花坐好。背对门的位置是下位，下位是为陪客准备的。

（四）适当敬酒

敬酒要适当，要适时地敬酒。最好事先知道主要客人的酒量。如果客人能喝一点酒，就要适时地敬酒。敬酒要先从主要客人开始。地域不一样，敬酒的方式也不一样，一般是酒随客便,过几分钟碰一下杯,说一些敬酒词,只要客人喝满意就行。但要做到敬酒不强酒,不能硬劝、硬灌,更不能使用计策和一些劝酒词让客人猛喝酒,以至于让客人怕酒,那就不好了。有些地方,把敬酒当成好客,把让客人喝醉当成好客的表示,最后客人谈酒色变,这就把敬酒当成罚客了。

(五)宴请的时间

宴请的时间一般不宜过长。看客人的兴致和疲劳程度而定。一般 1~1.5 小时左右为宜。时间过长,喝酒就成了负担,时间过短,客人还没有尽兴。

(六)开车者不能喝酒

不论在什么情况下,不能让司机喝酒,也不能劝司机酒。可以给司机准备一些丰盛的菜或饮料,让司机自便。司机由于要开车,不能过度疲劳,司机坐了一会,吃饱了,就可以让其离开去休息。

四、签字仪式

在公务活动中,有时要举行签字仪式。签字仪式就是要把双方商量好的事情原则或协议以书面的形式固定下来,并举行一个仪式以示祝贺。

1. 签字前的准备

签字仪式的桌子要够大,要铺好台布,显得庄严正规。台布颜色可以是墨绿色或蓝色,也可以是红色。桌子太小就显得小气。如果是两国之间,桌子上就要摆上两国的国旗,客人的国旗在右边,客人也坐在右边;主人的国旗摆在左边,主人也坐在左边。如果是国内,则左边是客人,右边是主人。桌子的后边要留有充分的余地,让参加签字仪式的领导和来宾站立。桌子的左右两边供人员走动,桌子的前边供记者拍照使用。

准备好签字笔、印章、文件夹,两份打印好的正本签字文件。

2. 签字仪式

签字仪式开始时,主持人请双方签字人坐好,由服务人员拿出准备好的两份完全相同的协议文本。如果是不同语言文字的文本,要各准备两份,同时签上字,交换后继续签上字。签字后,一般会有一个简短的酒会,服务人员会端出斟好酒的酒杯,主客相互碰杯,庆祝签字成功。

3. 签字仪式的时间

签字仪式的时间一般都很短,大约不到十分钟。

签字仪式很短,但签字仪式却是会谈双方必不可少的一个环节。是会谈成功的一个重要标志。

公共关系的礼仪比较繁琐,也比较具体,不可能一一列举。礼仪是技能,没有更多的理论,但需要实践,需要实际操作。礼仪要灵活应用,有时也不能过分囿于礼仪,比如老友相见就不能礼仪多多,那样反而生分了。

主要参考文献

[1] 张克非.公共关系学[M].北京:高等教育出版社,2001.

[2] 谭昆智,齐小华,马志强.现代公共关系学导论[M].北京:清华大学出版社,2010.

[3] 熊卫平.公共关系学[M].北京:航空工业出版社,2003.

[4] 李建荣,邱伟光.高校公共关系教程[M].2007.

[5] 马志强.语言交际艺术[M].北京:中国社会科学出版社,2009.

[6] 崔功豪,魏清泉,陈宗兴.区域分析与规划[M].北京:高等教育出版社,1999.

[7] 张 雷.公关理论精要[M].北京:高等教育出版社,2004.

[8] 杨晨等.现代公关案例精选[M].北京:高等教育出版社,2005.

[9] 熊卫平.公共关系学[M].北京:高等教育出版社,2006.

[10] 黄东升,马志强.大学形象建设论[M].西安:西北大学出版社,2009.

[11] 黄昌年.公共关系学教程[M].杭州:浙江大学出版社,2007.

[12] 马志强.区域形象——现代区域发展的品牌和魅力[M].哈尔滨:黑龙江人民出版
社,2002.

[13] 邵培仁.传播学[M].北京:高等教育出版社,2001.

[14] 秦启文,周永康.形象学导论[M].北京:社会科学文献出版社,2004.

[15] 王乐夫主编,廖为建副主编.公共关系学概论[M].北京:高等教育出版社,1995.

[16] 马志强.和谐之歌——浙江公共关系的研究与发展[M].杭州:浙江电子音像出版
社,2009.

[17] 郑杭生主编.社会学概论新修[M].杭州:中国人民大学出版社,1994.

[18] 郭庆光.传播学教程[M].杭州:中国人民大学出版社,2007.

[19] (美)斯科特·卡特利普,阿伦·森特,格伦·布鲁姆等.公共关系教程[M].北京:明安香,
译.北京 华夏出版社.

[20] (美)里斯 Ries,L 著.The Fall of Advertising and the rise of PR[M].虞琦,罗汉译.上海:上
海人民出版,2004.

［21］（美）威尔伯·施拉姆，威廉·波特. 传播学概论［M］. 北京：新华出版社，1984.

［22］蒲永川. 公关写作艺术［M］. 成都：四川大学出版社，1992.

［23］Harris，Thomas L 著. 行销公关［M］. 吴玟琪，苏玉清，译. 台北：台视文化出版社，1997.

［24］新华网 http：//xinhuanet. com

［25］南都网 http：//gcontent. oeeee. com

［26］百度网 http：//zhidao. baidu. com

［27］百科全书式博客—博客大巴 http：//dalu. blogbus. com

［28］人民网 http：//renmin. com

［29］马志强. 点评河南. 山西：山西书海出版社，2002.